A book for You
赤本バックナンバーのご案

赤本バックナンバーを1年単位で印刷製本しお届けします！

弊社発行の「**高校別入試対策シリーズ（赤本）**」の収録から外れた古い年度の過去問を1年単位でご購入いただくことができます。

「**赤本バックナンバー**」はamazon（アマゾン）の*プリント・オン・デマンドサービスによりご提供いたします。

定評のあるくわしい解答解説はもちろん赤本そのまま，解答用紙も付けてあります。

志望校の受験対策をさらに万全なものにするために，「**赤本バックナンバー**」をぜひご活用ください。

⚠*プリント・オン・デマンドサービスとは，ご注文に応じて1冊から印刷製本し，お客様にお届けするサービスです。

ご購入の流れ

① 英俊社のウェブサイト https://book.eisyun.jp/ にアクセス

② トップページの「高校受験」 赤本バックナンバー をクリック

③ ご希望の学校・年度をクリックすると，amazon（アマゾン）のウェブサイトの該当書籍のページにジャンプ

④ amazon（アマゾン）のウェブサイトでご購入

⚠ 納期や配送，お支払い等，購入に関するお問い合わせは，amazon（アマゾン）のウェブサイトにてご確認ください。

⚠ 書籍の内容についてのお問い合わせは英俊社（06−7712−4373）まで。

国私立高校・高専 バックナンバー

⚠ 表中の×印の学校・年度は，著作権上の事情等により発刊いたしません。あしからずご了承ください。

（アイウエオ順）

※価格はすべて税込表示

学校名	2019年実施問題	2018年実施問題	2017年実施問題	2016年実施問題	2015年実施問題	2014年実施問題	2013年実施問題	2012年実施問題	2011年実施問題	2010年実施問題	2009年実施問題	2008年実施問題	2007年実施問題	2006年実施問題	2005年実施問題	2004年実施問題	2003年実施問題
大阪教育大附高池田校舎	1,540円 66頁	1,430円 60頁	1,430円 62頁	1,430円 60頁	1,430円 60頁	1,430円 58頁	1,430円 58頁	1,430円 60頁	1,430円 58頁	1,430円 56頁	1,430円 54頁	1,320円 50頁	1,320円 52頁	1,320円 52頁	1,320円 48頁	1,320円 48頁	
大阪星光学院高	1,320円 48頁	1,320円 44頁	1,210円 42頁	1,210円 34頁	×	1,210円 36頁	1,210円 30頁	1,210円 32頁	1,650円 88頁	1,650円 84頁	1,650円 84頁	1,650円 80頁	1,650円 86頁	1,650円 80頁	1,650円 82頁	1,320円 52頁	1,430円 54頁
大阪桐蔭高	1,540円 74頁	1,540円 66頁	1,540円 68頁	1,540円 66頁	1,540円 66頁	1,430円 64頁	1,540円 68頁	1,430円 62頁	1,430円 62頁	1,540円 68頁	1,430円 62頁	1,430円 62頁	1,430円 60頁	1,430円 62頁	1,430円 58頁		
関西大学高	1,430円 56頁	1,430円 56頁	1,430円 58頁	1,430円 54頁	1,320円 52頁	1,320円 52頁	1,430円 54頁	1,320円 50頁	1,320円 52頁	1,320円 50頁							
関西大学第一高	1,540円 66頁	1,430円 64頁	1,430円 64頁	1,430円 56頁	1,430円 62頁	1,430円 54頁	1,320円 48頁	1,430円 56頁	1,430円 56頁	1,430円 56頁	1,430円 56頁	1,320円 52頁	1,320円 52頁	1,320円 50頁	1,320円 46頁	1,320円 52頁	
関西大学北陽高	1,540円 68頁	1,540円 72頁	1,540円 70頁	1,430円 64頁	1,430円 62頁	1,430円 60頁	1,430円 60頁	1,430円 58頁	1,430円 58頁	1,430円 58頁	1,430円 56頁	1,430円 54頁					
関西学院高	1,210円 36頁	1,210円 36頁	1,210円 34頁	1,210円 34頁	1,210円 32頁	1,210円 32頁	1,210円 32頁	1,210円 32頁	1,210円 28頁	1,210円 30頁	1,210円 28頁	1,210円 30頁	×	1,210円 30頁	1,210円 28頁	×	1,210円 26頁
京都女子高	1,540円 66頁	1,430円 62頁	1,430円 60頁	1,430円 60頁	1,430円 60頁	1,430円 54頁	1,430円 56頁	1,430円 56頁	1,430円 56頁	1,430円 56頁	1,430円 56頁	1,430円 54頁	1,430円 54頁	1,320円 50頁	1,320円 50頁	1,320円 48頁	
近畿大学附属高	1,540円 72頁	1,540円 68頁	1,540円 68頁	1,540円 66頁	1,430円 64頁	1,430円 62頁	1,430円 58頁	1,430円 60頁	1,430円 58頁	1,430円 60頁	1,430円 54頁	1,430円 58頁	1,430円 56頁	1,430円 54頁	1,430円 56頁	1,320円 52頁	
久留米大学附設高	1,430円 64頁	1,430円 62頁	1,430円 58頁	1,430円 60頁	1,430円 58頁	1,430円 58頁	1,430円 58頁	1,430円 58頁	1,430円 56頁	1,430円 58頁	1,430円 54頁	×	1,430円 54頁	1,430円 54頁			
四天王寺高	1,540円 74頁	1,430円 62頁	1,430円 64頁	1,540円 66頁	1,210円 40頁	1,210円 40頁	1,430円 64頁	1,430円 64頁	1,430円 58頁	1,430円 62頁	1,430円 60頁	1,430円 60頁	1,430円 64頁	1,430円 58頁	1,430円 62頁	1,430円 58頁	
須磨学園高	1,210円 40頁	1,210円 40頁	1,210円 36頁	1,210円 42頁	1,210円 40頁	1,210円 40頁	1,210円 38頁	1,210円 38頁	1,320円 44頁	1,320円 48頁	1,320円 46頁	1,320円 48頁	1,320円 46頁	1,320円 44頁	1,210円 42頁		
清教学園高	1,540円 66頁	1,540円 66頁	1,430円 64頁	1,430円 56頁	1,320円 52頁	1,320円 50頁	1,320円 52頁	1,320円 48頁	1,320円 52頁	1,320円 50頁	1,320円 50頁	1,320円 46頁					
西南学院高	1,870円 102頁	1,760円 98頁	1,650円 82頁	1,980円 116頁	1,980円 112頁	1,980円 112頁	1,870円 110頁	1,870円 112頁	1,870円 106頁	1,540円 76頁	1,540円 76頁	1,540円 72頁	1,540円 72頁	1,540円 70頁			
清風高	1,430円 58頁	1,430円 54頁	1,430円 60頁	1,430円 60頁	1,430円 60頁	1,430円 60頁	1,430円 60頁	1,430円 60頁	1,430円 56頁	1,430円 58頁	×	1,430円 56頁	1,430円 58頁	1,430円 54頁	1,430円 54頁		

※価格はすべて税込表示

学校名	2019年 実施問題	2018年 実施問題	2017年 実施問題	2016年 実施問題	2015年 実施問題	2014年 実施問題	2013年 実施問題	2012年 実施問題	2011年 実施問題	2010年 実施問題	2009年 実施問題	2008年 実施問題	2007年 実施問題	2006年 実施問題	2005年 実施問題	2004年 実施問題	2003年 実施問題
清風南海高	1,430円 64頁	1,430円 64頁	1,430円 62頁	1,430円 60頁	1,430円 60頁	1,430円 58頁	1,430円 58頁	1,430円 60頁	1,430円 56頁	1,430円 56頁	1,430円 56頁	1,430円 56頁	1,430円 58頁	1,430円 58頁	1,320円 52頁	1,430円 54頁	
智辯学園和歌山高	1,320円 44頁	1,210円 42頁	1,210円 40頁	1,210円 40頁	1,210円 38頁	1,210円 38頁	1,210円 40頁	1,210円 38頁	1,210円 38頁	1,210円 40頁	1,210円 40頁	1,210円 38頁	1,210円 38頁	1,210円 38頁	1,210円 38頁	1,210円 38頁	
同志社高	1,430円 56頁	1,430円 56頁	1,430円 54頁	1,430円 54頁	1,430円 56頁	1,430円 54頁	1,320円 52頁	1,320円 52頁	1,320円 50頁	1,320円 48頁	1,320円 50頁	1,320円 50頁	1,320円 46頁	1,320円 48頁	1,320円 44頁	1,320円 48頁	1,320円 46頁
灘高	1,320円 52頁	1,320円 46頁	1,320円 48頁	1,320円 46頁	1,320円 46頁	1,320円 48頁	1,210円 42頁	1,320円 44頁	1,320円 50頁	1,320円 48頁	1,320円 46頁	1,320円 48頁	1,320円 48頁	1,320円 46頁	1,320円 44頁	1,320円 46頁	1,320円 46頁
西大和学園高	1,760円 98頁	1,760円 96頁	1,760円 90頁	1,540円 68頁	1,540円 66頁	1,430円 62頁	1,430円 62頁	1,430円 62頁	1,430円 64頁	1,430円 64頁	1,430円 62頁	1,430円 64頁	1,430円 64頁	1,430円 62頁	1,430円 60頁	1,430円 56頁	1,430円 58頁
福岡大学附属大濠高	2,310円 152頁	2,310円 148頁	2,200円 142頁	2,200円 144頁	2,090円 134頁	2,090円 132頁	2,090円 128頁	1,760円 96頁	1,760円 94頁	1,650円 88頁	1,650円 84頁	1,760円 88頁	1,760円 90頁	1,760円 92頁			
明星高	1,540円 76頁	1,540円 74頁	1,540円 68頁	1,430円 62頁	1,430円 62頁	1,430円 64頁	1,430円 64頁	1,430円 60頁	1,430円 58頁	1,430円 56頁	1,430円 56頁	1,430円 54頁	1,430円 54頁	1,430円 54頁	1,320円 52頁	1,320円 52頁	
桃山学院高	1,430円 64頁	1,430円 64頁	1,430円 62頁	1,430円 60頁	1,430円 58頁	1,430円 54頁	1,430円 56頁	1,430円 54頁	1,430円 58頁	1,430円 58頁	1,430円 56頁	1,320円 52頁	1,320円 52頁	1,320円 48頁	1,320円 46頁	1,320円 50頁	1,320円 50頁
洛南高	1,540円 66頁	1,430円 64頁	1,540円 66頁	1,540円 66頁	1,430円 62頁	1,430円 64頁	1,430円 62頁	1,430円 62頁	1,430円 62頁	1,430円 60頁	1,430円 58頁	1,430円 64頁	1,430円 60頁	1,430円 62頁	1,430円 58頁	1,430円 58頁	1,430円 60頁
ラ・サール高	1,540円 70頁	1,540円 66頁	1,430円 60頁	1,430円 62頁	1,430円 60頁	1,430円 58頁	1,430円 60頁	1,430円 60頁	1,430円 58頁	1,430円 54頁	1,430円 60頁	1,430円 54頁	1,430円 56頁	1,320円 50頁			
立命館高	1,760円 96頁	1,760円 94頁	1,870円 100頁	1,760円 96頁	1,870円 104頁	1,870円 102頁	1,870円 100頁	1,760円 92頁	1,650円 88頁	1,760円 94頁	1,650円 88頁	1,650円 86頁	1,320円 48頁	1,650円 80頁	1,430円 54頁		
立命館宇治高	1,430円 62頁	1,430円 60頁	1,430円 58頁	1,430円 58頁	1,430円 56頁	1,430円 54頁	1,430円 54頁	1,320円 52頁	1,320円 52頁	1,430円 54頁	1,430円 56頁	1,320円 52頁					
国立高専	1,650円 78頁	1,540円 74頁	1,540円 66頁	1,430円 64頁	1,430円 62頁	1,430円 62頁	1,430円 62頁	1,540円 68頁	1,540円 70頁	1,430円 64頁	1,430円 62頁	1,430円 62頁	1,430円 60頁	1,430円 58頁	1,430円 60頁	1,430円 56頁	1,430円 60頁

公立高校 バックナンバー

※価格はすべて税込表示

府県名·学校名	2019年 実施問題	2018年 実施問題	2017年 実施問題	2016年 実施問題	2015年 実施問題	2014年 実施問題	2013年 実施問題	2012年 実施問題	2011年 実施問題	2010年 実施問題	2009年 実施問題	2008年 実施問題	2007年 実施問題	2006年 実施問題	2005年 実施問題	2004年 実施問題	2003年 実施問題
岐阜県公立高	990円 64頁	990円 60頁	990円 60頁	990円 60頁	990円 58頁	990円 56頁	990円 58頁	990円 52頁	990円 54頁	990円 52頁	990円 52頁	990円 48頁	990円 50頁	990円 52頁			
静岡県公立高	990円 62頁	990円 58頁	990円 58頁	990円 60頁	990円 60頁	990円 56頁	990円 58頁	990円 58頁	990円 56頁	990円 54頁	990円 52頁	990円 54頁	990円 52頁	990円 52頁			
愛知県公立高	990円 126頁	990円 120頁	990円 114頁	990円 114頁	990円 114頁	990円 110頁	990円 112頁	990円 108頁	990円 108頁	990円 110頁	990円 102頁	990円 102頁	990円 102頁	990円 100頁	990円 100頁	990円 96頁	990円 96頁
三重県公立高	990円 72頁	990円 66頁	990円 66頁	990円 64頁	990円 66頁	990円 64頁	990円 66頁	990円 64頁	990円 62頁	990円 62頁	990円 58頁	990円 58頁	990円 52頁	990円 54頁			
滋賀県公立高	990円 66頁	990円 62頁	990円 60頁	990円 62頁	990円 62頁	990円 46頁	990円 48頁	990円 46頁	990円 48頁	990円 44頁	990円 44頁	990円 44頁	990円 46頁	990円 44頁	990円 44頁	990円 40頁	990円 42頁
京都府公立高(中期)	990円 60頁	990円 56頁	990円 54頁	990円 54頁	990円 56頁	990円 54頁	990円 56頁	990円 54頁	990円 56頁	990円 54頁	990円 52頁	990円 50頁	990円 50頁	990円 50頁	990円 46頁	990円 46頁	990円 48頁
京都府公立高(前期)	990円 40頁	990円 38頁	990円 40頁	990円 38頁	990円 38頁	990円 36頁											
京都市立堀川高 探究学科群	1,430円 64頁	1,540円 68頁	1,430円 60頁	1,430円 62頁	1,430円 64頁	1,430円 60頁	1,430円 60頁	1,430円 58頁	1,430円 58頁	1,430円 64頁	1,430円 54頁	1,320円 48頁	1,210円 42頁	1,210円 38頁	1,210円 36頁	1,210円 40頁	
京都市立西京高 エンタープライジング科	1,650円 82頁	1,540円 76頁	1,650円 80頁	1,540円 72頁	1,540円 72頁	1,540円 70頁	1,320円 46頁	1,320円 50頁	1,320円 46頁	1,320円 44頁	1,210円 42頁	1,210円 42頁	1,210円 38頁	1,210円 38頁	1,210円 40頁	1,210円 34頁	
京都府立嵯峨野高 京都こすもす科	1,540円 68頁	1,540円 66頁	1,540円 68頁	1,430円 64頁	1,430円 64頁	1,430円 62頁	1,210円 42頁	1,210円 42頁	1,320円 46頁	1,320円 44頁	1,210円 42頁	1,210円 40頁	1,210円 40頁	1,210円 36頁	1,210円 36頁	1,210円 34頁	
京都府立桃山高 自然科学科	1,320円 46頁	1,320円 46頁	1,210円 42頁	1,320円 44頁	1,320円 46頁	1,320円 44頁	1,210円 42頁	1,210円 38頁	1,210円 42頁	1,210円 40頁	1,210円 40頁	1,210円 38頁	1,210円 34頁	1,210円 34頁			

※価格はすべて税込表示

府県名・学校名	2019年 実施問題	2018年 実施問題	2017年 実施問題	2016年 実施問題	2015年 実施問題	2014年 実施問題	2013年 実施問題	2012年 実施問題	2011年 実施問題	2010年 実施問題	2009年 実施問題	2008年 実施問題	2007年 実施問題	2006年 実施問題	2005年 実施問題	2004年 実施問題	2003年 実施問題
大阪府公立高(一般)	990円 148頁	990円 140頁	990円 140頁	990円 122頁													
大阪府公立高(特別)	990円 78頁	990円 78頁	990円 74頁	990円 72頁													
大阪府公立高(前期)					990円 70頁	990円 68頁	990円 66頁	990円 72頁	990円 70頁	990円 60頁	990円 58頁	990円 56頁	990円 56頁	990円 54頁	990円 52頁	990円 52頁	990円 48頁
大阪府公立高(後期)					990円 82頁	990円 76頁	990円 72頁	990円 64頁	990円 64頁	990円 64頁	990円 62頁	990円 62頁	990円 62頁	990円 58頁	990円 56頁	990円 58頁	990円 56頁
兵庫県公立高	990円 74頁	990円 78頁	990円 74頁	990円 74頁	990円 74頁	990円 68頁	990円 66頁	990円 64頁	990円 60頁	990円 56頁	990円 58頁	990円 56頁	990円 58頁	990円 56頁	990円 56頁	990円 54頁	990円 52頁
奈良県公立高(一般)	990円 62頁	990円 50頁	990円 50頁	990円 52頁	990円 50頁	990円 52頁	990円 50頁	990円 48頁	990円 48頁	990円 48頁	990円 48頁	990円 48頁	×	990円 44頁	990円 46頁	990円 42頁	990円 44頁
奈良県公立高(特色)	990円 30頁	990円 38頁	990円 44頁	990円 46頁	990円 46頁	990円 44頁	990円 40頁	990円 40頁	990円 32頁	990円 32頁	990円 32頁	990円 32頁	990円 28頁	990円 28頁			
和歌山県公立高	990円 76頁	990円 70頁	990円 68頁	990円 64頁	990円 66頁	990円 64頁	990円 64頁	990円 62頁	990円 66頁	990円 62頁	990円 60頁	990円 60頁	990円 58頁	990円 56頁	990円 56頁	990円 56頁	990円 52頁
岡山県公立高(一般)	990円 66頁	990円 60頁	990円 58頁	990円 56頁	990円 58頁	990円 56頁	990円 58頁	990円 60頁	990円 56頁	990円 56頁	990円 52頁	990円 52頁	990円 50頁				
岡山県公立高(特別)	990円 38頁	990円 36頁	990円 34頁	990円 34頁	990円 34頁	990円 32頁											
広島県公立高	990円 68頁	990円 70頁	990円 74頁	990円 68頁	990円 60頁	990円 58頁	990円 54頁	990円 46頁	990円 48頁	990円 46頁	990円 46頁	990円 46頁	990円 44頁	990円 46頁	990円 44頁	990円 44頁	990円 44頁
山口県公立高	990円 86頁	990円 80頁	990円 82頁	990円 84頁	990円 76頁	990円 78頁	990円 76頁	990円 64頁	990円 62頁	990円 58頁	990円 58頁	990円 60頁	990円 56頁				
徳島県公立高	990円 88頁	990円 78頁	990円 86頁	990円 74頁	990円 76頁	990円 80頁	990円 64頁	990円 62頁	990円 60頁	990円 58頁	990円 60頁	990円 54頁	990円 52頁				
香川県公立高	990円 76頁	990円 74頁	990円 72頁	990円 74頁	990円 72頁	990円 68頁	990円 68頁	990円 66頁	990円 66頁	990円 62頁	990円 62頁	990円 60頁	990円 62頁				
愛媛県公立高	990円 72頁	990円 68頁	990円 66頁	990円 64頁	990円 68頁	990円 64頁	990円 62頁	990円 60頁	990円 62頁	990円 56頁	990円 58頁	990円 56頁	990円 54頁				
福岡県公立高	990円 66頁	990円 68頁	990円 68頁	990円 66頁	990円 60頁	990円 56頁	990円 56頁	990円 54頁	990円 56頁	990円 58頁	990円 52頁	990円 54頁	990円 52頁	990円 48頁			
長崎県公立高	990円 90頁	990円 86頁	990円 84頁	990円 84頁	990円 82頁	990円 80頁	990円 80頁	990円 82頁	990円 80頁	990円 80頁	990円 80頁	990円 78頁	990円 76頁				
熊本県公立高	990円 98頁	990円 92頁	990円 92頁	990円 92頁	990円 94頁	990円 74頁	990円 72頁	990円 70頁	990円 70頁	990円 68頁	990円 68頁	990円 64頁	990円 68頁				
大分県公立高	990円 84頁	990円 78頁	990円 80頁	990円 76頁	990円 80頁	990円 66頁	990円 62頁	990円 62頁	990円 62頁	990円 58頁	990円 58頁	990円 56頁	990円 58頁				
鹿児島県公立高	990円 66頁	990円 62頁	990円 60頁	990円 60頁	990円 60頁	990円 60頁	990円 60頁	990円 60頁	990円 60頁	990円 58頁	990円 58頁	990円 54頁	990円 58頁				

英語リスニング音声データのご案内

英語リスニング問題の音声データについて

赤本収録年度の音声データ　弊社発行の**「高校別入試対策シリーズ（赤本）」に収録している年度**の音声データは,以下の一覧の学校分を提供しています。希望の音声データをダウンロードし，赤本に掲載されている問題に取り組んでください。

赤本収録年度より古い年度の音声データ　**「高校別入試対策シリーズ（赤本）」に収録している年度よりも古い年度**の音声データは,6ページの国私立高と公立高を提供しています。赤本バックナンバー（1～3ページに掲載）と音声データの両方をご購入いただき，問題に取り組んでください。

ご購入の流れ

① 英俊社のウェブサイト https://book.eisyun.jp/ にアクセス
② トップページの「高校受験」 リスニング音声データ をクリック
③ ご希望の学校・年度をクリックすると，オーディオブック（audiobook.jp）のウェブサイトの該当ページにジャンプ
④ オーディオブック（audiobook.jp）のウェブサイトでご購入。※初回のみ会員登録（無料）が必要です。

⚠ ダウンロード方法やお支払い等,購入に関するお問い合わせは,オーディオブック（audiobook.jp）のウェブサイトにてご確認ください。

音声データを入手できる学校と年度

赤本収録年度の音声データ

ご希望の年度を1年分ずつ,もしくは赤本に収録している年度をすべてまとめてセットでご購入いただくことができます。セットでご購入いただくと,1年分の単価がお得になります。

⚠ ×印の年度は音声データをご提供しておりません。あしからずご了承ください。

国私立高（アイウエオ順）

※価格は税込表示

学校名	税込価格				
	2020年	2021年	2022年	2023年	2024年
アサンプション国際高	¥550	¥550	¥550	¥550	¥550
5か年セット	¥2,200				
育英西高	¥550	¥550	¥550	¥550	¥550
5か年セット	¥2,200				
大阪教育大附高池田校	¥550	¥550	¥550	¥550	¥550
5か年セット	¥2,200				
大阪薫英女学院高	¥550	¥550	¥550	¥550	×
4か年セット	¥1,760				
大阪国際高	¥550	¥550	¥550	¥550	¥550
5か年セット	¥2,200				
大阪信愛学院高	¥550	¥550	¥550	¥550	¥550
5か年セット	¥2,200				
大阪星光学院高	¥550	¥550	¥550	¥550	¥550
5か年セット	¥2,200				
大阪桐蔭高	¥550	¥550	¥550	¥550	¥550
5か年セット	¥2,200				
大谷高	×	×	×	¥550	¥550
2か年セット	¥880				
関西創価高	¥550	¥550	¥550	¥550	¥550
5か年セット	¥2,200				
京都先端科学大附高（特進・進学）	¥550	¥550	¥550	¥550	¥550
5か年セット	¥2,200				

※価格は税込表示

学校名	税込価格				
	2020年	2021年	2022年	2023年	2024年
京都先端科学大附高（国際）	¥550	¥550	¥550	¥550	¥550
5か年セット	¥2,200				
京都橘高	¥550	×	¥550	¥550	¥550
4か年セット	¥1,760				
京都両洋高	¥550	¥550	¥550	¥550	¥550
5か年セット	¥2,200				
久留米大附設高	×	¥550	¥550	¥550	¥550
4か年セット	¥1,760				
神戸星城高	¥550	¥550	¥550	¥550	¥550
5か年セット	¥2,200				
神戸山手グローバル高	×	×	×	¥550	¥550
2か年セット	¥880				
神戸龍谷高	¥550	¥550	¥550	¥550	¥550
5か年セット	¥2,200				
香里ヌヴェール学院高	¥550	¥550	¥550	¥550	¥550
5か年セット	¥2,200				
三田学園高	¥550	¥550	¥550	¥550	¥550
5か年セット	¥2,200				
滋賀学園高	¥550	¥550	¥550	¥550	¥550
5か年セット	¥2,200				
滋賀短期大学附高	¥550	¥550	¥550	¥550	¥550
5か年セット	¥2,200				

国私立高（アイウエオ順）

※価格は税込表示

学校名	税込価格				
	2020年	2021年	2022年	2023年	2024年
樟蔭高	¥550	¥550	¥550	¥550	¥550
5か年セット	¥2,200				
常翔学園高	¥550	¥550	¥550	¥550	¥550
5か年セット	¥2,200				
清教学園高	¥550	¥550	¥550	¥550	¥550
5か年セット	¥2,200				
西南学院高（専願）	¥550	¥550	¥550	¥550	¥550
5か年セット	¥2,200				
西南学院高（前期）	¥550	¥550	¥550	¥550	¥550
5か年セット	¥2,200				
園田学園高	¥550	¥550	¥550	¥550	¥550
5か年セット	¥2,200				
筑陽学園高（専願）	¥550	¥550	¥550	¥550	¥550
5か年セット	¥2,200				
筑陽学園高（前期）	¥550	¥550	¥550	¥550	¥550
5か年セット	¥2,200				
智辯学園高	¥550	¥550	¥550	¥550	¥550
5か年セット	¥2,200				
帝塚山高	¥550	¥550	¥550	¥550	¥550
5か年セット	¥2,200				
東海大付大阪仰星高	¥550	¥550	¥550	¥550	¥550
5か年セット	¥2,200				
同志社高	¥550	¥550	¥550	¥550	¥550
5か年セット	¥2,200				
中村学園女子高（前期）	×	¥550	¥550	¥550	¥550
4か年セット	¥1,760				
灘高	¥550	¥550	¥550	¥550	¥550
5か年セット	¥2,200				
奈良育英高	¥550	¥550	¥550	¥550	¥550
5か年セット	¥2,200				
奈良学園高	¥550	¥550	¥550	¥550	¥550
5か年セット	¥2,200				
奈良大附高	¥550	¥550	¥550	¥550	¥550
5か年セット	¥2,200				

※価格は税込表示

学校名	税込価格				
	2020年	2021年	2022年	2023年	2024年
西大和学園高	¥550	¥550	¥550	¥550	¥550
5か年セット	¥2,200				
梅花高	¥550	¥550	¥550	¥550	¥550
5か年セット	¥2,200				
白陵高	¥550	¥550	¥550	¥550	¥550
5か年セット	¥2,200				
初芝立命館高	×	×	×	×	¥550
東大谷高	×	×	¥550	¥550	¥550
3か年セット	¥1,320				
東山高	×	×	×	×	¥550
雲雀丘学園高	¥550	¥550	¥550	¥550	¥550
5か年セット	¥2,200				
福岡大附大濠高（専願）	¥550	¥550	¥550	¥550	¥550
5か年セット	¥2,200				
福岡大附大濠高（前期）	¥550	¥550	¥550	¥550	¥550
5か年セット	¥2,200				
福岡大附大濠高（後期）	¥550	¥550	¥550	¥550	¥550
5か年セット	¥2,200				
武庫川女子大附高	×	×	¥550	¥550	¥550
3か年セット	¥1,320				
明星高	¥550	¥550	¥550	¥550	¥550
5か年セット	¥2,200				
和歌山信愛高	¥550	¥550	¥550	¥550	¥550
5か年セット	¥2,200				

公立高

※価格は税込表示

学校名	税込価格				
	2020年	2021年	2022年	2023年	2024年
京都市立西京高（エンタープライジング科）	¥550	¥550	¥550	¥550	¥550
5か年セット	¥2,200				
京都市立堀川高（探究学科群）	¥550	¥550	¥550	¥550	¥550
5か年セット	¥2,200				
京都府立嵯峨野高（京都こすもす科）	¥550	¥550	¥550	¥550	¥550
5か年セット	¥2,200				

赤本収録年度より古い年度の音声データ

以下の音声データは,赤本に収録以前の年度ですので,赤本バックナンバー(P.1～3に掲載)と合わせてご購入ください。
赤本バックナンバーは1年分が1冊の本になっていますので,音声データも1年分ずつの販売となります。

※価格は税込表示

国私立高(アイウエオ順)

学校名	税込価格																
	2003年	2004年	2005年	2006年	2007年	2008年	2009年	2010年	2011年	2012年	2013年	2014年	2015年	2016年	2017年	2018年	2019年
大阪教育大附高池田校		¥550	¥550	¥550	¥550	¥550	¥550	¥550	¥550	¥550	¥550	¥550	¥550	¥550	¥550	¥550	¥550
大阪星光学院高(1次)	¥550	¥550	¥550	¥550	¥550	¥550	¥550	¥550	¥550	¥550	×	¥550	×	¥550	¥550	¥550	¥550
大阪星光学院高(1.5次)			¥550	¥550	¥550	¥550	¥550	¥550	×	×	×	×	×	×	×	×	×
大阪桐蔭高						¥550	¥550	¥550	¥550	¥550	¥550	¥550	¥550	¥550	¥550	¥550	¥550
久留米大附設高				¥550	¥550	×	¥550	¥550	¥550	¥550	¥550	¥550	¥550	¥550	¥550	¥550	¥550
清教学園高														¥550	¥550	¥550	¥550
同志社高						¥550	¥550	¥550	¥550	¥550	¥550	¥550	¥550	¥550	¥550	¥550	¥550
灘高																¥550	¥550
西大和学園高				¥550	¥550	¥550	¥550	¥550	¥550	¥550	¥550	¥550	¥550	¥550	¥550	¥550	¥550
福岡大附大濠高(専願)											¥550	¥550	¥550	¥550	¥550	¥550	¥550
福岡大附大濠高(前期)				¥550	¥550	¥550	¥550	¥550	¥550	¥550	¥550	¥550	¥550	¥550	¥550	¥550	¥550
福岡大附大濠高(後期)				¥550	¥550	¥550	¥550	¥550	¥550	¥550	¥550	¥550	¥550	¥550	¥550	¥550	¥550
明星高															¥550	¥550	¥550
立命館高(前期)						¥550	¥550	¥550	¥550	¥550	¥550	¥550	¥550	×	×	×	×
立命館高(後期)						¥550	¥550	¥550	¥550	¥550	¥550	¥550	¥550	×	×	×	×
立命館宇治高										¥550	¥550	¥550	¥550	¥550	¥550	¥550	×

※価格は税込表示

公立高(府県順)

府県名・学校名	税込価格																
	2003年	2004年	2005年	2006年	2007年	2008年	2009年	2010年	2011年	2012年	2013年	2014年	2015年	2016年	2017年	2018年	2019年
岐阜県公立高				¥550	¥550	¥550	¥550	¥550	¥550	¥550	¥550	¥550	¥550	¥550	¥550	¥550	¥550
静岡県公立高				¥550	¥550	¥550	¥550	¥550	¥550	¥550	¥550	¥550	¥550	¥550	¥550	¥550	¥550
愛知県公立高(Aグループ)	¥550	¥550	¥550	¥550	¥550	¥550	¥550	¥550	¥550	¥550	¥550	¥550	¥550	¥550	¥550	¥550	¥550
愛知県公立高(Bグループ)	¥550	¥550	¥550	¥550	¥550	¥550	¥550	¥550	¥550	¥550	¥550	¥550	¥550	¥550	¥550	¥550	¥550
三重県公立高				¥550	¥550	¥550	¥550	¥550	¥550	¥550	¥550	¥550	¥550	¥550	¥550	¥550	¥550
滋賀県公立高	¥550	¥550	¥550	¥550	¥550	¥550	¥550	¥550	¥550	¥550	¥550	¥550	¥550	¥550	¥550	¥550	¥550
京都府公立高(中期選抜)	¥550	¥550	¥550	¥550	¥550	¥550	¥550	¥550	¥550	¥550	¥550	¥550	¥550	¥550	¥550	¥550	¥550
京都府公立高(前期選抜 共通学力検査)												¥550	¥550	¥550	¥550	¥550	¥550
京都市立西京高(エンタープライジング科)		¥550	¥550	¥550	¥550	¥550	¥550	¥550	¥550	¥550	¥550	¥550	¥550	¥550	¥550	¥550	¥550
京都市立堀川高(探究学科群)												¥550	¥550	¥550	¥550	¥550	¥550
京都府立嵯峨野高(京都こすもす科)		¥550	¥550	¥550	¥550	¥550	¥550	¥550	¥550	¥550	¥550	¥550	¥550	¥550	¥550	¥550	¥550
大阪府公立高(一般選抜)														¥550	¥550	¥550	¥550
大阪府公立高(特別選抜)														¥550	¥550	¥550	¥550
大阪府公立高(後期選抜)	¥550	¥550	¥550	¥550	¥550	¥550	¥550	¥550	¥550	¥550	¥550	¥550	¥550	×	×	×	×
大阪府公立高(前期選抜)	¥550	¥550	¥550	¥550	¥550	¥550	¥550	¥550	¥550	¥550	¥550	¥550	¥550	×	×	×	×
兵庫県公立高	¥550	¥550	¥550	¥550	¥550	¥550	¥550	¥550	¥550	¥550	¥550	¥550	¥550	¥550	¥550	¥550	¥550
奈良県公立高(一般選抜)	¥550	¥550	¥550	¥550	×	¥550	¥550	¥550	¥550	¥550	¥550	¥550	¥550	¥550	¥550	¥550	¥550
奈良県公立高(特色選抜)				¥550	¥550	¥550	¥550	¥550	¥550	¥550	¥550	¥550	¥550	¥550	¥550	¥550	¥550
和歌山県公立高	¥550	¥550	¥550	¥550	¥550	¥550	¥550	¥550	¥550	¥550	¥550	¥550	¥550	¥550	¥550	¥550	¥550
岡山県公立高(一般選抜)					¥550	¥550	¥550	¥550	¥550	¥550	¥550	¥550	¥550	¥550	¥550	¥550	¥550
岡山県公立高(特別選抜)												¥550	¥550	¥550	¥550	¥550	¥550
広島県公立高	¥550	¥550	¥550	¥550	¥550	¥550	¥550	¥550	¥550	¥550	¥550	¥550	¥550	¥550	¥550	¥550	¥550
山口県公立高					¥550	¥550	¥550	¥550	¥550	¥550	¥550	¥550	¥550	¥550	¥550	¥550	¥550
香川県公立高					¥550	¥550	¥550	¥550	¥550	¥550	¥550	¥550	¥550	¥550	¥550	¥550	¥550
愛媛県公立高					¥550	¥550	¥550	¥550	¥550	¥550	¥550	¥550	¥550	¥550	¥550	¥550	¥550
福岡県公立高				¥550	¥550	¥550	¥550	¥550	¥550	¥550	¥550	¥550	¥550	¥550	¥550	¥550	¥550
長崎県公立高					¥550	¥550	¥550	¥550	¥550	¥550	¥550	¥550	¥550	¥550	¥550	¥550	¥550
熊本県公立高(選択問題A)													¥550	¥550	¥550	¥550	¥550
熊本県公立高(選択問題B)													¥550	¥550	¥550	¥550	¥550
熊本県公立高(共通)					¥550	¥550	¥550	¥550	¥550	¥550	¥550	¥550	×	×	×	×	×
大分県公立高					¥550	¥550	¥550	¥550	¥550	¥550	¥550	¥550	¥550	¥550	¥550	¥550	¥550
鹿児島県公立高					¥550	¥550	¥550	¥550	¥550	¥550	¥550	¥550	¥550	¥550	¥550	¥550	¥550

受験生のみなさんへ

英俊社の高校入試対策問題集

各書籍のくわしい内容はこちら→

近畿の高校入試シリーズ

最新の近畿の入試問題から良問を精選。
私立・公立どちらにも対応できる定評ある問題集です。

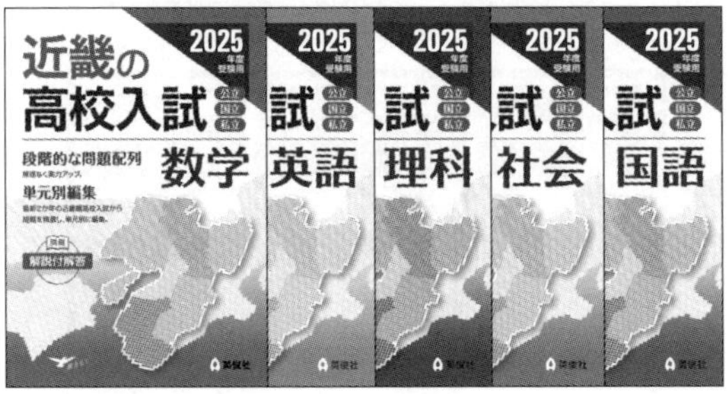

近畿の高校入試シリーズ

中1·2の復習

近畿の入試問題から１・２年生までの範囲で解ける良問を精選。
高校入試の基礎固めに最適な問題集です。

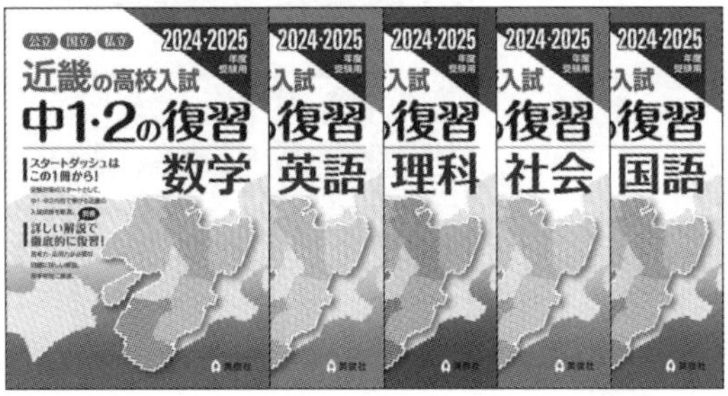

最難関高校シリーズ

最難関高校を志望する受験生諸君におすすめのハイレベル問題集。
灘、洛南、西大和学園、久留米大学附設、ラ・サールの最新７か年入試問題を単元別に分類して収録しています。

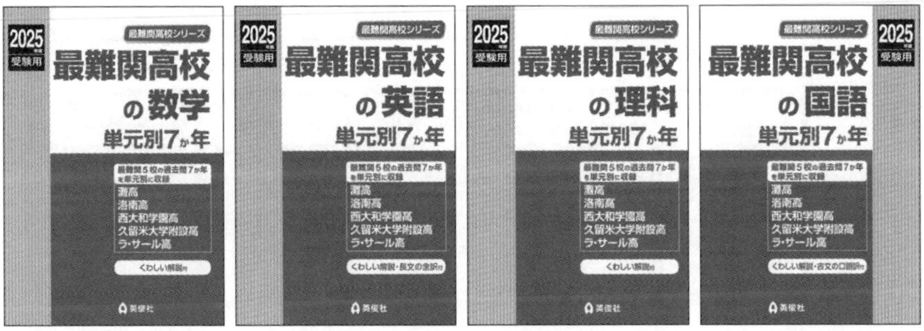

ニューウイングシリーズ　出題率

入試での出題率を徹底分析。出題率の高い単元、問題に集中して効率よく学習できます。

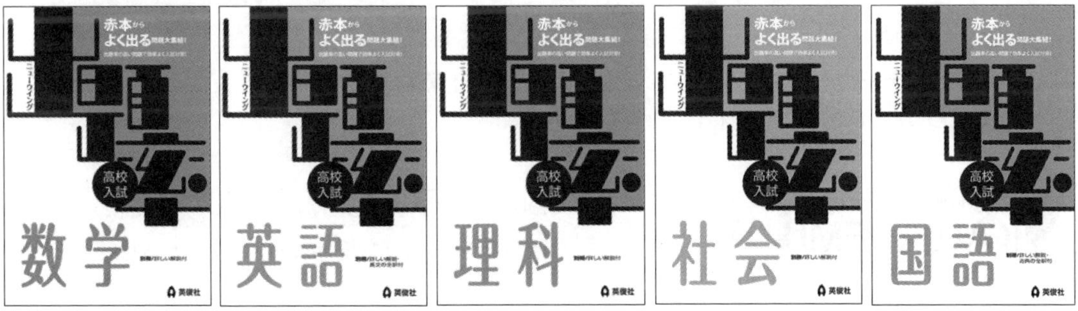

近道問題シリーズ

重要ポイントに絞ったコンパクトな問題集。苦手分野の集中トレーニングに最適です!

数学5分冊

01 式と計算
02 方程式·確率·資料の活用
03 関数とグラフ
04 図形〈1·2年分野〉
05 図形〈3年分野〉

英語6分冊

06 単語·連語·会話表現
07 英文法
08 文の書きかえ·英作文
09 長文基礎
10 長文実践
11 リスニング

理科6分冊

12 物理
13 化学
14 生物·地学
15 理科計算
16 理科記述
17 理科知識

社会4分冊

18 地理
19 歴史
20 公民
21 社会の応用問題 ―資料読解·記述―

国語5分冊

22 漢字·ことばの知識
23 文法
24 長文読解 ―攻略法の基本―
25 長文読解 ―攻略法の実践―
26 古典

学校·塾の指導者の先生方へ

赤本収録の**入試問題データベース**を利用して、**オリジナルプリント教材**を作成していただけるサービスが登場!! 生徒**ひとりひとりに合わせた**教材作りが可能です。

プリント教材作成システム
KAWASEMI Lite

くわしくは KAWASEMI Lite 検索 で検索!
まずは**無料体験版**をぜひお試しください。

※指導者の先生方向けの専用サービスです。受験生など個人の方はご利用いただけませんので、ご注意ください。

公立高校入試対策シリーズ 3029－1

❖もくじ

●公立入試はこうだ！

●過去５か年の公立高入試問題

（注）　編集上の都合により，掲載していない問題が一部ございます。あらかじめご了承下さい。
（注）　著作権の都合により，実際に使用された写真と異なる場合があります。　（編集部）

2020～2024年度のリスニング音声（書籍収録分すべて）は
英俊社ウェブサイト「**リスもん**」から再生できます。
https://book.eisyun.jp/products/listening/index/

リスもん
リスニング問題　音声再生ウェブページ

再生の際に必要な入力コード→ **23467598**
（コードの使用期限：2025年７月末日）

スマホはこちら ――→

※音声は英俊社で作成したものです。

❖2025年度一般選抜の概要について

1．一般選抜の概要

●特色選抜等で既に公立高校に合格している者は，出願できない。

●定員のすべてまたは一部を一般選抜で募集する学科（コース）及び特色選抜で合格者数が募集人員に満たなかった学科（コース）において実施する。

●募集人員や検査成績，調査書成績の満点等は，各高校によって異なる。詳細については，4～6ページの「一般選抜(実施検査と配点)」を参照。

●調査書の特別な取扱いによる合否判定を実施する学校がある。

①検査の種類と検査成績

各高校は，学力検査を実施する。定時制課程については，加えて面接を実施する。

●以下の各検査の合計点を**検査成績**とする。

学力検査　　面　接

●**学力検査**…奈良県教育委員会が作成する国語，社会，数学，理科，英語の**5教科**（各50点満点）の学力検査を各50分で実施する。一般選抜から実施する定時制課程については，国語，数学，英語の**3教科**（各50点満点）の学力検査及び面接を実施する。ただし，高校が学力検査の合計点に加重配点を行う場合がある。

【学力検査が5教科の場合】

検査等	時　間	時　刻
集　合		8:30
国　語	50分	9:15 ～ 10:05
英　語	50分	10:25 ～ 11:15
数　学	50分	11:35 ～ 12:25
(昼食)		
社　会	50分	13:15 ～ 14:05
理　科	50分	14:25 ～ 15:15

【学力検査が3教科の場合】

検査等	時　間	時　刻
集　合		8:30
国　語	50分	9:15 ～ 10:05
英　語	50分	10:25 ～ 11:15
数　学	50分	11:35 ～ 12:25
(昼食)		
面　接		13:10 ～

②調査書成績

調査書点（各教科15点満点で9教科合計135点満点）に，高校が重視する教科に加重配点を行う場合がある。調査書点，または調査書点に加重配点したものを**調査書成績**とする。

③合否の判定

検査成績，**調査書成績**及び調査書のその他の記載事項を資料として，総合的に合否を判定する。

※**調査書の特別な取扱い**…実施する高校は，募集人員の一部について，調査書のその他の記載事項の中で重視する事項を定めて点数化して**調査書成績**に加算する。この場合，一般選抜の募集人員から調査書の特別な取扱いによる合格人数枠を除いた人数を，前記③の合否の判定により選抜した後に，まだ合

格となっていない受検者を対象として，加算された**調査書成績**，**検査成績**等を資料として，総合的に合否を判定する。

2．2025年度募集日程

①特色選抜　願書受付最終日：2025年2月13日(木)
学力検査等　：2025年2月18日(火)・19日(水)
合格発表　：2025年2月26日(水)

②一般選抜　願書受付最終日：2025年3月6日(木)
学力検査等　：2025年3月11日(火)
合格発表　：2025年3月18日(火)

※特色選抜で合格者数が募集人員に満たなかった学科(コース)の合格発表は3月17日(月)

一般選抜（実施検査と配点）

表の見方

- **学科名（コース名）**
  学科名（コース名）が**ゴシック体**になっている学科（コース）で，必ず一般選抜を実施する。
  ＊印の学科（コース）は，特色選抜による合格者数が募集人員に満たなかった場合に一般選抜を実施する。
  「普通科（〇〇コース）」を設置している学校で「普通科」と表示しているものは「普通科（〇〇コース）」以外の普通科を示している。
- **学力検査**
  1 教科 50 分で，国語，社会，数学，理科，英語の 5 教科（各 50 点満点）の学力検査を実施する。ただし，一般選抜から募集する定時制課程については国語，数学，英語の3教科の学力検査を実施する。
  なお，学科（コース）によって加重配点を行う場合がある。例えば，5 教科の検査で 300 点と記載されている場合は，5 教科の合計点（250 点満点）を 1.2 倍する加重配点となる。
  学力検査の問題は奈良県教育委員会が作成する。英語の学力検査には，聞き取り検査を含む。
- **面接（又は実技検査）**
  一般選抜から募集する定時制課程において実施する。
- **調査書成績**
  各教科とも 15 点満点で，9 教科合計は 135 点満点となる。
  学科（コース）によって加重配点を行う場合がある。加重配点を行う教科の満点は，（　）内の点数を加算したものになる。例えば，音楽（15）の場合，音楽は 30 点満点となる。
- **調査書の特別な取扱い**
  一般選抜の募集人員の内，「調査書の特別な取扱い」によって合格となる最大人数を，「合格人数枠」として示している。

学校名	学科名（コース名）	学力検査成績の満点	面接	調査書成績		調査書の特別な取扱い	
				調査書において重視する教科（加重配点）	調査書成績の満点	合格人数枠	満点
奈良商工	機械工学科　＊	250	－	――――	135	－	－
	情報工学科　＊						
	建築工学科　＊						
	総合ビジネス科　＊						
	情報ビジネス科　＊						
	観光科　＊						
国際	国際科 plus　＊	250	－	英語（15）	150	－	－
	国際科　＊						
奈良	**普通科**	250	－	――――	135	－	－
山辺	総合学科　＊	250	－	――――	135	－	－
	農業探究科　＊						
高円芸術	**普通科**	250	－	――――	135	－	－
	音楽科　＊			音楽（15）	150		
	美術科　＊			美術（15）			
	デザイン科　＊						
高田	**普通科**	300	－	――――	135	－	－
郡山	**普通科**	250	－	――――	135	－	－
添上	**普通科**	250	－	――――	135	20名	20点
	普通科（人文探究）　＊				150	－	－
	スポーツサイエンス科　＊			保健体育（15）			
二階堂	キャリアデザイン科　＊	250	－	――――	135	－	－
橿原	**普通科**	250	－	――――	135	－	－
畝傍	**普通科**	250	－	――――	135	－	－

学校名	学科名（コース名）	学力検査成績の満点	面接	調査書成績		調査書の特別な取扱い	
				調査書において重視する教科（加重配点）	調査書成績の満点	合格人数枠	満点
商業	商業科※ ＊	250	－	―――	135	－	－
桜井	普通科（一般）	250	－	―――	135	－	－
	普通科（書芸） ＊						
五條	普通科	250	－	―――	135	10％	20点
	商業科 ＊					－	－
御所実業	環境緑地科 ＊	250	－	―――	135	－	－
	機械工学科 ＊						
	電気工学科 ＊						
	都市工学科 ＊						
	薬品科学科 ＊						
生駒	普通科	250	－	―――	135	－	－
奈良北	普通科	250	－	―――	135	－	－
	数理情報科	300		数学（15），理科（15）	165		
香芝	普通科（表現探究）	250	－	国語（15），英語（15）	165	－	－
	普通科			―――	135		
宇陀	普通科 ＊	250	－	―――	135	－	－
	情報科学科 ＊						
	こども・福祉科 ＊						
西和清陵	普通科	250	－	―――	135	10名	10点
法隆寺国際	普通科	250	－	全教科（15）	270	－	－
	歴史文化科 ＊			社会（15）	150		
	総合英語科 ＊			英語（15）			
磯城野	農業科学科（食料生産） ＊	250	－	―――	135	－	－
	農業科学科（動物活用） ＊						
	施設園芸科（施設野菜） ＊						
	施設園芸科（施設草花） ＊						
	バイオ技術科（生物未来） ＊						
	バイオ技術科（食品科学） ＊						
	環境デザイン科（造園緑化） ＊						
	環境デザイン科（緑化デザイン） ＊						
	フードデザイン科（シェフ） ＊						
	フードデザイン科（パティシエ） ＊						
	ファッションクリエイト科 ＊						
	ヒューマンライフ科 ＊						
高取国際	普通科	250	－	―――	135	－	－
	国際英語科 ＊						
	国際コミュニケーション科 ＊						
王寺工業	機械工学科 ＊	250	－	―――	135	－	－
	電気工学科 ＊						
	情報電子工学科 ＊						
大和広陵	普通科	250	－	保健体育（15）	150	10名	10点
	生涯スポーツ科 ＊					－	－

学校名	学科名（コース名）	学力検査成績の満点	面接（又は実技検査）	調査書成績		調査書の特別な取扱い	
				調査書において重視する教科（加重配点）	調査書成績の満点	合格人数枠	満点
奈良南	普通科　＊	250	－	——	135	－	－
	建築探究科　＊						
	森林・土木探究科　＊						
	情報科学科　＊						
	総合学科　＊						
十津川	総合学科　＊	250	－	——	135	－	－
奈良市立一条	普通科	250	－	——	135	20名	10点
大和高田市立高田商業	商業科　＊	250	－	——	135	－	－

※　商業高校の会計科，情報ビジネス科，経営ビジネス科，総合ビジネス科の４学科をまとめて，商業科として募集する。

※　市立高校については，特色選抜による合格者数が学科の募集人員に満たなかった場合，一般選抜を実施する。

【定時制課程】

学校名	学科名（コース名）	学力検査成績の満点	面接	調査書成績		調査書の特別な取扱い	
				調査書において重視する教科（加重配点）	調査書成績の満点	合格人数枠	満点
奈良商工	商工科※	150	30	——	135	－	－
畝傍	普通科	150	80	——	135	－	－
山添村立山辺高校山添分校	農業科・家政科	150	60	——	135	3名	15点
五條市立西吉野農業	農業科　＊	250	－	——	135	－	－

※　奈良商工高校の工業科，商業科の２学科をまとめて，商工科として募集する。

2024年度一般選抜　募集人員と出願状況

(2023年度倍率付)

【ア　一般選抜で定員の全て又は一部を募集する学科(コース)】

校名	学科（コース）名	募集人員	出願者数	2024年倍率	2023年倍率
奈良	普　通	360	423	1.18	1.11
高円芸術	普　通	120	149	1.24	1.43
高田	普　通	360	426	1.18	1.15
郡山	普　通	360	428	1.19	1.19
添上	普　通（人文探究コース以外）	160	130	0.81	1.07
橿原	普　通	320	324	1.01	1.15
畝傍	普　通	360	430	1.19	1.06
桜井	普　通（一般コース）	280	277	0.99	1.19
五條	普　通	240	183	0.76	0.89
生駒	普　通	320	352	1.10	1.29
奈良北	普　通	280	280	1.00	1.19
	数理情報	80	53	0.66	0.89
香芝	普　通（表現探究コース）	40	32	0.80	1.35
	普　通（表現探究コース以外）	280	301	1.08	1.20
西和清陵	普　通	200	209	1.05	1.02
法隆寺国際	普　通	200	197	0.99	1.28
高取国際	普　通	120	125	1.04	1.30
大和広陵	普　通	160	92	0.58	0.48
県立計		4,240	4,411	1.04	1.13
一条	普　通	200	291	1.46	1.43
市立計		200	291	1.46	1.43
合計		4,440	4,702	1.06	1.14

〈注〉第1志望の出願者数を示している。

【イ　特色選抜で合格者数が募集人員に満たなかった学科（コース）】

校名	学科（コース）名	募集人員	出願者数	2024年倍率
奈良商工	機械工学	13	4	0.31
	建築工学	9	5	0.56
山辺	総合	31	1	0.03
	農業探究	6	2	0.33
高円芸術	音楽	16	1	0.06
二階堂	キャリアデザイン	79	17	0.22
桜井	普通（書芸コース）	10	1	0.10
五條	商業	8	5	0.63
御所実業	機械工学	25	0	0.00
	電気工学	6	0	0.00
	都市工学	3	0	0.00
	薬品化学	8	2	0.25
宇陀	普通	29	17	0.59
	こども・福祉	53	2	0.04
法隆寺国際	総合英語	3	5	1.67
磯城野	環境デザイン（造園緑化コース）	3	2	0.67
	環境デザイン（緑化デザインコース）	3	2	0.67
	ファッションクリエイト	8	2	0.25
高取国際	国際英語	7	1	0.14
	国際コミュニケーション	9	4	0.44
王寺工業	機械工学	15	2	0.13
	電気工学	32	4	0.13
	情報電子工学	14	4	0.29
奈良南	情報科学	13	2	0.15
	総合	8	1	0.13
	建築探究	19	0	0.00
	森林・土木探究	18	0	0.00
十津川	総合	18	0	0.00
県立計		466	86	0.18
西吉野農業	農業	13	0	0.00
市立計		13	0	0.00
合計		479	86	0.18

〈注〉イに出願できる者は，特色選抜を受検したものであり，かつ，イを第１希望，アを第２希望とするものとする。
第１志望の出願者数を示している。

❖傾向と対策〈数学〉

出題傾向

		数と式							方程式						関数					図形								資料の活用	
		数の計算	数の性質	平方根の計算	平方根の性質	文字式の利用	式の計算	式の展開・因数分解	一次方程式の計算	一次方程式の応用	連立方程式の計算	連立方程式の応用	二次方程式の計算	二次方程式の応用	比例・反比例	一次関数	関数 $y=ax^2$	いろいろな事象と関数	関数と図形	図形の性質	平面図形の計量	空間図形の計量	図形の証明	作図	中3単元 相似	中3単元 三平方の定理	中3単元 円周角の定理	場合の数・確率	資料の分析と活用・標本調査
2024年度	一般選抜	○				○	○	○					○		○		○		○		○	○	○	○	○	○	○	○	○
2023年度	一般選抜	○	○	○				○			○		○				○		○		○	○	○	○	○	○	○	○	○
2022年度	一般選抜	○		○			○	○					○		○		○	○	○		○	○	○	○	○		○	○	○
2021年度	一般選抜	○		○		○	○	○		○	○		○				○		○	○	○		○	○	○	○	○	○	○
2020年度	一般選抜	○	○				○	○				○	○		○		○		○	○	○	○	○	○	○	○	○	○	○

出題分析

★数と式…………大問1のはじめに，正負の数の加減・乗除，単項式の乗除，式の展開を主として計算問題が出題される。そのほか，数の性質，式の値，不等式なども出題されている。

★方程式…………毎年，2次方程式の計算問題が1題出題され，加えて1次方程式や連立方程式の計算問題や文章題が出題される場合もある。

★関　数…………グラフの式や座標，および変域を求める問題が多い。また，図形と関連させた問題が必ず出題されており，長さや面積などとからめて，条件を満たす点の座標や直線の式を求める問題，回転体の体積を求める問題などが出題されている。点や図形の変化をとらえる問題が出題されるのも特徴だ。

★図　形…………基本的な図形の性質をはじめ，合同，相似，三平方の定理，円の性質を利用する問題が，様々な題材で出題されている。相似比を利用した計量問題，空間図形の各辺・面の位置関係や，基本的な作図，論証もきちんとおさえておきたい。

★資料の活用……サイコロや選び方などを題材とした確率の問題や，ヒストグラム，度数分布表などの資料に関する問題が幅広く出題されている。

来年度の対策

全体としては標準レベルだが，難易度の高い問題も含まれるので，時間配分に気をつけ，確実に得点できる問題から手をつけていけるように意識をしておこう。また，幅広い単元からまんべんなく出題されているので，苦手単元をなくしておくことが重要になる。「**数学の近道問題シリーズ**（全５冊）」（英俊社）から苦手単元を選んでやっておくとよい。全体的な復習を効率良く行いたい人は，出題率を詳しく分析し，高校入試でよく出題される問題を中心に編集された「**ニューウイング 出題率 数学**」（英俊社）を活用しよう。

さらに，毎年出題される関数と図形，平面図形の単元は集中的に学習をしておきたい。関数と図形は，面積に関連する問題，回転体についての問題などを中心に学習しておこう。図形の問題は，円周角の定理，相似，三平方の定理をスムーズに使いこなせるようになっておくと，高得点につながるだろう。

英俊社のホームページにて，中学入試算数・高校入試数学の解法に関する補足事項を掲載しております。必要に応じてご参照ください。
URL ⟶ https://book.eisyun.jp/

スマホはこちら ⟶

❖傾向と対策〈英語〉

出題傾向

		放送問題	語い	音声			英文法					英作文			読解		長文問題										
				語の発音	語のアクセント	文の区切り・強勢	語形変化	英文完成	同意文完成	指示による書きかえ	正誤判断	整序作文	和文英訳	その他の英作文	問答・応答	絵や表を見て答える問題	会話文	長文読解	長文総合	設問の内容							
																				音声・語い	文法事項	英文和訳	英作文	内容把握	文の整序・挿入	英問英答	要約
2024年度	一般選抜	○														○		○	○				○	○	○	○	○
2023年度	一般選抜	○														○	○		○				○	○		○	○
2022年度	一般選抜	○														○	○		○		○		○	○		○	○
2021年度	一般選抜	○															○	○	○		○		○	○	○	○	
2020年度	一般選抜	○												○			○		○		○		○	○	○	○	○

出題分析

★読解問題は会話文や長文問題だけでなく，ポスターや広告などを読み取る問題も出題されている。英作文が長文問題の中の小問として出題されており，限られた語数で自分の意見をまとめる必要がある。

★リスニングテストでは英文の説明に合う絵を選ぶ問題や最後のせりふに対する応答を選ぶ問題，英文の内容に合う選択肢を選ぶ問題が出題されている。

来年度の対策

①長文になれておくこと！

日ごろからできるだけたくさんの長文を読み，大意をつかみながらスピードをあげて読めるようになっておきたい。**英語の近道問題シリーズ**の「**長文基礎**」と「**長文実践**」（ともに英俊社）をやっておくとよい。

②リスニングに慣れておくこと！

リスニングは今後も実施されると思われるので，日ごろからネイティブスピーカーの話す英語に慣れておこう。

③効率的な学習を心がけること！

日常ではもちろん，入試間近では，特に大切なことである。これにピッタリの問題集が「**ニューウイング 出題率 英語**」（英俊社）だ。過去の入試問題を詳しく分析し，出題される確率が高い形式の問題を中心に編集してある。これを使って仕上げておけば心強い。

❖傾向と対策〈社会〉

出題傾向

		地理							歴史							公民										融合問題
		世界地理			日本地理			世界地理・日本地理総合	日本史					世界史	日本史・世界史総合	政治				経済				国際社会	公民総合	
		全域	地域別	地図・時差（単独）	全域	地域別	地形図（単独）		原始・古代	中世	近世	近代・現代	複数の時代			人権・憲法	国会・内閣・裁判所	選挙・地方自治	総合・その他	しくみ・企業	財政・金融	社会保障・労働・人口	総合・その他			
2024年度	一般選抜		○									○	○												○	○
2023年度	一般選抜		○									○			○										○	○
2022年度	一般選抜							○				○			○		○									○
2021年度	一般選抜							○					○							○						○
2020年度	一般選抜							○					○												○	○

出題分析

★出題数と時間　地理・歴史・公民のそれぞれの分野が各大問中で出されることが多いが，融合問題の形式での出題もある。

★出題形式　記述式の中には短文で説明させる問題が各分野で出されている。

★出題内容　①地理的分野

地図に関連する気候グラフや写真などをもとにした問題が多く，地域・都市などの特色を判断していくことや，資料の内容を説明する力が求められている。

②歴史的分野

特定のテーマが設定され，そのテーマに関連する，時代を象徴する歴史事象や用語を問う出題が目立つ。資料も多用されている。

③公民的分野

政治，経済の基本的内容だけでなく，時事的な要素を含む問題も出されている。用語に関する問いが中心だが，資料・グラフもよく使われている。

来年度の対策

①**地理的分野**では，地図・統計・グラフを参照しながら学習を進めることを心がけ，地域ごとの特色を理解しよう。日本や世界の各都市・各地域の自然や気候・産業をまとめておくこと。

②**歴史的分野**では，各時代の特色をつかむため，時代を象徴するような事項や人物を年代順にまとめ，時代の移り変わりを総合的に理解するような学習を心がけたい。また，日本史の年代と関連させて同時代の重要な世界史事項も理解しておく必要がある。

③**公民的分野**では，憲法の重要な条文をしっかりおさえ，現実の政治との関係についてもよく学習しておくこと。また，経済の用語やそのしくみについての理解も深めておきたい。

やや難しい内容を含む論述問題の練習には必ず取り組んでおこう。また，「**社会の近道問題シリーズ**（全４冊）」（英俊社）で苦手な単元を克服し，「**ニューウイング 出題率 社会**」（英俊社）を使って入試直前の最終チェックもしておこう。

❖傾向と対策〈理科〉

出題傾向

		物理					化学					生物					地学					環境問題
		光	音	力	電流の性質とその利用	運動とエネルギー	物質の性質	物質どうしの化学変化	酸素が関わる化学変化	いろいろな化学変化	酸・アルカリ	植物	動物	ヒトのからだのつくり	細胞・生殖・遺伝	生物のつながり	火山	地震	地層	天気とその変化	地球と宇宙	
2024年度	一般選抜			○					○					○			○				○	○
2023年度	一般選抜					○	○			○		○								○		○
2022年度	一般選抜		○		○		○	○							○						○	
2021年度	一般選抜	○			○		○				○			○		○				○		
2020年度	一般選抜			○						○		○			○			○				

出題分析

物理，化学，生物，地学の各分野から1〜2題の出題を基本とし，総合的な内容の問題などが出題される年もある。宇宙飛行やエネルギーなどの最近の科学技術についても出題されている。選択式では思考を必要とする選択肢が含まれ，記述式と組み合わせて出題されることもあるので，しっかりした基礎学力がないと正解が得られない出題となっている。

★物理的内容

表・グラフからの読み取りや計算力を問う問題が出題されることが多い。基本事項を組み合わせた形の応用問題もあるので力をつけておくこと。

★化学的内容

基本的な実験をもとにして，応用面をやや加味したタイプの問題が出題されている。総合的な知識が問われる。**グラフの読み取りや質量計算・モデル化の能力**が必要とされる。

★生物的内容

基礎知識を総合的に応用した内容が出題されている。**観察図表や実験図表の読み取り力，考え方**が必要とされる。

★地学的内容

観測データの変化を系統立てて考える力が問われる。思考力が試される問題もある。

来年度の対策

①**物理→基本法則を理解**した上で，練習問題でしっかりと**計算力**をつけておきたい。また，グラフの読み取り・**作図**にも注意しておこう。

②**化学→化学実験の方法と結果**，物質の識別などをまとめておく。化学反応式の**モデル化**，実験結果の**グラフ化**は重点的に練習しておこう。

③**生物→基礎実験**，**観察の把握**と，**生物の生命現象**の基本的な知識を整理しておく。**短文説明**にも注意しておこう。

④**地学→**天体の動き，地質構造の変化，気象データの読み取りなど，**総合的に考察できるよう学習**しておく必要がある。

「理科の近道問題シリーズ（全６冊）**」**（英俊社）で苦手分野を克服し，仕上げに，**「ニューウイング 出題率 理科」**（英俊社）をやっておくとよいだろう。出題率の高い問題ばかりを集めた問題集なので，効果的な勉強ができる。ぜひやっておこう。

❖傾向と対策〈国語〉

出題傾向

		現代文の読解									国語の知識									作文		古文・漢文								
		内容把握	原因・理由	接続語	適語挿入	脱文挿入	段落の働き・論の展開	要旨・主題	心情把握・人物把握	表現把握	漢字の読み書き	漢字・熟語の知識	ことばの知識	慣用句・ことわざ・四字熟語	文法	敬語	文学史	韻文の知識	表現技法	課題作文・条件作文	短文作成・表現力	読解問題	主語・動作主把握	会話文・心中文	要旨・主題	古語の意味・口語訳	仮名遣い	文法・係り結び	返り点・書き下し文	古文・漢文・漢詩の知識
2024 年度	一般選抜	○	○				○		○	○	○	○	○		○					○		○				○	○			
2023 年度	一般選抜	○					○		○	○	○	○	○							○		○					○			
2022 年度	一般選抜	○	○	○				○		○	○	○			○					○		○							○	
2021 年度	一般選抜	○	○				○		○	○	○	○	○		○					○		○				○	○			
2020 年度	一般選抜	○		○						○	○		○	○		○				○		○				○		○		

【出典】

2024年度　①文学的文章　黒田未来雄「獲る　食べる　生きる」
②論理的文章　宮永健太郎「持続可能な発展の話」　③古文　「土佐日記」

2023年度　①文学的文章　鎌田裕樹「ポケットの種から」
②論理的文章　鎌田浩毅「知っておきたい地球科学」
③古文　「建礼門院右京大夫集」

2022年度　①文学的文章　小川洋子「カタツムリの殻」
②論理的文章　藤田正勝「はじめての哲学」　③漢詩　丘為「左掖の梨花」

2021年度　①（省略）　②論理的文章　金田章裕「地形と日本人」　④古文　「耳塵集」
⑤作文　池田晶子「14 歳からの哲学　考えるための教科書」

2020年度　1論理的文章　大石善隆「コケはなぜに美しい」
2文学的文章　角野栄子「『作家』と『魔女』の集まっちゃった思い出」
4古文　「花月草紙」

出題分析

★現代文…………文学的文章と論理的文章の２題，抜き出し式と選択式と記述式がバランスよく出題されている。出題内容は，基本的な読解力を求めるものが中心。

★古　文…………古文だけでなく，和歌をふくんだもの，漢詩が出題されることもある。要点に関する内容把握がよく問われているので，短い本文から内容を的確に読み取る力が必要とされている。

★漢　字…………現代文の中で，漢字の読み書きが４題ほど出題されている。行書の特徴，熟語の読みなども問われたことがある。

★作　文…………150字以内，二段落構成などの条件で大問単独，または現代文のなかで出題されている。作文とは別に，2～3文程度の短文作成を課されている年度もある。

★文　法…………品詞の識別，修飾，敬語の種類などについて出題されている。

来年度の対策

各分野での素材文はその年ごとに変化に富んでいるが，設問には一定のパターンがあるので，過去５年間の問題について，徹底研究しておくことが最も有効である。

文法・漢字・古文・漢文については，教科書で学習した基礎的知識を確実に身につけておくこと。

設問は現代文も古文も読解力をみるものが主である。日ごろから幅広い読書を心がけること。また，読んだ内容を要約してみるのもよい訓練になる。

作文は課題と条件が与えられるので，過去の問題を分析しておくこと。練習を十分にしておかないと，書くのに時間をとられる。例えば，日常の身近なできごとを100～150字程度にまとめてみるなど，普段からの練習が必要である。

書写はよく出題されているので，行書，楷書に関する知識が必要である。日ごろから，文字は正しい筆順で丁寧に書くように心がけたい。

中学校の学習内容全般から広く出題されるので，苦手分野をできるだけ少なくしておくことが大切。「**国語の近道問題シリーズ**（全５冊）」（英俊社）は薄手ながら，苦手分野の克服に適した問題集なので，ぜひやっておいてほしい。また，仕上げに出題率の高い問題を集めた「**ニューウイング 出題率 国語**」（英俊社）もやっておけば，さらに学力がアップするだろう。

【写真協力】

Ivan2010・Sistema de regadio circular en toda su magnitud.jpg・via Wikimedia CC-BY SA ／ Lear 21・Thefalloftheberlinwall1989・via Wikimedia・CC BY-SA ／ NHK for school ／ アース製薬 ／ エコツーリズム推進協議会 ／ ピクスタ株式会社 ／ 株式会社フォトライブラリー ／ 岐阜聖徳学園大学 ／ 熊本大学 ／ 公正取引委員会 HP ／ 時事通信フォト ／ 政府広報オンライン ／ 大日本図書 ／ 東京書籍 ／ 福岡教育大学 ／ 文化庁 HP

【地形図】

本書に掲載した地形図は，国土地理院発行の地形図・地勢図を使用したものです。

~MEMO~

奈良県公立高等学校
（一般選抜）

2024年度
入学試験問題

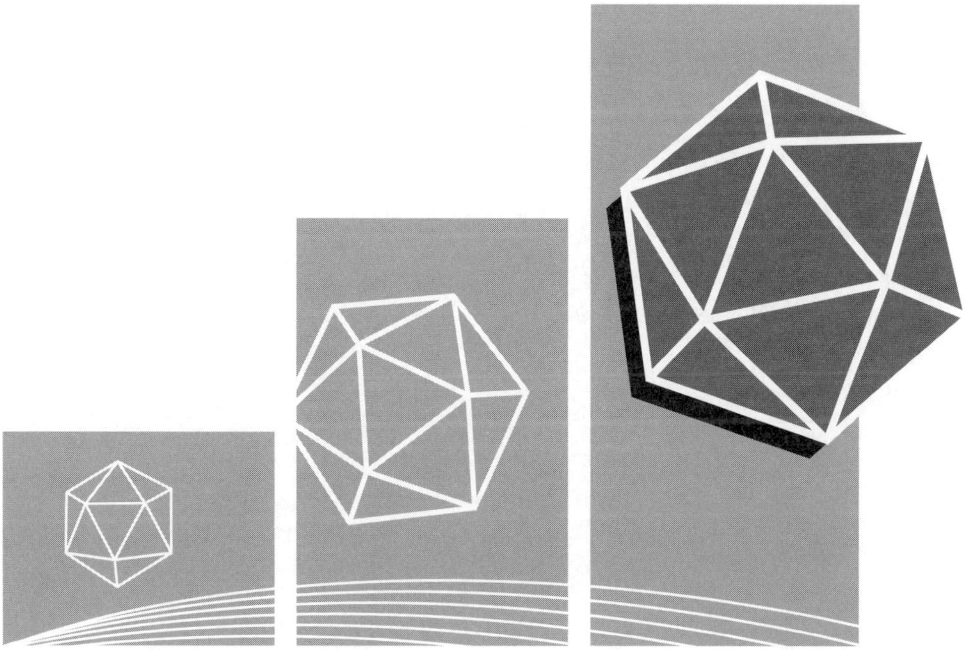

数学

時間　50分　　　　満点　50点

1　次の各問いに答えよ。

(1)　次の①〜④を計算せよ。

①　$-3-(-7)$　(　　　)

②　$3(2x-1)+x-4$　(　　　)

③　$10xy^2 \div 5y \times 2x$　(　　　)

④　$(x+4)(x-4)-(x-3)^2$　(　　　)

(2)　2次方程式 $x^2+x-5=0$ を解け。(　　　)

(3)　「1本 x 円の鉛筆3本と1冊 y 円のノート5冊の代金の合計は，500円より高い」という数量の関係を不等式で表せ。(　　　)

(4)　y は x に反比例し，$x=-6$ のとき $y=4$ である。$y=3$ のときの x の値を求めよ。(　　　)

(5)　2つのさいころA，Bを同時に投げるとき，Aのさいころの出る目の数がBのさいころの出る目の数より大きくなる確率を求めよ。(　　　)

(6)　図1で，△ABCは AB = AC = 5 cm，BC = 6 cm の二等辺三角形である。この二等辺三角形を，辺BCを軸として1回転させてできる立体の体積を求めよ。ただし，円周率は π とする。(　　　cm^3)

図1

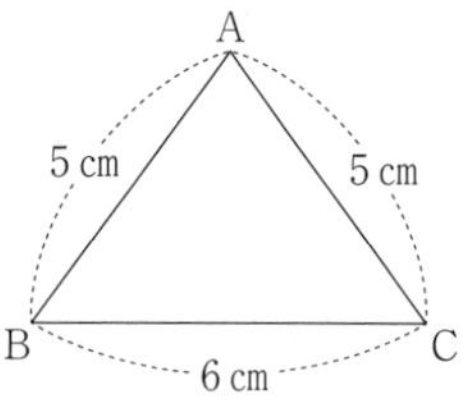

(7)　図2のように，△ABCがある。次の条件①，②を満たす点Pを，定規とコンパスを使って解答欄の枠内に作図せよ。なお，作図に使った線は消さずに残しておくこと。

図2

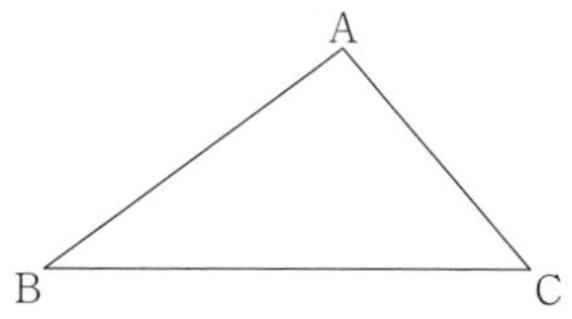

[条件]

①　∠ABP = ∠CBP である。

②　BP ⊥ CP である。

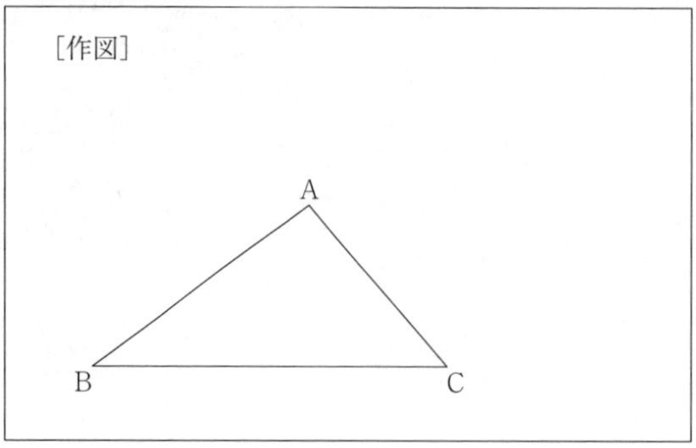

(8)　太郎さんと花子さんは，A 中学校の図書委員である。①，②の問いに答えよ。

①　太郎さんと花子さんは，3 年 1 組の生徒 36 人と 3 年 2 組の生徒 37 人が 1 学期に読んだ本の冊数を調べた。図 3 は，その結果をそれぞれ箱ひげ図に表したものである。図 3 の 2 つの箱ひげ図から読み取ることができることがらとして適切なものを，後のア～エから全て選び，その記号を書け。(　　　　)

図 3

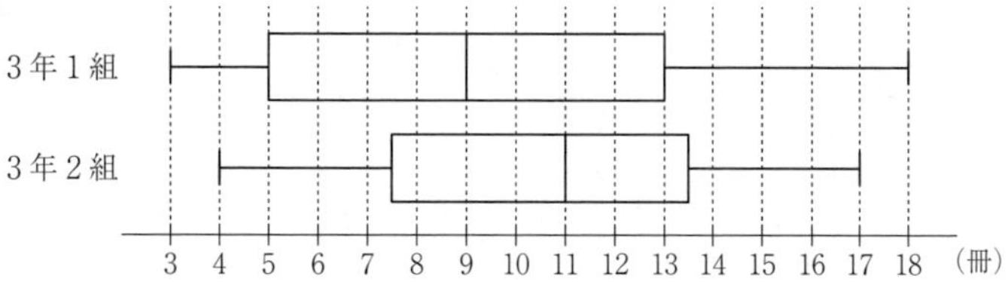

ア　読んだ本の冊数の範囲は，1 組よりも 2 組の方が大きい。

イ　1 組で，読んだ本の冊数の第 1 四分位数は，5 冊である。

ウ　2 組で，読んだ本の冊数が 14 冊以上である生徒は，9 人いる。

エ　1 組，2 組ともに，読んだ本の冊数が 13 冊である生徒は，少なくとも 1 人はいる。

②　次の□内は，A 中学校の全校生徒 240 人が 1 学期に読んだ本の冊数の平均について考えた，花子さんと太郎さんの会話である。下線部のように言える理由を簡潔に書け。

(　　　　　　　　　　　　　　　　　　　　　　　　　　　　　　　　　　　　　　　)

花子：1 学期に読んだ本の冊数の平均を調べるために，全校生徒 240 人を母集団とする標本調査をしたいね。

太郎：3 年 1 組の生徒を標本として選ぶのはどうかな。3 年 1 組の生徒 36 人が 1 学期に読んだ本の冊数の平均は 9.6 冊だったよ。

花子：<u>その標本の取り出し方は適切ではない</u>よ。

2　写真１のように，箱詰めされた缶ジュースが40本ある。太郎さんと花子さんは，写真２のように詰め替えると，缶ジュースが41本入ったことから，箱の中にどのように缶ジュースを詰めるかで，入る本数が変わることに興味をもった。図１，２はそれぞれ写真１，２をもとに，箱を長方形ABCD，缶を円として表した図である。AB = 10cm，AD = 16cm，円の半径を１cmとして，各問いに答えよ。

写真１

写真２

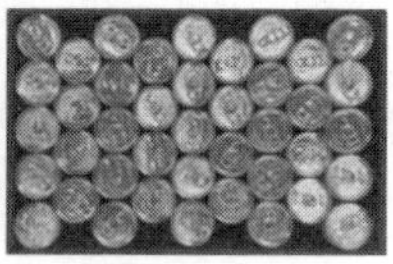

図１

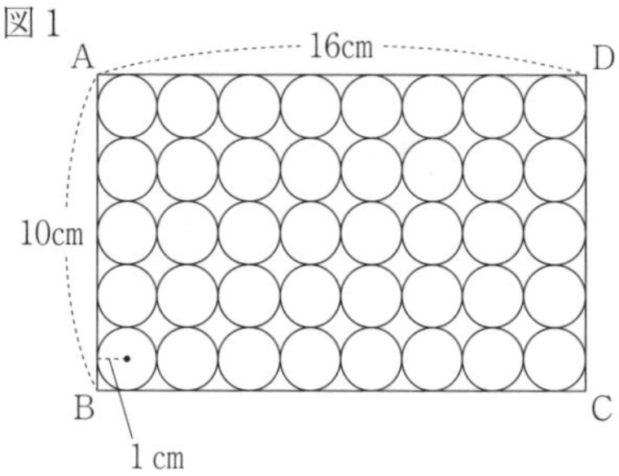

図２

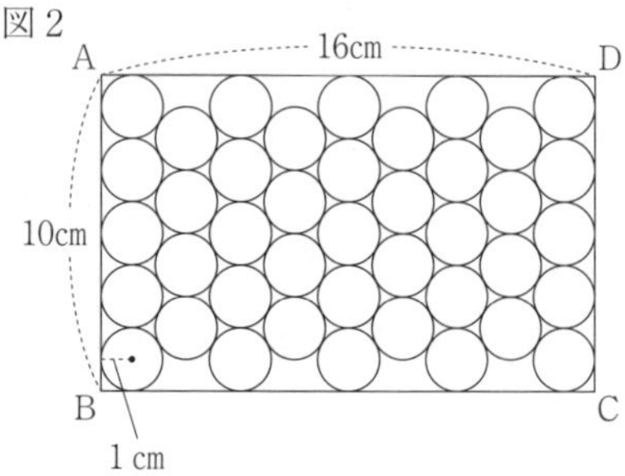

(1)　次の［　　］内は，図１，２を見て考えた，花子さんと太郎さんの会話である。①，②の問いに答えよ。

花子：図１では，円は左から縦に５個ずつ８列並んでいて，図２では，円は左から縦に５個，縦に４個，……と交互に９列並んでいるね。

太郎：図２の並べ方のほうが円と円のすきまが小さいから１列多く入ったのかな。

花子：図２の一部分を取り出して考えると，隣り合う円は接しているから，図３で，長さaは［あ］cm，図４で，円の左端から右端までの長さbは(［い］) cmだね。

太郎：それじゃあ，全体の長さはどうなるかな。

花子：図５で，左から９列並べた円の左端から右端までの長さcは(［う］) cmだね。$\sqrt{3}$ = 1.73として［う］の近似値を求めると，図２の並べ方で長方形ABCD内に左から９列並べられることも確かめられたよ。

図３

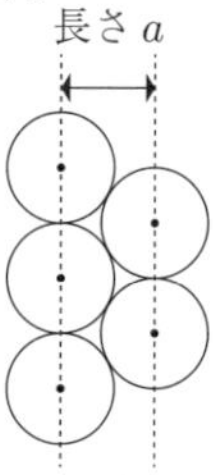

図４

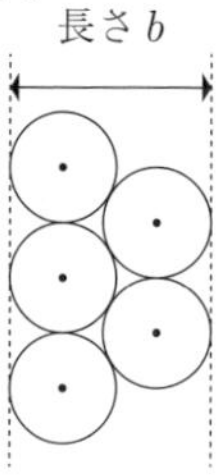

図５

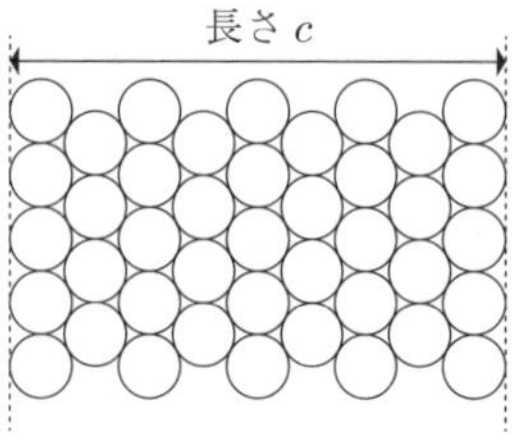

①　［あ］，［い］，［う］に当てはまる数を，それぞれ書け。

あ(　　　)　い(　　　)　う(　　　)

②　次の【太郎さんの考え】が正しいか正しくないかを，根拠を示して説明せよ。ただし，$\sqrt{3}$ = 1.73とする。

(　　　　　　　　　　　　　　　　　　　　)

【太郎さんの考え】

図2のように並べると，図2のほうが図1より，1列多く並べられたので，図6のように，上から横に8個，横に7個，……と交互に並べると，長方形ABCD内に上から6列並べられるはずだ。

図6

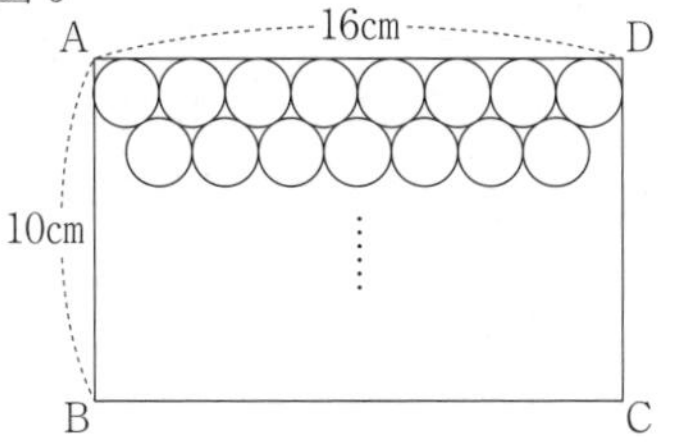

(2) 太郎さんと花子さんは，図7のように，円を左から縦に7個，縦に6個，……と交互に n 列目まで並べていくときの，円の個数について考えた。1列目から n 列目まで並べた円の個数を，n が偶数のときと，n が奇数のときについて，それぞれ n を用いた式で表せ。偶数のとき（　　　個）　奇数のとき（　　　個）

図7

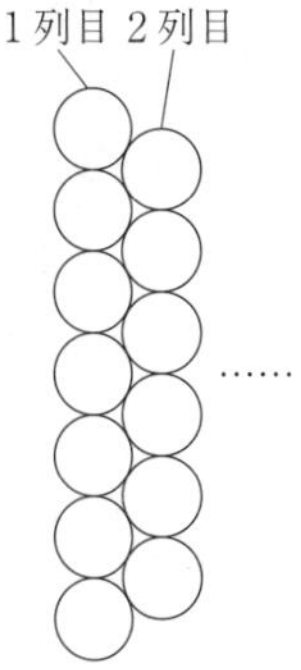

3 右の図で，放物線は関数 $y=\frac{1}{4}x^2$ のグラフである。2点A，Bは放物線上の点であり，その x 座標はそれぞれ -4，6である。点Cは点Bを通り y 軸に平行な直線と x 軸との交点であり，点Pは線分AB上を点Aから点Bまで動く点である。原点をOとして，各問いに答えよ。

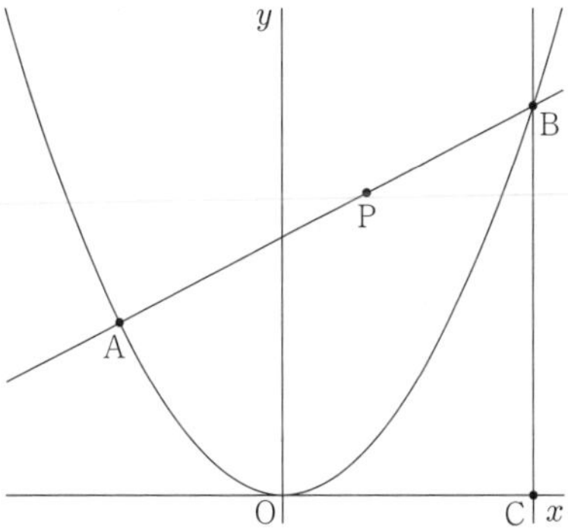

(1) 関数 $y=\frac{1}{4}x^2$ について，x の変域が $-4 \leqq x \leqq 6$ のとき，y の変域を求めよ。（　　　）

(2) 点Pが線分AB上を点Aから点Bまで動くと，①，②の値はどのように変化するか。正しいものを，それぞれア～オから1つずつ選び，その記号を書け。

① ∠OCPの大きさ（　　　）

ア　大きくなる。　イ　小さくなる。　ウ　一定である。

エ　大きくなってから小さくなる。　オ　小さくなってから大きくなる。

② 線分OPの長さ（　　　）

ア　大きくなる。　イ　小さくなる。　ウ　一定である。

エ　大きくなってから小さくなる。　オ　小さくなってから大きくなる。

(3) △BCPの面積が21のとき，点Pの x 座標を求めよ。（　　　）

(4) 線分OA上に点D，線分OB上に点EをAB∥DEになるようにとる。△ODEの面積が△OABの面積の $\frac{1}{16}$ であるとき，直線DEの式を求めよ。（　　　）

4　右の図で，4 点 A，B，C，D は円 O の周上にあり，AB = AC である。点 E は線分 BD と線分 AC との交点である。点 F は線分 BD 上にあり，CD = BF である。各問いに答えよ。

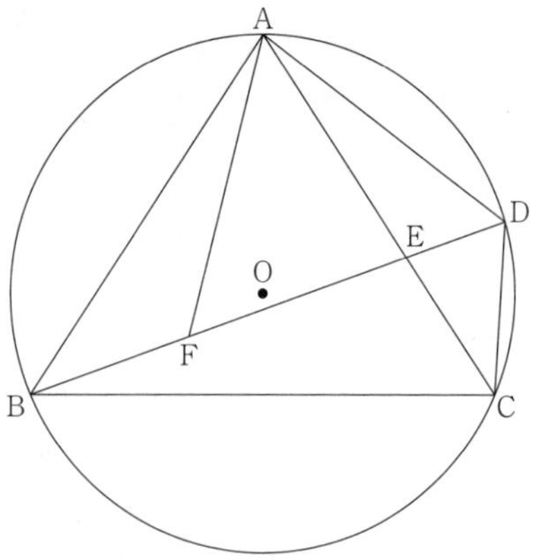

(1)　△ABF ≡ △ACD を証明せよ。

(2)　$\angle BAC = a^\circ$ とするとき，∠ACB の大きさを a を用いて表せ。(　　　)

(3)　AB = 5 cm，BD = 6 cm，CD = 2 cm のとき，①，②の問いに答えよ。

①　線分 AD の長さを求めよ。(　　　cm)

②　△ABF の面積は△AED の面積の何倍か。(　　　倍)

英語

時間　50分　　　　満点　50点

（編集部注）放送問題の放送原稿は英語の末尾に掲載しています。
音声の再生についてはもくじをご覧ください。

1　放送を聞いて，各問いに答えよ。

(1)　①，②の英語の内容に合うものを，それぞれア～エから1つずつ選び，その記号を書け。なお，英語はそれぞれ1回ずつ流れる。①（　　　）②（　　　）

①　ア

イ

ウ

エ

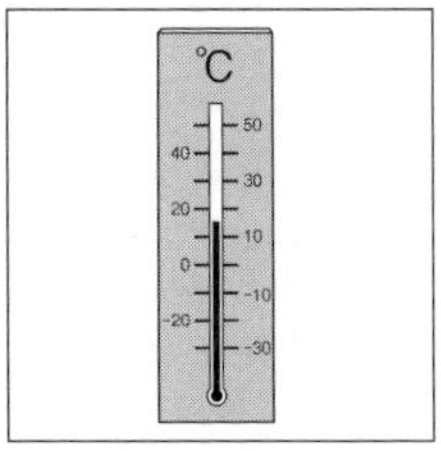

②　ア

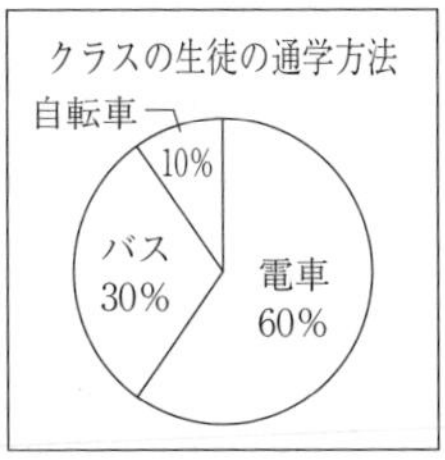

イ

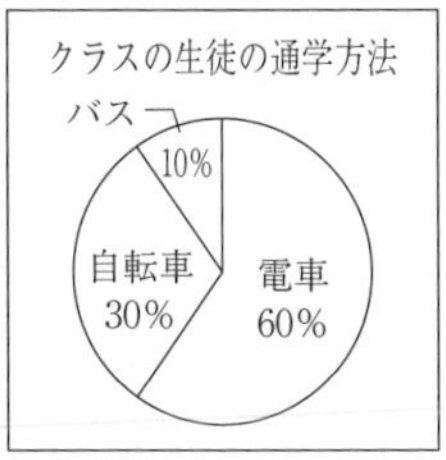

ウ

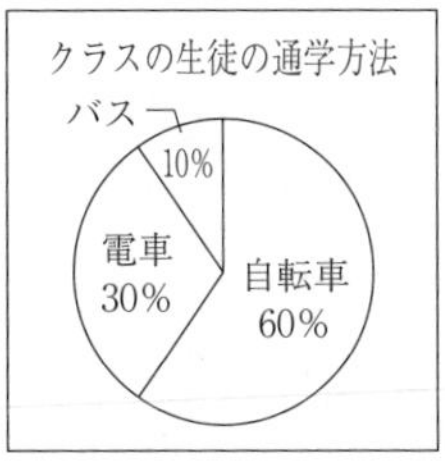

エ

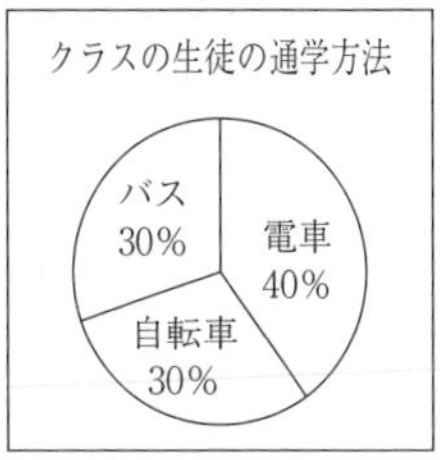

(2)　①，②のそれぞれの会話の最後の応答にあたる部分に入る英語として最も適切なものを，それぞれア～エから1つずつ選び，その記号を書け。なお，会話はそれぞれ1回ずつ流れる。

①（　　　）②（　　　）

①　ア　I think you can give a speech in English.
　　イ　I think you can make your speech better.
　　ウ　I think you can learn Japanese every day.
　　エ　I think you can speak more slowly.

②　ア　I have already bought a birthday present for her.
　　イ　We should know her birthday.
　　ウ　Shall we have a party for her?
　　エ　Can I make a cake for you?

(3)　会話を聞いて，2人が行おうとしている順に体験を左から並べたものを，後のア～エから1つ選び，その記号を書け。なお，会話は2回流れる。（　　　）

まほろば農業公園　体験スケジュール

	午前			午後			
	9:00－10:00	10:00－11:00	11:00－12:00	12:00－1:00	1:00－2:00	2:00－3:00	3:00－4:00
メイン・パーク(Main Park)							
乗馬		○			○		
羊のエサやり	○	○	○	○	○	○	○
ファーマーズ・プレイス(Farmer's Place)							
イチゴ狩り	○		○		○		○
レイク・プレイス(Lake Place)							
釣り	○		○		○		
クッキング・ルーム(Cooking Room)							
ジャム作り			○		○		○
ソーセージ作り		○				○	

ア　乗馬，ジャム作り，釣り　　イ　乗馬，釣り，ジャム作り　　ウ　釣り，ジャム作り，乗馬

エ　釣り，乗馬，ジャム作り

(4)　ボランティアガイドをしている鈴木恵理さんが話した英語の内容と合っているものを，次のア～カから2つ選び，その記号を書け。なお，英語は2回流れる。(　　　)(　　　)

ア　Eri liked to learn English when she was a student.

イ　Eri talked with a foreign tourist for the first time when she started volunteer work.

ウ　Eri had a successful experience when she talked with a foreign tourist five years ago.

エ　Eri wanted foreign tourists to know about her town because it is very nice.

オ　Eri has always learned English very easily until today.

カ　Eri thinks learning foreign languages helps us understand our language and culture.

2 オーストラリア出身の Amy White は，まほろば中学校の ALT であり，次の［　　］内は，彼女が月に1回発行しているニュースレターである。各問いに答えよ。

Amy's Monthly Newsletter　　February

Hello everyone. How are you? It's still very cold, so I hope you keep warm and take care of yourself. I hope you will enjoy reading this month's newsletter.

Winter Season

We have snow in Australia, but I have never gone skiing there. This winter I went skiing in Japan for the first time in my life! It was a little scary, but I enjoyed the beautiful snowy mountains.

Spring will come soon

It's very cold in winter, so I can't wait for spring! I love spring in Japan. I want to enjoy a picnic with my friends. However, I'm sad because I have to say goodbye to the 3rd year students next month. 3rd year students, I hope you will enjoy your high school life. What do you want to try in high school?

Culture Event

Why don't you join the 2nd Culture Event? This time I'll introduce school life and holidays in Australia. We'll also enjoy playing games and singing English songs. Come and join us!

Date & Time：Friday, February 16th 15：30~16：30
Room：Music Room
Notes：Please bring a pen or a pencil.

Do you need any help?

How is your English learning? If you have any questions or if you are worried about English learning, you are welcome to come and see me. I'm happy to help you.

Days：Monday & Thursday
Room：English Room (Break Time & Lunch Time)
Teachers' Room (After School)

Thank you for reading. See you next month.
Your ALT, Amy White

(注) monthly：月1回の　　newsletter：ニュースレター

(1) ニュースレターの内容について，次の①，②の問いにそれぞれ3語以上の英語で答えよ。ただし，コンマやピリオドなどは語数に含めないこと。

① Has Ms. White gone skiing in Australia?
(　　　　　　　　　　　　　　　　　　　　)

② What does Ms. White want to do in spring?
(　　　　　　　　　　　　　　　　　　　　)

(2) 次の英文は，ニュースレターを見ながら話している Emma と Haruka の会話である。(①)，(②) に入る最も適切な英語を，後のア～エから1つずつ選び，その記号を書け。

①(　　　) ②(　　　)

Emma: Why don't we go to this culture event tomorrow, Haruka?

Haruka: Sure. It sounds fun, but I want to talk to Ms. White about my English writing tomorrow.

Emma: Look here. Today is Thursday, right? You have to visit her today. She is in (①) during lunch time.

Haruka:　Oh, thank you, Emma. I'll go now. Tomorrow, let's go to (②) together to join the event.

ア　the Teachers' Room　　イ　the English Room　　ウ　the Music Room

エ　the Library

(3)　あなたは，下線部に対してどのように答えるか。15 語程度の英語で書け。ただし，1 文または 2 文で書き，コンマやピリオドなどは語数に含めないこと。

(　　　　　　　　　　　　　　　　　　　　　　　　)

3　次の英文を読んで，（ ① ）～（ ③ ）に入る英語として最も適切なものを，それぞれア～エから1つずつ選び，その記号を書け。①(　　　)　②(　　　)　③(　　　)

In some countries, like Australia and America, there are traffic circles called roundabouts on the road. Roundabouts don't have any traffic signals, but they work as intersections. Do you think that many traffic accidents will happen at the intersections without traffic signals? That's not true. Actually, there are some good points about roundabouts.

roudabout
（ラウンドアバウト）

First, traffic jams don't happen often around roundabouts. At intersections with signals, drivers have to stop while signals are red. At roundabouts, drivers should drive into them slowly, but（ ① ）.

Second, roundabouts are not affected by natural disasters. When electricity stops because of bad weather such as storms, traffic will be disrupted at intersections with signals. On the other hand, at roundabouts, drivers can go through them as usual because they don't have traffic signals.

Third,（ ② ）. The drivers who are going into roundabouts drive carefully. They have to pay attention to cars and people around them to make sure that everything is safe. Drivers' attention reduces the number of serious traffic accidents at roundabouts.

However, there are a few bad points about roundabouts. For example, roundabouts need a wider space to build than intersections with signals. So,（ ③ ）in the areas with narrow roads. Also, it takes a long time to let people know the rules of roundabouts. It is important to understand the traffic rules for safe driving.

（注）circle：円　signal：信号　intersection：交差点　accident：事故　jam：渋滞
electricity：電気　storm：嵐　disrupted：混乱している　as usual：いつものように
pay attention to：～に注意を払う　make sure：確かめる　serious：深刻な

① ア　they can drive very fast in Australia and America
イ　they must follow the traffic signals at roundabouts
ウ　people who walk across the road must stop at roundabouts
エ　they don't have to stop for a long time

② ア　roundabouts are always kept clean by the drivers
イ　the police always pay attention to drivers at roundabouts
ウ　the number of serious traffic accidents will decrease
エ　roundabouts can save energy when people drive

③ ア　it may be difficult to build a lot of roundabouts
イ　it may be difficult to build traffic signals at intersections
ウ　it may be easy to drive a big car at roundabouts
エ　it may be easy to drive on the right side of the road

4　次の英文を読んで，各問いに答えよ。なお，英文の左側の[1]～[4]は各段落の番号を示している。

[1]　Every year in March, an event is held all over the world. For the event, lights are turned off for 60 minutes at 8:30 p.m. local time. This event is called Earth Hour. The lights are turned off at 8:30 p.m. in each area, so it is like a lights-out relay around the world. During the event, you can see beautiful stars in the sky because the lights around you are turned off. The Earth Hour event started in Sydney, Australia on March 31, 2007. In this event, more than 2 million people and 2,000 companies turned off their lights for an hour. Through the event, a lot of electricity was saved.

[2]　The event has been growing each year. [　　　　　　]. For example, many people in San Francisco were moved by the first Earth Hour event held in Sydney, so they held their own lights-out event in October in the same year. The next year, over 400 cities in 35 countries turned off their lights. Many companies joined the event by turning off their lights. Some companies supported the event by changing the color of their websites to black. In Japan, many cities and companies have also joined this event since 2010. A lot of stores turn off their signboard lights every year. The lights of famous places, such as Tokyo Tower and Hiroshima Castle, are turned off, too. Now, Earth Hour is one of the world's largest movements for the environment.

[3]　The purpose of this event is not only to save electricity. It is also to support the movement to stop global warming and to protect rare species. Around the world, many people have taken action to solve these environmental problems since the first Earth Hour event started. For example, stores in the Galapagos Islands stopped giving plastic bags to customers. In many countries, such as Kazakhstan and Uganda, a lot of trees were planted to create forests.

[4]　During the Earth Hour event, we only turn off our lights for an hour, but it gives us a chance to think about a lot of environmental problems around the world. What can we do to solve the problems? It is quite hard to find the solutions. However, joining the Earth Hour event will be the first step for us to take action. Why don't we turn off our lights during the Earth Hour event this year? We may find something important that we usually do not find in our daily lives.

(注)　Earth Hour：アースアワー　　lights-out：消灯　　electricity：電気
San Francisco：サンフランシスコ　　signboard：看板　　purpose：目的
global warming：地球温暖化　　rare：希少な　　the Galapagos Islands：ガラパゴス諸島
Kazakhstan：カザフスタン（国名）　　Uganda：ウガンダ（国名）　　plant：植える

(1)　段落［1］で述べられている内容として適切なものを，次のア～エから1つ選び，その記号を書け。(　　　)

ア　Earth Hour is an event to learn about the history of the earth.

イ　Earth Hour is known as an event to talk with people all over the world in March.

ウ　During the Earth Hour event, people go to bed early at night.

エ　The Earth Hour event was held for the first time in Sydney.

(2)　段落［2］の□内に入る英語として最も適切なものを，次のア～エから1つ選び，その記号を書け。（　　）

ア　More and more people, companies, and cities have joined the Earth Hour event

イ　It became easier to travel around the world by joining the Earth Hour event

ウ　Japanese people think that the Earth Hour event should be held in October

エ　Many people join the Earth Hour event for their good health

(3)　段落［3］で述べられている内容として適切なものを，次のア～エから1つ選び，その記号を書け。（　　）

ア　The purpose of the Earth Hour event is to use electricity for saving rare animals.

イ　One of the goals of Earth Hour is to support the movement to protect the environment.

ウ　Many countries are taking action to solve medical problems.

エ　The Earth Hour movement has helped many countries to be rich.

(4)　段落［4］で述べられている内容として適切なものを，次のア～エから1つ選び，その記号を書け。（　　）

ア　We should join the Earth Hour event to realize how important time is.

イ　Joining the Earth Hour event gives us a chance to think about environmental problems.

ウ　We should think of other events to stop global warming and protect rare species.

エ　Earth Hour will end soon because we have already solved problems around the world.

(5)　環境保護のために，あなたはどのようなことをするか。20語程度の英語で書け。ただし，1文または2文で書き，コンマやピリオドなどは語数に含めないこと。

（　　　　　　　　　　　　　　　　　　　　）

〈放送原稿〉

(チャイム)

これから，2024 年度奈良県公立高等学校入学者一般選抜学力検査問題英語の聞き取り検査を行います。放送中に問題用紙の空いているところに，メモを取ってもかまいません。

それでは，問題用紙の[1]を見なさい。[1]には，(1)〜(4)の問題があります。

まず，(1)を見なさい。

(1)では，①，②の英語が流れます。英語の内容に合うものを，それぞれ問題用紙のア〜エのうちから 1 つずつ選び，その記号を書きなさい。なお，英語はそれぞれ 1 回ずつ流れます。

それでは，始めます。

① This is used when we want to know what time it is.

――（この間約 3 秒）――

② More than half of the students in the class come to school by train, and 30% come by bicycle.

――（この間約 3 秒）――

次に，(2)に移ります。

(2)では，①，②の 2 つの会話が行われます。それぞれの会話の最後の応答にあたる部分でチャイムが鳴ります。そのチャイムの部分に入る英語として最も適切なものを，それぞれ問題用紙のア〜エのうちから 1 つずつ選び，その記号を書きなさい。なお，会話はそれぞれ 1 回ずつ流れます。

それでは，始めます。

① *Shota:* How was my speech, Ms. Smith?

Ms. Smith: It was great, Shota! Your English was very good.

Shota: Thank you. I practiced many times yesterday. How can I improve my English speech?

Ms. Smith: 〈チャイム〉

――（この間約 3 秒）――

② *Girl:* Did you know tomorrow is Mary's birthday?

Boy: Really? I didn't know that.

Girl: I think we should do something special for her. Do you have any good ideas?

Boy: 〈チャイム〉

――（この間約 3 秒）――

次に，(3)に移ります。

(3)では，まほろば農業公園へ遊びに行くことになった，高校生の Kenta と留学生の Sara が，ウェブサイトを見ながら体験の計画を立てている会話が流れます。2 人が行おうとしている順に体験を左から並べたものを，問題用紙のア〜エのうちから 1 つ選び，その記号を書きなさい。なお，会話は 2 回流れます。

それでは，始めます。

Kenta: What do you want to try, Sara?

Sara: Well, I want to ride a horse. I have never tried it before.

Kenta: OK, so how about going to Main Park at 10:00 in the morning?

Sara: Yes. I'm excited to ride a horse! What do you want to do, Kenta?

Kenta: I'll be happy if I can try fishing. I often go fishing with my father. Is it OK if we go to Lake Place at 1:00 in the afternoon?

Sara: Of course!

Kenta: Do you want to try anything else?

Sara: If we have time, I hope we can make jam. I want to use it for breakfast.

Kenta: That's a nice idea. Then let's go to Cooking Room at 11:00 in the morning.

Sara: OK. Let's have fun there!

──(この間約３秒)──

繰り返します。(繰り返し)

──(この間約３秒)──

次に，(4)に移ります。

(4)では，地域でボランティアガイドをしている鈴木恵理さんが，ゲストティーチャーとして高校の授業で話した内容の一部が流れます。この英語の内容と合っているものを，問題用紙のア～カのうちから２つ選び，その記号を書きなさい。なお，英語は２回流れます。

それでは，始めます。

Hello, everyone. My name is Suzuki Eri. Today, I'm going to talk about my volunteer work and English learning.

I started volunteer work three years ago. On weekends, I walk around my town with foreign tourists and show my town to them. I speak English when I talk to them, but when I was a student, I was not interested in English. I wasn't good at speaking it. Five years ago, however, I talked with a foreign tourist who came to my town, but I couldn't communicate with her. I was sad because I wanted to tell her how nice my town is. My town is very small, but we have a unique festival and nice local food. I wanted many tourists to come and have good experiences in my town. So, I learned English again. Sometimes it was hard, but I enjoyed learning English by watching movies, reading books, and practicing listening and speaking on the Internet.

By learning foreign languages, we can communicate with a lot of people from other countries. Also, we can understand more about our language and culture. I hope you will enjoy learning foreign languages.

──(この間約３秒)──

繰り返します。(繰り返し)

──(この間約３秒)──

これで，英語の聞き取り検査の放送を終わります。次の問題に進んでよろしい。

社会

時間　50分　　　　満点　50点

1　令子さんは，古代から近世における各時代の政治に関する出来事について，調べることにした。次のメモは，令子さんが調べた出来事の一部である。各問いに答えよ。

古代	中世	近世
・倭王武が中国南朝に使いを送る。 ・A遺隋使や遣唐使が派遣される。 ・大化の改新とよばれる改革が行われる。 ・大宝律令が定められる。 ・B藤原道長が摂政となる。	・平清盛がC保元の乱や平治の乱で活躍する。 ・源頼朝が国ごとに守護を置き，荘園や公領ごとに地頭を置く。 ・足利尊氏が征夷大将軍となる。 ・D戦国大名が領国を支配する。	・徳川家康が征夷大将軍となり，江戸に幕府を開く。 ・武家諸法度が定められる。 ・E鎖国とよばれる政策が行われる。 ・異国船打払令が出される。 ・日米和親条約が結ばれる。

(1)　隋の進んだ制度や文化を取り入れるために，下線部Aの一人として派遣された人物を，次のア～エから1つ選び，その記号を書け。(　　　)

ア　小野妹子　　イ　鑑真　　ウ　空海　　エ　中大兄皇子

(2)　資料Ⅰは，藤原氏と皇室の関係を示した図の一部である。下線部Bが政治の実権をにぎることができたのはなぜか。その理由を，資料Ⅰを参考にして，簡潔に書け。

(　　　　　　　　　　　　　　　　　　　　　　　　　　　　　　　)

［資料Ⅰ］

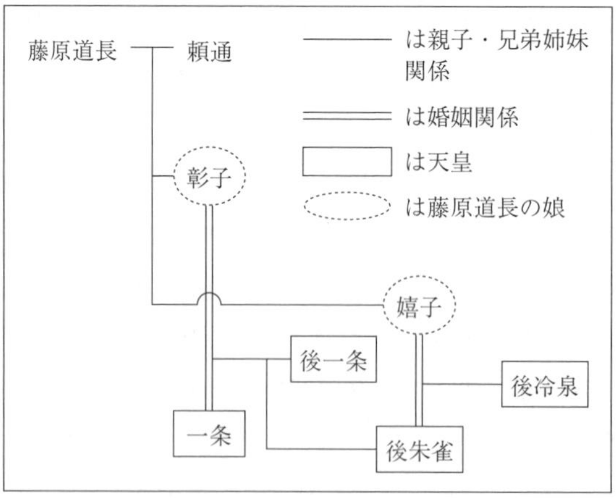

(3)　令子さんは，下線部Cについて調べたことを次のメモにまとめた。(　X　)に当てはまる言葉を，簡潔に書け。

(　　　　　　　　　　　　　　　　　　　　　　　　　　　　　　　)

(　X　)を解決するために動員された武士は，中央の政治に大きな影響力をもつようになった。

(4)　資料Ⅱは，下線部Dがそれぞれの領国内の武士や農民を統制するために独自に定めた法を要約したものの一部である。このような法を何というか。次のア～エから1つ選び，その記号を書け。(　　　)

ア　永仁の徳政令　　　イ　公事方御定書

ウ　墾田永年私財法　　エ　分国法

(5)　下線部Eに関連して行われた政策について述べた次のア～エを，年代の古いものから順に並べたときに3番目になるものはどれか。その記号を書け。(　　　)

ア　平戸のオランダ商館を長崎の出島に移す。

イ　ポルトガル船の来航を禁止する。

ウ　日本人の海外渡航と帰国を禁止する。

エ　全国にキリスト教の禁止令を出す。

［資料Ⅱ］

一．わが朝倉の城郭のほかには，領国内に城郭を構えさせてはならない。すべて所領のある者は，一乗谷に移り住み，郷村には代官だけを置くべきである事。

(「朝倉孝景条々」より作成)

一．農民が地頭の年貢や雑税を納入せず，他の領主の所領へ逃げ込んだ場合には，盗人として処罰する。

(「塵芥集」より作成)

2　令子さんは，近代における日本の様子について興味をもち，調べることにした。各問いに答えよ。

(1)　資料Ⅰは，明治政府が現在の群馬県に造った官営模範工場で働く人々の様子を描いたものである。近代的な製糸場の普及と人材の育成を目的としたこの官営模範工場を何というか。その名称を書け。(　　　)

［資料Ⅰ］

(2)　令子さんは，西南戦争について調べたことを次のメモにまとめた。(X)，(Y) に当てはまる言葉の組み合わせとして適切なものを，後のア～エから１つ選び，その記号を書け。(　　　)

> 明治政府の改革で特権を奪われたことに不満をもつ士族らは，(X) を指導者として反乱を起こしたが，鎮圧された。これ以降，人々が政治改革を求める手段は (Y) によるものが中心となった。

ア　X　西郷隆盛　　Y　言論　　イ　X　西郷隆盛　　Y　武力
ウ　X　板垣退助　　Y　言論　　エ　X　板垣退助　　Y　武力

(3)　令子さんは，日本と欧米が幕末に結んだ条約の改正に明治政府が取り組んでいたことを知った。右のメモは，条約改正を求める世論が高まるきっかけとなったノルマントン号事件について，令子さんがまとめたものである。裁判において波線部の判決となったのはなぜか。その理由を，簡潔に書け。(　　　　　　　　　　　　　　　　　　　　)

> イギリス船ノルマントン号が和歌山県沖で沈み，イギリス人船長と船員は脱出したが，日本人乗客全員が水死する事件が起こった。しかし，裁判ではイギリス人船長に軽い刑罰が与えられただけであった。

(4)　令子さんは，日露戦争後に起こった日比谷焼き打ち事件について調べた。資料Ⅱは，日本における1894年度から1906年度の一人当たりの税負担額の推移を示したものである。資料Ⅲは，日清戦争と日露戦争の動員兵数と賠償金を示したものである。日比谷焼き打ち事件が起こったのはなぜか。その理由を，資料Ⅱ，資料Ⅲを参考にして，簡潔に書け。(　　　　　　　　　　　　　　　　　　　　)

［資料Ⅱ］

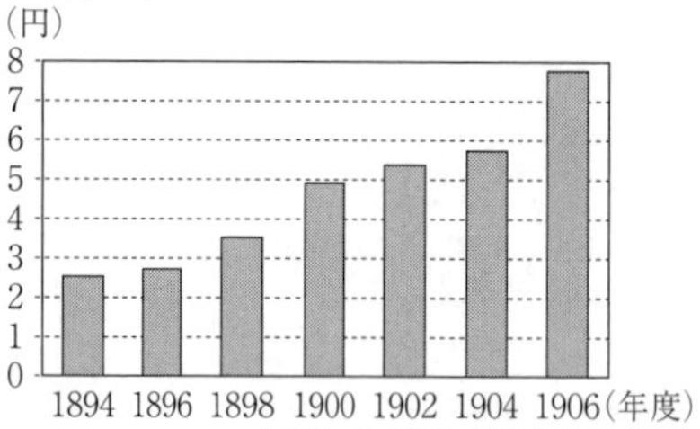

(「明治大正財政詳覧」より作成)

［資料Ⅲ］

	動員兵数	賠償金
日清戦争	約24万人	約3.6億円
日露戦争	約109万人	なし

(「明治大正財政史」ほかより作成)

(5)　日露戦争後の出来事について述べた文として適切なものを，次のア～エから１つ選び，その記号を書け。(　　　)

ア　アメリカでは，奴隷制などをめぐって南北戦争が起こった。
イ　韓国の外交権をにぎった日本は，統監府を設置し伊藤博文を初代統監とした。
ウ　インド大反乱を鎮圧したイギリスは，イギリス国王を皇帝とするインド帝国を造った。
エ　日本は江華島事件を口実に日朝修好条規を結び，朝鮮を開国させた。

3 日本が世界の様々な国や地域と貿易をしていることに興味をもった夏美さんは，北アメリカ州と南アメリカ州における日本の主な貿易相手国について調べることにした。略地図Ⅰ中のa～dは南アメリカ州の国を示している。各問いに答えよ。

［略地図Ⅰ］

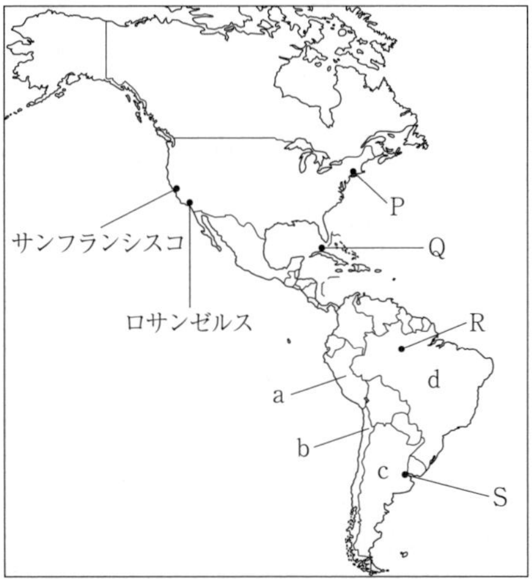

(1) 日本の空港を3月8日午後5時に出発した飛行機が，略地図Ⅰ中のロサンゼルスの空港に10時間を要して到着した場合，到着時刻は現地時間で何日の何時か。次のア～エから1つ選び，その記号を書け。なお，ロサンゼルスは西経120度の経線を基準とした標準時を採用している。

（　　　）

ア 8日 午前10時　　イ 8日 午後4時　　ウ 9日 午前3時　　エ 9日 午後8時

(2) 次のア～エは，略地図Ⅰ中のP，Q，R，Sのいずれかの都市の雨温図である。略地図Ⅰ中のP，Rの都市の雨温図を，次のア～エからそれぞれ1つずつ選び，その記号を書け。

P（　　　）　R（　　　）

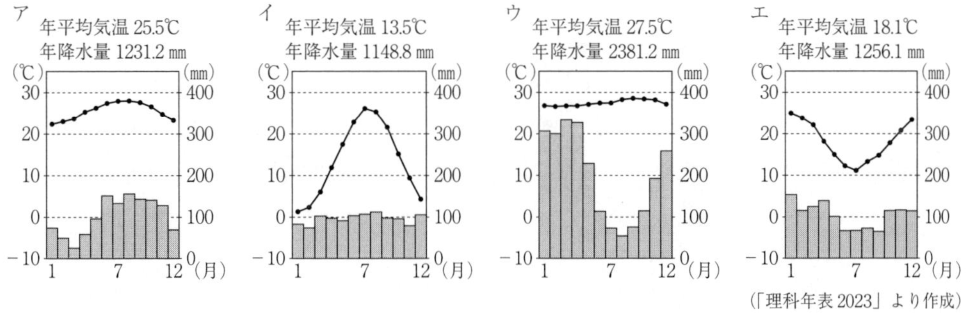

(「理科年表 2023」より作成)

(3) 夏美さんは，日本がアメリカ合衆国から多くの農作物を輸入していることを知り，アメリカ合衆国の農業について調べた。略地図Ⅱ中のア～エは，アメリカ合衆国の州を示している。

［略地図Ⅱ］

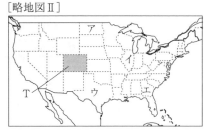

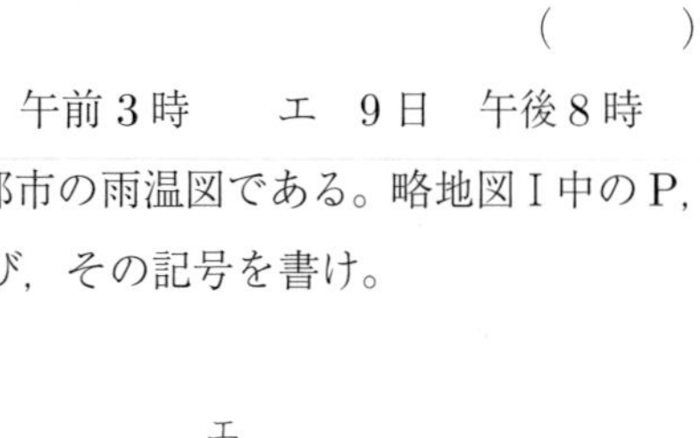

① 資料Ⅰは，略地図Ⅱ中のア～エにおける，2022年の牛の飼育頭数と，小麦，とうもろこし，綿花の生産量を

示したものである。資料Ⅰ中のXに当たる州を，略地図Ⅱ中のア～エから1つ選び，その記号を書け。(　　　)

［資料Ⅰ］

	牛 (万頭)	小麦 (万トン)	とうもろこし (万トン)	綿花 (千トン)
W	100	120	5,762	…
X	1,270	106	389	751
Y	105	16	171	566
Z	187	816	888	…

(注)　…は，該当数なし・資料なしであることを示している。

(「データブック　オブ・ザ・ワールド 2024」より作成)

② 資料Ⅱは，略地図Ⅱ中の州Tの農地において，地下水をくみ上げスプリンクラーで散水する様子を示したものである。資料Ⅱに見られるように，農作物を栽培するために，河川や地下水などから人工的に水を引いて農地に水を供給することを何というか。その名称を書け。(　　　)

［資料Ⅱ］

(4) 略地図Ⅰ中のサンフランシスコの郊外にICT関連企業が集中している地域がある。この地域は何とよばれているか。その名称を書け。(　　　)

(5) 資料Ⅲは，略地図Ⅰ中のa，b，cのいずれかの国の2021年における日本への輸出総額と，日本へ輸出する主な品目とその品目の輸出総額に占める割合をグラフで示したものである。資料Ⅲに当たる国を，略地図Ⅰ中のa，b，cから1つ選び，その記号を書け。

(　　　)

［資料Ⅲ］

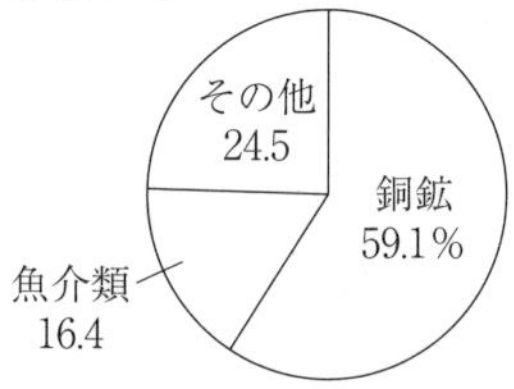

輸出総額　854,743（百万円）

(「日本国勢図会 2023／24」より作成)

(6) 夏美さんは，略地図Ⅰ中の国dが世界有数の大豆の生産国であることについて調べる中で，資料Ⅳ，資料Ⅴを見つけた。資料Ⅳは，1990年から2020年における国dの森林面積の推移を示したものである。資料Ⅴは，1990年から2020年における国dの大豆の生産量の推移を示したものである。資料Ⅳに見られる変化の要因のひとつとして考えられることを，資料Ⅴと関連づけて，簡潔に書け。

(　　　　　　　　　　　　　　　　　　　　　　　　　　　　　　　　　　　　)

［資料Ⅳ］

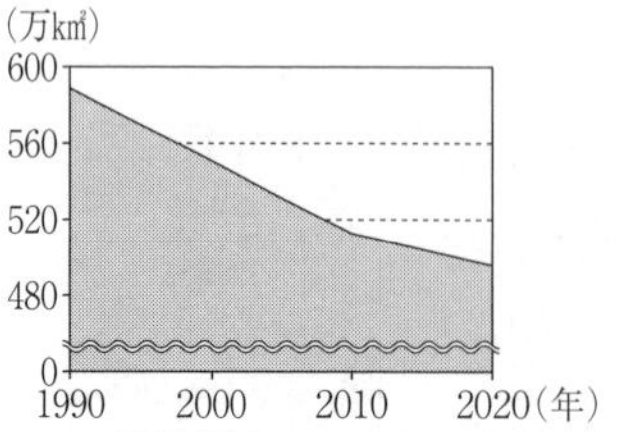

(世界銀行 Web サイトより作成)

［資料Ⅴ］

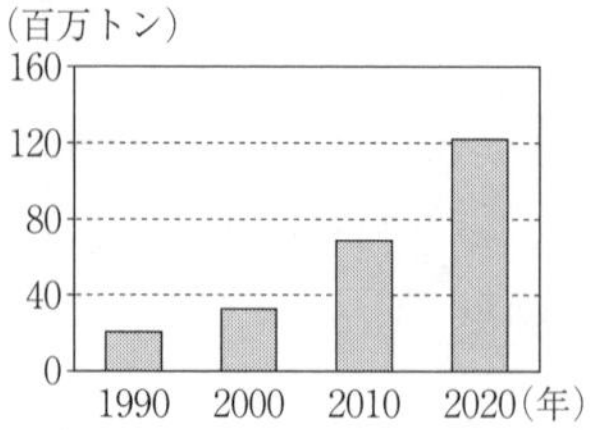

(FAOSTATWeb サイトより作成)

4 次は，公民的分野の学習で，税について調べている健太さんと絵里さんの会話の一部である。各問いに答えよ。

健太：A税はどのようなところで使われ，どのような役割を果たしているのかな。

絵里：タブレットを使って調べてみよう。

健太：国税庁のウェブサイトで，税の意義や役割について説明されているよ。

絵里：本当だね。B国や地方公共団体は，個人や私企業ではできないような様々な仕事をしているね。

健太：例えば，消防などの公共サービスを提供したり，道路などの社会資本を整備したりする仕事だね。

絵里：そのためには多くの費用が必要だから，その費用を税としてみんなで出し合って負担しているということだね。

健太：そうだね。税は，C安心して暮らせる社会を実現するために国や地方公共団体が行う活動の財源になっているね。

(1) 健太さんは，下線部Aについて調べた。

① 健太さんは，下線部Aを，直接税と間接税，国税と地方税に分類するために右の表を作成した。所得税は表のどこに当てはまるか。表中のア～エから1つ選び，その記号を書け。(　　)

	直接税	間接税
国税	ア	イ
地方税	ウ	エ

② 所得税には累進課税の仕組みがとられている。累進課税とはどのような仕組みか。簡潔に書け。

(　　　　　　　　　　　　　　　　　　　　)

(2) 下線部Bの歳入は原則的に税金によって支えられている。税金だけでは不十分なときは国債で補われているが，国債の発行には慎重さが必要である理由を，「利子」，「元金」の語を用いて簡潔に書け。

(　　　　　　　　　　　　　　　　　　　　)

(3) 日本国憲法で定められた国の予算を議決する機関を，次のア～エから1つ選び，その記号を書け。(　　)

ア 内閣　イ 国会　ウ 日本銀行　エ 裁判所

(4) 絵里さんは，下線部Cを実現するための制度として社会保障制度があると考え，日本の社会保障制度について，調べることにした。

① 日本の社会保障制度は，日本国憲法に基づいて整備されている。日本国憲法第25条では，社会権の中で基本となる「健康で文化的な最低限度の生活を営む権利」を保障している。この権利を何というか。その名称を書け。(　　)

② 感染症対策や廃棄物処理などによって，人々の健康や安全な生活を守る役割を果たしている日本の社会保障制度の基本的な柱のひとつを，次のア～エから1つ選び，その記号を書け。

(　　)

ア 社会保険　イ 社会福祉　ウ 公衆衛生　エ 公的扶助

③ 次の□内は，絵里さんが，公的年金制度のひとつである国民年金の仕組みについてまと

めたメモの一部である。資料Ⅰは，2000 年から 2020 年における日本の 20 歳以上 60 歳未満の人口と 65 歳以上の人口の推移を示したものである。メモに示す仕組みで国民年金が運用されることにより，課題となっていることを，メモと資料Ⅰを参考にして，「受給者」，「負担者」の語を用いて簡潔に書け。

(　　　　　　　　　　　　　　　　　　　　　　　　　　　　　　　　　　　　)

【国民年金の仕組み】
・日本に住む 20 歳以上 60 歳未満の人は，国民年金への加入が法律で義務づけられている。
・納めた保険料はそのまま年金を必要とする人たちに給付される。
・高齢者の受け取る老齢年金の支給は，原則として 65 歳からである。

[資料Ⅰ]

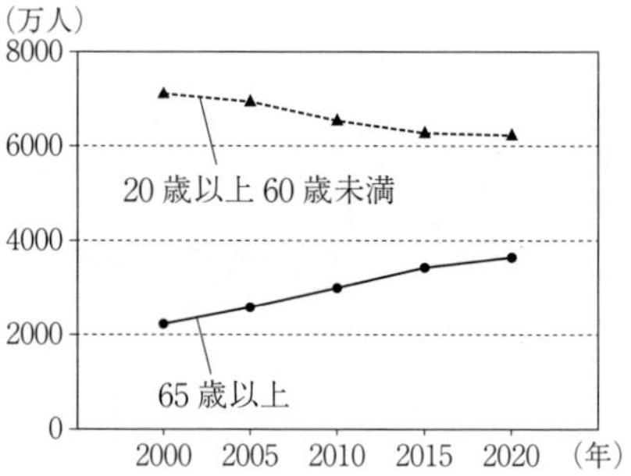

(総務省 Web サイトより作成)

5　太郎さんは，通信手段の発達について興味をもち，調べることにした。各問いに答えよ。

(1)　文明の始まりにおいて，情報を記録したり伝えたりする手段として，文字が発明された。資料Ⅰは，メソポタミア文明で発明された文字を示したものである。この文字を何というか。その名称を書け。(　　　)

[資料Ⅰ]

(2)　明治時代に起こった通信手段に関する出来事として述べた次の文X，Yについて，その正誤の組み合わせとして適切なものを，後のア～エから1つ選び，その記号を書け。(　　　)

X　郵便制度が導入される。　　Y　ラジオ放送が始まる。

ア　X・正　　Y・正　　イ　X・正　　Y・誤　　ウ　X・誤　　Y・正
エ　X・誤　　Y・誤

(3)　日本でのテレビ放送の始まりは，第二次世界大戦後である。資料Ⅱは，1961年から1980年におけるカラーテレビ，乗用車，白黒テレビ，電気冷蔵庫の家庭への普及率の推移を示したものである。カラーテレビの普及率の推移に当たるものを，資料Ⅱ中のア～エから1つ選び，その記号を書け。(　　　)

[資料Ⅱ]

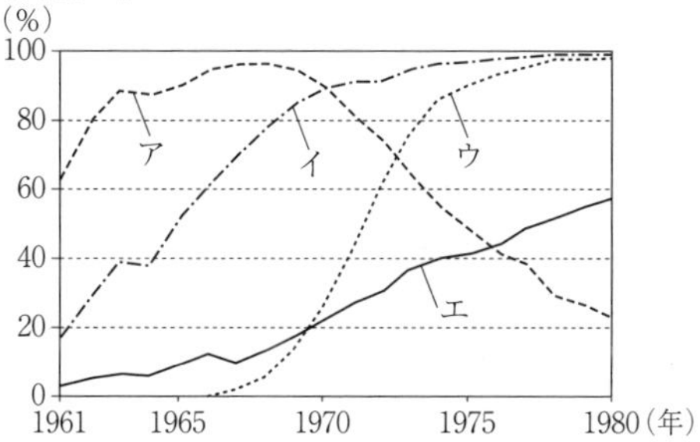

(内閣府 Webサイトより作成)

(4)　太郎さんは，様々な通信手段を使った防災対策が行われていることを知り，調べることにした。次の□内は，太郎さんがA市の取り組みについてまとめたメモの一部である。資料Ⅲは，2022年における日本の年齢階層別インターネット利用率を示したものである。A市がメモにある取り組みを行っているのはなぜか。その理由を，メモと資料Ⅲを参考にして，「格差」の語を用いて簡潔に書け。

(　　　　　　　　　　　　　　　　　　　　　　　　　　　　　　　　)

【A市の取り組み】
・防災アプリやメールを利用して防災情報を発信するとともに，希望する人には防災ラジオを無償で貸し出し防災情報を発信する。
※A市が貸し出す防災ラジオの機能
・災害時には防災情報を自動で受信し放送する。
・緊急放送は自動で最大音量になる。

[資料Ⅲ]

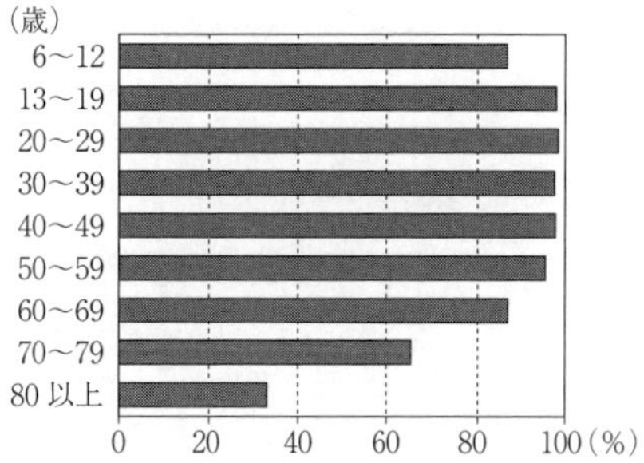

(総務省 Webサイトより作成)

理科

時間　50分　　　　満点　50点

1　真理さんは，地球の環境に配慮した製品につけられるマークに興味をもち，調べることにした。次の□内は，真理さんが調べたことをまとめたものの一部である。各問いに答えよ。

【PETボトルリサイクル推奨マーク】

使用済みのペットボトルを再利用した製品につけられる。ペットボトルを再利用するためには，①ボトル本体からキャップとラベルを外す処理を行ってから回収ボックスに出す必要がある。

【FSCマーク】

適切に管理された森林から切り出された木材を利用した製品などにつけられる。マークがついた製品を選ぶことは，森林環境を保全することや②生態系を守ることにつながる。

(1)　ペットボトルのボトル本体やキャップはプラスチックでできている。プラスチックのように炭素を含み，燃やすと二酸化炭素が発生する物質を何というか。その用語を書け。(　　　)

(2)　下線部①を行った後のペットボトルには，図1のように，ボトル本体にキャップの一部としてリングが残っている。このボトル本体とリングは，リサイクルの過程で細かく砕かれた後，水の中で分別される。このとき，ボトル本体の素材であるポリエチレンテレフタラートと，リングの素材であるポリプロピレンは，それぞれ水の中でどのようになることで分別されるか。簡潔に書け。ただし，水，ポリエチレンテレフタラート，ポリプロピレンの密度は，それぞれ$1.0g/cm^3$，$1.4g/cm^3$，$0.9g/cm^3$とする。(　　　)

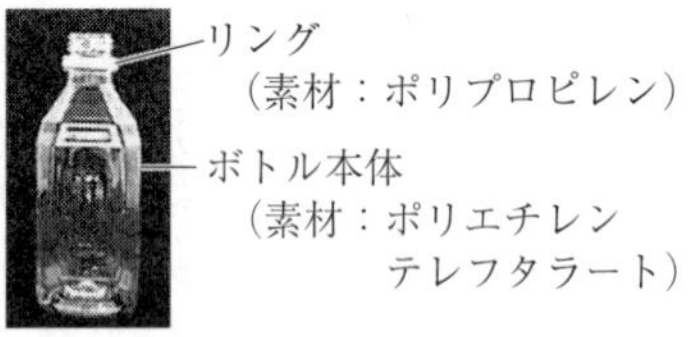

図1

(3)　下線部②について，図2は，ある地域における生物A，B，Cの食物連鎖の関係を模式的に表したものであり，矢印の向きは，食べられるものから食べるものに向いている。生物A，B，Cの数量的なつり合いがとれた状態から生物Aの数量が一時的に増加したとき，そこから再びつり合いがとれた状態にもどるまでの生物Bと生物Cの数量の増減を模式的に表したグラフとして最も適切なものを，次のア～エから1つ選び，その記号を書け。(　　　)

図2

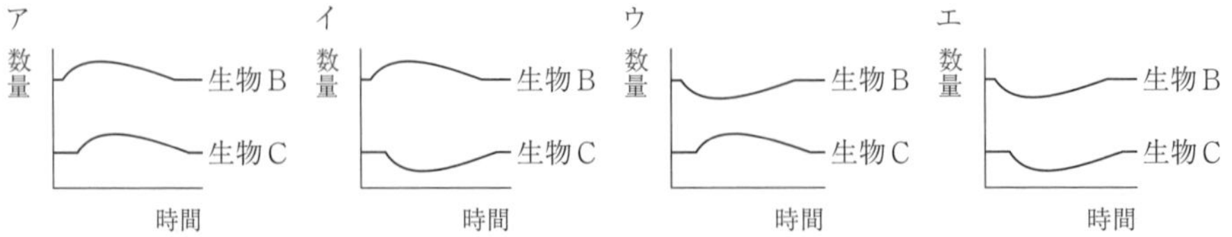

2　春香さんは，火山灰や火成岩に含まれる鉱物について調べるために，次の観察1，2を行った。各問いに答えよ。

観察1　火山の形や噴火のようすが異なる火山A，Bから噴出した火山灰をそれぞれ双眼実体顕微鏡で観察し，火山灰に含まれる鉱物の種類と鉱物の数の割合を調べた。表1は，その結果をまとめたものである。なお，観察した鉱物はどれもほぼ同じ大きさであった。

鉱物の種類		チョウ石	カクセン石	キ石	セキエイ	カンラン石
鉱物の数の割合〔%〕	火山Aの火山灰	77	12	6	5	0
	火山Bの火山灰	45	0	35	0	20

表1

観察2　安山岩と花こう岩をそれぞれルーペで観察した。図1は，そのときのスケッチである。

図1

(1)　観察1の結果から，火山Bの火山灰に含まれる鉱物全体の数に占める有色鉱物の数の割合は何%であると考えられるか。その値を書け。(　　　%)

(2)　次の［　　］内は，観察1の結果から考えられることについて述べたものである。①，②について，それぞれア，イのいずれか適する語を選び，その記号を書け。①(　　　)　②(　　　)

火山Aは，火山Bに比べてマグマのねばりけが①(ア　大きく　　イ　小さく)，②(ア　比較的おだやかな　　イ　激しく爆発的な)噴火になることが多いと考えられる。

(3)　観察2の花こう岩に見られるような，同じくらいの大きさの，比較的大きな鉱物が組み合わさった火成岩のつくりを何というか。その用語を書け。(　　　)

(4)　春香さんは，観察2で見られた火成岩のつくりのちがいは，マグマの冷え方と関係があると考え，次の［　　］内の実験を行った。

約60℃のミョウバンの飽和水溶液をつくり，これを2つのペトリ皿A，Bにそれぞれ注いだ。次に，図2のように，ペトリ皿Aは氷水の入った水そうにつけ，ペトリ皿Bは約60℃の湯の入った水そうにつけた。しばらく放置し，ペトリ皿A，Bの中の水溶液が冷えた後，それぞれのペトリ皿にできたミョウバンの結晶のようすを観察した。表2は，その結果をまとめたものである。

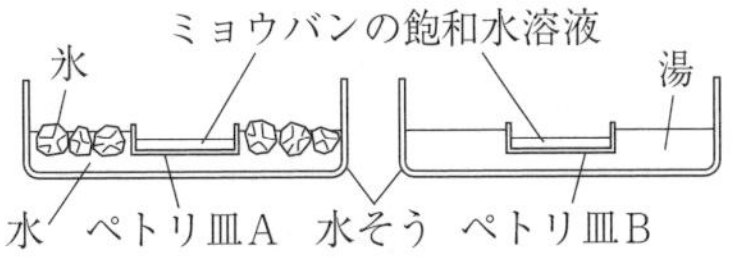

図2

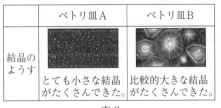

	ペトリ皿A	ペトリ皿B
結晶のようす	 とても小さな結晶がたくさんできた。	 比較的大きな結晶がたくさんできた。

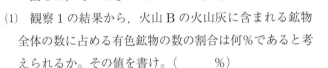

表2

①　花こう岩は，マグマがどのような場所で，どのように冷えてできたと考えられるか。観察2と実験の結果を参考にして，地表からの深さと冷える時間の長さに触れながら，簡潔に書け。
(　　　　　　　　　　　　　　　　　　　　　　　　　　　　　　)

② 安山岩は，比較的大きな鉱物のまわりをとても小さな鉱物やガラス質の部分がとり囲んだ火成岩のつくりをしている。春香さんは，実験の結果をもとにして，安山岩のようなつくりをミョウバンの結晶でつくることにした。ペトリ皿の中に，比較的大きな結晶とそれをとり囲む小さな結晶をつくるには，約60℃のミョウバンの飽和水溶液が入ったペトリ皿をどのように冷やせばよいか。実験を参考にして，簡潔に書け。

(　　　)

③ 酸化物から酸素を取り除く化学変化について調べるために，次の実験1，2を行った。各問いに答えよ。

実験1　図1のような装置をつくり，酸化銅4.00gと炭素粉末0.10gの混合物を試験管に入れてガスバーナーで加熱し，発生した気体を石灰水に通したところ，石灰水が白くにごった。気体の発生が終わるまで加熱を続けた後，ガラス管を石灰水から引き抜き，ガスバーナーの火を消した。その後，ピンチコックでゴム管を閉じた。試験管が冷めてから，試験管内に残った固体を取り出して色を観察し，質量を測定した。同様の操作を，酸化銅の質量は4.00gのままで，炭素粉末の質量を0.20g，0.30g，0.40g，0.50gと変えて行った。表は，その結果をまとめたものである。ただし，酸化銅と炭素粉末との反応以外は起こらず，酸化銅と炭素粉末の少なくとも一方は完全に反応したものとする。

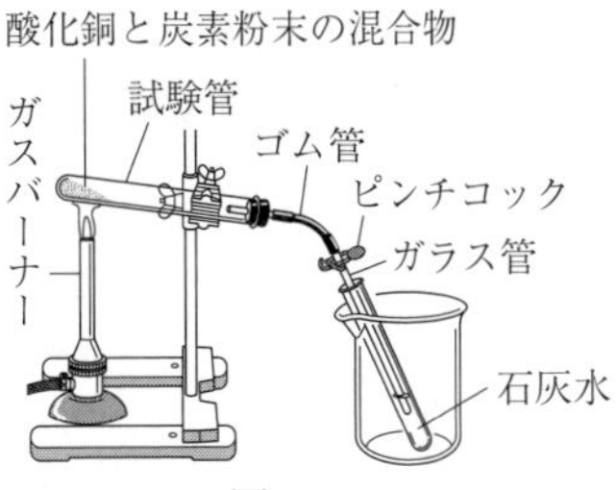

図1

炭素粉末の質量〔g〕	0.10	0.20	0.30	0.40	0.50
加熱後の試験管内に残った固体の質量〔g〕	3.73	3.47	3.20	3.30	3.40
加熱後の試験管内に残った固体の色	赤色と黒色		赤色	赤色と黒色	

実験2　図2のように，二酸化炭素を入れた乾いた集気びんの中に，火のついたマグネシウムリボンを入れたところ，マグネシウムリボンが激しく燃えて，白い物質ができた。また，白い物質の表面には黒い固体がついていた。

図2

(1) 実験1で，ガスバーナーの火を消す前に，下線部のような操作をする理由を簡潔に書け。(　　　　　　　　　　　　　　　　　　　　　　　　　)

(2) 実験1の結果から，酸化銅4.00gと炭素粉末を過不足なく反応させたときに発生する気体の質量は何gであると考えられるか。その値を書け。(　　　　g)

(3) 次の┌┄┄┐内は，実験1の化学変化についてまとめたものである。(X)，(Y)に適する語を書け。また，(Z)に当てはまる化学変化を，後のア～ウから1つ選び，その記号を書け。

X(　　　　)　Y(　　　　)　Z(　　　　)

> 酸化銅が炭素によって(X)されて銅ができ，同時に炭素が(Y)されて二酸化炭素ができた。このような(X)と(Y)が同時に起こる化学変化には，この実験の他にも，(Z)などがある。

ア　硫酸と水酸化バリウム水溶液を混ぜると，硫酸バリウムと水ができる反応

イ　炭酸水素ナトリウムを加熱すると，炭酸ナトリウムと二酸化炭素と水ができる反応

ウ　熱した酸化銅を水素の中に入れると，銅と水ができる反応

(4) 酸化銅6.00gと炭素粉末0.50gの混合物を試験管に入れて実験1と同様の操作を行った。このとき，加熱後の試験管内に残った固体の質量は何gであると考えられるか。その値を書け。

(　　　　g)

(5)　実験２において，マグネシウムリボンが二酸化炭素中で激しく燃えたときの化学変化を化学反応式で書け。(　　　　　　　　　　)

(6)　実験１，２の結果から，銅，炭素，マグネシウムの３つの物質を，酸素と結びつきやすい順に左から並べて，物質名で書け。(　　　　　　)

4　研一さんと花奈さんは，ヒトの呼吸や心臓の拍動について話し合っている。次の［　　］内は，研一さんと花奈さんの会話である。各問いに答えよ。

研一：激しい運動をすると，息が切れて，心臓がドキドキするね。
花奈：そうだね。運動をすると一定時間あたりの呼吸数が増えて，肺でより多くの酸素が取り入れられるようになるね。①肺で取り入れられた酸素は，血液中の赤血球によって全身の細胞に運ばれるよ。
研一：心臓は筋肉でできていて，規則正しく収縮することによって②全身に血液を送り出していると授業で学んだね。運動をすると一定時間あたりの拍動数が増えて，心臓からより多くの血液が送り出されるようになるね。
花奈：③運動をすると，心臓から送り出される血液の量は，運動をする前と比べてどのくらい多くなるのだろう。

(1)　図1は，ヒトの肺の一部を表したものである。ヒトの肺は，たくさんの肺胞があることで，効率よく酸素と二酸化炭素の交換を行うことができる。その理由を簡潔に書け。(　　　　　　　　　　　　　　　)

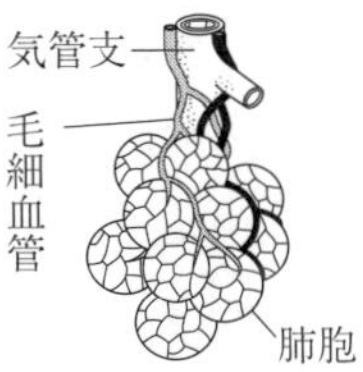

図1

(2)　下線部①について，赤血球が肺から全身の細胞に酸素を運ぶことができるのは，赤血球に含まれるヘモグロビンにどのような性質があるからか。その性質を，酸素の多いところと酸素の少ないところでのちがいがわかるように，簡潔に書け。

(　　　　　　　　　　　　　　　　　　　　　　　　　　　)

(3)　下線部②について，図2は，ヒトの血液の循環を模式的に表したものであり，矢印は血液の流れる向きを示している。

①　図2のア～クのうち，動脈血が流れる静脈を1つ選び，その記号を書け。(　　　)

②　図2のア～クのうち，消化，吸収によって取り入れられた栄養分が最も多く含まれる血液が流れる血管を1つ選び，その記号を書け。

(　　　)

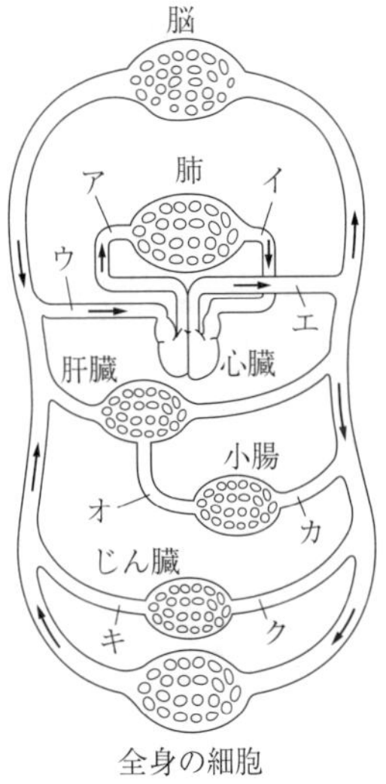

図2

(4)　下線部③について，運動前と運動後の1分間あたりの拍動数を測定すると，運動前は70回，運動後は190回であった。1回の拍動で心臓から送り出される血液の量が，運動前は$70cm^3$，運動後は$120cm^3$であったとすると，運動後に，1分間に心臓から送り出される血液の量は，運動前の何倍か。小数第2位を四捨五入して小数第1位まで書け。

(　　　倍)

(5)　運動をすると一定時間あたりの呼吸数や拍動数が増える理由を，「エネルギー」，「酸素」の語を用いて，簡潔に書け。

(　　　　　　　　　　　　　　　　　　　　　　　　　　　)

5　春香さんは，日によって月の見え方が変化することに興味をもち，日本のある地点Xで，10月3日，5日，7日のそれぞれ午後6時に月を観察し，図1のようにスケッチを行った。各問いに答えよ。

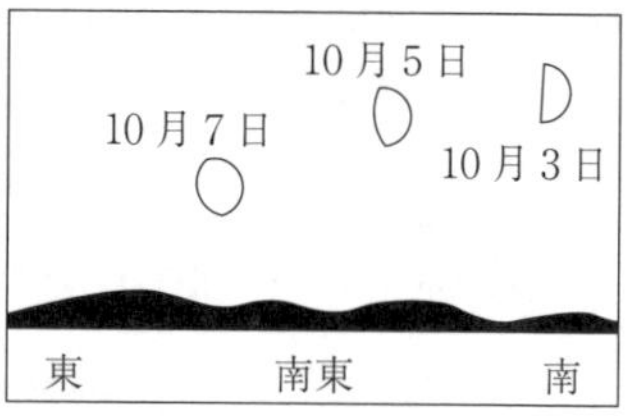

図1

(1)　春香さんは，観察した月が地球や太陽とどのような位置関係にあるか考えた。図2は，地球の北極側から見た，月と地球の位置関係および太陽の光の向きを模式的に表したものであり，A～Hはそれぞれ月の位置を示している。図1のスケッチを行った期間に，月は図2のどの位置からどの位置に移動したと考えられるか。適切なものを，図2のA～Hから選び，その記号を書け。

（　　から　　）

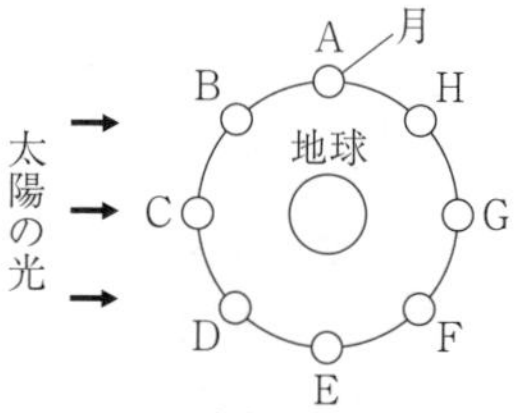

図2

(2)　春香さんは，11月のある日に月食が起こることを知り，その日に地点Xで月食のようすを観察して写真を撮った。図3は，そのときの月の写真である。

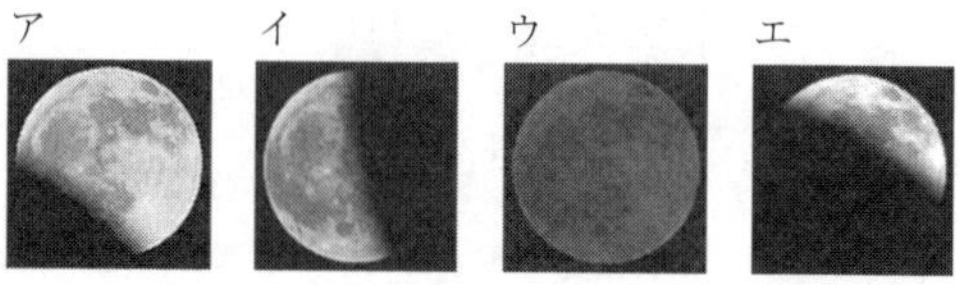

図3

①　月食が起こるときの月の位置として最も適切なものを，図2のA～Hから1つ選び，その記号を書け。（　　）

②　図3のア～エの写真を，時間の経過の順に左から並べて，その記号を書け。ただし，写真の上下左右の向きは肉眼で見たときと同じであり，ウの写真は皆既月食のときの月を示している。

（　　　　）

6　良太さんは，物体にはたらく浮力について調べるために，次の実験を行った。各問いに答えよ。ただし，質量 100g の物体にはたらく重力の大きさを 1 N とし，糸の質量や体積は考えないものとする。

実験　図 1 のような質量 60g の直方体の物体を用意した。物体に糸をつけ，図 2 のようにばねばかりにつるしたところ，ばねばかりの値は 0.60N を示した。その後，図 3 のように物体をビーカーの水の中に少しずつ沈め，水面から物体の下面までの長さとそのときのばねばかりの値を記録した。表 1 は，その結果をまとめたものである。なお，物体の下面は常に水面と平行で，ビーカーの底面に接していない。

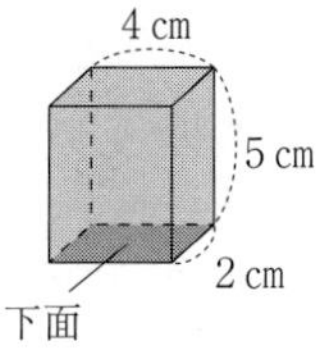

図 1

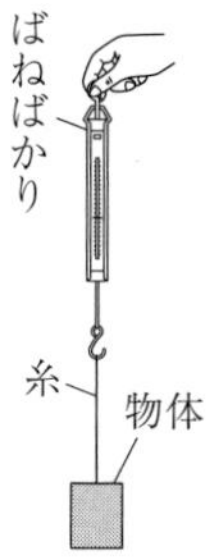

図 2

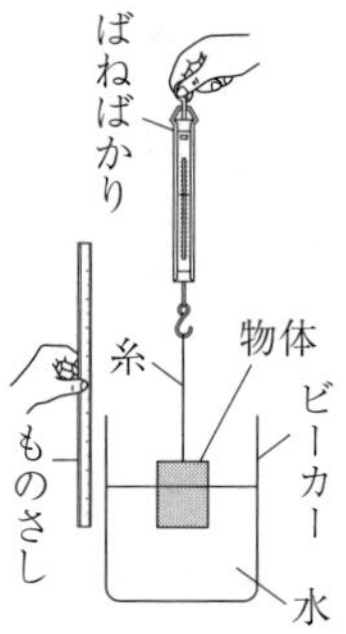

図 3

水面から物体の下面までの長さ〔cm〕	0	1.0	2.0	3.0	4.0	5.0	6.0	7.0
ばねばかりの値〔N〕	0.60	0.52	0.44	0.36	0.28	0.20	0.20	0.20

表 1

(1)　実験の結果をもとに，水面から物体の下面までの長さと，浮力の大きさとの関係をグラフに表せ。

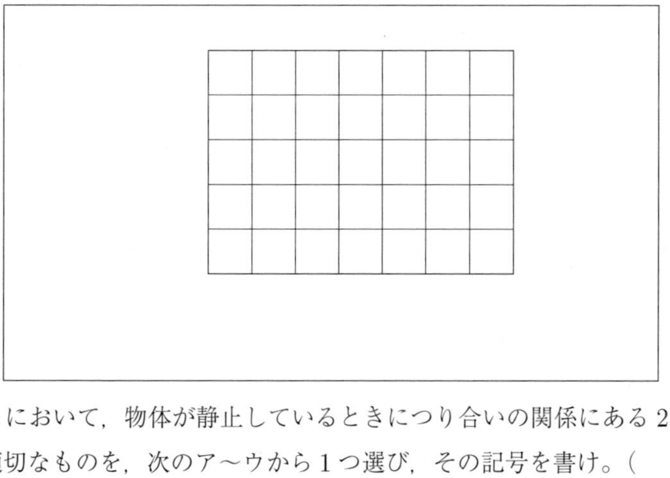

(2)　図 2 において，物体が静止しているときにつり合いの関係にある 2 力を示しているものとして最も適切なものを，次のア～ウから 1 つ選び，その記号を書け。(　　　)

ア　糸が物体を引く力と物体が糸を引く力　　イ　物体にはたらく重力と物体が糸を引く力

ウ　物体にはたらく重力と糸が物体を引く力

(3)　実験において，物体全体が水中に沈んでいるときに物体にはたらく水圧を矢印で表したものとして最も適切なものを，次のア～エから 1 つ選び，その記号を書け。ただし，矢印の向きは水圧のはたらく向きを，矢印の長さは水圧の大きさを表している。(　　　)

ア

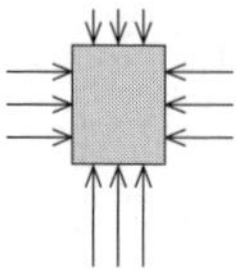

イ

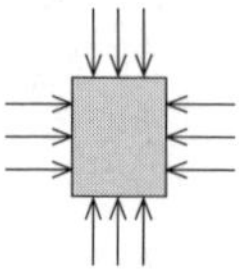

ウ

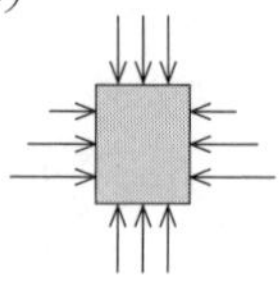

エ

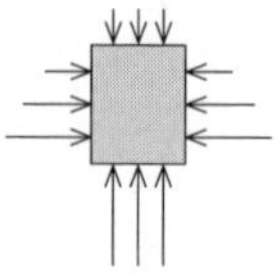

(4)　実験において，水面から物体の下面までの長さが2.0cmであるとき，物体の下面にはたらく水圧の大きさは何Paか。その値を書け。(　　　Pa)

(5)　良太さんは，実験を行う前は，物体を深く沈めるほど浮力が大きくなると考えていたが，実験の結果から，物体全体が水中に沈んだ後は，さらに深く沈めても浮力の大きさは変わらないことがわかった。そこで，浮力の大きさは物体の質量や体積と関係があると考え，物体全体を水中に沈めたときの，浮力の大きさと物体の質量や体積との関係について調べるために，次の［　　］内の実験を行った。

質量や体積の異なる直方体の物体A～Fを用意し，それぞれの物体について，図4のように物体全体をビーカーの水の中に沈めたときのばねばかりの値を記録した。表2は，その結果をまとめたものである。なお，物体の下面は常に水面と平行で，ビーカーの底面に接していない。

	A	B	C	D	E	F
物体の質量〔g〕	100	200	100	150	300	250
物体の体積〔cm^3〕	50	100	75	50	100	100
ばねばかりの値〔N〕	0.50	1.00	0.25	1.00	2.00	1.50

表2

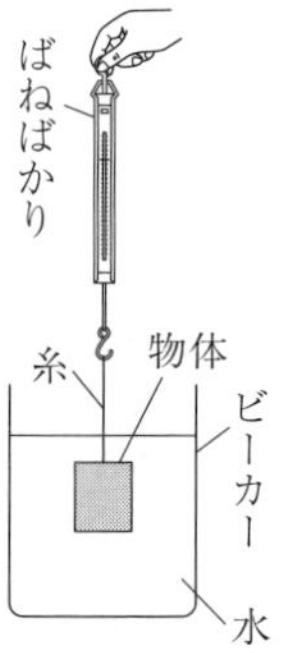

図4

①　良太さんは，物体全体を水中に沈めたときの，浮力の大きさと物体の質量や体積との関係について，物体A～Fのうち，ある3つの物体の実験結果だけを用いて調べられることに気づいた。物体A～Fのうち，どの物体の実験結果を用いればよいか。適切なものを，A～Fから3つ選び，その記号を書け。(　　　)

②　この実験の結果から，物体全体を水中に沈めたときの浮力の大きさは何と関係していると言えるか。最も適切なものを，次のア～ウから1つ選び，その記号を書け。(　　　)

ア　物体の質量のみ　　イ　物体の体積のみ　　ウ　物体の質量と体積の両方

ア　聞き手が質問しやすいように、何度も問いかけながら話している。
イ　たとえを用いながら、内容を印象づけるように話している。
ウ　初めにこれから話す内容を端的に示し、項目立てて話している。
エ　接続する言葉を効果的に用い、筋道立てて話している。

㈢　あなたが友達にすすめたい場所について、次の①、②の条件に従って書け。

条件①　二段落構成で書くこと。第一段落では、すすめたい場所を具体的に書き、第二段落では、すすめたい理由を書くこと。

条件②　原稿用紙の使い方に従って、百字以上百五十字以内で書くこと。

100字

150字

5　春香さんは、国語科の授業で、資料や機器を活用して発表する学習に取り組んでいる。テーマは「私のおすすめの場所」で、春香さんは、プレゼンテーションソフトを用いたスライド資料を活用し、地域に住む田中さんが運営する図書室「青垣ライブラリー」を紹介した。次は、春香さんが作成した【発表の進行案】である。これを読み、各問いに答えよ。

【発表の進行案】

時間	スライド資料	話すこと	メモ
30秒	読書好き、集まれ！ 地域の図書室 青垣ライブラリー	はじめに ・「青垣ライブラリー」の紹介。	「読書は好きですか？」と問いかける。
1分	どんなところ？ ★2009年に開設 ★田中さんの自宅の一室 ★約1500冊の蔵書	施設の概要 ・地域に住む田中さんが自宅の一室を開放し、2009年に開設。	「1500冊」を特に強く発音する。
3分	おすすめポイント① ★落ち着く空間  	おすすめポイント① ・落ち着く空間。 (室内、本棚の写真)	話に合わせて写真を表示する。
	おすすめポイント② ★出会い 本との出会い　人との出会い	おすすめポイント② ・田中さんが本を紹介してくださる。 ・本を介して人と出会える。	「出会い」と言う前に、間をおいて強調する。
30秒	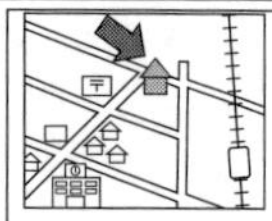 開室日時 火曜日 土曜日 9:00～17:00 ぜひ行ってみてください！	まとめ ・場所、開室日時。 ・ぜひ行ってみてほしい。	地図を指し示しながら場所を説明する。

(一)　【発表の進行案】からわかる春香さんの発表の特徴として最も適切なものを、次のア～エから一つ選び、その記号を書け。（　　）

ア　伝えたい内容の説得力を高めるため、裏づけとなる客観的なデータを含んだ資料を提示している。

イ　伝えたい内容を印象づけるため、間の取り方や資料を表示するタイミングを工夫している。

ウ　聞き手に内容をできるだけ詳細に伝えるため、スライド資料に多くの文字を表示している。

エ　聞き手の興味を引くため、反応に応じて話す順番や提示する資料を変更できるよう準備している。

(二)　次は、春香さんが授業で話した【発表の一部】である。春香さんの説明の仕方の解説として最も適切なものを、後のア～エから一つ選び、その記号を書け。（　　）

【発表の一部】

次にお話するおすすめポイントは、「出会い」です。青垣ライブラリーには、二つの素敵な出会いがあります。

一つ目は、素敵な本との出会いです。先日、田中さんに、国語科の授業で『枕草子』を学習したことを話したところ、平安時代の貴族の暮らしについてわかりやすく解説した本を紹介してくださいました。

二つ目は、人との出会いです。本を紹介してもらった翌週に、その本を読んだことのある先輩が青垣ライブラリーに来られ、面白いと思った部分について話し合い、楽しい時間を過ごすことができました。

3 次の文章を読み、各問いに答えよ。

おもしろきところに船を寄せて、「ここやいどこ。」と、①問ひければ、「土佐の泊。」といひけり。昔、土佐と②いひけるところに住みける女、この船にまじれりけり。そがいひけらく、「昔、しばしありしところのなくひにぞあなる。あはれ。」といひて、よめる歌、

年ごろを住みしところの名にし負へば来寄る波をもあはれとぞ見る

とぞいへる。

(「土佐日記」より)

(注)　おもしろきところ＝景色のいい場所
いどこ＝どこ
泊＝港
そがいひけらく＝その人が言うことには
なくひ＝同じ名
あなる＝～であるようだ

(一)　――線①の意味として最も適切なものを、次のア～エから一つ選び、その記号を書け。(　　)

ア　もし尋ねたとしたら　　イ　尋ねたところ
ウ　たとえ尋ねたとしても　　エ　尋ねたものの

(二)　――線②を現代仮名遣いに直して書け。(　　)

(三)　文章中の歌は「女」のどのような思いを詠《よ》んだものか。最も適切なものを次のア～エから一つ選び、その記号を書け。(　　)

ア　この港から見える景色が以前に住んでいた所と似ていたことから、この地に親しみを感じて安心する気持ち。
イ　この港から見える景色が自分の生まれた所を連想させるものだったことから、故郷から遠く離れたことを後悔する気持ち。
ウ　この港の名が以前に住んでいた所と同じ名であることを知ったことから、その地を思い出してなつかしむ気持ち。
エ　この港の名がかつて出会った人と同じ名であることを知ったことから、その人に会えないことを悲しむ気持ち。

4 次の□内の文は行書で書かれている。楷書で書くときと筆順が異なる漢字はどれか。当てはまるものを後のア～エから一つ選び、その記号を書け。(　　)

夕空が紅に染まる。

ア　夕　　イ　空　　ウ　紅　　エ　染

から一つ選び、その記号を書け。（　　）

ア　なぜごみが発生するのかという本質を視野に入れず、結果のみを
言い表しているから。

イ　循環という言葉を、ごみ問題のキーワードとして用いることにと
どまっているから。

ウ　ごみ問題が起こる仕組みを説明する中で、解決策について言及し
ていないから。

エ　ごみが発生する原因のみを強調しており、その後起こり得る結果
に触れていないから。

(五)　――線④とあるが、筆者は、そのためにどのような経済システムが
必要であると述べているか。文章中の言葉を用い、「…経済システム。」
に続くように四十五字以内で書け。

（　　　　　　　　　　）経済システム。

(六)　【Ⅰ】の段落は、この文章の中でどのような働きをしているか。その
説明として最も適切なものを、次のア～エから一つ選び、その記号を
書け。（　　）

ア　前の段落で述べた考えとは異なる仮説を立てることで、この後の
新たな論につなげている。

イ　前の段落で述べた内容には当てはまらない例を挙げることで、多
様な視点を示している。

ウ　前の段落で述べた考えとは対照的な現状を示すことで、課題を明
確にしている。

エ　前の段落で述べた内容を詳しく説明することで、考えをわかりや
すく伝えている。

(七)　――線⑤とはどういうことか。最も適切なものを次のア～エから一
つ選び、その記号を書け。（　　）

ア　ごみと資源は物質循環の中の対極に位置づいており、対照的であ
るということ。

イ　ごみと資源は物質循環の中で個別に循環しており、それぞれ独立
しているということ。

ウ　ごみと資源はどちらも物質循環のために欠かせないものであり、補
い合っているということ。

エ　ごみと資源はどちらも物質循環の輪の中にあり、それらの問題は
一体であるということ。

自然循環の輪の中に物質循環が収まらなくなってごみ問題が起こるのだとすれば、④自然循環の輪の中に物質循環が収まるような社会を創るというのが、ごみ問題解決に向けた基本的な戦略になるはずです。そのような社会は、循環型社会と呼ばれています。

では、どうすれば循環型社会を実現できるのでしょうか？　重要なのは、①物質が循環する、②物質循環の輪が自然循環に収まる、の二点を意識することです。以下、詳しく見ていきましょう。

まず①ですが、循環型社会実現の前提として、物質自体が循環する必要があります。そこで欠かせないのが、廃棄されたごみがふたたび資源として生まれ変わり、原材料として生産に利用されるというように、モノが生産―消費―廃棄という円に沿って循環するような経済システムです。

【Ⅰ】それに対して非循環型社会では、「原材料として利用しきれないくらいごみが出る」、「ごみを原材料として利用したくても経済的に割に合わず利用が進まない」、「そもそも原材料として利用できないようなごみが出る」といった状況が支配的です。そのため、原材料の調達を天然資源の大量採取に依存したり、ごみを「ごみ」として大量に処分したりする状況が続いているわけです。生産―消費―廃棄が円を描かず一方向に並び、そこをモノが流れていく、大量生産・大量消費・大量廃棄の経済システムです。

そして②ですが、物質循環の輪の大きさには自《おの》ずと限界があり、自然循環という容器の枠を超えることはできません。そしてその容器の大きさは、環境がもつシンク・ソースの能力に規定されます。

環境のシンク能力に限界があるのと同様、ソース能力も無限ではありません。枯渇《こかつ》性資源は、採取を続ければ文字どおりいつか枯渇しますし、再生可能資源もその再生速度を超えて採取していけば、やはり枯渇してしまうからです。このように、大量生産・大量消費・大量廃棄の経済システムとは、環境がもつシンク・ソースの機能に負荷をかけ続けるシステムでもあります。

無用な「ごみ」と有用な「資源」は、一見すると対極的な存在です。しかし循環という視点、そしてシンクとソースという概念を身に付ければ、⑤ごみ（問題）と資源（問題）はコインの裏表の関係であることが分かるはずです。ごみ（問題）を議論することは資源（問題）を議論することでもあるのです。

（宮永健太郎「持続可能な発展の話」より）

（注）食品ロス＝本来食べられるのに捨てられてしまう食品
スケール＝尺度
ソース＝供給源

㈠ ===線部と同じ働きをしている「いる」を、次のア～エから一つ選び、その記号を書け。（　　）
ア　彼は東京にいる。　イ　この作業は根気がいる。
ウ　妹は本を読んでいる。　エ　見事な技に感じいる。

㈡ ――線①とはどういう意味か。簡潔に書け。
（　　　　　）

㈢ ――線②とは、具体的にどのようなことか。当てはまるものを次のア～オから全て選び、その記号を書け。（　　）
ア　ごみが地球規模の長期的な循環の一部になること。
イ　環境に備わっている能力を超える量のごみが出ること。
ウ　微生物によるごみの分解に長い時間がかかること。
エ　ようやく手に入れた食料がごみになること。
オ　自然の循環に戻らないごみが生じること。

㈣ ――線③と筆者が考える理由として最も適切なものを、次のア～エ

ア　倒置を用いることで、文章のリズムを整え、伝えたい内容の印象を強めている。

イ　言葉を省略し、読み手に想像させることで、文章全体に味わいや余韻をもたせている。

ウ　文末に現在形を用いることで、たたみかけるようなリズムをもたせ、文章に躍動感を生み出している。

エ　同じ言葉を反復して使うことで、その言葉を印象づけ、筆者の感情の変化に説得力をもたせている。

2　次の文章を読み、各問いに答えよ。

人類にとって食料は必需品であり、それなくしては生存できませんから、①食料生産の手を緩めるわけにはいきません。そんな中、多大な環境面の犠牲を払って、ようやく手に入れた食料です。にもかかわらず、人類はその二割近くを、食品ロスという形で無駄に捨てているわけです。

家でリンゴを食べ、芯の部分がごみになったとします。でもそれは土の中に埋めておけば、しばらくしたら微生物によって分解され、自然の循環へとふたたび戻っていきます。ちなみにその自然循環は、長い時間的スケールで見た場合の地球規模の循環の一部を成しており、例えば炭素循環・窒素循環・リン循環というように、個々の元素や物質の循環として把握することが可能です。

このように環境には、モノを分解して自然に還《かえ》すシンク（吸収源）としての機能が備わっています。したがって、出されたごみの量や質がシンクの能力の範囲内に収まっている限り、基本的にごみは発生しません。しかし、能力を超える量のごみが生じた場合、あるいは、そもそも能力の対象外で自然に還《かえ》らないごみが生じた場合、私たちが暮らす地域（そして地球）はごみで溢《あふ》れてしまいます。

もしかしたらみなさんは、ごみ問題とは「ごみがたくさん出ること」だと思っていたかもしれません。しかし以上のように考えるならば、②自然循環の輪の中に物質循環が収まらなくなることと表現できるでしょう。そして循環という言葉が、ごみ問題のキーワードであることが見えてくるはずです。それに対して「ごみがたくさん出ること」であるという言い方は、「自然循環の輪の中に物質循環が収まらなくなること」の帰結を表しているに過ぎず、人々が「ごみ」と呼んでいるモノの③現象面だけに注目した表現と言うべきです。

えてくれた。

ビーバーが届けてくれて、キースの手解《てほど》きを受けながら、僕が彫る合作。銀色の流木に最初の一刀を入れてから2時間。ビーバーの丸い尾が、トーキングスティックの持ち手部分をぐるりと一周した。⑤杖に魂が宿ったのを、僕は感じていた。

（黒田未来雄「獲る　食べる　生きる」より）

（注）キース＝北米先住民の男性の名
チェーンソー＝樹木を切る機械
モチーフ＝主な模様

㈠ □A、Bの漢字の読みを平仮名で書き、□C、Dの片仮名を漢字で書け。

A（　　に）　B（　　な）　C（　　な）　D（　　い）

㈡ ――線①の意味として最も適切なものを、次のア～エから一つ選び、その記号を書け。（　　）

ア　一面的に　　イ　特別に　　ウ　平均的に　　エ　予想外に

㈢ ――線②とは、どのようなことをたとえたものか。最も適切なものを次のア～エから一つ選び、その記号を書け。（　　）

ア　ビーバーは、流木の樹皮を齧って剥がしてしまうほど強い歯をもっているということ。
イ　ビーバーは、驚くほど太い木を齧って簡単に倒すほど固い歯をもっているということ。
ウ　ビーバーは、1メートル足らずの体には不釣合なほど大きな歯をもっているということ。
エ　ビーバーは、北米先住民が彫刻刀として使っていたほど鋭い歯をもっているということ。

㈣ ――線③からわかる筆者の思いとして最も適切なものを、次のア～エから一つ選び、その記号を書け。（　　）

ア　巨大な木をそのまま運び、水の流れを堰き止めるビーバーの力強さに感動しているということ。
イ　ダムを築くために、巨大な木を根気強く齧るビーバーのひたむきさを尊敬しているということ。
ウ　ダムを美しく仕上げるために、流木の一本一本に細工を施すビーバーの根気強さに憧れているということ。
エ　自分が運べる長さと重さに小分けした木を用いてダムを築く、ビーバーの賢さを賞賛しているということ。

㈤ ――線④とは何か。文章中の言葉を用いて三十字以内で説明せよ。

㈥ ――線⑤とあるが、筆者は自分が作ったトーキングスティックにどのような思いを感じているということか。最も適切なものを次のア～エから一つ選び、その記号を書け。（　　）

ア　北米先住民の歴史を教わりながら、自然と共生しているビーバーの図柄を彫ることで、筆者にとって貴重な杖となったと感じている。
イ　北米先住民の風習に倣《なら》って、信念をもって生きるビーバーの姿を彫ることで、筆者にとって唯一無二の杖となったと感じている。
ウ　キースに誘われ、豊かな自然の象徴であるビーバーを模して彫ることで、筆者にとって価値のある杖となったと感じている。
エ　キースに導かれ、不屈の精神をもつビーバーをモチーフとして彫ることで、筆者にとってかけがえのない杖となったと感じている。

㈦ この文章の表現上の特徴について述べたものとして適切なものを、次のア～エから一つ選び、その記号を書け。（　　）

国語

時間　五〇分
満点　五〇点

1　次の文章を読み、各問いに答えよ。

その晩、キースの家に戻った僕は、自分でも彫刻をしてみたいと願い出た。素材はA既に手に入れていた。湖のほとりで見つけた流木だ。美しい水に洗われ続けていたからなのか、岸辺に流れ着いていた枝の多くは樹皮が剝がれ、木肌が銀色に光って見える。その中でも①とりわけ輝きの強いものを拾っておいた。長さは1メートルと少し。杖《つえ》にするのにちょうどいい。

流木の両端には、面白い特徴があった。鉛筆を削ったように尖《とが》っているのだ。断面をよく見ると、彫刻刀を使ったかのように、5ミリほどの彫り跡がびっしりと並んでいる。B典麗な細工を施したのは、実はビーバー。枝を齧《かじ》った時に歯型がついたのだ。彼らの歯は本当に鋭い。製鉄の技術がなかった時代、キースの祖先はビーバーの歯を枝にくくり付け、彫刻刀として使っていたそうだ。そんなよく出来た刃物を上下の顎に生やしているビーバーは、②まさに生まれながらの彫り物師だ。

彼らは辛抱強く、Cキンベンな生きものだ。1メートル足らずの体で、何十メートルにもわたるダムを築き上げ、流れを堰《せ》き止める。彼らが使うのは細い枝だけではない。驚くほど太い木も、根気よく齧っては倒してしまう。しかし、そんな巨大な木を運ぶことはできない。どうするかというと、またひたすら齧って、自分が運べる長さと重さに小分けにしてゆくのだ。人間が薪《まき》を作る時、まずは根元から木を倒し、それを数十センチごとに切ってゆくのと、同じと言えば同じ要領。でもチェーンソーは使えない。僕の目の前に大木が立っていたとして、それを小さな彫刻刀だけで倒し、切り分け、全部を運ぶ。絶対にできないと思ってしまう。一瞬にして無理だと諦める。でも彼らは、それを当たり前のようにやってのける。

「できない、と思うからできないのさ。まずはやってみれば？」——流木を介してビーバーが語りかけてくる。ひたむきに打ち込む。絶対に諦めない。何かを固く信じる。僕も③彼らの強さにあやかりたい。だからこそ、この流木を彫る。

僕が作ろうとしたのは、キースが教えてくれた④トーキングスティックと呼ばれる杖だ。杖といっても、歩くためのものではない。部族の寄合の場で使われる。彼らが大切なことを決める時、トーキングスティックが人々の手から手へと回される。杖を持った者は気が済むまで話す。心の中にある想《おも》いを、完全に吐き切る。他の者がそこに口を挟むことは、一切許されない。一人が話し終わると、杖は次の人に手渡され、協議は最後の一人が杖を置くまで続けられる。北米先住民に古くから伝わる風習だ。トーキングスティックには、話し合いを平和裏に進めるために大切な要素が全て詰まっている。発言の機会が平等に与えられる。自分の意見をきちんと述べる。そしてそれ以上に、他者の言葉にしっかりと耳を傾ける。

彫刻に不慣れな僕のために、キースがシンプルなデザインを考えてくれた。モチーフはもちろん、ビーバーだ。流木を杖として突く時の持ち手の部分に、ビーバーの尾を模した連続模様を施す。U字型のデザインをウロコのように刻んでゆく。キースは基準となるDフカい切り込みの入れ方、細かい部分の彫り方など、実際に手本を見せながら丁寧に教

2024年度／解答

数　学

1 【解き方】(1) ① 与式 $= -3 + 7 = 4$　② 与式 $= 6x - 3 + x - 4 = 7x - 7$　③ 与式 $= \dfrac{10xy^2 \times 2x}{5y} = 4x^2y$

④ 与式 $= x^2 - 16 - (x^2 - 6x + 9) = x^2 - 16 - x^2 + 6x - 9 = 6x - 25$

(2) 解の公式より，$x = \dfrac{-1 \pm \sqrt{1^2 - 4 \times 1 \times (-5)}}{2 \times 1} = \dfrac{-1 \pm \sqrt{21}}{2}$

(3) 鉛筆3本は，$x \times 3 = 3x$（円），ノート5冊は，$y \times 5 = 5y$（円）だから，代金の合計は，$(3x + 5y)$円。これが500円より高いので，$3x + 5y > 500$

(4) 式を $y = \dfrac{a}{x}$ とおいて，$x = -6$，$y = 4$ を代入すると，$4 = \dfrac{a}{-6}$ より，$a = -24$　$y = -\dfrac{24}{x}$ に $y = 3$ を代入して，$3 = -\dfrac{24}{x}$ より，$x = -8$

(5) 2つのさいころの目の出方は全部で，$6 \times 6 = 36$（通り）　A ＞ B となるのは，A が2のとき，B は1の1通り。A が3のとき，B は1と2の2通り。A が4のとき，B は1，2，3の3通り。A が5のとき，B は1，2，3，4の4通り。A が6のとき，B は1，2，3，4，5の5通り。よって，求める確率は，$\dfrac{1+2+3+4+5}{36} = \dfrac{15}{36} = \dfrac{5}{12}$

(6) 点Aから辺BCに垂線AHをひくと，$\text{BH} = \text{CH} = \dfrac{1}{2}\text{BC} = 3$（cm）　△ABHで三平方の定理より，$\text{AH} = \sqrt{5^2 - 3^2} = 4$（cm）　できる立体は，底面の円の半径が4cmで高さが3cmの円錐を2つ合わせた形になるから，体積は，$\left(\dfrac{1}{3} \times \pi \times 4^2 \times 3\right) \times 2 = 32\pi$（$\text{cm}^3$）

(7) 条件①より，点Pは∠ABCの二等分線上の点であり，条件②より，点Cからこの二等分線に垂線をひき，その交点をPとすればよい。

（例）

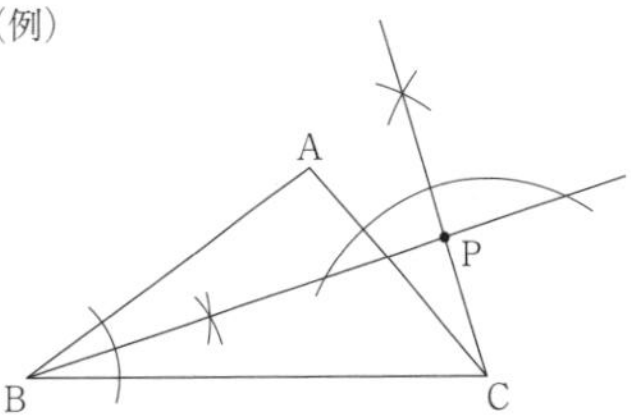

(8) ① ア．範囲は，1組が，$18 - 3 = 15$（冊），2組が，$17 - 4 = 13$（冊）で，1組の方が大きい。ウ．2組の第3四分位数は13.5冊で，2組の生徒は37人だから，第3四分位数は大きい方から9番目と10番目の値の平均となる。したがって，大きい方から9番目の値は14冊以上，10番目の値は13冊以下となるので，読んだ本が14冊以上の生徒は9人。エ．1組の生徒は36人だから，第3四分位数は大きい方から9番目と10番目の値の平均となる。1組の第3四分位数は13冊だが，大きい方から9番目の値が14冊，10番目の値が12冊の場合も考えられる。また，2組の箱ひげ図から，読んだ本が13冊の生徒がいるかどうかはわからない。よって，適切なものはイとウ。

【答】(1) ① 4　② $7x - 7$　③ $4x^2y$　④ $6x - 25$　(2) $x = \dfrac{-1 \pm \sqrt{21}}{2}$　(3) $3x + 5y > 500$　(4) -8　(5) $\dfrac{5}{12}$

(6) 32π（cm^3）　(7)（前図）　(8) ① イ，ウ　② A中学校の生徒を無作為に抽出していないから。

2 【解き方】(1) ① 次図Ⅰのように，互いに接している3つの円の中心をA，B，Cとすると，$\text{AB} = \text{BC} = \text{CA} = 1 \times 2 = 2$（cm）となるので，△ABCは正三角形。点Bから辺ACに垂線BHをひくと，$a = \text{BH} = \dfrac{\sqrt{3}}{2}\text{AB} = \sqrt{3}$（cm）　次図Ⅱで，△ABCは図Ⅰと同じものである。線分BHを左右にのばし，図の点線

との交点をそれぞれI，Jとすると，IH，BJは円の半径と同じ長さなので，IH $=$ BJ $= 1$ cm　よって，$b =$ IJ $= 1 + \sqrt{3} + 1 = 2 + \sqrt{3}$ (cm)　同様に，次図Ⅲのように，円の中心を結ぶと，$c =$ KL $= 1 + \sqrt{3} \times 8 + 1 = 2 + 8\sqrt{3}$ (cm)　② 上から6列並べた場合，円の中心を結んでできる1辺2cmの正三角形の高さが5か所できるので，円の上端から下端までの長さは，$1 + \sqrt{3} \times 5 + 1 = 2 + 5\sqrt{3}$ (cm)になる。

図Ⅰ

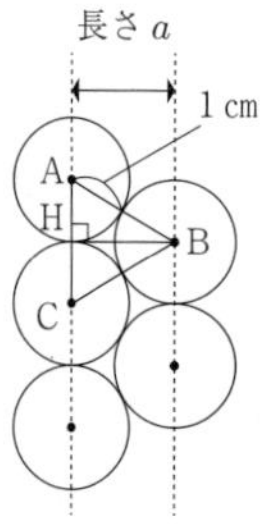

図Ⅱ

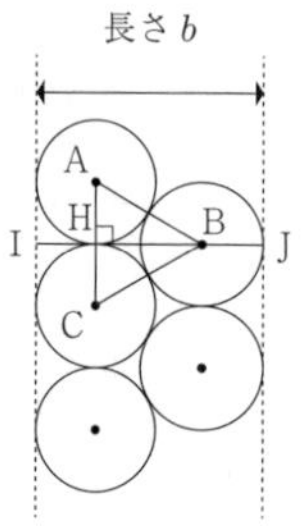

図Ⅲ

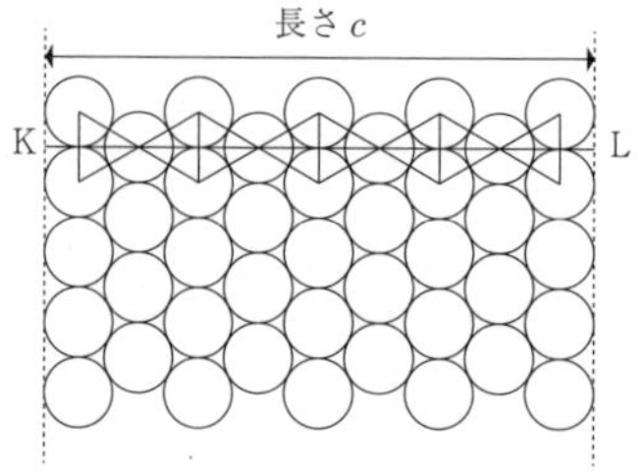

(2) nが偶数のとき，円が縦に7個並んだ列が$\frac{n}{2}$列，縦に6個並んだ列が$\frac{n}{2}$列となるから，円の個数は，$7 \times \frac{n}{2} + 6 \times \frac{n}{2} = \frac{13}{2}n$ (個)　nが奇数のとき，右端の列は必ず円が縦に7個並んでいるから，円が縦に7個並んだ列は，$\frac{n-1}{2} + 1 = \frac{n+1}{2}$ (列)，縦に6個並んだ列は$\frac{n-1}{2}$列となる。よって，円の個数は，$7 \times \frac{n+1}{2} + 6 \times \frac{n-1}{2} = \frac{13}{2}n + \frac{1}{2}$ (個)

【答】 (1) ① ㋐ $\sqrt{3}$　㋑ $2 + \sqrt{3}$　㋒ $2 + 8\sqrt{3}$　② (例) 上から6列並べた円の上端から下端までの長さは，$2 + 5\sqrt{3} = 2 + 5 \times 1.73$を計算して，10.65cmとなるので，AB $=$ 10cmより大きい。よって，太郎さんの考えは正しくない。

(2) (偶数のとき) $\frac{13}{2}n$ (個)　(奇数のとき) $\frac{13}{2}n + \frac{1}{2}$ (個)

3 **【解き方】** (1) $x = 0$のとき$y = 0$で最小値をとり，$x = 6$のとき，$y = \frac{1}{4} \times 6^2 = 9$で最大値をとる。よって，$0 \leqq y \leqq 9$

(2) ① 次図Ⅰのように，∠OCPの大きさは，点PがAの位置(図のP_1)にあるとき最も小さく，線分AB上をBの方へ移動するにつれて大きくなり(図のP_2)，Bの位置(図のP_3)にきたとき最も大きくなる。よって，アが正しい。② 次図Ⅱのように，線分OPの長さが最も短くなるのは，OP ⊥ AB (図のP_5)のときである。したがって，線分OPの長さは，点PがAの位置(図のP_4)からP_5の位置までは小さくなっていき，P_5の位置で最小になったあと，Bの位置(図のP_6)まではどんどん大きくなる。よって，オが正しい。

(3) 点Pのx座標をpとすると，B (6, 9)，C (6, 0)だから，△BCPの面積について，$\frac{1}{2} \times 9 \times (6 - p) = 21$が成り立つ。$6 - p = \frac{14}{3}$となるから，$p = \frac{4}{3}$

(4) 次図Ⅲのようになる。直線AB，線分DEとy軸との交点をそれぞれF，Gとする。$y = \frac{1}{4}x^2$に$x = -4$を代入すると，$y = \frac{1}{4} \times (-4)^2 = 4$より，A $(-4,\ 4)$　直線ABは傾きが，$\frac{9-4}{6-(-4)} = \frac{1}{2}$だから，式を$y = \frac{1}{2}x + b$とおいて，点Aの座標を代入すると，$4 = \frac{1}{2} \times (-4) + b$より，$b = 6$　したがって，F (0, 6)　ここで，DE ∥ ABより，△ODE ∽ △OABで，面積の比が，$\frac{1}{16} : 1 = 1 : 16 = 1^2 : 4^2$だから，相似

比は1：4　OG：OF = OD：OA = 1：4だから，OG = $\frac{1}{4}$OF = $\frac{3}{2}$　よって，点Gのy座標は$\frac{3}{2}$で，

直線DEの傾きは直線ABの傾きと等しいから，求める直線の式は，$y = \frac{1}{2}x + \frac{3}{2}$

図Ⅰ

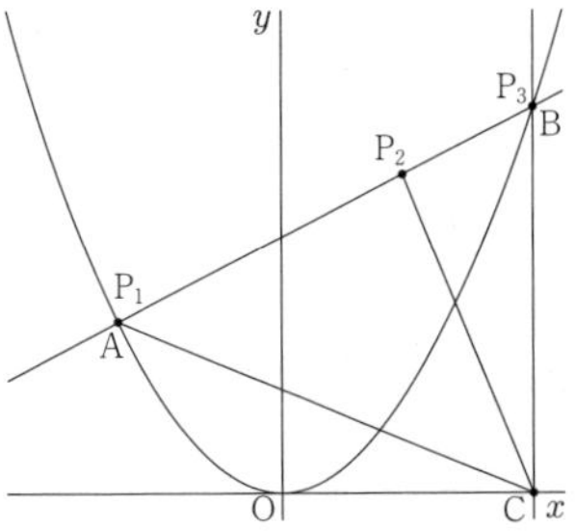

図Ⅱ

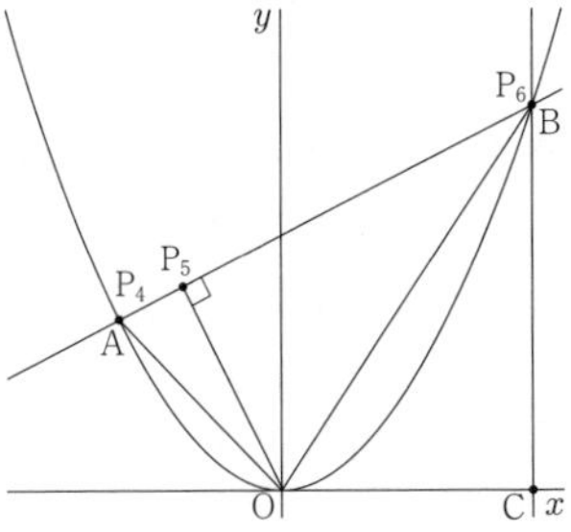

図Ⅲ

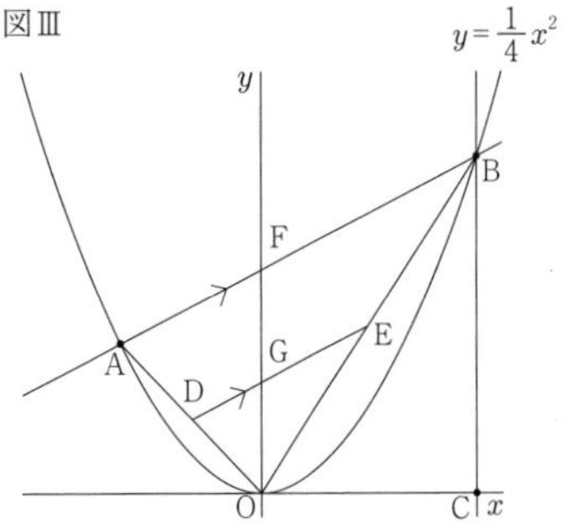

【答】 (1) $0 \leqq y \leqq 9$　(2) ① ア　② オ　(3) $\frac{4}{3}$　(4) $y = \frac{1}{2}x + \frac{3}{2}$

4 **【解き方】** (2) △ABCはAB = ACの二等辺三角形だから，∠ACB = (180° − a°) ÷ 2 = 90° − $\frac{1}{2}a$°

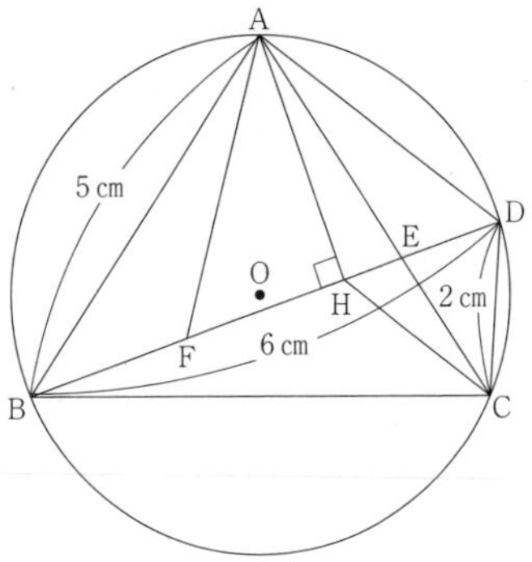

(3) ① 右図のように，点Aから線分BDに垂線AHをひく。△ABF ≡ △ACDより，BF = CD = 2 cm，AF = AD　△AFDはAF = ADの二等辺三角形で，FD = 6 − 2 = 4 (cm)だから，FH = DH = $\frac{1}{2}$FD = 2 (cm)　△ABHで，BH = 2 + 2 = 4 (cm)だから，三平方の定理より，$AH^2 = 5^2 - 4^2 = 9$　よって，△ADHで，AD = $\sqrt{AH^2 + DH^2}$ = $\sqrt{9 + 2^2}$ = $\sqrt{13}$ (cm)　② 右図のように，点HとCを結ぶ。このとき，△DHCはDH = DC = 2 cmの二等辺三角形で，∠HDC = ∠BAC ($\overset{\frown}{BC}$に対する円周角) より，△DHCと△ABCは頂角が等しい二等辺三角形となるので，△DHC ∽ △ABC　同様に，∠ACB = ∠ADF ($\overset{\frown}{AB}$に対する円周角) より，△ABCと△AFDは底角が等しい二等辺三角形となるので，△ABC ∽ △AFD　したがって，△DHC ∽ △AFDだから，HC：FD = DC：AD = 2：$\sqrt{13}$より，HC = $\frac{2}{\sqrt{13}}$FD = $\frac{8\sqrt{13}}{13}$ (cm)　さらに，△DHCと△AFDの底角は等しいので，∠DHC = ∠ADF　よって，HC ∥ ADだから，EC：EA = CH：AD = $\frac{8\sqrt{13}}{13}$：$\sqrt{13}$ = 8：13　したがって，△ABF = △ACD = △AED × $\frac{8+13}{13}$ = $\frac{21}{13}$△AED

【答】 (1) (例) △ABFと△ACDにおいて，仮定から，AB = AC……①　BF = CD……②　1つの弧に対する円周角は等しいから，∠ABF = ∠ACD……③　①，②，③より，2組の辺とその間の角がそれぞれ等しいから，△ABF ≡ △ACD

(2) 90° − $\frac{1}{2}a$°　(3) ① $\sqrt{13}$ (cm)　② $\frac{21}{13}$ (倍)

英　語

1 【解き方】(1) ① 何時であるのか知りたいときに使われるものは「時計」。②「半数以上の生徒たちは電車で学校に来る」,「30 パーセントは自転車で来る」に合うものを選ぶ。

(2) ①「どうすれば僕は英語のスピーチを改善することができますか？」に対する返答。speak more slowly = 「もっとゆっくり話す」。② 少女の「私たちは彼女のために何か特別なことをするべきだと思います。何かいいアイデアはありますか？」に対する返答。Shall we ～?＝「～しましょうか？」。

(3) 2 人は乗馬をするため午前 10 時にメイン・パークに行き，ジャム作りのため午前 11 時にクッキング・ルームに行き，釣りをするため午後 1 時にレイク・プレイスに行くことにした。

(4) ア.「学生のときは英語に興味がなかった」と言っている。イ. 恵理がボランティア活動を始めたのは 3 年前で，町に来た外国人観光客と話したのは 5 年前。ウ. 5 年前に町に来た外国人観光客と話したときについて,「彼女とコミュニケーションをとることができなかった」と言っている。エ.「恵理は自分の町がとても素敵なので外国人観光客たちにそれについて知ってもらいたいと思った」。「私の町はとても小さいのですが，独特のお祭りやおいしい地元料理がある」,「多くの観光客に私の町に来て素晴らしい経験をしてもらいたいと思った」と言っている。内容と合っている。オ. もう一度英語を学んだときについて,「ときどきそれは困難だった」と言っている。カ.「外国語を学ぶことは私たちが自分たちの言語や文化を理解するのに役立つと恵理は考えている」。外国語を学ぶことによって,「私たちは自分たちの言語や文化についてもっと理解することができる」と言っている。内容と合っている。

【答】(1) ① ウ　② イ　(2) ① エ　② ウ　(3) ア　(4) エ・カ

◀全訳▶　(1)

① これは私たちが何時であるのか知りたいときに使われます。

② クラスの半数以上の生徒たちは電車で学校に来ており，30 パーセントは自転車で来ています。

(2) ①

ショウタ　：僕のスピーチはどうでしたか，スミス先生？

スミス先生：素晴らしかったです，ショウタ！　あなたの英語はとても上手でした。

ショウタ　：ありがとうございます。昨日は何度も練習しました。どうすれば僕は英語のスピーチを改善することができますか？

スミス先生：あなたはもっとゆっくり話すことができると思います。

②

少女：あなたは明日がメアリーの誕生日であることを知っていましたか？

少年：本当ですか？　僕はそれを知りませんでした。

少女：私たちは彼女のために何か特別なことをするべきだと思います。何かいいアイデアはありますか？

少年：彼女のためにパーティーをしましょうか？

(3)

ケンタ：あなたは何に挑戦したいですか，サラ？

サラ　：そうですね，私は馬に乗りたいです。私はこれまでそれを一度もやったことがありません。

ケンタ：わかりました，では午前 10 時にメイン・パークに行くのはどうですか？

サラ　：はい。馬に乗るのはわくわくします！　あなたは何がしたいですか，ケンタ？

ケンタ：釣りに挑戦できたらうれしいです。僕はよく父と釣りに行きます。午後 1 時にレイク・プレイスに行ってもいいですか？

サラ　：もちろんです！

ケンタ：あなたは他にも何か挑戦したいですか？

サラ　：もし時間があれば，ジャムが作れたらいいなと思います。朝食にそれを使いたいです。

ケンタ：それはいいアイデアです。それでは午前11時にクッキング・ルームに行きましょう。

サラ　：わかりました。そこで楽しみましょう！

(4) こんにちは，みなさん。私の名前は鈴木恵理です。今日は，私のボランティア活動と英語を学ぶことについてお話しします。

私は3年前にボランティア活動を始めました。週末に，私は外国人観光客たちと私の町を歩き回り，彼らに私の町を案内しています。私は彼らと話すときに英語を話しますが，学生のときは英語に興味がありませんでした。私はそれを話すのが得意ではありませんでした。しかし5年前，私は私の町に来た外国人観光客と話したのですが，彼女とコミュニケーションをとることができませんでした。私の町がどれくらい素敵であるのか彼女に伝えたかったので私は悲しく思いました。私の町はとても小さいのですが，独特のお祭りやおいしい地元料理があります。私は多くの観光客たちに私の町に来て素晴らしい経験をしてもらいたいと思いました。だから，私はもう一度英語を学びました。ときどきそれは困難でしたが，私は映画を見たり，本を読んだり，インターネットでリスニングやスピーキングの練習をしたりして，英語を学ぶことを楽しみました。

外国語を学ぶことによって，私たちは他国の多くの人々とコミュニケーションをとることができます。また，私たちは自分たちの言語や文化についてもっと理解することができます。私はあなたたちが楽しく外国語を学ぶことを望んでいます。

2 **【解き方】** (1) ① 問いは「ホワイト先生はオーストラリアでスキーに行ったことがありますか？」。「冬の季節」の1文目を見る。ホワイト先生はオーストラリアでスキーに行ったことがない。② 問いは「ホワイト先生は春に何をしたいと思っていますか？」。「春がもうすぐやって来ます」の3文目を見る。ホワイト先生はピクニックを楽しみたいと思っている。

(2) ①「何か助けは必要ですか？」を見る。ホワイト先生は木曜日の昼食時間は「英語室」にいる。② 文化イベントは「音楽室」で行われる。

(3)「あなたは高校で何に挑戦したいですか？」という問いに対する返答。解答例は「私は英語スピーチコンテストに挑戦したいです。だから，私は英語部に入るつもりです」。

【答】 (1) (例) ① No, she has not.　② She wants to enjoy a picnic.　(2) ① イ　② ウ

(3) (例) I want to try an English speech contest. So, I will join the English club. (15語)

◀全訳▶

エイミーの月1回のニュースレター　2月号

こんにちは，みなさん。お元気ですか？　まだとても寒いので，暖かくして身体に気をつけてくれることを望みます。あなたたちが今月のニュースレターを読むのを楽しんでくれることを望みます。

冬の季節

オーストラリアに雪はありますが，私はそこでスキーに行ったことがありません。今年の冬に私は日本で，人生で初めてスキーに行きました！　少し怖かったのですが，私は美しい雪山を楽しみました。

春がもうすぐやって来ます

冬はとても寒いので，私は春が待ちきれません！　私は日本の春が大好きです。私は友人たちといっしょにピクニックを楽しみたいです。しかし，来月私は3年生の生徒たちにお別れを告げなければならないので悲しいです。3年生の生徒たち，私はあなたたちが高校生活を楽しむことを望みます。あなたは高校で何に挑戦したいですか？

文化イベント

第2回文化イベントに参加しませんか？　今回私はオーストラリアの学校生活や休日を紹介する予定です。私たちはまた，ゲームをしたり英語の歌を歌ったりすることを楽しむ予定です。ぜひ来て参加してください！
日時：2月16日，金曜日　15:30～16:30
部屋：音楽室
注意：ペンか鉛筆を持ってきてください。

何か助けは必要ですか？

あなたの英語学習はどうですか？　英語学習について質問があったり悩んでいたりしているなら，ぜひ会いに来てください。喜んで手助けします。
曜日：月曜日と木曜日
部屋：英語室（休憩時間と昼食時間）
　　　職員室（放課後）

読んでくれてありがとうございます。また来月お会いしましょう。
ALT，エイミー・ホワイト

((2)の全訳)
エマ　：明日この文化イベントに行きませんか，ハルカ？
ハルカ：いいですよ。楽しそうですが，私は明日英語を書くことについてホワイト先生と話したいのです。
エマ　：ここを見てください。今日は木曜日ですよね？　あなたは今日彼女を訪れなければなりません。彼女は昼食時間の間，英語室にいます。
ハルカ：ああ，ありがとう，エマ。今から行くことにします。明日，イベントに参加するためいっしょに音楽室に行きましょう。

3 **【解き方】** ①「ラウンドアバウトでは，運転手はゆっくりと進入するべきだ」とbutでつながれていることに着目する。「長い間止まる必要はない」が適切。
② 同段落は，ラウンドアバウトに侵入する車は慎重に運転するため，交通事故が少ないということが述べられている。「深刻な交通事故の数が減るでしょう」が適切。
③ 直前の「ラウンドアバウトは信号のある交差点よりも建設するのにより広い場所を必要とします」に着目する。狭い道路の地域に「たくさんのラウンドアバウトを建設するのは難しいかもしれません」となる。

【答】 ①エ　②ウ　③ア

◀全訳▶　オーストラリアやアメリカなどのいくつかの国々には，道路上にラウンドアバウトとよばれる円形交差点があります。ラウンドアバウトには交通信号がありませんが，交差点として機能します。あなたは交通信号のない交差点で多くの交通事故が発生すると思いますか？　それは事実ではありません。実際，ラウンドアバウトについていくつかの良い点があります。

まず，ラウンドアバウトの周辺ではあまり交通渋滞が発生しません。信号のある交差点では，運転手は信号が赤の間停止しなければなりません。ラウンドアバウトでは，運転手はゆっくりとそれらに進入するべきですが，長い間止まる必要がありません。

2つ目に，ラウンドアバウトは自然災害による影響を受けません。嵐などの悪天候で電気が止まるとき，信号のある交差点では交通が混乱するでしょう。一方，ラウンドアバウトでは，交通信号がないため運転手はいつものように通過することができます。

3つ目に，深刻な交通事故の数が減るでしょう。ラウンドアバウトに進入しようとする運転手は慎重に運転します。彼らは全てが安全であることを確かめるため，周囲の車や人に注意を払わなければなりません。運転手の注意がラウンドアバウトでの深刻な交通事故の数を減らします。

しかし，ラウンドアバウトについて悪い点も少しあります。例えば，ラウンドアバウトは信号のある交差点よりも建設するのにより広い場所を必要とします。だから，狭い道路の地域にたくさんのラウンドアバウトを建設するのは難しいかもしれません。また，人々にラウンドアバウトのルールを知らせるのには長い時間がかかります。安全運転のために交通ルールを理解することが大切です。

4 **【解き方】** (1) 6文目を見る。アースアワーイベントはシドニーで初めて開催された。

(2) 同段落では，多くの国や都市，会社がアースアワーイベントに参加してきたことが述べられている。more and more ～＝「ますます多くの～」。

(3) 2文目を見る。アースアワーイベントの目的の一つは環境を保護する運動を支援すること。

(4) 1文目を見る。アースアワーイベントに参加することは私たちに世界中の多くの環境問題について考える機会を与えてくれる。

(5)「水の使用量を減らす」,「プラスチックごみを出さないためにショッピングバッグを利用する」などが考えられる。

【答】 (1) エ　(2) ア　(3) イ　(4) イ

(5) (例) I will reduce my use of water. For example, I will try to take a short shower to save water. (20語)

◀全訳▶ [1] 毎年3月に，あるイベントが世界中で開催されます。そのイベントのため，現地時間の午後8時30分に明かりが60分間消されます。このイベントはアースアワーとよばれています。各地域で明かりが午後8時30分に消されるため，それは世界をめぐる消灯リレーのようです。イベントの間，周囲の明かりが消されるため，あなたは空に美しい星を見ることができます。アースアワーイベントは2007年の3月31日にオーストラリアのシドニーで始まりました。このイベントでは，200万以上の人々と2,000以上の会社が明かりを1時間消しました。そのイベントを通じて，たくさんの電気が節約されました。

[2] そのイベントは年々大きくなっています。ますます多くの人々，会社，そして都市がアースアワーイベントに参加してきました。例えば，サンフランシスコの多くの人々はシドニーで開催された最初のアースアワーイベントに感動したため，同じ年の10月に彼ら独自の消灯イベントを開催しました。翌年，35か国の400以上の都市が明かりを消しました。多くの会社が明かりを消すことでそのイベントに参加しました。自分たちのウェブサイトの色を黒に変更することでイベントを支援する会社もありました。日本でも，2010年以来多くの都市や会社がこのイベントに参加しています。毎年，多くの店が自分たちの看板の明かりを消しています。東京タワーや広島城などの有名な場所の明かりも消されます。現在，アースアワーは環境のための世界最大の運動の一つです。

[3] このイベントの目的は電気を節約することだけではありません。それは地球温暖化を止め希少な種を保護する運動を支援することでもあります。世界中で，多くの人々が最初のアースアワーイベントが始まって以来，これらの環境問題を解決するために行動を起こしてきました。例えば，ガラパゴス諸島の店は客にビニール袋を渡すのをやめました。カザフスタンやウガンダなどの多くの国では，多くの木が森を作るために植えられました。

[4] アースアワーイベントの間，私たちは明かりを1時間消すだけですが，それは私たちに世界中の多くの環境問題について考える機会を与えてくれます。問題を解決するために私たちは何ができるでしょう？　その解決策を見つけるのはとても困難です。しかし，アースアワーイベントに参加することは私たちが行動を起こす最初の一歩となるでしょう。今年のアースアワーイベントの間，明かりを消しませんか？　私たちが日常生活の中で普段気づくことのない大切なことが見つかるかもしれません。

社　会

1【解き方】(1) 冠位十二階の最高位だった「大徳」の地位にあった人物。

(2) 天皇家との親戚関係を結ぶことで，摂関政治を優位に展開した。

(3) 源氏・平氏の二大武士団が特に力を持ったが，平治の乱で平氏が源氏に勝利すると平氏政権が確立していった。

(4) アは鎌倉幕府が出した御家人の借金を帳消しにした法令，イは江戸時代に制定された裁判の基準となる法令，ウは奈良時代に制定された新しく開墾した土地を永久に私有できるようにした法令。

(5) アは1641年，イは1639年，ウは1635年，エは1613年の出来事。

【答】(1) ア　(2) 自分の娘を天皇のきさきにし，その間に生まれた子を天皇に立てたから。(同意可)

(3) 朝廷内の権力争い（同意可）　(4) エ　(5) イ

2【解き方】(1) 富岡製糸場は，2014年に世界文化遺産に登録されており，当時の繰糸《そうし》所や繭《まゆ》を置く場所などが現存している。

(2) 西南戦争を鎮圧した政府軍は，徴兵制度によって集められた平民主体の軍隊であった。この後，自由民権運動がさらにさかんとなった。

(3) 外国に治外法権(または，領事裁判権)を認めていたため，外国人の犯罪を日本の法で裁くことができなかった。

(4) 日比谷焼き打ち事件は，ポーツマス条約の内容に不満をもった民衆が日比谷公園で集会を開き，新聞社などを襲撃した事件。

(5) 日露戦争は1905年に終戦し，同年に統監府は設置された。アの南北戦争が起きたのは1861年，ウのインド大反乱が起きたのは1857年，エの日朝修好条規を結んだのは1876年。

【答】(1) 富岡製糸場　(2) ア　(3) イギリスに治外法権が認められていたから。(同意可)

(4) 国民は増税や兵として動員される負担に苦しんだうえ，賠償金が得られないことを知ったから。(同意可)

(5) イ

3【解き方】(1) 日本（東経135度）とロサンゼルス（西経120度）の時差は，(135 + 120) ÷ 15から日本の方が17時間早いとわかる。よって，日本の空港を出発したときのロサンゼルスの現地時間は3月8日午前0時，到着時間は10時間後の3月8日午前10時となる。

(2) P. 北半球に位置するため6月～8月の気温が高く，高緯度に位置するため年平均気温が低い。R. 赤道付近に位置することから，年平均気温が最も高く，年降水量も最も多い。アはQ，エはSの雨温図。

(3) ① ウはテキサス州で，広大な土地を利用した肉牛の飼育がさかん。Wはイ，Yはエ，Zはアに当たる。② 写真はセンターピボット方式とよばれるかんがいシステム。

(4) シリコンバレーの名は，半導体の素材であるシリコンが由来となっている。

(5) bのチリには，世界最大の露天掘りの銅山であるチュキカマタ銅山がある。

(6) アマゾン川流域などの森林が破壊され，地球温暖化が進行する原因にもなっていることが問題視されている。

【答】(1) ア　(2) P. イ　R. ウ　(3) ① ウ　② かんがい　(4) シリコンバレー　(5) b

(6) 大豆を生産するために森林を伐採し，農地を開発したこと。(同意可)

4【解き方】(1) ① イには関税，ウには自動車税，エには入湯税などが当てはまる。② 累進課税が導入されているのは，所得税や相続税など。

(2) 国や地方公共団体が財政収入を補うための借金を「公債」といい，そのうち，国が発行する公債を「国債」，地方公共団体が発行する公債を「地方債」という。

(3) 予算は毎年1月に召集される通常国会において審議・議決される。

(4) ① 生存権を含む社会権は，1919年に制定されたドイツのワイマール憲法で初めて規定された。② 保健所などを中心に業務が展開されている。③ 現在は，およそ負担者２人で，受給者１人を支える状態になっている。

【答】 (1) ① ア　② 所得が高い人ほど，所得に占める税金の割合が高くなる仕組み。(同意可)

(2) 発行した国債には，税金による利子の支払いや元金の返済が必要になるから。(同意可)　(3) イ

(4) ① 生存権　② ウ　③ 受給者が増加し負担者が減少しているため，負担者の負担が大きくなっていること。(同意可)

5 **【解き方】** (1) 中国文明では甲骨文字が，インダス文明ではインダス文字が，エジプト文明では象形文字が使われた。

(2) Y．ラジオ放送が開始されたのは 1925 年で大正時代末期のこと。

(3) カラー放送が始まったのは 1960 年で，その後徐々に普及していき，アの白黒テレビと入れ替わっていった。

(4) 資料から 70 歳以上のインターネット利用率が，他の年代と比べて低いことがわかるので，インターネットを使用した防災情報の発信だけでは不十分であると考えられる。

【答】 (1) くさび形文字　(2) イ　(3) ウ

(4) 情報の格差をなくし，すべての人が防災情報を得られるようにするため。(同意可)

理　科

1 【解き方】(3) 生物Aの数量が増加すると，生物Aを食べる生物Bの数量が増加する。生物Bの数量が増加すると，生物Bを食べる生物Cの数量も増加する。その後，増加した生物Cに食べられた生物Bの数量が減少し始め，その後生物Cの数量も減少してもとの状態にもどる。

【答】(1) 有機物　(2) ポリエチレンテレフタラートは沈み，ポリプロピレンは浮く。(同意可)　(3) ア

2 【解き方】(1) 表1より，火山Bの火山灰に含まれる有色鉱物は，キ石とカンラン石なので，有色鉱物の数の割合は，35 (%) + 20 (%) = 55 (%)

(2) 表1より，火山Aの火山灰は無色鉱物の割合が大きいので，マグマは白っぽく，ねばりけが大きい。

【答】(1) 55 (%)　(2) ① ア　② イ　(3) 等粒状組織

(4) ① 地下深いところで，長い時間をかけて冷えてできた。(同意可)　② 約60℃の湯の入った水そうにつけ，いくつかの結晶ができたところで氷水の入った水そうに移す。(同意可)

3 【解き方】(2) 表より，炭素粉末の質量が0.30gのとき，加熱後の試験管内に残った固体の色が赤色なので，酸化銅と炭素粉末が過不足なく反応している。よって，酸化銅4.00gと炭素粉末が過不足なく反応したときに発生する気体の質量は，4.00 (g) + 0.30 (g) − 3.20 (g) = 1.10 (g)

(3) Z．アは中和反応，イは熱分解。

(4) (2)より，酸化銅4.00gと過不足なく反応する炭素粉末の質量は0.30gなので，酸化銅6.00gと過不足なく反応する炭素粉末の質量は，$0.30\,(\mathrm{g}) \times \dfrac{6.00\,(\mathrm{g})}{4.00\,(\mathrm{g})} = 0.45\,(\mathrm{g})$　酸化銅6.00gと炭素粉末0.50gを反応させたとき，酸化銅はすべて反応するので，酸化銅6.00gから発生する気体の質量は，$1.10\,(\mathrm{g}) \times \dfrac{6.00\,(\mathrm{g})}{4.00\,(\mathrm{g})} = 1.65\,(\mathrm{g})$　よって，加熱後の試験管内に残った固体の質量は，6.00 (g) + 0.50 (g) − 1.65 (g) = 4.85 (g)

(5) マグネシウムが酸化されて酸化マグネシウムができ，二酸化炭素が還元されて炭素ができる。

(6) 実験1より，炭素が酸化され，酸化銅が還元されるので，炭素は銅よりも酸素と結びつきやすい。実験2より，マグネシウムが酸化され，二酸化炭素が還元されるので，マグネシウムは炭素よりも酸素と結びつきやすい。

【答】(1) 石灰水が逆流するのを防ぐため。(同意可)　(2) 1.10 (g)　(3) X．還元　Y．酸化　Z．ウ

(4) 4.85 (g)　(5) $2Mg + CO_2 \rightarrow 2MgO + C$　(6) マグネシウム，炭素，銅

4 【解き方】(3) ① 酸素を多く含む血液が動脈血。イの肺静脈には動脈血が流れる。② 栄養分は小腸で吸収され，オの肝門脈を流れる。

(4) 運動前に1分間に心臓から送り出される血液の量は，70 (cm^3/回) × 70 (回) = 4900 (cm^3)　また，運動後に1分間に心臓から送り出される血液の量は，120 (cm^3/回) × 190 (回) = 22800 (cm^3)　よって，運動後に1分間に心臓から送り出される血液の量は，運動前の，$\dfrac{22800\,(\mathrm{cm}^3)}{4900\,(\mathrm{cm}^3)} \fallingdotseq 4.7$ (倍)

【答】(1) 空気に触れる表面積が大きくなるから。(同意可)

(2) 酸素の多いところでは酸素と結びつき，酸素の少ないところでは酸素をはなす。(同意可)

(3) ① イ　② オ　(4) 4.7 (倍)

(5) たくさんのエネルギーを取り出すために，より多くの酸素が必要だから。(同意可)

5 【解き方】(1) 図1より，10月3日の月は上弦の月なので，月は図2のEの位置にある。10月7日にはまだ満月にはなっていないので，Fの位置にある。

(2) ① 月食が起こるときは，太陽，地球，月の順に一直線に並ぶ。② 月は地球のまわりを反時計回りに公転しているので，地球から見て左側から影に入る。

【答】 (1) E (から) F　(2) ① G　② ア，エ，ウ，イ

6 **【解き方】** (2) つり合いの関係にある 2 力は一つの物体にはたらく。

(3) 水圧は水深が深くなるほど大きくなる。

(4) 表 1 より，水面から物体の下面までの長さが 2.0cm のとき，物体にはたらく浮力は，0.60 (N) − 0.44 (N) = 0.16 (N)　図 1 より，物体の底面積は，4 (cm) × 2 (cm) = 8 (cm^2) より，0.0008m^2。よって，物体の下面にはたらく水圧の大きさは，$\dfrac{0.16\ (\mathrm{N})}{0.0008\ (\mathrm{m}^2)} = 200\ (\mathrm{Pa})$

(5) ① 質量が等しく体積が異なる 2 つの物体（A・C）と，その 2 つのうちのどちらかと体積が等しく質量が異なる 2 つの物体（A・D）を用いる。② 表 2 より，物体 A と物体 C にはたらく重力の大きさは 1.00N なので，物体 A にはたらく浮力の大きさは，1.00 (N) − 0.50 (N) = 0.50 (N)　同様に，物体 C にはたらく浮力の大きさは，1.00 (N) − 0.25 (N) = 0.75 (N)　また，物体 D にはたらく重力の大きさは，$1.00\ (\mathrm{N}) \times \dfrac{150\ (\mathrm{g})}{100\ (\mathrm{g})} = 1.50\ (\mathrm{N})$　したがって，物体 D にはたらく浮力の大きさは，1.50 (N) − 1.00 (N) = 0.50 (N)　物体 A と物体 C は質量が等しいが，浮力の大きさは異なり，物体 A と物体 D は体積が等しく，浮力も等しい。よって，物体全体を水中に沈めたときの浮力の大きさは，物体の質量には関係がなく，物体の体積と関係している。

【答】 (1) (右図)　(2) ウ　(3) エ　(4) 200 (Pa)　(5) ① A・C・D　② イ

(例)

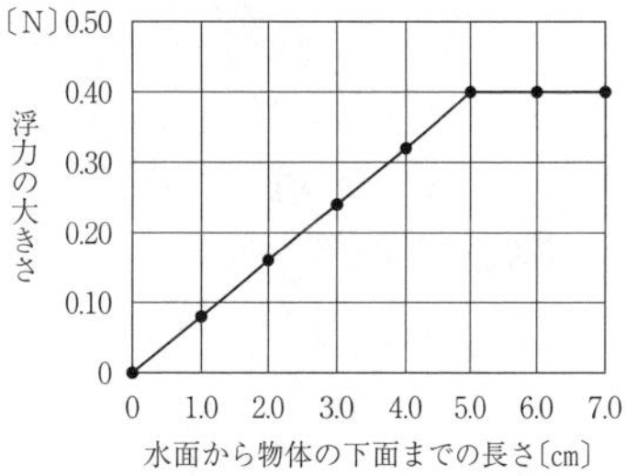

国　語

[1]【解き方】㈢「製鉄の技術がなかった時代，キースの祖先は…彫刻刀として使っていたそうだ」とあるので，ビーバーの歯が「彫刻刀」のように「本当に鋭い」ことをおさえる。

㈣ 直前の「『できない，と思うからできないのさ。まずはやってみれば？』…ビーバーが語りかけてくる。ひたむきに打ち込む。絶対に諦めない。何かを固く信じる」に注目。ビーバーが辛抱強く，「驚くほど太い木も，根気よく齧っては倒して」またひたすら齧ってゆく様子に対して，「僕」なら「絶対にできない…無理だと諦める」と感服していることをおさえる。

㈤ トーキングスティックは「杖」であり，「部族の寄合の場で使われる」「話し合いを平和裏に進めるために大切な要素が全て詰まっている」と説明していることに着目する。

㈥「杖に魂が宿った」と感じていることから考える。トーキングスティッキを作るにあたって，「キースがシンプルなデザインを考えてくれた。モチーフはもちろん，ビーバー」であり，「絶対に諦めない…僕も彼らの強さにあやかりたい」という理由でビーバーをモチーフに選んだことをおさえる。

㈦ ビーバーがダムを築く「小さな彫刻刀だけで倒し…それを当たり前のようにやってのける」という様子や，「僕」がトーキングスティッキを作る「流木を杖として突く時の持ち手の部分に…連続模様を施す。U 字型のデザインをウロコのように刻んでゆく」という工程に，現在形を用いていることに着目する。

【答】㈠ A. すで(に)　B. てんれい(な)　C. 勤勉(な)　D. 深(い)　㈡ イ　㈢ エ　㈣ イ

㈤ 部族の寄合の場で，話し合いを平和裏に進めるために使われる杖。(30 字)（同意可）　㈥ エ　㈦ ウ

[2]【解き方】㈠ 接続助詞「て」に，補助動詞「いる」がついたもの。上にくる動詞によって，「でいる」にもなる。アは「居る」，イは「要る」，エは動詞の連用形に付いて，その動作や状態の程度が深いことを示す。

㈡「手を緩める」とは，それまで厳しくしていた行動を控えめにすること。

㈢ ごみ問題と「自然循環」について，「能力を超える量のごみが生じた場合，あるいは，そもそも能力の対象外で自然に還らないごみが生じた場合…ごみで溢れてしまいます」と説明していることから考える。

㈣「ごみ問題とは『ごみがたくさん出ること』」だという表現は，『自然循環の輪の中に物質循環が収まらなくなること』の帰結を表しているに過ぎ」ないと批判していることをおさえる。

㈤ 循環型社会の実現のために，「①物質が循環する」ことと，「②物質循環の輪が自然循環に収まる」ことの二点を挙げている。①の物質の「循環」については，「モノが生産—消費—廃棄という円に沿って循環するような経済システム」が欠かせないと述べている。②の「物質循環の輪が自然循環に収まる」ことについては，「物質循環の輪の大きさには自ずと限界があり…その容器の大きさは，環境がもつシンク・ソースの能力に規定されます」と説明している。「自然循環の輪の中に物質循環が収まるような社会」とは対照的な「大量生産…大量廃棄の経済システム」について，「環境がもつシンク・ソースの機能に負荷をかけ続けるシステム」と述べていることもあわせて考える。

㈥「循環型社会実現の前提として」という段落に続けて，「それに対して非循環型社会では」と対照的な内容を示していることに着目する。

㈦「ごみ（問題）を議論することは資源（問題）を議論すること」であり，「循環という視点，そしてシンクとソースという概念」から見ると，問題が表裏一体であると指摘していることから考える。

【答】㈠ ウ　㈡ 食料生産を減らすという意味。(同意可)　㈢ イ・オ　㈣ ア

㈤ 生産—消費—廃棄という物質の循環自体が，環境のもつシンク・ソースの機能に負荷をかけない(経済システム。)（43 字）（同意可）

㈥ ウ　㈦ エ

[3]【解き方】㈠「ここやいどこ」と質問し，「土佐の泊」という返答があったことに注目。

㈡ 語頭以外の「は・ひ・ふ・へ・ほ」は「わ・い・う・え・お」にする。

㈢「昔，土佐といひけるところに住みける女」が「土佐の泊」というところに船が寄せられたことについて，「昔，しばしありしところのなくひにぞあなる。あはれ」と言ったことに着目する。

【答】 ㈠ イ　㈡ いいける　㈢ ウ

◀口語訳▶　景色のいい場所に船を寄せて，「ここはどこだ。」と，問うたところ，「土佐の港。」と言った。昔，土佐というところに住んでいた女が，この船に交じっていた。その人が言うことには，「昔，しばらく住んでいたところと同じ名であるようだ。趣深い。」と言って，詠んだ歌，

　長年住んだところの名を背負っているので，打ち寄せる波までなつかしく見えることよ

と言った。

4 **【解き方】** 楷書では，「紅」の4・5画目を真ん中，左の順に書くのに対し，行書では左から書く。

【答】 ウ

5 **【解き方】** ㈠ メモにある，「話に合わせて写真を表示する」「『出会い』と言う前に，間をおいて強調する」という記載に着目する。

㈡「次にお話するおすすめポイントは，『出会い』です」と初めに示し，「出会い」について「一つ目は」「二つ目は」と順に挙げていることに注目。

【答】 ㈠ イ　㈡ ウ　㈢ (例)

私がすすめたい場所は，家の近くの高台にある，見晴らしのよい公園である。

特に，そこから見る朝日の美しさは格別だ。うまくいかない時や沈んだ気分の時も，そこから朝日を見ると気分が明るくなり，またがんばろうと元気がわいてくるのだ。元気をくれる場所として，ぜひ友達にすすめたい。(150字)

~MEMO~

奈良県公立高等学校
（一般選抜）

2023年度
入学試験問題

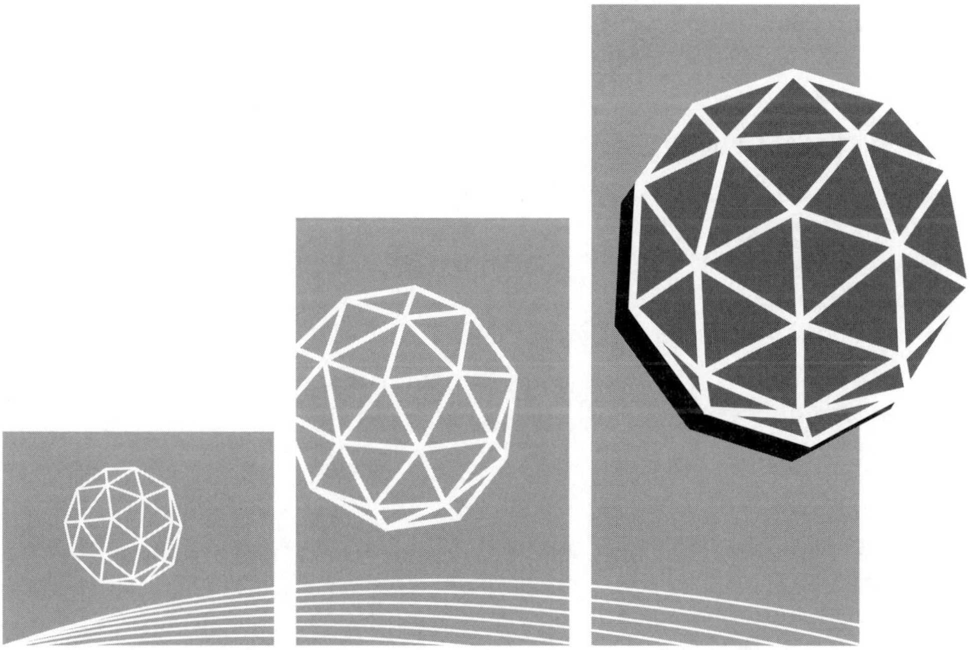

数学

時間　50分　　　　満点　50点

1　次の各問いに答えよ。

(1)　次の①～④を計算せよ。

①　$7-(-6)$　(　　　)

②　$15+(-4)^2\div(-2)$　(　　　)

③　$(x+2)(x-5)-2(x-1)$　(　　　)

④　$\sqrt{2}\times\sqrt{6}-\sqrt{27}$　(　　　)

(2)　連立方程式 $\begin{cases} x+4y=5 \\ 4x+7y=-16 \end{cases}$ を解け。(　　　　　)

(3)　2次方程式 $x^2+5x+1=0$ を解け。(　　　)

(4)　$a<0$，$b<0$ のとき，$a+b$，$a-b$，ab，$\dfrac{a}{b}$ のうちで，式の値が最も小さいものはどれか。

(　　　)

(5)　図1の2つの三角すいA，Bは相似であり，その相似比は2：3である。三角すいAの体積が24cm^3であるとき，三角すいBの体積を求めよ。(　　　cm^3)

図1

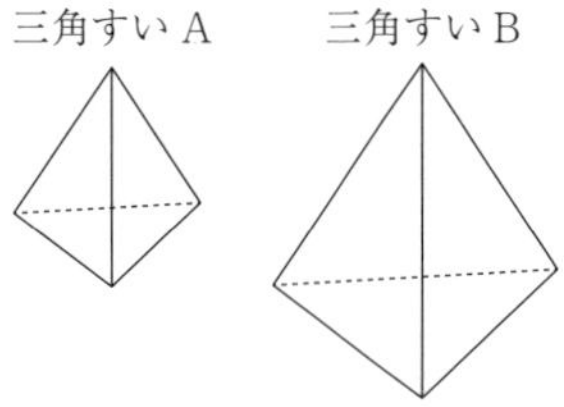

(6)　図2で，数直線上を動く点Pは，最初，原点Oにある。点Pは，1枚の硬貨を1回投げるごとに，表が出れば正の方向に1だけ移動し，裏が出れば負の方向に2だけ移動する。硬貨を3回投げて移動した結果，点Pが原点Oにある確率を求めよ。(　　　)

図2

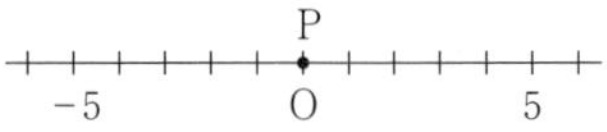

(7)　図3のように，3点A，B，Cがある。次の条件①，②を満たす点Pを，定規とコンパスを使って解答欄の枠内に作図せよ。なお，作図に使った線は消さずに残しておくこと。

［条件］
①　△PABは，線分ABを底辺とする二等辺三角形である。
②　直線ABと直線PCは平行である。

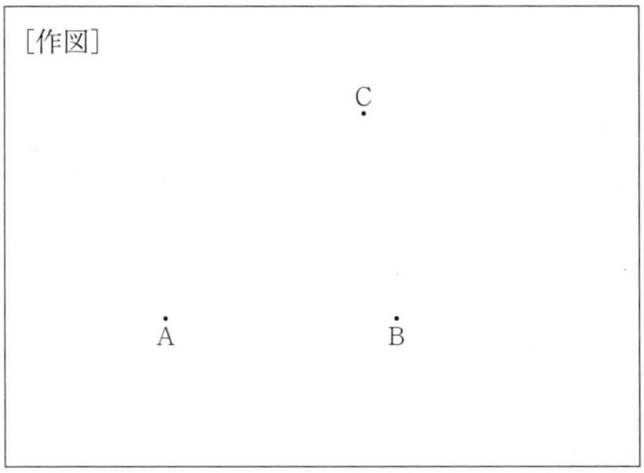

図3

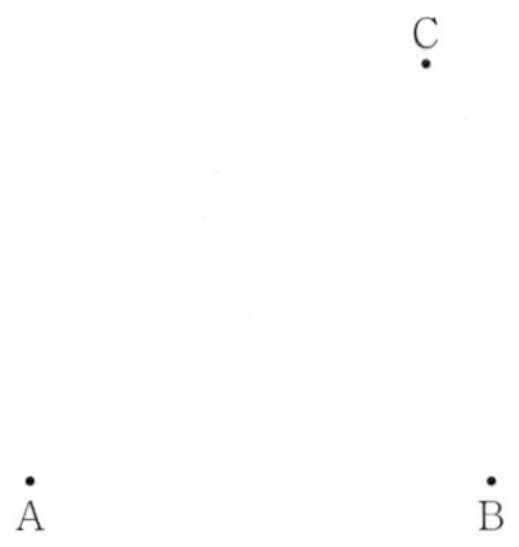

(8)　A中学校の1年生75人と3年生90人に，通学時間についてアンケートをした。図4は，その結果について，累積相対度数を折れ線グラフに表したものである。例えば，このグラフから，1年生では，通学時間が10分未満の生徒が，1年生全体の42％であることを読み取ることができる。図4から読み取ることができることがらとして適切なものを，次のア～オから全て選び，その記号を書け。(　　　)

ア　通学時間の中央値は，1年生の方が3年生よりも大きい。

イ　通学時間が20分未満の生徒は，1年生も3年生も半分以上いる。

ウ　通学時間が25分未満の生徒の人数は，1年生も3年生も同じである。

エ　通学時間が25分以上30分未満の生徒の人数は，3年生の方が1年生よりも多い。

オ　全体の傾向としては，1年生の方が3年生よりも通学時間が短いといえる。

図4

A中学校の1年生と3年生の通学時間の累積相対度数

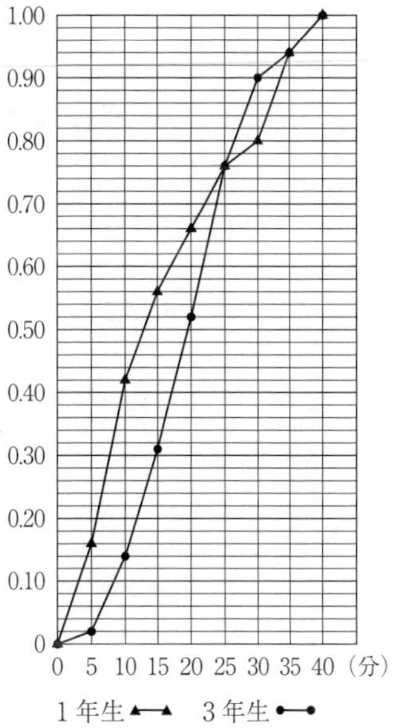

② 太郎さんと花子さんは，ロボット掃除機が部屋を走行する様子を見て，動く図形について興味をもった。次の□内は，いろいろな図形の内部を円や正方形が動くとき，円や正方形が通過する部分について考えている，太郎さんと花子さんの会話である。

花子：長方形の内部を円や正方形が動くとき，正方形は，長方形の内部をくまなく通過できるね。でも，円は，長方形の内部で通過できないところがあるよ。正方形は，どんな図形の内部でも，くまなく通過できるのかな。

太郎：どうかな。三角形の内部では，円も正方形も通過できないところがあるよ。いろいろな図形の内部を円や正方形が動く場合，通過できるところに違いがあるね。

花子：直角二等辺三角形の内部を円や正方形が動くときについて，真上から見た図をかいて考えてみよう。

$XZ = YZ$，$\angle XZY = 90^\circ$ の直角二等辺三角形 XYZ の内部を，円 O，正方形 ABCD が動くとき，各問いに答えよ。ただし，円周率は π とする。

(1) 図1で，円 O は辺 XY，XZ に接しており，2点 P，Q はその接点である。また，点 R は直線 XO と辺 YZ との交点である。①～③の問いに答えよ。

図1

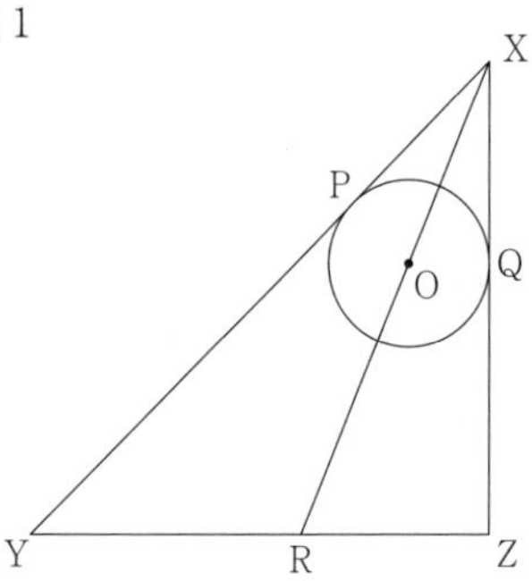

① $\angle POQ$ の大きさを求めよ。(　　　)

② 線分 XR 上にある点はどのような点か。「辺」と「距離」の語を用いて簡潔に説明せよ。

(　　　　　　　　　　　　　　　　　　　　)

③ 円 O の半径が 2 cm であるとき，線分 XP の長さを求めよ。

(　　　　cm)

(2) 次の□内は，△XYZ の内部を，正方形 ABCD が動く場合について考えている，太郎さんと花子さんの会話である。①，②の問いに答えよ。

花子：図2のように，正方形 ABCD が，点 X に最も近づくように，正方形 ABCD の2点 B，D がそれぞれ辺 XY，XZ 上にある図をかいたよ。

図2

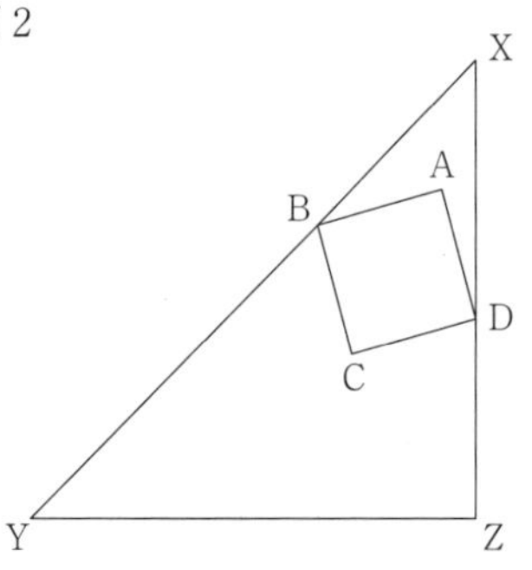

太郎：図2の正方形 ABCD で，点 X に最も近いのは，点 A だね。

花子：そうだね。2点 X，A 間の距離はどのくらいの長さになっているのかな。図2からわかることは何だろう。

太郎：点 A を中心として2点 B，D を通る円をかくと，点 X も円 A の周上にありそうだね。

花子：円 A で，$\overset{\frown}{BD}$に対する中心角は$\angle BAD$になるね。$\angle BAD = 90^\circ$で，$\angle BXD = 45^\circ$だから，$\angle BXD$は$\overset{\frown}{BD}$に対する円周角になっているね。点 X は円 A の周上にあるといえるよ。

太郎：2 点 X，A 間の距離は［ あ ］と等しいといえるね。

花子：正方形 ABCD が動いて，辺 XY，XZ 上の 2 点 B，D の位置が変わっても，2 点 X，A 間の距離について同じことがいえるから，正方形 ABCD が，$\triangle XYZ$の内部をくまなく動くとき，正方形 ABCD が通過した部分の面積もわかるね。

① ［ あ ］に当てはまる語句を，次のア～エから 1 つ選び，その記号を書け。(　　　)

ア　正方形 ABCD の対角線の長さ　　　イ　正方形 ABCD の 1 辺の長さ

ウ　正方形 ABCD の対角線の長さの半分　　エ　正方形 ABCD の 1 辺の長さの半分

② 図 3 のように，正方形 ABCD が，$\triangle XYZ$の内部をくまなく動くとき，正方形 ABCD が通過した部分の面積を求めよ。ただし，$XZ = 10$cm，$AB = 3$cm とする。

(　　　cm^2)

図 3

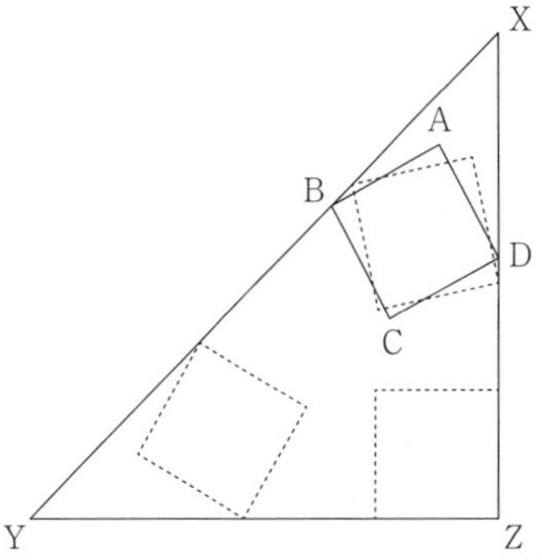

3　右の図のように，関数 $y = ax^2$ $(a > 0)$のグラフ上に，2 点 A，B があり，関数 $y = -\dfrac{1}{2}x^2$ のグラフ上に，2 点 C，D がある。2 点 A，C の x 座標は -4 であり，2 点 B，D の x 座標は 2 である。2 点 A，B を通る直線と y 軸との交点を E とする。原点を O として，各問いに答えよ。

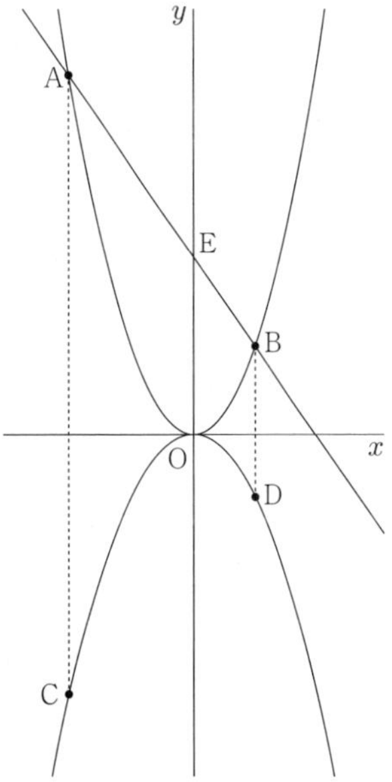

(1) 関数 $y = -\dfrac{1}{2}x^2$ について，x の変域が $-4 \leqq x \leqq 2$ のときの y の変域を求めよ。(　　　)

(2) 2 点 C，D を通る直線の式を求めよ。(　　　)

(3) a の値が大きくなるとき，それにともなって小さくなるものを，次のア～エから 1 つ選び，その記号を書け。(　　　)

ア　直線 AB の傾き　　イ　線分 AB の長さ

ウ　$\triangle OAB$の面積　　エ　AE：EB の比の値

(4) 直線 OD が四角形 ACDB の面積を 2 等分するとき，a の値を求めよ。(　　　)

④　右の図で，4点A，B，C，Dは円Oの周上にある。点Eは線分ACと線分BDとの交点で$AC \perp BD$であり，点Fは線分AD上の点で$EF \perp AD$である。点Gは直線EFと線分BCとの交点である。各問いに答えよ。

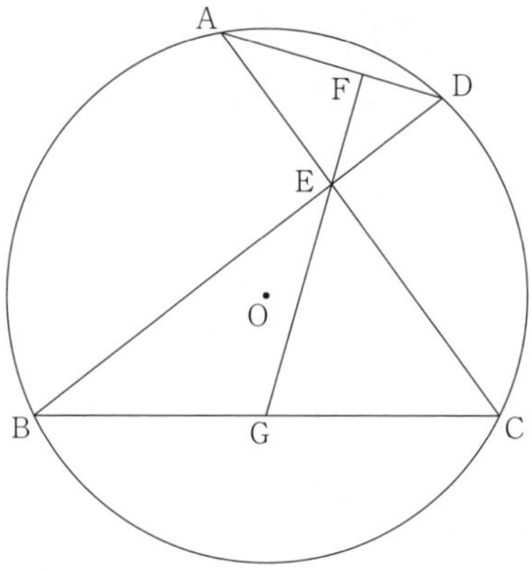

(1)　△AEF ∽ △BCEを証明せよ。

(2)　$\angle DAE = a^\circ$とするとき，∠BGEの大きさをaを用いて表せ。(　　　)

(3)　DE = 3 cm，AE = 4 cm，BE = 8 cmのとき，①，②の問いに答えよ。

①　△CEGの面積を求めよ。(　　　　cm^2)

②　円Oの半径を求めよ。(　　　　cm)

英語

時間　50分　　　　満点　50点

（編集部注）放送問題の放送原稿は英語の末尾に掲載しています。
音声の再生についてはもくじをご覧ください。

1　放送を聞いて，各問いに答えよ。

(1)　①，②の英語の内容に合うものを，それぞれア～エから1つずつ選び，その記号を書け。なお，英語はそれぞれ1回ずつ流れる。①(　　　)　②(　　　)

①　ア

イ

ウ

エ

②　ア

イ

ウ

エ

(2)　①，②のそれぞれの会話の最後の応答にあたる部分に入る英語として最も適切なものを，それぞれア～エから1つずつ選び，その記号を書け。なお，会話はそれぞれ1回ずつ流れる。

①(　　　)　②(　　　)

①　〈夜，自宅での母親と息子の会話〉

ア　Yes. I watched it one hour ago.　　イ　Yes. I don't have to go to school tomorrow.

ウ　Yes. I'll go to bed now.　　エ　Yes. I'll go to school in the afternoon tomorrow.

②　〈放課後の教室での会話〉

ア　At five in the afternoon.　　イ　For one hour.

ウ　Because I have a lot of things to do.　　エ　By studying history.

(3)　会話の内容についての質問に対する答えとして最も適切なものを，後のア～エから1つ選び，その記号を書け。なお，会話と質問はそれぞれ2回ずつ行う。(　　　)

3月						
日	月	火	水	木	金	土
			1	2	3	4
5	6	7	8	9	10	11
12	13	14	15	16	17	18
19	20	21	22	23	24	25
26	27	28	29	30	31	

ア　On March 25.　　イ　On March 26.　　ウ　On March 29.　　エ　On March 31.

(4)　聞き取った英語の中で述べられていないものを，次のア～カから２つ選び，その記号を書け。なお，英語は２回流れる。(　　　)(　　　)

ア　校外学習で京都を訪ねる目的　　イ　朝の集合時刻　　ウ　京都への交通手段

エ　京都までの交通費　　オ　荒天時の学校からの連絡方法　　カ　午後の解散時刻

2 次の資料1は，せんと博物館（Sento Museum）の利用案内の一部である。また，資料2は，まほろば駅（Mahoroba Station）から，せんと博物館への行き方を【A】～【D】の4通り示したものである。各問いに答えよ。

資料1

Museum Hours

The museum is open from 10:00 a.m. to 6:00 p.m. Last admission is 30 minutes before closing time.

Holidays

The museum is closed from December 28 to January 1.

Special Exhibition

The "*Kano Eitoku*" Special Exhibition will be held from April 1 to October 31, 2023.

Others

The restaurant is on the second floor, and it is open from 11:00 a.m. to 2:00 p.m.
Eating and drinking is allowed in the garden.

資料2

【A】
Take a train from Mahoroba Station to Sento Station. [about 7 minutes]
Take bus number 1 in front of the East Exit of the station and get off at the "Sento Museum" bus stop. [about 9 minutes]
Then, walk to the museum. [about 3 minutes]

【B】
Take a train from Mahoroba Station to Sento Station. [about 7 minutes]
Use the East Exit of the station and walk to the museum. [about 27 minutes]

【C】
Take bus number 2 in front of the East Exit of Mahoroba Station and get off at the "Sento Museum" bus stop. [about 42 minutes]
Then, walk to the museum. [about 3 minutes]

【D】
Take a taxi in front of the West Exit of Mahoroba Station to the museum. [about 25 minutes]

（注） open：(店などが) 開いている　admission：入館　closing：閉館の
closed：(店などが) 閉まっている　exhibition：展示　allow：許す　exit：出口

(1) 資料1，2の内容と合っているものを，次のア〜オから2つ選び，その記号を書け。

(　　　)(　　　)

ア　If you go to the museum on September 1, 2023, you can see the "*Kano Eitoku*" Special Exhibition.

イ　There is no place to have lunch in the museum.

ウ　You should use the East Exit of Mahoroba Station if you want to take a taxi to the museum at the station.

エ　If you choose【B】to visit the museum from Mahoroba Station, you need more than thirty minutes to get to the museum.

オ　If you are at Mahoroba Station at 5:00 p.m. and choose【C】to visit the museum, you can enter the museum on that day.

(2) あなたは，まほろば駅から，せんと博物館へ一人で行くことにした。【A】〜【D】のうち，どの行き方を選ぶか。あなたの考えを，その理由も含めて15語程度の英語で書け。ただし，1文または2文で書き，コンマやピリオドなどは語数に含めないこと。なお，選んだものを，それぞれA，B，C，Dと表してよい。

(　　　　　　　　　　　　　　　　　　　　)

3　次の英文を読んで，各問いに答えよ。

Haruka, Mai, Tatsuya, Ken, and Ichiro are high school students. They are members of the school's English club. After school, they are talking in the English club room.

Haruka:　Last week we mainly talked about the school festival in September and decided to make a club T-shirt. I hope we can wear the T-shirts at the school festival. Today, let's talk about the design.

Mai:　How about putting the names of all the club members on the T-shirt?

Tatsuya:　I like that idea. That shows we are a team, and I think it's good to put our first names on the T-shirt.

Haruka:　Yes. We always use first names when we call each other. What do you think, Ken?

Ken:　Well, we can wear our T-shirts in school, but I don't want to wear the T-shirt outside of school if our names are on it. So, I don't think it's a good idea to put our names on the T-shirt.

Haruka:　I see. It may be difficult to wear the T-shirt with printed names outside of school, but we can keep it as a memorable item. So, I agree with the idea of putting names on the T-shirt. Anyway, that is just one idea. Do you have any other ideas for the design, Ichiro?

Ichiro:　[　　　　　　　　　　]

（注）mainly：主に　design：デザイン　first name：名前　outside of：～の外で
memorable：記憶に残る　item：品物

(1)　英文の内容について，次の問いに対する答えとして最も適切なものを，後のア～エから１つ選び，その記号を書け。(　　　)

What are the English club members mainly talking about?

ア　They are mainly talking about the school festival in September.
イ　They are mainly talking about the design for their club T-shirt.
ウ　They are mainly talking about the club members' first names.
エ　They are mainly talking about the club members' memorable items.

(2)　Mai の提案に賛同している人を，次のア～ウからすべて選び，その記号を書け。(　　　)

ア　Haruka　イ　Tatsuya　ウ　Ken

(3)　あなたが Ichiro なら，Haruka の質問にどのように答えるか。[　　]に入る英語を 20 語程度で書け。ただし，2 文または 3 文で書き，コンマやピリオドなどは語数に含めないこと。

(　　　　　　　　　　　　　　　　　　　　)

4 次の英文を読んで，各問いに答えよ。なお，英文の左側の[1]～[5]は各段落の番号を示している。

[1] When too many people visit a place on holiday, the place is affected a lot, and many people living there face serious problems. This is called “overtourism”. When too many people come, a lot of garbage is left behind. Noise and traffic accidents increase when too many visitors come by car or by bus. The natural environment is also destroyed. People who live there suffer from these problems. Overtourism is happening in many places around the world. It is also happening in some places in Japan.

[2] In Kamakura, overtourism is happening. It is a very famous city for sightseeing and has a lot of places to visit. Kamakura was visited by more than 20,000,000 people in one year at its peak. The local train called *Enoden* is very popular. On some holidays, it takes about one hour to enter a station and ride the trains because so many visitors come to ride them. This makes the lives of the people who live near the stations inconvenient. Kamakura City is trying hard to solve this problem. For example, the city carried out a social experiment which allowed the local people to ride the trains without waiting. However, overtourism is still a big problem in Kamakura.

[3] Overtourism is happening at Mt. Fuji, too. Mt. Fuji is the highest mountain in Japan. Many people from all over the world visit Mt. Fuji. More than 8,000 people climbed the mountain in one day at its peak. The trails are sometimes very crowded, so it takes more time to reach the top. There are no garbage boxes on the trails to protect the environment. Visitors have to take their garbage home, but some of them do not know about it and leave their garbage on the mountain. Shizuoka Prefecture is trying hard to reduce garbage on Mt. Fuji. Visitors can get a garbage bag at some starting points of the trails. The message “Please take your garbage home.” is written in many different languages on the bag, so visitors can learn about the garbage problem happening at Mt. Fuji. However, overtourism is still a serious problem there.

[4] Some places in Kyoto are also suffering from overtourism, but one of the places has been working on it. It is Saihoji. It is a temple which has a beautiful garden, and visitors have a peaceful time there. In the past, the people who lived around the temple suffered from too much noise because so many people visited it from all over the world to see the garden. The noise destroyed their peaceful lives. Saihoji and its neighbors tried to solve the problem. They discussed it many times and tried various ways. Finally, Saihoji decided to reduce the number of visitors and started to ask them to make reservations and come in small groups. Thanks to this system, the neighbors’ peaceful lives are back again. Now, visitors and the neighbors are sharing the peaceful time.

[5] It is not easy to solve overtourism when it happens in a wide area such as Kamakura and Mt. Fuji. The example of Saihoji shows us one of the solutions to keep a balance between

tourism and the environment.

(注) face：直面する　leave behind：置き去りにする　accident：事故　suffer from：～に苦しむ　at one's peak：最も多い時には　*Enoden*：江ノ電（江ノ島電鉄の略称）　inconvenient：不便な　carry out：実施する　social experiment：社会実験　allow：許す　trail：登山道　work on：～に取り組む　in the past：かつては　discuss：話し合う　make a reservation：予約を取る　balance：バランス　tourism：観光事業

(1) 英文の段落ごとの見出しを下の表のようにつけるとき，表中の[A]，[B]，[C]に入る最も適切な英語を，後のア～カから１つずつ選び，その記号を書け。

A（　　）B（　　）C（　　）

段落	見出し
[1]	What is overtourism?
[2]	[A] in Kamakura
[3]	[B] at Mt. Fuji
[4]	[C] around Saihoji
[5]	One solution to overtourism

ア The problem of garbage　イ The problem of noise　ウ The problem of language
エ The problem of traffic　オ The problem of social experiment
カ The problem of a small-group visiting system

(2) 英文の内容について，次の問いにそれぞれ３語以上の英語で答えよ。ただし，コンマやピリオドなどは語数に含めないこと。

① What do people who visit Mt. Fuji have to do to protect its environment?
（　　　　　　　　　　　　　　　　）

② Do people need to make reservations when they visit Saihoji?
（　　　　　　　　　　　　　　　　）

(3) 英文の内容と合っているものを，次のア～カから２つ選び，その記号を書け。（　　）（　　）

ア People who live in some places in Japan are suffering from overtourism.
イ In Kamakura, it is sometimes difficult for visitors to ride the trains because they are used by so many local people.
ウ The message written on the garbage bag tells visitors how many people climb Mt. Fuji in one day at its peak.
エ Some places suffering from overtourism in Kyoto give visitors garbage bags to solve the problem.
オ Saihoji and its neighbors discussed various ways to keep the garden beautiful.
カ The system to reduce the number of visitors has been working well around Saihoji.

〈放送原稿〉

（チャイム）

これから，2023年度奈良県公立高等学校入学者一般選抜学力検査問題英語の聞き取り検査を行います。放送中に問題用紙の空いているところに，メモを取ってもかまいません。

それでは，問題用紙の[1]を見なさい。[1]には，(1)～(4)の問題があります。

まず，(1)を見なさい。

(1)では，①，②の英語が流れます。英語の内容に合うものを，それぞれ問題用紙のア～エのうちから1つずつ選び，その記号を書きなさい。なお，英語はそれぞれ1回ずつ流れます。

それでは，始めます。

①　This is used for keeping food cool.

――（この間約3秒）――

②　There is a cat under the chair, and there are two books on the table.

――（この間約3秒）――

次に，(2)に移ります。

(2)では，①，②のそれぞれの場面での2人の会話が流れます。それぞれの会話の最後の応答にあたる部分でチャイムが鳴ります。そのチャイムの部分に入る英語として最も適切なものを，それぞれ問題用紙のア～エのうちから1つずつ選び，その記号を書きなさい。なお，会話はそれぞれ1回ずつ流れます。

それでは，始めます。

①　*Mother:*　What are you doing, John? It's eleven now.
John:　I know. I'm watching a soccer game of my favorite team.
Mother:　You have to go to school early tomorrow morning, right?
John:　〈チャイム〉

――（この間約3秒）――

②　*Girl:*　Hi, Bob. Are you studying?
Bob:　Yes, I'm writing a report for my history class.
Girl:　How long have you been doing it?
Bob:　〈チャイム〉

――（この間約3秒）――

次に，(3)に移ります。

(3)では，問題用紙に示されたカレンダーを見ながら2人が行った会話が流れます。その後，会話の内容についての質問をします。質問に対する答えとして最も適切なものを，問題用紙のア～エのうちから1つ選び，その記号を書きなさい。なお，会話と質問はそれぞれ2回ずつ行います。

それでは，始めます。

Emma:　Ken, how about going to see a movie during the spring vacation?
Ken:　That's a good idea! When can we go?
Emma:　Today is March 23. How about this Saturday?

Ken: Well, many people go to see a movie on weekends. So how about next Wednesday?

Emma: I'm going to visit my grandmother with my family, so I don't think I can go. How about the 31st?

Ken: Well, I'm going to have a baseball game on the 31st.

Emma: OK... Then I think this weekend is better.

Ken: I think so, too. Then let's use your first idea.

質問 When are they going to see a movie?

繰り返します。(繰り返し)

──(この間約３秒)──

次に，⑷に移ります。

⑷では，翌日に実施される校外学習について，先生が生徒に説明している英語が流れます。この英語の中で述べられていないものを，問題用紙のア～カのうちから２つ選び，その記号を書きなさい。なお，英語は２回流れます。

それでは，始めます。

OK, everyone. Did you enjoy today's classes? Now I'll tell you about tomorrow's field trip to Kyoto.

Tomorrow you'll visit Kyoto to ask foreign visitors what they are enjoying in Kyoto.

Now, let's check some other points for tomorrow. We'll meet at Nara Station, not at school. Our meeting time is 8:30 in the morning. We'll take a train to Kyoto. You can use the map I gave you yesterday when you walk around in Kyoto, so don't forget to bring it.

It may be rainy tomorrow, so you should bring an umbrella. If we can't go because of the bad weather, you'll get an e-mail from the school at 7:00 tomorrow morning.

You can buy something to eat for lunch at the shops in Kyoto. Of course, you can bring lunch, too.

We'll meet at Kyoto Station again at 3:00 in the afternoon, and then we'll come back to Nara together.

I hope you'll have a good time in Kyoto!

If you have any questions, come and see me after this.

See you tomorrow, everyone!

──(この間約３秒)──

繰り返します。(繰り返し)

──(この間約３秒)──

これで，英語の聞き取り検査の放送を終わります。次の問題に進んでよろしい。

社会

時間　50分　　　満点　50点

1　次は，太郎さんがドイツ出身のエマさんと，日本やドイツの歴史について話した会話の一部である。各問いに答えよ。

エマ：私は世界の国々の歴史に興味があります。日本の歴史についてもさらに深く学びたいです。

太郎：歴史を学ぶことは，面白いですね。日本では，古代の政治は天皇やA貴族を中心に行われ，中世以降は政権の移り変わりが激しく，政治は大きく変化しました。江戸時代に，新井白石という人物が，日本の歴史についてB武家政権の変遷を中心に記しました。このことについて調べてみてはどうですか。

エマ：ありがとう。太郎さんはCドイツの歴史は知っていますか。ドイツは，時代によって国名や国境が変わりました。第二次世界大戦後には，D国際情勢の変化を象徴するような出来事がありました。

(1)　下線部Aである藤原氏を中心に摂関政治が行われた頃の社会の様子に関して述べた次の文X，Yについて，その正誤の組み合わせとして適切なものを，後のア～エから1つ選び，その記号を書け。(　　　)

X　国司の中には，現地に行かずに代理を送り，収入だけを得る者が多くなり，地方の政治は乱れた。

Y　牛や馬を使用した耕作や，米と麦などの二毛作が広まり，農業の生産力が高まった。

ア　X・正　Y・正　　イ　X・正　Y・誤　　ウ　X・誤　Y・正
エ　X・誤　Y・誤

(2)　新井白石は，下線部Bにおける五度の変化について記している。エマさんは，その変化を次のメモにまとめた。

【武家政権の変遷】
(第一の変化)　源頼朝が鎌倉幕府を開く。
(第二の変化)　北条氏がa執権として実権をにぎる。
(第三の変化)　足利尊氏が京都に幕府を開く。
(第四の変化)　織田信長，b豊臣秀吉が力をもつ。
(第五の変化)　徳川家康が江戸幕府を開く。

①　各変化の間に起こった出来事として正しいものを，次のア～エから1つ選び，その記号を書け。(　　　)

ア　第一の変化と第二の変化の間に，保元の乱が起こった。

イ　第二の変化と第三の変化の間に，建武の新政が行われた。

ウ　第三の変化と第四の変化の間に，元が襲来した。

エ　第四の変化と第五の変化の間に，応仁の乱が起こった。

② 資料Ⅰは，波線部aとなった人物が，武士のきまりを制定する目的について書いた手紙を要約したものの一部である。守護の職務なども定めている，このきまりとは何か。その名称を書け。(　　　)

[資料Ⅰ]

これといった原典にもとづいているわけではないのですが，ただ道理のさし示すことをまとめたのです。(略) あらかじめ，裁定の方法について定めて，人の身分の高い低いに関わらず，不公平なく判決を出すために細かく記録しておくのです。

(「中世法制史料集」より作成)

③ エマさんは，波線部bが行った政策により，中世社会から近世社会への変化が生み出されたことを知り，この政策について調べたことを次のメモにまとめた。この政策によって，土地に関する権利はどのように変化したか。「検地帳」，「荘園領主」の語を用いて簡潔に書け。

(　　　　　　　　　　　　　　　　　　　　　　　　　　　　　　　　　　　　)

・ますやものさしを統一し，役人を派遣して田畑の面積をはかり，収穫量を石高で表す。
・武士に，石高に応じた軍役を負担することを義務づけ，農民には，石高に応じた年貢を村ごとに，領主である武士へ納めることを義務づける。

(3) 下線部Cに関して，19世紀から20世紀における出来事について述べた次のア〜エを，年代の古いものから順に並べたときに3番目になるものはどれか。その記号を書け。(　　　)

ア ワイマール憲法を制定した。

イ 独ソ不可侵条約を結び，ポーランドに侵攻した。

ウ ビスマルクがドイツの統一を実現した。

エ オーストリア，イタリアと三国同盟を結んだ。

(4) 太郎さんは，下線部Dについて調べる中で，資料Ⅱを見つけた。資料Ⅱはドイツのある都市で起こった出来事の写真である。太郎さんは，この出来事が起こった頃の世界の様子を次のメモにまとめた。資料Ⅱとメモからわかる国際情勢の大きな変化とは何か。簡潔に書け。

(　　　　　　　　　　　　　　　　　　　　　　　)

[資料Ⅱ]

・東ヨーロッパで民主化運動が高まり，社会主義政権が次々に倒れる。
・マルタ島で会談が行われる。
・東西ドイツが統一する。
・ソ連が解体する。

2　令子さんは，大正時代の日本の様子について興味をもち，調べることにした。各問いに答えよ。

(1)　令子さんは，大正時代に起こった民衆の政治運動について右のメモにまとめた。（ X ），（ Y ）に当てはまる言葉の組み合わせとして適切なものを，次のア～エから1つ選び，その記号を書け。（　　　）

藩閥や軍部の支持を受け成立した（ X ）内閣に対して，（ Y ）ことを求める人々が国会議事堂を取り囲み，退陣を要求した。

ア　X　加藤高明　　Y　憲法にもとづく政治を守る
イ　X　加藤高明　　Y　憲法を制定する
ウ　X　桂太郎　　Y　憲法にもとづく政治を守る
エ　X　桂太郎　　Y　憲法を制定する

(2)　1920年代，農村では小作争議が急増した。資料Ⅰは，その頃の小作人による収入と支出の報告を要約したものの一部である。小作争議により，小作人が地主に求めたことは何か。資料Ⅰを参考にして，簡潔に書け。
(　　　　　　　　　　　　　　　　　　　　　　　　)

［資料Ⅰ］

・収入85円　・支出111円
〈支出の内訳〉
(小作料)　46円
(肥料・苗代)　18円
(農具・その他)　47円
※1反歩（約1000m^2）当たり

(「福井県史」より作成)

(3)　資料Ⅱは，第一次世界大戦中に，日本が中国に対して示した要求を要約したものの一部である。中国は，パリ講和会議でこの要求の取り消しを求めたが，認められなかった。これに対する不満から北京で反対運動が起こり，中国国内に広まった。この民族運動は何か。その名称を書け。（　　　）

［資料Ⅱ］

一　中国政府は，ドイツが山東省にもっている一切の権益を日本にゆずる。

(外務省 Web サイトより作成)

(4)　日本が行ったシベリア出兵のきっかけとなった出来事について述べた文として最も適切なものを，次のア～エから1つ選び，その記号を書け。（　　　）
ア　労働者や兵士の代表会議が，レーニンの指導で政府をつくった。
イ　日本は，ロシアの南下に対抗してイギリスと同盟を結んだ。
ウ　関東軍が南満州鉄道の線路を爆破し，満州を占領した。
エ　ロシアは，遼東半島を清に返還するよう日本にせまった。

(5)　令子さんは，民主主義を求める動きを背景に内閣を組織した原敬に着目し，「本格的な政党内閣」とよばれる原内閣について調べた。資料Ⅲは，原内閣と，その前の内閣である寺内内閣の構成を示したものである。資料Ⅳは，原内閣発足時における衆議院の政党別議員数を示したものである。原内閣が「本格的な政党内閣」とよばれるのはなぜか。その理由を，資料Ⅲ，資料Ⅳを参考にして，簡潔に書け。（　　　　　　　　　　　　　　　　　　　　　　　　　　　）

［資料Ⅲ］

職名	寺内内閣	原内閣
内閣総理大臣	軍人	立憲政友会
陸・海軍大臣	軍人2名	軍人2名
外務大臣	官僚	官僚
その他大臣	官僚6名	立憲政友会6名

(「内閣制度百年史」より作成)

［資料Ⅳ］

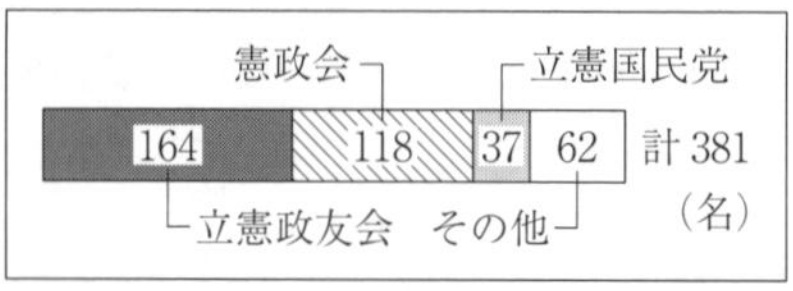

(「議会制度百年史」より作成)

3 夏美さんのクラスでは，世界の各州の地域的特色をまとめることになり，夏美さんは，アフリカ州について調べることにした。各問いに答えよ。

(1) 略地図中のXの海洋は，三大洋のひとつである。Xの名称を書け。(　　　)

［略地図］

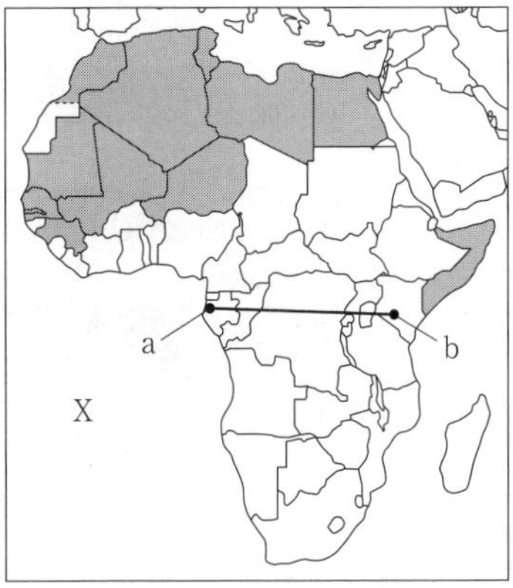

(2) 略地図中のアフリカ州における▒▒で示した国々で，人口の8割以上が信仰している宗教について述べた文として最も適切なものを，次のア～エから1つ選び，その記号を書け。

(　　　)

ア インドでおこり，東南アジアや東アジアで信仰され，日本には，朝鮮半島から伝わった。

イ パレスチナでおこり，ヨーロッパ州で信仰され，その後，移民や布教によって各地に広まった。

ウ 南アジアにおいて特定の民族や地域と結びつき，信仰されるようになった。

エ アラビア半島のメッカでおこり，主に交易や領土の拡大を通して各地に広まった。

(3) 資料Ⅰは，略地図中のa――bの断面図である。資料Ⅱは，略地図中のa，bそれぞれの地点における月別平均気温を示したものである。略地図中のb地点における月別平均気温は，資料Ⅱ中のY，Zのどちらか。その記号を書け。また，その記号を選んだ理由を，資料Ⅰ，資料Ⅱを参考にして，簡潔に書け。

記号(　　　) 理由(　　　　　　　　　　　　　　　　　　　　　　　　　　　　　　)

［資料Ⅰ］

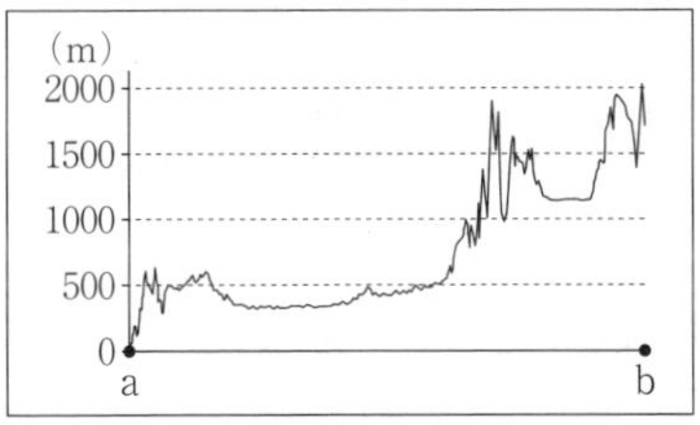

(国土地理院 Webサイトより作成)

［資料Ⅱ］

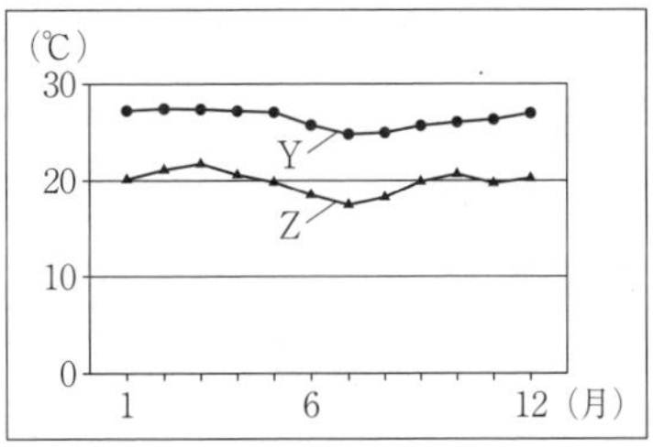

(「理科年表2023」より作成)

(4) 次の□内は，夏美さんが，アフリカ州の産業の特色についてまとめたメモである。

・P植民地時代にひらかれた大規模な農園で栽培されていた商品作物が，現在でも栽培されている。
・植民地時代から，金や銅などの鉱産資源が開発されてきた。その後，石油が注目されるようになると，産油国のひとつであるQナイジェリアでは，経済成長が進んだ。

① 下線部Pは主に熱帯の地域にみられる。このような農園を何というか。その名称を書け。

(　　　)

② 下線部Qは，アフリカ州有数の産油国であるが，輸出による収入は安定していない。資料Ⅲは，ナイジェリアの各年の輸出総額と主な輸出品の輸出総額に占める割合を示したものである。資料Ⅳは，1バレル当たりの原油価格の推移を示したものである。輸出による収入が安定しな

い理由を，資料Ⅲ，資料Ⅳを参考にして，「価格」の語を用いて簡潔に書け。

(　　　　　　　　　　　　　　　　　　　　　　　　　　　　　　　　　　)

［資料Ⅲ］

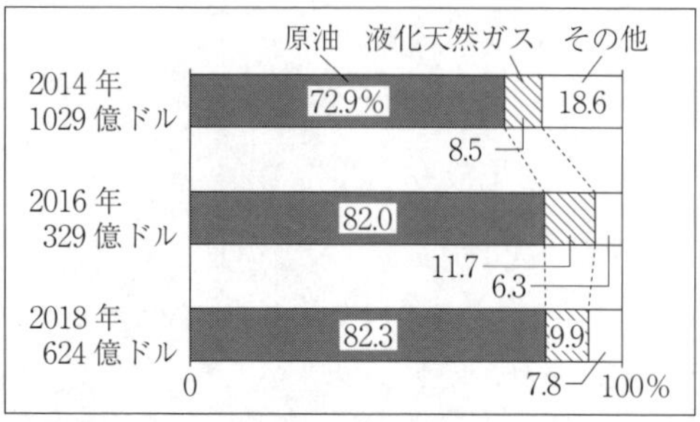

(「世界国勢図会 2021／22」ほかより作成)

［資料Ⅳ］

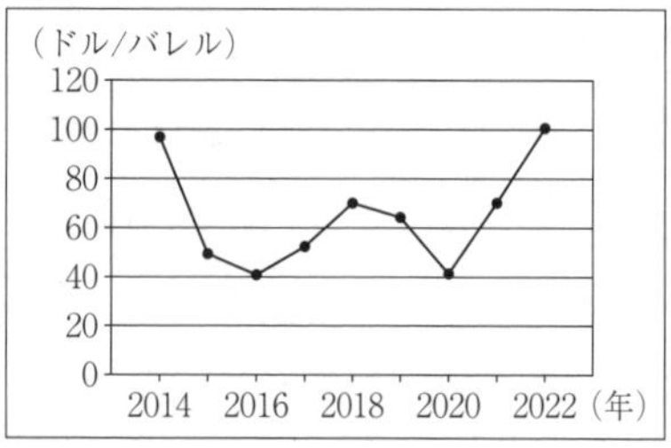

(注) 1バレル＝約159リットル

(OPECWebサイトより作成)

(5)　アフリカ州では，21世紀初頭に地域統合を目指した国際組織をつくり，政治的，経済的な結びつきを強化している。この組織の名称を書け。(　　　　)

(6)　夏美さんは，アフリカ州の課題の解決に向けて，日本の政府開発援助による様々な支援が行われていることを知った。次の□内は，夏美さんが着目した支援についてまとめたメモである。資料Ⅴは，地域別人口の推移と予測を示したものである。【A】の支援だけではなく，【B】の支援が行われているのはなぜか。その理由を，メモと資料Ⅴから読み取れるアフリカ州の課題に触れながら，簡潔に書け。

(　　　　　　　　　　　　　　　　　　　　　　　　　　　　　　　　　　)

【A】　自然災害や紛争などにより，深刻な危機に直面しているアフリカ州の国に対し，食料事情や栄養状態の改善を目的として，食料等の援助を行っている。

【B】　農業の専門家を相手国に派遣し，アフリカ州各地の自然条件に適合するように開発された，収穫量が多く，干ばつに強い等の特長がある稲の栽培指導を行っている。また，各国からの研修員を日本国内で受け入れることで，栽培技術の普及に努めている。

［資料Ⅴ］

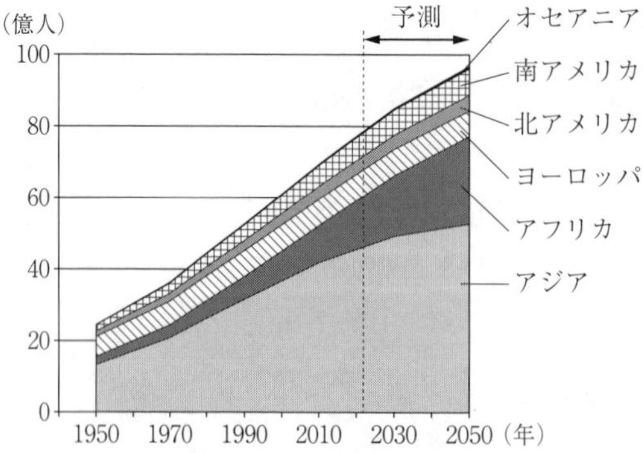

※南アメリカはメキシコ以南をさす。

(国際連合Webサイトより作成)

4　健太さんは，「安心して暮らせる社会の実現と政治」というテーマで，公民的分野で学習したことをまとめた。次の［　　］内は，健太さんがまとめたメモである。各問いに答えよ。

○私たちが自由で人間らしい豊かな生活を送れるように，日本国憲法はA基本的人権を保障している。
○私たちが住む地域の政治は，B地方公共団体によって行われており，住民の意見を取り入れるため，様々なC住民参加の制度がある。
○政府やD日本銀行は，E財政政策や金融政策を行うことで景気の安定を図り，国民の生活を安定させることに努めている。
○社会の活性化に向けて，すべての人々がいきいきと働くことができる環境を整えるため，F各省庁は様々な取り組みを進めている。

(1)　下線部Aは，日本国憲法において最大限尊重されているが，人権と人権との対立を調整した結果，一方の人権が制限されることがある。次は，その事例を説明したものである。(P)，(Q)に当てはまる言葉として正しいものを，後のア～エからそれぞれ1つずつ選び，その記号を書け。

P(　　　)　Q(　　　)

ある芸能事務所所属のタレントが，書籍に自分の私生活に関する情報を書かれたことで，(P)を侵害されたとして，出版の差し止めを裁判所に訴えた。これに対し，出版社は，「出版の差し止めは(Q)を制限するものである。」と主張し法廷で争った。判決では，タレントの訴えが認められ，出版の差し止めが命じられた。

ア　表現の自由　　イ　請願権　　ウ　プライバシーの権利　　エ　学問の自由

(2)　健太さんは，下線部Bの財政について調べる中で，資料Ⅰを見つけた。資料Ⅰは，2020年度における鳥取県，奈良県，東京都の歳入額とその内訳を示したものである。次の［　　］内は，健太さんが，資料Ⅰを見て気付いたことをまとめたメモである。(R)に当てはまる言葉を簡潔に書け。

(　　　　　　　　　　　　　　　　)

［資料Ⅰ］

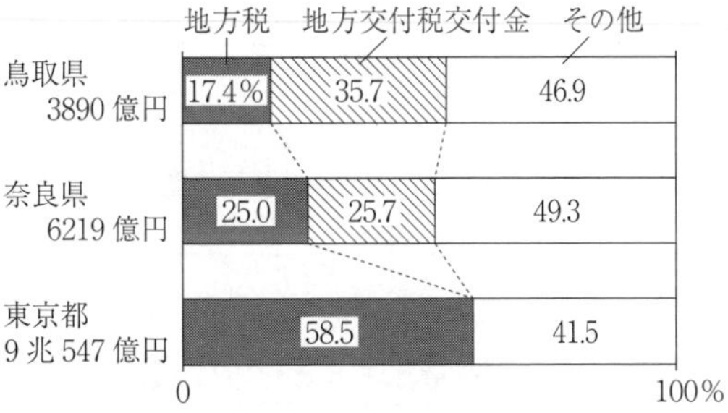

(「データでみる県勢2023」より作成)

地方公共団体によって，地方交付税交付金の額に違いがあることがわかった。これは，地方交付税交付金が，地方公共団体間の(　　R　　)ために国から配分されるものだからである。

(3)　資料Ⅱは，下線部Cのひとつで，地域の重要な問題について，住民の意思を問うために行われる制度の実施事例を示したものである。この制度の名称を漢字4字で書け。(　　　)

［資料Ⅱ］

地方公共団体	問われた事項	投票結果
新潟県旧巻町	原子力発電所の建設	反対多数
長野県平谷村	市町村合併	賛成多数
大阪府大阪市	特別区の設置	反対多数

(4)　下線部Dの役割について述べた文として適切でないものを，次のア～エから1つ選び，その記号を書け。(　　　)

ア　千円札，一万円札などの紙幣を発行する。　　イ　税金などの国の収入を預かる。

ウ　一般の銀行に対してお金の貸し出しを行う。　　エ　家計や企業からの預金を受け入れる。

(5)　右の表は，好景気のときと不景気のときにおける，下線部Eについて整理したものである。表中のW，Zに当てはまるものとして適切なものを，次のア～エからそれぞれ1つずつ選び，その記号を書け。ただし，W～Zには，ア～エが重複せず1つずつ入るものとする。W(　　　)　Z(　　　)

	財政政策	金融政策
好景気のとき	W	Y
不景気のとき	X	Z

ア　公共事業を減らしたり増税を行ったりする。

イ　公共事業を増やしたり減税を行ったりする。

ウ　国債などを一般の銀行から買う。

エ　国債などを一般の銀行へ売る。

(6)　健太さんは，下線部Fのうち，国土交通省が推進する取り組みを調べた。資料Ⅲは，その取り組みにもとづく，H社がG社から原料を購入する際の輸送方法の転換を示した図である。資料Ⅳは，2021年におけるトラック運転者と全産業従事者の平均年間労働時間を比較したものである。資料Ⅲに示す輸送方法の転換が，働き方改革の観点から注目されているのはなぜか。その理由を，資料Ⅲ，資料Ⅳを参考にして，簡潔に書け。

(　　　　　　　　　　　　　　　　　　　　　　　　　　　　　　　　　　)

[資料Ⅲ]

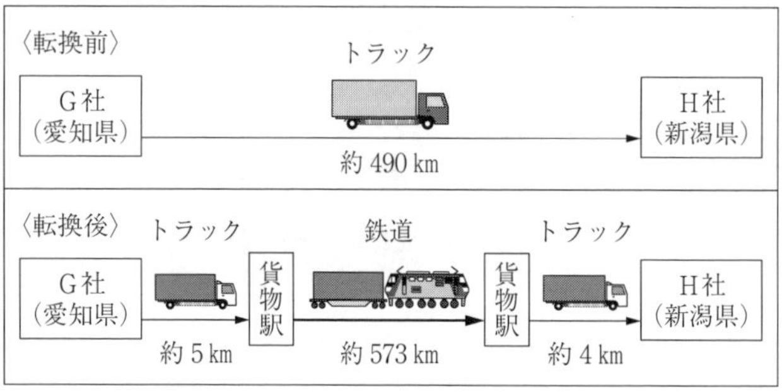

(国土交通省 Webサイトより作成)

[資料Ⅳ]

	平均年間労働時間
トラック運転者	2,512時間
全産業従事者	2,112時間

(厚生労働省 Webサイトより作成)

5 環境問題に興味をもった次郎さんは，様々な視点から環境問題について調べた。各問いに答えよ。

(1) 資料Ⅰは，環境省のWebサイトに掲載されている環境保全に関する制度について説明したものの一部である。この制度の名称を書け。(　　　)

［資料Ⅰ］

開発事業の内容を決めるに当たって，それが環境にどのような影響を及ぼすかについて，あらかじめ事業者自らが調査，予測，評価を行い，その結果を公表して一般の方々，地方公共団体などから意見を聴き，それらを踏まえて環境の保全の観点からよりよい事業計画を作り上げていこうという制度です。

(環境省Webサイトより作成)

(2) 都市化の進展の中で起きている問題として，ヒートアイランド現象がある。これはどのような現象か。簡潔に書け。

(　　　　　　　　　　　　　　　)

(3) 明治時代以降の近代化の中で公害が問題化し，やがて大きな社会問題となった。明治時代以降の公害について述べた文X，Yと，それらに関係の深いa～dの場所や地域との組み合わせとして適切なものを，後のア～エから1つ選び，その記号を書け。(　　　)

X　河川に鉱毒が流れ出し，下流域で深刻な被害が広がり，田中正造が鉱山の操業停止を求めた。

Y　工場の排煙による大気汚染を原因とする公害問題が生じ，被害を受けた住民が裁判を起こした。

a　別子銅山　　b　足尾銅山　　c　四日市市　　d　水俣市

ア　X—a　　Y—c　　イ　X—a　　Y—d　　ウ　X—b　　Y—c

エ　X—b　　Y—d

(4) 次郎さんは，温室効果ガスのひとつである二酸化炭素の排出量について調べた。資料Ⅱは，主な国と世界全体の1990年と2018年における二酸化炭素総排出量と一人当たりの二酸化炭素排出量を示したものである。資料Ⅱにおける各年の数値の比較から読み取ることができる内容として適切なものを，後のア～エからすべて選び，その記号を書け。(　　　)

［資料Ⅱ］

	二酸化炭素総排出量(百万 t-CO_2)		一人当たりの二酸化炭素排出量(t-CO_2)	
	1990年	2018年	1990年	2018年
アメリカ	4,803	4,921	19.20	15.03
中国	2,089	9,528	1.84	6.84
日本	1,054	1,081	8.53	8.55
ドイツ	940	696	11.84	8.40
インド	530	2,308	0.61	1.71
世界全体	20,516	33,513	3.88	4.42

(「世界国勢図会 2021／22」より作成)

ア　アメリカと日本の二酸化炭素総排出量はどちらも増加しているが，世界全体に占める割合はどちらも減少している。

イ　中国とインドの一人当たりの二酸化炭素排出量は，どちらも3倍以上に増加している。

ウ　二酸化炭素総排出量と一人当たりの二酸化炭素排出量とがどちらも減少している国は，ドイツだけである。

エ　世界全体の二酸化炭素総排出量は増加しているが，一人当たりの二酸化炭素排出量は減少している。

(5)　次郎さんは，奈良県も環境問題への取り組みを積極的に行っていることを知った。資料Ⅲは，奈良県が認定した製品に表示されているマークと，その製品の例である。資料Ⅳは，その認定数の推移を示したものである。奈良県がこの取り組みを行う目的は何か。資料Ⅲ，資料Ⅳを参考にして，「資源」，「負荷」の語を用いて簡潔に書け。

(　　　　　　　　　　　　　　　　　　　　　　　　　　　　　　　　)

［資料Ⅲ］

〈認定製品の例〉
・間伐材を活用した下足箱
・廃プラスチックを活用したポリ袋

（奈良県 Web サイトより作成）

［資料Ⅳ］

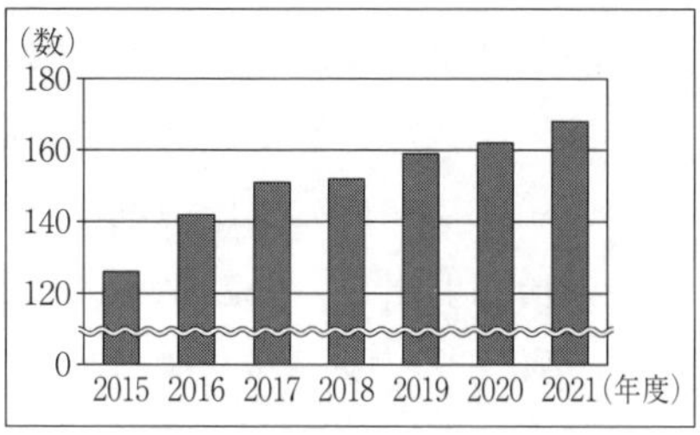

（奈良県 Web サイトより作成）

理科

時間　50分　　　満点　50点

1　真理さんは，地球温暖化の原因となる二酸化炭素などの温室効果ガスの実質的な排出量をゼロにする脱炭素社会の実現に向けてさまざまな取り組みが行われていることに興味をもち，調べることにした。次の□内は，真理さんが調べたことをまとめたものの一部である。各問いに答えよ。

> 日本のさまざまな研究機関や企業では，工場などから排出される二酸化炭素を回収し，地中深くの地層にためる技術の研究開発が進められている。①この技術では，粒が比較的大きくすき間の多い岩石からなる層を貯留層（二酸化炭素をためる層）として，その上をおおっている，粒が比較的小さくすき間のほとんどない岩石からなる層を遮へい層（二酸化炭素の漏えいを防ぐ層）として利用している。他にも，回収した②二酸化炭素を水素と反応させ，天然ガスの代替となるメタンを製造する技術の研究開発や，これらの技術を③バイオマス発電と組み合わせることで大気中の二酸化炭素を削減する取り組みも進められている。

(1)　下線部①について，次のア～エのうち，貯留層と遮へい層に利用する地層として最も適切なものを1つ選び，その記号を書け。(　　　)

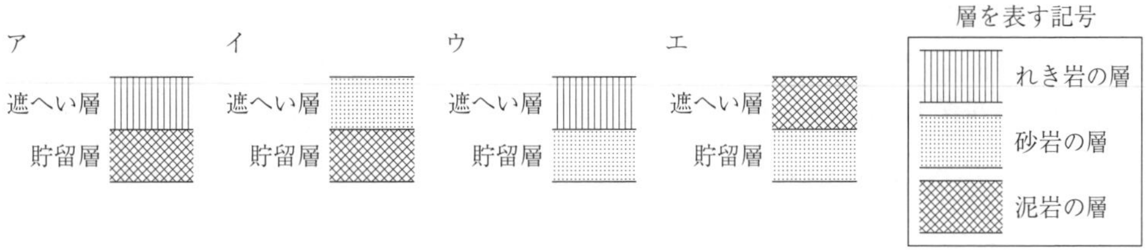

(2)　下線部②について，二酸化炭素と水素が反応してメタンと水ができる化学変化を化学反応式で書け。ただし，メタンの化学式はCH_4である。(　　　　　　　　　　)

(3)　下線部③において，植物を燃料として燃やしても，大気中の二酸化炭素の増加の原因とはならないと考えられている。それは，植物を燃やしたときに大気中に排出する二酸化炭素の量と，何の量とがほぼ等しいからか。簡潔に書け。

(　　　　　　　　　　　　　　　　　　　　　　　　　　)

② 研一さんと花奈さんは，日本の季節ごとの天気の特徴に興味をもち，調べることにした。図1，2，3は，それぞれ夏，冬，春のある日の9時における日本付近の天気図であり，それぞれの季節の特徴的な気圧配置を表している。また，□内は，二人の会話である。各問いに答えよ。

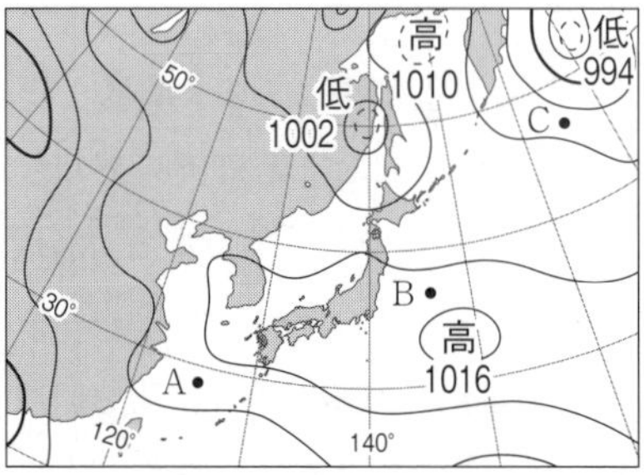

図1

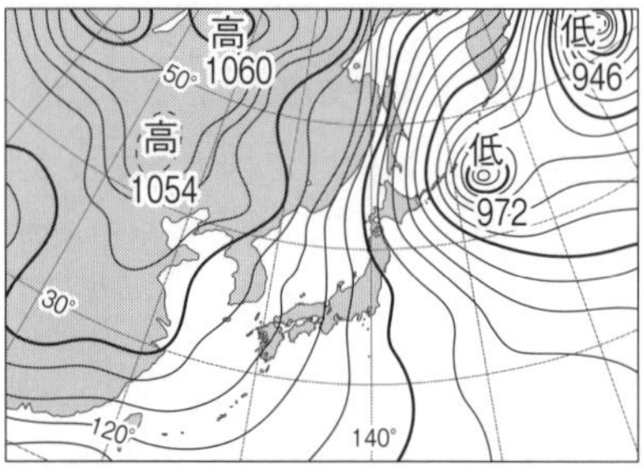

図2

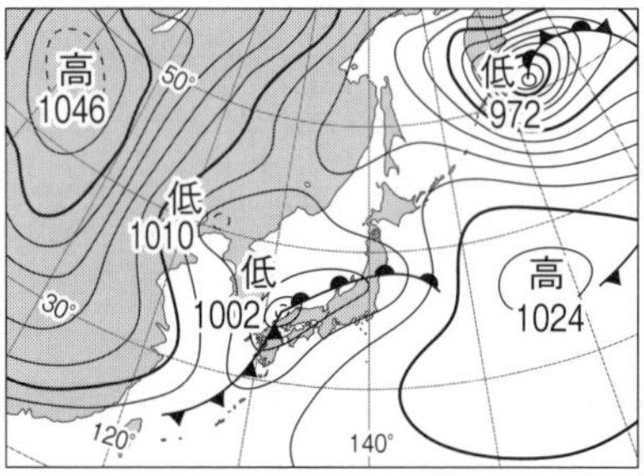

図3

研一：夏は太平洋上で高気圧が発達し，冬はユーラシア大陸上で高気圧が発達しているね。
花奈：そのような気圧配置は，①大陸と海洋のあたたまり方や冷え方のちがいが関係しているよ。
研一：そうだね。それによって，日本付近では，夏と冬で，地表付近に風向の異なる風がふくね。②冬の雲画像では，この風に沿ったすじ状の雲が見られる場合があるよ。
花奈：春は③中緯度地域の上空をふく風の影響を受けて，日本付近を高気圧と低気圧が交互に通過していくね。
研一：それなら，図3の日に寒冷前線が奈良市を通過したのではないかな。
花奈：そうかもしれないね。この日の9時以降の奈良市の気象データを調べてみよう。

(1) 図1のA，B，Cの3地点を，気圧の高い順に左から並べて，その記号を書け。(　　　)

(2) 下線部①によって生じる，冬の日本付近におけるユーラシア大陸上の大気の動きについて述べた文として最も適切なものを，次のア～エから1つ選び，その記号を書け。(　　　)

ア　ユーラシア大陸は太平洋より冷えるため，ユーラシア大陸上で上昇気流が生じる。
イ　ユーラシア大陸は太平洋より冷えるため，ユーラシア大陸上で下降気流が生じる。
ウ　太平洋はユーラシア大陸より冷えるため，ユーラシア大陸上で上昇気流が生じる。
エ　太平洋はユーラシア大陸より冷えるため，ユーラシア大陸上で下降気流が生じる。

(3) 下線部②について，図 4 は，図 2 の日の 12 時における日本付近の雲画像である。図 4 では，ユーラシア大陸上で発達した高気圧からふき出した大気が日本海上を通過する間に海面から水蒸気が供給されることで，日本海上に雲ができているが，大陸沿岸の日本海上には雲ができていない。大陸沿岸の日本海上で雲ができていない理由を，高気圧からふき出す大気の性質に触れながら，「飽和水蒸気量」の語を用いて簡潔に書け。

図 4

( )

(4) 下線部③の名称を書け。( )

(5) 表は，研一さんと花奈さんが，奈良市のある地点 X における，図 3 の日の 9 時から 24 時までの気象データを調べてまとめたものである。

時刻〔時〕	9	12	15	18	21	24
気温〔℃〕	17.7	22.2	20.2	18.8	13.2	11.9
湿度〔%〕	72	54	68	79	96	88
風向	南南東	南	南南西	南	北西	南西
風力	2	2	3	2	2	1

① 地点 X における 15 時の空気 1 m^3 中に含まれる水蒸気量は何 g であったと考えられるか。その値を書け。なお，気温 20.2 ℃の空気の飽和水蒸気量は，17.5g/m^3 である。(g)

② 地点 X における 21 時の天気は雨であった。21 時の風向，風力，天気を天気図記号で表せ。

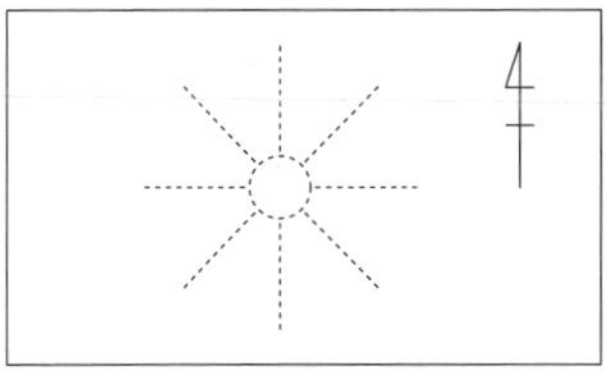

③ 地点 X では，この日のうちに寒冷前線が通過した。表から，寒冷前線は何時から何時の間に通過したと考えられるか。最も適切なものを，次のア～エから 1 つ選び，その記号を書け。また，そのように判断した理由を，気温と風向の変化に触れながら，簡潔に書け。

記号( ) 理由( )

ア 12 時から 15 時　　イ 15 時から 18 時　　ウ 18 時から 21 時　　エ 21 時から 24 時

3　春香さんは，理科の授業で，金属のイオンへのなりやすさと電池のしくみについて調べるために，次の実験1，2を行った。各問いに答えよ。

実験1　図1のように，マイクロプレートの縦の列に同じ種類の金属片を，横の列に同じ種類の水溶液をそれぞれ入れ，金属片の表面に固体が付着するかどうかを観察した。表は，その結果をまとめたものであり，固体が付着した場合を○，付着しなかった場合を×として記している。

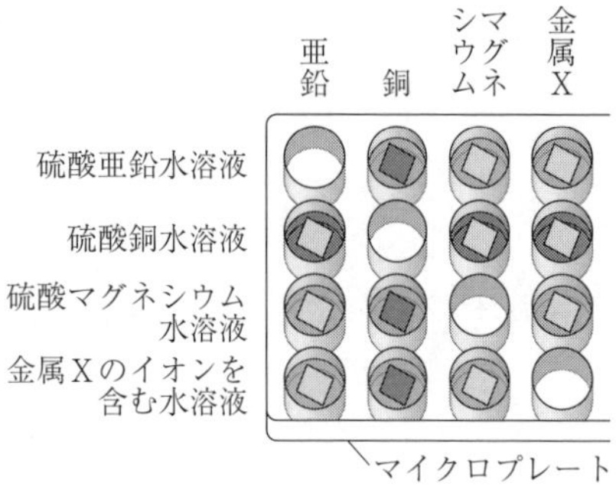

図1

	亜鉛	銅	マグネシウム	金属X
硫酸亜鉛水溶液		×	○	×
硫酸銅水溶液	○		○	○
硫酸マグネシウム水溶液	×	×		×
金属Xのイオンを含む水溶液	○	×	○	

実験2　図2のようなダニエル電池をつくり，プロペラ付きモーターをつないだところ，プロペラが回転した。

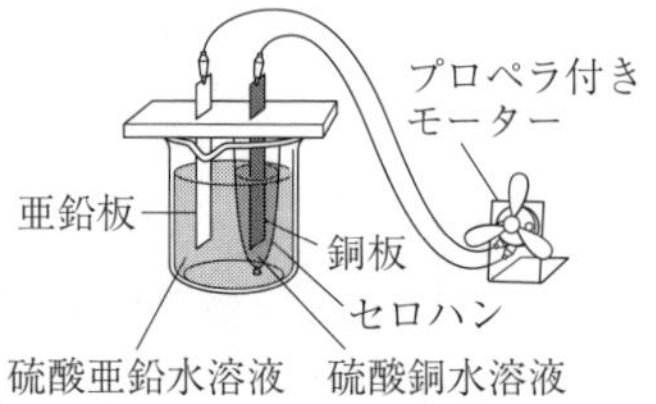

図2

(1)　実験1で，マグネシウム片に硫酸銅水溶液を入れたとき，付着した固体は赤色であった。赤色の固体が付着した化学変化を，電子を e^- として化学反応式で書け。(　　　　　　　　　　　　)

(2)　実験1の結果から，実験で用いた4種類の金属をイオンになりやすい順に並べたとき，金属Xは何番目になると考えられるか。その数を書け。(　　　番目)

(3)　実験2で，電流が流れ続けたときに起こると考えられる現象を，次のア～エからすべて選び，その記号を書け。(　　　)

ア　亜鉛板の質量が増える。

イ　銅板の質量が増える。

ウ　硫酸銅水溶液の青色がうすくなる。

エ　硫酸イオンのみが，両方の水溶液の間を，セロハンを通って移動する。

(4)　次の┆　　　┆内は，春香さんが，実験2のダニエル電池の銅板をマグネシウム板に，硫酸銅水溶液を硫酸マグネシウム水溶液に変えて，実験2と同様の操作を行った結果をまとめたものである。①，②について，それぞれア，イのいずれか適する語を選び，その記号を書け。

①(　　　)　②(　　　)

> 亜鉛板は①(ア　+極　　イ　−極)であり，プロペラは実験2と②(ア　同じ　　イ　逆)向きに回転した。

4　物体がもつエネルギーについて調べるために，次の実験1，2を行った。各問いに答えよ。ただし，いずれの実験においても，レールはなめらかにつながっており，空気の抵抗や小球とレールの間の摩擦はないものとする。また，質量100gの物体にはたらく重力の大きさを1Nとする。

実験1　水平な台の上に図1のような装置をつくった。質量10gの小球を高さが4cmになるレール上に置き，静かに手をはなして小球を木片に衝突させ，木片が移動した距離を測定した。同様の操作を，小球を置く高さを8cm，12cmと変えて行った。さらに質量10gの小球で行った操作を，質量20g，30gの小球でも同様に行った。なお，小球と木片は，それぞれ図2のように置くものとする。また，図3はこの実験の結果をグラフに表したものである。

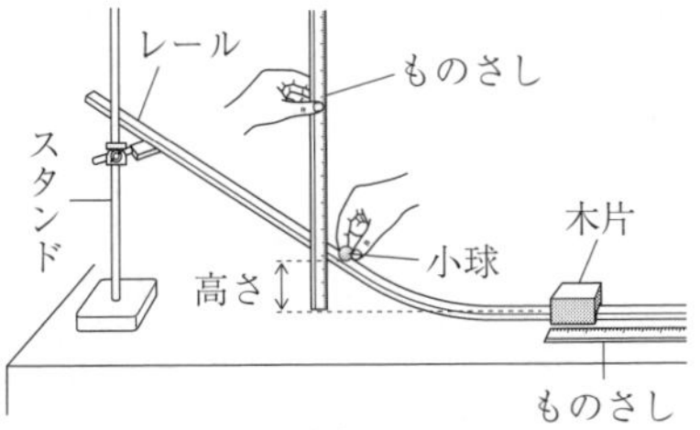

図1

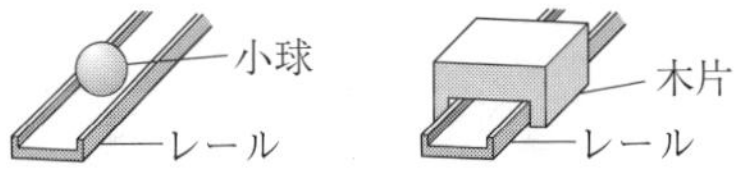

図2

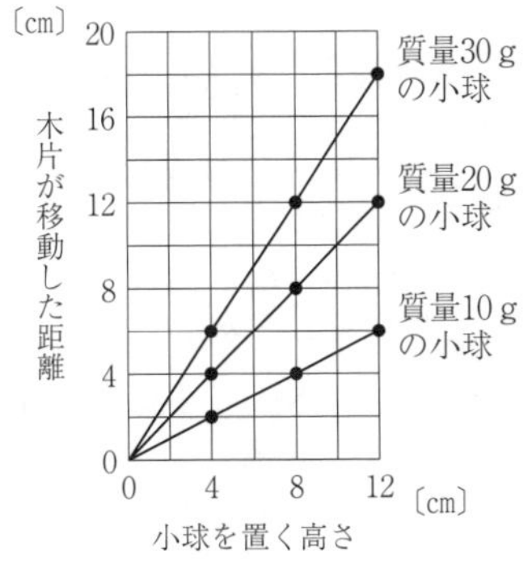

図3

実験2　水平な台の上に図4のような装置をつくった。点A〜Fはレール上のそれぞれの位置を示している。これとは別に，水平な台の上に，図4の装置の点Cと点Eの間のレールをつなぎ替えた図5のような装置をつくった。図4，5の装置の点Aに質量30gの小球を置き，静かに手をはなしてから小球が点Fを通過するまでの時間をそれぞれ計測したところ，図5の装置で計測した時間の方が長くなった。

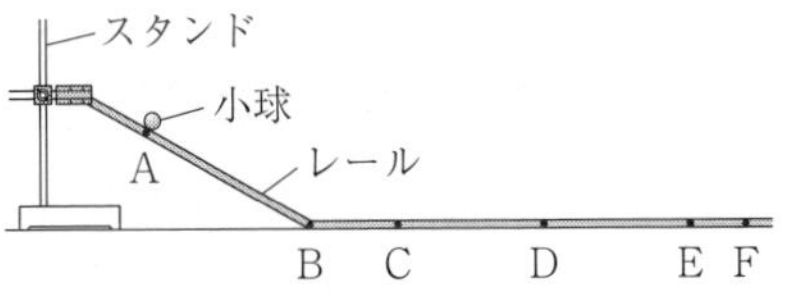

図4

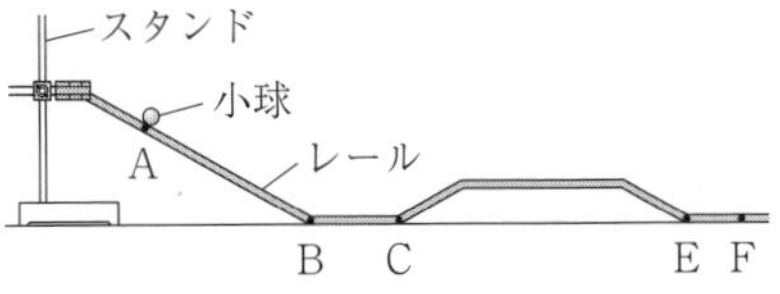

図5

(1)　質量20gの小球を，高さ0cmの位置から12cmの位置まで一定の速さで真上に持ち上げたとき，小球を持ち上げた力がした仕事は何Jか。その値を書け。（　　　J）

(2)　次の［　　］内は，実験1の結果からわかることについて述べたものである。①，②について，それぞれア，イのいずれか適する語を選び，その記号を書け。

①（　　）　②（　　）

> 小球を置いた位置で小球がもつ位置エネルギーの大きさは，小球の質量が同じとき，小球を置く高さが高いほど①（ア　大きく　　イ　小さく）なり，小球を置く高さが同じとき，小球の質量が大きいほど②（ア　大きく　　イ　小さく）なる。

(3)　実験1の装置で，質量15gの小球をある高さのレール上に置き，静かに手をはなして小球を木片に衝突させたところ，木片が移動した距離は9cmであった。このとき，小球を置いた高さは何cmであったと考えられるか。その値を書け。(　　　　cm)

(4)　実験2で，図4と図5の装置の点Fをそれぞれ小球が通過したときの速さを比べると，どのようになっていると考えられるか。最も適切なものを，次のア～ウから1つ選び，その記号を書け。
(　　　)

ア　図4の小球の方が速い　　イ　図5の小球の方が速い　　ウ　どちらも同じ

(5)　実験2で，質量30gの小球が図4の装置の点Dを通過するとき，重力以外に小球にはたらいている力を解答欄に矢印で表せ。ただし，方眼の1目盛りを0.1Nとし，力の作用点を•で示すこと。

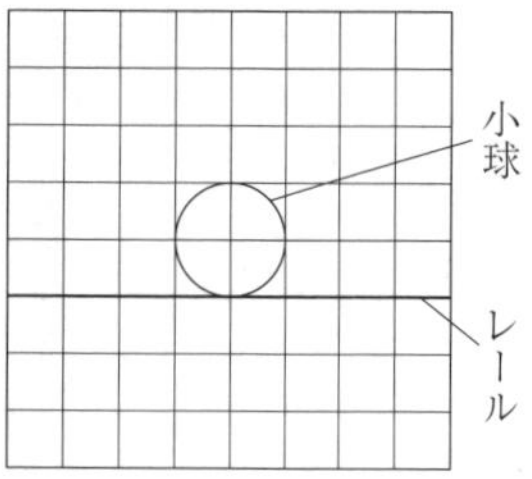

(6)　図4の装置の点Bから先のレールをつなぎ替えて図6のような装置をつくり，点Aから質量30gの小球を静かにはなしたところ，小球はレールを飛び出し，点Pで最高点に達した後，落ちていった。このとき，点Pの高さは点Aより低かった。その理由を，「運動エネルギー」，「位置エネルギー」の語を用いて簡潔に書け。

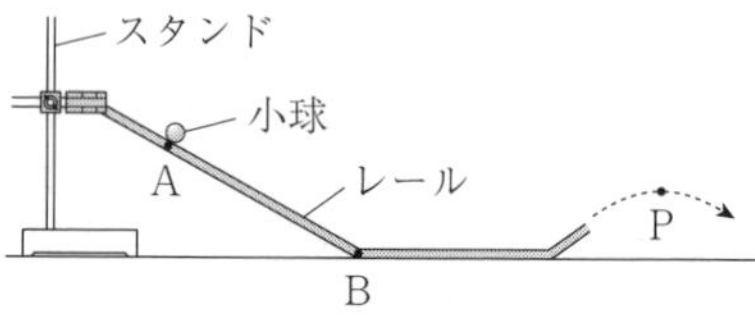

図6

(　　　　　　　　　　　　　　　　　　　　　　　　　　　　　　　)

5　春香さんは，大さじ1杯（$15cm^3$）のしょうゆに含まれる食塩の質量を調べるために，しょうゆから食塩を取り出す実験を行った。各問いに答えよ。ただし，しょうゆには有機物と食塩のみが含まれるものとする。

(1)　次の［　　　］内は，春香さんが行った実験である。食塩のみを固体として取り出すには（　　）でどのような操作を行えばよいか。（　　）に適する言葉を，「ろ過」の語を用いて簡潔に書け。
(　　　　　　　　　　　　　　　　　　　　　　　　　　　　　　　)

図のように，しょうゆ$15cm^3$を蒸発皿に入れ，しょうゆに含まれる有機物がすべて炭になるまで十分に加熱した。加熱後，蒸発皿に水$30cm^3$を加えてかき混ぜたところ，炭は水にとけずに残っていた。その後，蒸発皿に入っている炭の混ざった液体を（　　）ことにより，食塩のみを固体として取り出した。

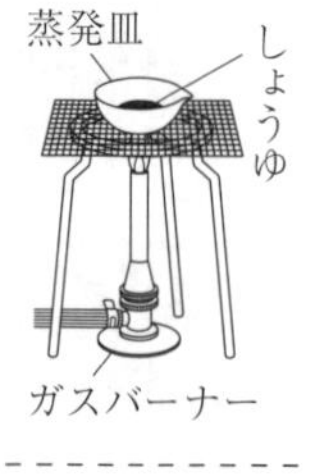

(2)　(1)の実験により得られた食塩の質量は2.5gであった。この実験でしょうゆに含まれる食塩をすべて取り出したとすると，実験に用いたしょうゆに含まれる食塩の質量の割合は何%であると考えられるか。小数第1位を四捨五入して整数で書け。ただし，しょうゆの密度は$1.2g/cm^3$とする。(　　　　%)

6 花奈さんと良太さんは，タブレット端末を使って撮影した植物について調べ，共通する特徴に着目して分類した。図1は撮影した植物の写真であり，図2は花奈さんが，図3は良太さんが考えた分類を表したものである。また，□内は，分類した後の二人の会話である。各問いに答えよ。

図1

- グループA：タンポポ，ホウセンカ，トウモロコシ
- グループB：ゼニゴケ，ドクダミ，イヌワラビ

図2

- グループC：ドクダミ，タンポポ，ホウセンカ，トウモロコシ
- グループD：ゼニゴケ，イヌワラビ

図3

花奈：(①) のちがいで，図2のように分類したよ。良太さんの分類のしかたは，私とはちがうね。
良太：(②) のちがいで考えたら，図3のように分類できたよ。グループCは，葉脈のちがいによってさらに分類できそうだよ。
花奈：そうだね。着目する特徴によって，いろいろな分類のしかたがあるね。

(1) 花奈さんと良太さんは，それぞれ次のア～エのいずれかに着目して植物を分類した。□内について，会話の内容が正しくなるように，(①)，(②) に適する言葉を，それぞれ次のア～エから1つずつ選び，その記号を書け。①(　　　)　②(　　　)

ア　種子をつくるかつくらないか　　イ　維管束があるかないか　　ウ　葉緑体があるかないか
エ　主に日当たりのよいところで生育しているか主に日当たりの悪いところで生育しているか

(2) 下線部について，図4は，グループCの植物の葉を拡大したものである。グループCの植物を双子葉類と単子葉類に正しく分類しているものを，次のア～エから1つ選び，その記号を書け。
(　　　)

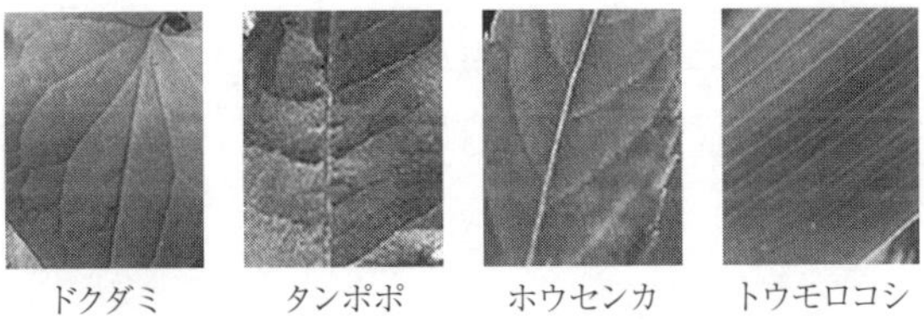

図4

ア　双子葉類：ドクダミ，トウモロコシ　　単子葉類：タンポポ，ホウセンカ
イ　双子葉類：タンポポ，ホウセンカ　　単子葉類：ドクダミ，トウモロコシ
ウ　双子葉類：トウモロコシ　　単子葉類：ドクダミ，タンポポ，ホウセンカ
エ　双子葉類：ドクダミ，タンポポ，ホウセンカ　　単子葉類：トウモロコシ

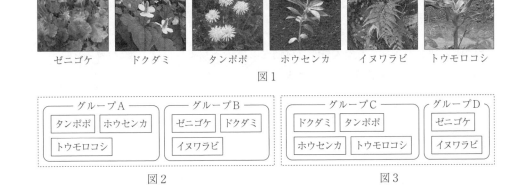

(3)　花奈さんと良太さんは，ホウセンカとトウモロコシを比べたところ，ホウセンカの葉の色は表側が裏側より濃いが，トウモロコシの葉の色は表側と裏側で濃さがほとんど同じであることに気づき，蒸散のはたらきにもちがいがあるのではないかと考えた。そこで，ホウセンカとトウモロコシの蒸散について調べるために，次の[　　]内の実験を行った。

葉の数と大きさ，茎の太さがほぼ同じ３本のホウセンカＰ，Ｑ，Ｒと，葉の数と大きさ，茎の太さがほぼ同じ３本のトウモロコシＸ，Ｙ，Ｚを用意した。Ｐ，Ｘは何も処理をせず，Ｑ，Ｙは葉の表側に，Ｒ，Ｚは葉の裏側にワセリンをぬった。次に，６本のメスシリンダーに同量の水を入れて，Ｐ～Ｒを図５のように，Ｘ～Ｚを図６のように１本ずつさした後，水面からの水の蒸発を防ぐために，少量の油を注いだ。

図５

図６

それぞれ全体の質量を電子てんびんではかった後，明るく風通しのよい場所に置いた。数時間後，それぞれについて再び全体の質量をはかり，水の減少量を調べた。表は，その結果をまとめたものである。ただし，ワセリンは水や水蒸気をまったく通さないものとし，水の減少量は植物からの蒸散量と等しいものとする。

	ホウセンカ			トウモロコシ		
	Ｐ	Ｑ	Ｒ	Ｘ	Ｙ	Ｚ
水の減少量〔g〕	5.4	3.9	1.7	4.2	2.3	2.1

①　花奈さんと良太さんは，ホウセンカについて，Ｐからの蒸散量は葉の表側と裏側からの蒸散量の合計と等しくなると予想したが，実験の結果はそのようにならなかった。Ｐからの蒸散量が葉の表側と裏側からの蒸散量の合計と等しくならない理由を簡潔に書け。ただし，実験の操作は正しく行われていたものとし，誤差は考えないものとする。

(　　　　　　　　　　　　　　　　　　　　)

②　実験の結果から，ホウセンカの葉の表側と裏側からの蒸散量の合計は何ｇであると考えられるか。その値を書け。(　　　　g)

③　実験の結果をもとに考えると，ホウセンカとトウモロコシでは，葉の表側と裏側のつくりにどのようなちがいがあるといえるか。そのちがいについて，ホウセンカとトウモロコシの葉のつくりをそれぞれ示して，簡潔に書け。

(　　　　　　　　　　　　　　　　　　　　　　　　　　　　　　)

【批評文】

私は、このポスターのよさは、「図書館をもっと身近に暮らしのなかに」というキャッチコピーに調和した絵にあると考える。

ポスターとは、見る人の視覚に訴えかけるものであるので、短くて印象的な言葉や絵、写真などを効果的に用いることが大切である。題材のポスターには、本を読む動物たちや人物がかわいらしく描かれ、絵がかもし出すあたたかい雰囲気が、五音と七音を生かしたリズム感のある親しみやすいキャッチコピーにぴったりと合っている。見る人は、キャッチコピーだけでなく絵も捉えることで、ポスターが呼びかける「図書館を身近なものとして利用し、本に親しんでほしい」というメッセージを容易に受け取ることができる。

このように、題材のポスターは、キャッチコピーを魅力的に描き出した絵があることで、より効果的に図書館の利用や読書を促していると言える。

(一) 春香さんが【批評文】で取り上げた、ポスターを分析する際の観点として最も適切なものを、次のア～エから一つ選び、その記号を書け。（　　）

ア 改善すべきところ　イ 全体の構図
ウ 絵の効果　エ 作成者の思い

(二) 【批評文】からわかる春香さんの述べ方の工夫として最も適切なものを、次のア～エから一つ選び、その記号を書け。（　　）

ア 初めと終わりに考えを置き、根拠を示して具体的に述べている。
イ 読み手に繰り返し問いかけ、関心をもたせるように述べている。
ウ 自分の考えに客観的なデータを加えながら、論理的に述べている。
エ 複数の具体例と比較し、題材の特徴を強調するように述べている。

(三) 【題材のポスター】は、図書館の利用や読書を呼びかけている。読書の意義についてのあなたの考えを、次の①、②の条件に従って書け。

条件① 二段落構成で書くこと。第一段落では、あなたが考える読書の意義を、第二段落では、そのように考える理由を書くこと。

条件② 原稿用紙の使い方に従って、百字以上百五十字以内で書くこと。

100字

150字

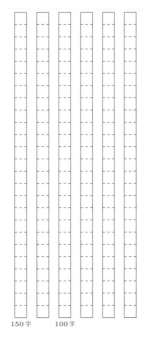

3　次の文章を読み、各問いに答えよ。

十二月一日ごろなりしやらむ、夜に入りて、雨とも雪ともなくうち散りて、むら雲騒がしく、①ひとへに曇りはてぬものから、むらむら星うち消えしたり。引き被《かづ》き臥《ふ》したる衣《きぬ》を、更《ふ》けぬるほど、丑《うし》二つばかりにやと思ふほどに、②引き退《の》けて、空を見上げたれば、ことに晴れて、浅葱色《あさぎいろ》なるに、光ことごとしき星の大きなるが、むらもなく出《い》でたる、なのめならず③おもしろくて、花の紙に、箔《はく》をうち散らしたるによう似たり。今宵《こよひ》初めて見そめたる心地す。

（「建礼門院右京大夫集」より）

（注）むら雲＝集まりむらがっている雲
ものから＝けれども　むらむら＝まだらに
引き被き＝頭からかぶって
丑二つばかり＝午前二時ごろ
浅葱色＝薄い藍色　むらもなく＝一面に
なのめならず＝並々でなく　花の紙＝藍色の紙
箔＝金・銀・銅などの金属を薄く延ばしたもの

(一)　――線①を現代仮名遣いに直して書け。（　　）

(二)　――線②とあるが、何を引き退けたのか。文章中から一字で抜き出して書け。（　　）

(三)　――線③について、筆者が「おもしろく」感じていることとして最も適切なものを、次のア～エから一つ選び、その記号を書け。（　　）

ア　雨とも雪ともわからないものがずっと降り続く中で、雲間から大きな星が一つだけ輝いている様子。
イ　曇っていた夜空が時間の経過とともにすっかり晴れて、強い光を放つ大きな星が一面に輝いている様子。
ウ　夜空一面を覆っている雲の切れ間から、数えきれないほど多くの星が華やかに輝いている様子。
エ　空を覆う雲がいつの間にかすっかり晴れて、大きな一つの星がひときわまぶしく輝いている様子。

4　次の行書で書いた①～④の漢字を楷書で書いたとき、画数が同じ漢字の組み合わせとして適切なものを、後のア～エから一つ選び、その記号を書け。（　　）

①桜　②閉　③祖　④浴

ア　①と②　イ　②と③　ウ　③と④　エ　①と④

5　春香さんは、国語科の授業で批評文を書く学習をしている。次は、【題材のポスター】と、春香さんが書いた【批評文】である。これらを読み、各問いに答えよ。

【題材のポスター】

図書館を
もっと身近に
暮らしの
なかに
あなたの
まちに
図書館を
2022
library
4月30日は
図書館記念日
5月は
図書館振興の月
公益社団法人 日本図書館協会
http://www.jla.or.jp/

（日本図書館協会のウェブサイトから）

エから一つ選び、その記号を書け。（　　）

ア　木々の間をわたる風　　イ　連日にわたる会議

ウ　巧みに世をわたる人　　エ　大海をわたる船

㈡　――線②とあるが、「視座が違う」とは、地球史上起こる現象について考える際、何にどのような違いがあるということか。それを説明した次の文の（　）に当てはまる言葉を、【Ⅰ】の部分から三字で抜き出して書け。

（　）の捉え方に長短の違いがあるということ。

㈢　――線③とはどういうことか。その説明として最も適切なものを、次のア～エから一つ選び、その記号を書け。（　　）

ア　地球が変化してきた過程は検証すべきではないということ。

イ　地球を研究してきた過程は他には想定できないということ。

ウ　地球が変化してきた過程に仮定を挟み込む余地はないということ。

エ　地球を研究してきた過程に絶対的な正解は存在しないということ。

㈣　【Ⅱ】の段落は【文章A】においてどのような働きをしているか。その説明として最も適切なものを、次のア～エから一つ選び、その記号を書け。（　　）

ア　前の段落の根拠を示し、内容の正しさを強調している。

イ　前の段落に疑問を投げかけ、新たな考えを示している。

ウ　前の段落の具体例を示し、内容理解の手助けとしている。

エ　前の段落を深め、これから展開する内容につなげている。

㈤　【文章A】で筆者が述べている内容と合っているものを、次のア～エから一つ選び、その記号を書け。（　　）

ア　「過去は未来を解く鍵」という言葉は、ミクロの視座による考え方を根拠としている。

イ　地球上のすべての現象について勉強することで、様々な視座を身につけることができる。

ウ　地球科学には、非可逆性の他に、他の分野からの質問には回答できないという制約もある。

エ　地球科学を学ぶには、地球の歴史には思わぬ事件が頻発することを知っておくことが重要である。

㈥　筆者は【文章B】で、日本人と自然との関わりについて述べている。

(1)　――線④とあるが、日本人が「『しなやかさ』を身につけてきた」のは、日本列島にどのような特徴があるからか。簡潔に書け。

（　　　　　　　　　　）

(2)　「しなやかさ」を身につけてきた日本人が自然現象と上手に付き合うとは、どうすることだと筆者は考えているか。【文章A】中の言葉を用いて四十字以内で書け。

がない。すなわち、時間を戻すことも、また物理学や化学や数学のように再現することもできない。これは一般的に「歴史の非可逆性」とも呼ばれている。

　そもそも非可逆な現象を多数扱うものだから、理論のとおりに進行することが少ない。言い換えれば地球科学は「例外にあふれている」という特徴を持つ。地球の歴史には思わぬ事件が多数登場するが、われわれ地球科学者は起きた現象をできるだけ正確に記述しようとする。一九世紀以来の地質学の蓄積によって、記述と体系化はかなりできるようになった。しかし、それがなぜ起きたのかという根源的な質問に答えられる場合は実に少ない。

　いつも非常に歯がゆい思いをするのだが、他の分野から寄せられる「因果関係」の質問にほとんど回答できないのが現状だ。一方で、おもしろい事実は次から次へと見つかるので、その発見と記述作業に没頭しているのも大多数の地球科学者である。

　いつしか大陸移動説を提唱したウェゲナーのように、あるいは自分がプレート・テクトニクスの発見者となる日を夢見て、眼前に展開する新知見に取り組んでいる。

　ここには「例外や想定外に出会ってもうろたえない」という興味深い【Ⅱ】性格が現出するように思う。言わば、想定外の現場で発揮できる「知的な強靭《きょうじん》さ」である。

　具体的には、近年の日本列島は「大地変動の時代」に入り、地震、火山噴火、異常気象など地球にまつわる想定外の現象が頻発している。ここでは例外や想定外に出会ってもうろたえず、事実を冷静にマクロに分析し「長尺の目」で次の予測を立てる必要がある。

　思わぬ事件が突然起きることが当たり前の世界史や日本史と同じく、非可逆の現象にあふれた地球の歴史も「壮大な想定外」として知っていただきたい。地球科学を学ぶ上で大事な視座の一つとなるだろう。

【文章B】

　日本では、地面が揺れ、火山が噴火し、台風がやってくるのは当たり前の「現象」である。そして巨視的にみると、日本人にはこうした「天災」に対処する能力があるのだと思う。

　つまり、日本では変化すること自体が「常態」になっている。おそらく日本列島で一〇万年以上もまれつつ適応した結果、④私たちはある種の「しなやかさ」を身につけてきたともいえるだろう。このしなやかさを維持するために、地球科学の知識が役に立つ。

　地球の壮大な姿を知ると、自然に対する畏敬の念が生まれてくる。私は日本人全員が地球科学の最先端の知識を持ち、人間の力をはるかに超える自然現象と上手に付き合っていただきたいと願っている。

（鎌田浩毅「知っておきたい地球科学」より）

（注）スケール＝規模
キーフレーズ＝問題を考えるための重要な手がかりとなる言葉
プロセス＝過程
大陸移動説＝現在地球上にある大陸は、時代とともに移動して分裂・接合し、現在の位置に至ったという説
ウェゲナー＝ドイツの気象・地球物理学者
プレート・テクトニクス＝大陸や大洋底の相互の位置の変動を、プレートの水平運動によって理解する考え方
強靭＝しなやかで強いさま

㈠　——線①の「わたる」と同じ意味で使われているものを、次のア〜

イ　農家の人から聞く生きた知恵は、暮らしの中での自分の気づきと共通するということ。

ウ　作物を育て収穫することが暮らしに溶け込み、日々の営みの一部となるということ。

エ　自ら畑を耕し育てた作物が、多くの人の手や店を介して食卓に上るということ。

㈥　幸田文の文章を引用した筆者のねらいについての説明として最も適切なものを、次のア～エから一つ選び、その記号を書け。（　　）

ア　筆者と共通する考えを示し、伝えたいことの説得力を増すねらい。

イ　筆者の考えに沿った事例を示し、自説を学術的に裏づけるねらい。

ウ　筆者の考えに賛同する論を示し、筆者の着眼点を印象づけるねらい。

エ　筆者とは異なる価値観を示し、多様なものの見方を提案するねらい。

㈦　――線⑤とは、日々の経験を通して何を理解していくことか。簡潔に書け。

（　　　　　　　　　　　　　　　　　　　　　　　　　）

2　次の【文章A】は、『知っておきたい地球科学』という本の一部であり、【文章B】は、この本の「おわりに」の一部である。これらを読み、各問いに答えよ。

【文章A】

地球科学は四六億年に①わたる地球の歴史を扱うが、それは環境が激変してきた歴史でもある。太陽系の誕生に伴う小惑星の衝突から始まり、幾度となく劇的な変化に見舞われつつも、そのたびに不安定な状態から回復し、何十億年もかかって現在の安定した状態へ移行したのである。

【Ⅰ】

地球史四六億年と生命史三八億年というスケールは、日常生活の時間軸をはるかに超えて長い。こうした視座を「長尺の目」と呼んできたが、この「目」は未来の予測にも威力を発揮する。何万年、何千万年というスケールで捉えることにより、長期的な予測が可能となる。「過去は未来を解く鍵」というキーフレーズのよりどころは、こうした長尺の目にある。

たとえば、地球温暖化問題の理解もここにポイントがある。温暖化するのかしないのか、専門家の間でも意見が分かれている。これは②現象を捉える視座が違うからで、ある意味で両方とも正しい。

数十年単位のミクロな時間軸で見れば、温室効果ガスによる温暖化は確かに起きている。一方、数万年単位のマクロの視座では、暖かい間氷期が終了してこれから氷河期へ向かう途上にある。こうした視座を意識して地球上のすべての現象を勉強するのも興味深いのではないだろうか。

もう一つ、地球科学には重要な制約がある。地球は宇宙にたった一つしかなく、③経てきたプロセスに「もしも」

ど、樹木の観察についてこんなことを書いている。

去年の晩秋にも、ここへ檜《ひのき》を見にきているのだが、その時から夏にもぜひもう一度と思っていた。そういう思いかたは私に、抜きがたい家庭人の癖がついているからだとおもう。若い頃にしみこんだ、料理も衣服も住居も、最低一年をめぐって経験しないことには、話にならないのだ、と痛感したその思いが、今も時にふれて顔をだすのである。

（「ひのき」『木』収録、新潮社）

筍《たけのこ》のあくは椿《つばき》の葉でも抜けるんでっせ。最近仲良くなった近所の爺《じい》さんは、そんな調子で生活の知恵を教えてくれる。山椒《さんしょう》の保存の仕方とか、山菜のこととか、昔の茶摘みの話とか、そんな生きた知恵を仕入れると、来年、同じ季節がやってくるのが待ち遠しくなる。山椒の実が取れたら今度はジンにＤ［漬け］込んでみようとか、そんなことを随分先のカレンダーに書き込んで忘れないようにしておく。そうやって、いろいろなおいしいものを知りながら、自分にとって④農業と生活が縫い目なくつながっていけばよい。

幸田文が癖と呼んでいるものは、家事仕事から培《つちか》われたもので、冷蔵や流通の事情も違う、ひと昔前の家事は今よりもずっと季節に寄り添うものだったんだろうと思う。一年経《た》って、彼女の「一年めぐらないと確かではない。」という言葉の意味がよくわかる。例えば、ネムノキの花が咲く頃にオクラの花も咲くとか、雨が続くとカボチャがみんな腐るとか、それが今回だけの現象なのか、それとも毎年繰り返されるものなのか、季節がひとめぐりしてみないとわからない。春夏秋冬のそれぞれに景色があって、畑では毎日違うことが起きている。季節の移り変わりとともに生きて、だんだんと⑤野生の暦を学んでいく。

（鎌田裕樹「ポケットの種から」より）

（注）有機農業＝化学肥料や農薬の使用をひかえた農業
幸田文＝小説家
山椒＝芳香のある低木、果実は香辛料等にされる
ジン＝酒の一種

㈠ ［　］Ａ、Ｄの漢字の読みを平仮名で書き、［　］Ｂ、Ｃの片仮名を漢字で書け。

Ａ（　　）Ｂ（　　に）Ｃ（　　）Ｄ（　　け）

㈡ ――線①とは、筆者のどのような心の状態を表しているか。最も適切なものを次のア～エから一つ選び、その記号を書け。（　　）

ア　おそれ　イ　いつくしみ　ウ　あせり　エ　やすらぎ

㈢ ――線②は、どのようなことをたとえているか。最も適切なものを次のア～エから一つ選び、その記号を書け。（　　）

ア　農家を紹介されたことで、不意に農業への興味が生まれたこと。
イ　自分が理想とする農業の在り方を、図らずも見つけ出したこと。
ウ　思いがけず、知人が自分と同じく農業を志す人だとわかったこと。
エ　たまたま、農家とつながりのある人に農業への思いを話したこと。

㈣ ――線③について、筆者の何が「変わった」のか。文章中から八字で抜き出して書け。［　　　　　　　　］

㈤ ――線④とあるが、農業と生活が縫い目なくつながるとはどういうことか。最も適切なものを次のア～エから一つ選び、その記号を書け。（　　）

ア　自分の力で丁寧に栽培した作物を食べることで、家族のきずなが強くなるということ。

国語

時間　五〇分
満点　五〇点

1 次の文章を読み、各問いに答えよ。

たしか、三月の頭とか、朝晩がまだ冷える季節に、ナスの種をポケットに入れていたことがあった。夏の野菜の苗を種から育ててみようと思って調べていると、種に発芽のスイッチを入れるにはちょうど人肌くらいの温度を保つとよいと書いてあったので、名刺くらいの大きさの、A封ができるビニールに、湿らせたキッチンペーパーを入れて、それに種を包み、肌身離さずに持ち歩く方法を試していたのだった。①親鳥のような心境で、種から白い根が顔を出すのを待ちわびていた。

その日は、デザイナーのAさんが店を訪ねてきた。自作の絵本をつくったから感想を聞かせてほしいと言うので、ポケットからメモ帳を取り出そうとして、何気なく例の種が入ったビニールを机に並べた。

「なんですかそれ？　お薬？」

「ああ、これはナスの種で……。」

それまでにAさんと農業の話をしたことがなかったから、Bキュウに種の話になって驚かれた。それから本の話を聞いて、別れぎわに、いつか農業に携わってみたいと打ち明けた。後日、Aさんから連絡があった。

「友人夫婦が京都で有機農業をしているんですけど、ちょうど今、求人をしているらしくて、鎌田さんどうですか？」

ポケットの種が生んだ不思議な縁。何千、何万と並ぶ本の海から、今まさに読まねばならない本をぴたっと見つけ出すような、②偶然の嗅覚というか、そういう、技術や知識と無関係のところで、人生の分岐をいつも救われてきた。農家になったのもそんな偶然からだった。

あれから、色白だった肌が日に焼けたり、体重が落ちたり、ふと鏡を見て、少しずつ変わっていく自分に気がつくことがある。そうやって、仕事に見合った風貌になっていくのだろうし、体つき以外にも変化を感じることがあって、とくに距離や広さの感覚は農家らしくなってきたと思う。去年の日記を見ると、初日の感想に「畝が長くてビビった。」と一言だけ書いてあった。その日の仕事はズッキーニの収穫で、その畝はだいたい70メートルあるのだけど、最初はこれがとんでもなく長く見えた。慣れないうちは、ぬかるんだ畝の間を歩くことだって大変だ。今年の夏は、同じ場所にオクラが植わっている。いつから畑をすいすい歩けるようになったのか、よく覚えていない。

農作業は、自らの体を物差しに世界を見るCクンレンのようだ。親指から小指の先までちょうど20センチ。握り拳が10センチ。小股の一歩が50センチ。大股だと1メートル。畑でいちいちメジャーを使っていられないから、手足を使って距離を測る。慣れていくと、見ただけでなんとなくの長さがわかる。作物の株間や、畝の長さ、広さ、肥料の計量など、自分の体を規格に世界を観察すると、風景が具体化していって、最初はあんなに広く、途方もなく感じていた畑が、今は違って見える。

初めて歩いた時はやけに長く感じた道が、次に通る時にはなぜか短く思えたりする。③道や畑が縮んだわけではないから、変わったとすれば自分のほうなのだ。二年目の季節はそんなふうに過ぎていく。

農業の一年目を終えて、そんなことを考えていると友達に話したら、「そういえば幸《こう》田《だ》文《あや》もそんなことを書いてたよ。」と教えてくれた。彼女の文章を読んでいると、つくづく見る目がある人だなあと思うのだけれ

2023年度／解答

数　学

1 【解き方】(1) ① 与式 $= 7 + 6 = 13$　② 与式 $= 15 + 16 \div (-2) = 15 + (-8) = 7$　③ 与式 $= x^2 - 3x - 10 - 2x + 2 = x^2 - 5x - 8$　④ 与式 $= 2\sqrt{3} - 3\sqrt{3} = -\sqrt{3}$

(2) 与式を順に①，②とする。①× 4 －②より，$9y = 36$　よって，$y = 4$　これを①に代入して，$x + 4 \times 4 = 5$ より，$x = -11$

(3) 解の公式より，$x = \dfrac{-5 \pm \sqrt{5^2 - 4 \times 1 \times 1}}{2 \times 1} = \dfrac{-5 \pm \sqrt{21}}{2}$

(4) $a + b < 0$，$ab > 0$，$\dfrac{a}{b} > 0$ となる。また，$a - b$ は，a の絶対値が b の絶対値より大きいとき，$a - b < 0$，a の絶対値と b の絶対値が等しいとき，$a - b = 0$，a の絶対値が b の絶対値より小さいとき，$a - b > 0$ となる。よって，a の絶対値が b の絶対値より大きい場合について，具体的な数で $a + b$ と $a - b$ の大小関係を調べると，$a = -2$，$b = -1$ のとき，$a + b = -3$，$a - b = -1$　したがって，式の値がもっとも小さいのは $a + b$。

(5) 相似比が 2 : 3 なので，体積比は，$2^3 : 3^3 = 8 : 27$　よって，三角すい B の体積は，$24 \times \dfrac{27}{8} = 81$ (cm^3)

(6) 硬貨を 3 回投げるとき，表裏の出方は全部で，$2 \times 2 \times 2 = 8$ (通り)　このうち，点 P が原点 O にあるのは，表が 2 回，裏が 1 回出るときだから，(1 回目，2 回目，3 回目) = (表，表，裏)，(表，裏，表)，(裏，表，表) の 3 通り。よって，確率は $\dfrac{3}{8}$。

(7) 条件①より，PA = PB なので，点 P は線分 AB の垂直二等分線上にある。条件②より，AB ∥ PC なので，PC と線分 AB の垂直二等分線は垂直に交わる。よって，線分 AB の垂直二等分線をひき，その線に対して点 C から垂線をひいて，交点を P とすればよい。

(例)

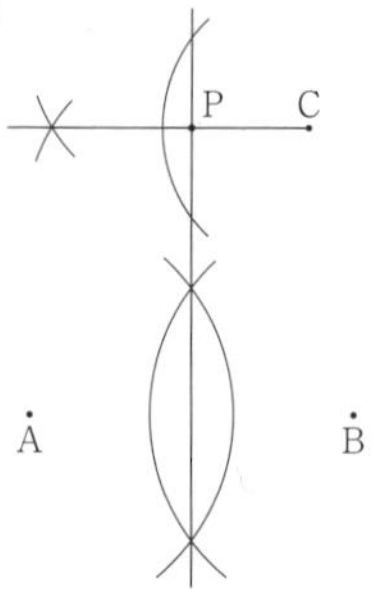

(8) ア．累積相対度数が 0.50 のときの通学時間を見ると，1 年生は 10 分以上 15 分未満，3 年生は 15 分以上 20 分未満なので，正しくない。イ．通学時間が 20 分未満の累積相対度数は，1 年生が 0.66，3 年生が 0.52 より，正しい。ウ．通学時間が 25 分未満の累積相対度数はともに 0.76 だが，75 人の 76 % と，90 人の 76 % は等しくないので，正しくない。エ．通学時間が 25 分以上 30 分未満の生徒の相対度数は，1 年生が，$0.80 - 0.76 = 0.04$，3 年生が，$0.90 - 0.76 = 0.14$　90 人の 14 % のほうが，75 人の 4 % よりも多いので，正しい。オ．0 分以上 25 分未満のそれぞれの階級について，相対度数は，1 年生が，0.16，0.26，0.14，0.1，0.1 で，3 年生は，0.02，0.12，0.17，0.21，0.24 なので，1 年生の方が通学時間の短い階級での相対度数が大きい。よって，正しい。

【答】(1) ① 13　② 7　③ $x^2 - 5x - 8$　④ $-\sqrt{3}$　(2) $x = -11$，$y = 4$　(3) $x = \dfrac{-5 \pm \sqrt{21}}{2}$　(4) $a + b$　(5) 81 (cm^3)　(6) $\dfrac{3}{8}$　(7) (前図)　(8) イ，エ，オ

2 【解き方】(1) ① △XYZ は直角二等辺三角形だから，∠YXZ = 45°　円の半径と接線は垂直に交わるから，∠OPX = ∠OQX = 90°　よって，四角形 OQXP で，∠POQ = 360° − 90° − 90° − 45° = 135°　② △OPX と△OQX において，OX は共通な辺，OP = OQ，∠OPX = ∠OQX = 90° より，直角三角形の斜辺と他の 1 辺がそれぞれ等しいから，△OPX ≡ △OQX　よって，∠OXP = ∠OXQ なので，線分 XR は∠YXZ の二等分線。したがって，線分 XR 上にある点は 2 辺 XY，XZ から距離が等しい点。③ 右図アのように，直線 OQ と辺 XY の交点を S とすると，∠SQX = 90°，∠SXQ = 45° より，△XSQ は直角二等辺三角形なので，∠OSP = 45°　∠OPS = 90° だから，△OSP も直角二等辺三角形。よって，OS = $\sqrt{2}$OP = 2$\sqrt{2}$ (cm) だから，SQ = (2 + 2$\sqrt{2}$) cm　したがって，XP = XQ = SQ = (2 + 2$\sqrt{2}$) cm

図ア

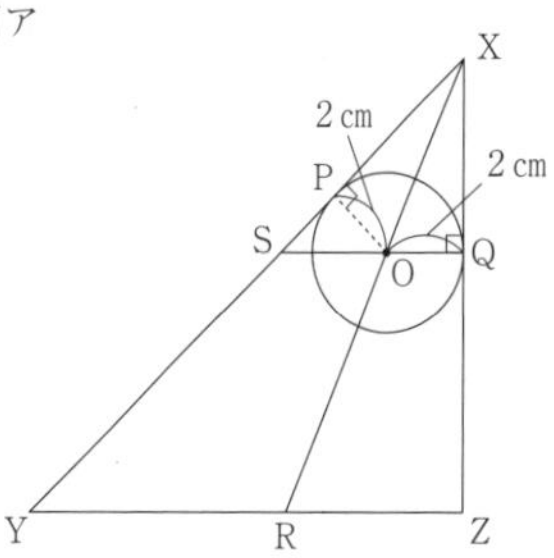

(2) ① 点 X は円 A の周上にあるから，AX = AB より，イ。② 辺 XY，XZ 上の 2 点 B，D の位置が変わっても，常に，XA = AB = 3 cm だから，点 A は点 X を中心とする半径 3 cm，中心角 45° のおうぎ形の弧上を動く。点 Y に正方形 ABCD が最も近づくときも同様なので，正方形 ABCD が通過した部分は右図イの色をつけた部分で，面積は，$\frac{1}{2} \times 10 \times 10 - \pi \times 3^2 \times \frac{45}{360} \times 2 = 50 - \frac{9}{4}\pi$ (cm^2)

図イ

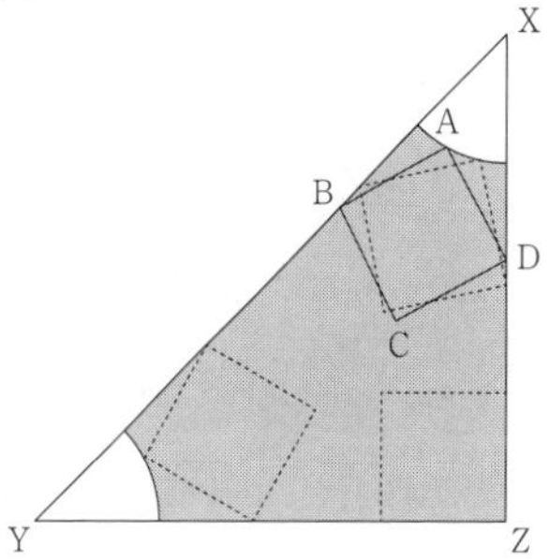

【答】(1) ① 135°　② 2 辺 XY，XZ から距離が等しい点。③ 2 + 2$\sqrt{2}$ (cm)

(2) ① イ　② $50 - \frac{9}{4}\pi$ (cm^2)

3 【解き方】(1) 最大値は $x = 0$ のときで，$y = 0$　最小値は $x = -4$ のときで，$y = -\frac{1}{2} \times (-4)^2 = -8$　よって，$-8 \leqq y \leqq 0$

(2) 点 C の y 座標は − 8 だから，C (− 4，− 8)　点 D の y 座標は，$y = -\frac{1}{2} \times 2^2 = -2$ だから，D (2，− 2)　2 点 C，D を通る直線の傾きは，$\frac{-2-(-8)}{2-(-4)} = 1$ だから，式を $y = x + m$ とおいて点 D の座標を代入すると，$-2 = 2 + m$ より，$m = -4$　よって，$y = x - 4$

(3) ア．A (− 4，16a)，B (2，4a) より，直線 AB の傾きは，$\frac{4a - 16a}{2-(-4)} = \frac{-12a}{6} = -2a$　a の値が大きくなると，$-2a$ の値は小さくなる。イ．三平方の定理より，AB = $\sqrt{(-12a)^2 + 6^2} = \sqrt{144a^2 + 36}$　a の値が大きくなると，$\sqrt{144a^2 + 36}$ の値は大きくなる。ウ．直線 AB の式を $y = -2ax + n$ とおいて点 B の座標を代入すると，$4a = -2a \times 2 + n$ より，$n = 8a$ だから，E (0，8a)　よって，△OAB = △OAE + △OBE = $\frac{1}{2} \times 8a \times 4 + \frac{1}{2} \times 8a \times 2 = 16a + 8a = 24a$　a の値が大きくなると，24a の値は大きくなる。エ．x 座標の差より，AE : EB = {0 − (− 4)} : (2 − 0) = 4 : 2 = 2 : 1　a の値にかかわらず，AE : EB の値は一定である。

(4) D (2，− 2) より，直線 OD の式は $y = -x$　直線 OD と辺 AC の交点を F とすると，F (− 4，4) なので，△CDF の底辺を CF とすると，CF = 4 − (− 8) = 12，高さは，2 − (− 4) = 6 より，△CDF = $\frac{1}{2} \times 12 \times 6 = 36$　また，四角形 ACDB は台形で，BD = 4a − (− 2) = 4a + 2，AC = 16a − (− 8) = 16a + 8

より，(四角形ACDB) = $\frac{1}{2}$ × (4a + 2 + 16a + 8) × 6 = 3 (20a + 10)　よって，3 (20a + 10) = 36 × 2 が成り立つ。これを解くと，$a = \frac{7}{10}$

【答】(1) $-8 \leqq y \leqq 0$　(2) $y = x - 4$　(3) ア　(4) $\frac{7}{10}$

[4] **【解き方】**(2) $\overset{\frown}{\mathrm{CD}}$に対する円周角より，∠DBC = ∠DAE = a°　また，∠EDF = ∠ADE，∠EFD = ∠AED より，△EFD ∽ △AED なので，∠DEF = ∠DAE = a°　対頂角は等しいので，∠BEG = ∠DEF = a°　よって，△BEG において，∠BGE = 180° − a° − a° = 180° − 2a°

(3) ① $\overset{\frown}{\mathrm{AB}}$に対する円周角より，∠ECG = ∠EDF　△EDF ∽ △AEF より，∠EDF = ∠AEF　対頂角は等しいので，∠AEF = ∠CEG　よって，∠ECG = ∠CEG だから，△CEG は CG = GE の二等辺三角形。(2)より，△BEG は BG = GE の二等辺三角形なので，BG = CG　また，△ADE ∽ △BCE より，AE : BE = DE : CE なので，CE = $\frac{3 \times 8}{4}$ = 6 (cm)　したがって，△CEG = $\frac{1}{2}$△BCE = $\frac{1}{2} \times \left(\frac{1}{2} \times 6 \times 8\right)$ = 12 (cm^2)　② 右図で，△OBC は二等辺三角形で，G は BC の中点だから，∠BGO = 90°　また，円周角の定理より，∠BAC = $\frac{1}{2}$∠BOC = ∠BOG　よって，∠BEA = ∠BGO=90°，∠BAE = ∠BOG より，△ABE ∽ △OBG だから，AE : OG = BE : BG　△BCE で三平方の定理より，BC = $\sqrt{6^2 + 8^2}$ = 10 (cm)だから，BG = $\frac{1}{2}$BC = 5 (cm)　したがって，OG = $\frac{4 \times 5}{8} = \frac{5}{2}$ (cm)だから，△OBG において，OB = $\sqrt{5^2 + \left(\frac{5}{2}\right)^2} = \frac{5\sqrt{5}}{2}$ (cm)

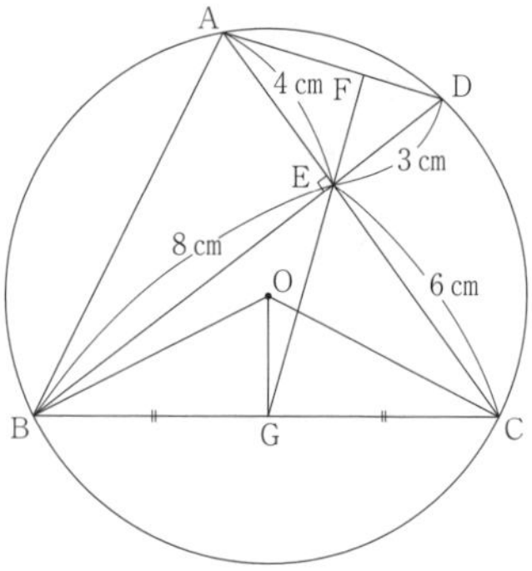

【答】(1) (例) △AEF と△BCE において，仮定から，∠AFE = 90°……①　∠BEC = 90°……②　①，②より，∠AFE = ∠BEC……③　1つの弧に対する円周角は等しいから，∠EAF = ∠CBE……④　③，④より，2組の角がそれぞれ等しいから，△AEF ∽ △BCE

(2) 180° − 2a°　(3) ① 12 (cm^2)　② $\frac{5\sqrt{5}}{2}$ (cm)

英　語

1 【解き方】(1) ① 食品を冷たいままにしておくためのもの。② イスの下に 1 匹の猫，テーブルの上に 2 冊の本という条件に合う絵を選ぶ。

(2) ① 母親の「明日の朝は学校に早く行かなければならないのでしょう？」というせりふに対する返答。I'll go to bed now. =「もう寝るよ」。② 少女は，ボブがどのくらい歴史のレポートに取り組んでいるのか尋ねている。How long は時間の長さを尋ねる疑問詞。For one hour =「1 時間（です)」。

(3) いつ映画を見に行くのかについて，2 人はエマの最初の意見を採用することにした。エマは最初に「今日は 3 月 23 日ね。今週の土曜日はどう？」と提案している。

(4) ア.「外国人観光客に京都で何を楽しんでいるのかを尋ねるために京都を訪れる」と言っている。イ.「集合時間は午前 8 時 30 分です」と言っている。ウ.「私たちは京都まで電車に乗って行きます」と言っている。エ. 京都までの交通費については述べられていない。オ.「悪天候のために行けない場合は，明日の朝の 7 時に学校からメールが届くでしょう」と言っている。カ. 午後の集合時間は述べられているが，解散時刻については述べられていない。

【答】(1) ① ア　② イ　(2) ① ウ　② イ　(3) ア　(4) エ・カ

◀全訳▶　(1)

① これは食品を冷たいままにするために使われます。

② イスの下に 1 匹の猫がいて，テーブルの上に 2 冊の本があります。

(2) ①

母親　：ジョン，何をしているの？　もう 11 時よ。

ジョン：わかっているよ。お気に入りのチームのサッカーの試合を見ているんだ。

母親　：明日の朝は学校に早く行かなければならないのでしょう？

ジョン：(うん。もう寝るよ。)

②

少女：こんにちは，ボブ。勉強しているの？

ボブ：そう，歴史の授業のレポートを書いているところなんだ。

少女：あなたはどれくらいそれをしているの？

ボブ：(1 時間だよ。)

(3)

エマ：ケン，春休み中に映画を見に行かない？

ケン：それはいい考えだね！　いつ行くことができるかな？

エマ：今日は 3 月 23 日ね。今週の土曜日はどう？

ケン：ええと，週末は大勢の人が映画を見に行くよ。だから来週の水曜日はどう？

エマ：私は家族と一緒に祖母を訪ねる予定があるので，行けないと思うわ。31 日はどう？

ケン：ええと，31 日は野球の試合をする予定だ。

エマ：そうなのね…。それなら今週末の方がいいと思うわ。

ケン：僕もそう思う。じゃあ，君の最初のアイデアでいこう。

質問　彼らはいつ映画を見に行く予定ですか？

(4) さて，みなさん。今日の授業は楽しかったですか？　今から明日の京都への校外学習についてお話します。

明日，あなたたちは，外国人観光客に京都で何を楽しんでいるのかを尋ねるために京都を訪れる予定です。

では，明日に向けて，いくつか他のポイントを確認しておきましょう。私たちは学校ではなく，奈良駅に集合します。集合時間は午前 8 時 30 分です。私たちは京都まで電車に乗って行きます。京都を歩き回るとき，昨日私があなたたちに渡した地図が使えるので，それを持ってくるのを忘れないように。

明日は雨になるかもしれないので，傘を持ってきてください。悪天候のために行けない場合は，明日の朝の7時に学校からメールが届くでしょう。

あなたたちは京都のお店で昼食に何か食べるものを買うことができます。もちろん，昼食を持参してもかまいません。

私たちは午後3時に再び京都駅に集合し，それから一緒に奈良まで戻る予定です。

京都で楽しく過ごせますように！

何か質問があれば，このあと私のところに来てください。

明日会いましょう，みなさん！

2 **【解き方】** (1) ア.「2023年9月1日に博物館に行けば，『狩野永徳』特別展示を見ることができる」。資料1の「特別展示」を見る。「狩野永徳」特別展示は2023年の4月1日から10月31日まで開催されている。内容と合っている。イ. 資料1の「その他」を見る。博物館の2階にはレストランがあり，庭で飲食することも可能である。ウ. 資料2の【D】を見る。タクシーを利用する場合は，まほろば駅の西出口前から乗る。エ.「もしまほろば駅から博物館を訪れるために【B】を選ぶと，あなたは博物館に到着するのに30分以上必要となる」。資料2の【B】に書かれた合計所要時間は34分。内容と合っている。オ. 資料1の「博物館開館時間」と，資料2の【C】を見る。【C】の方法を利用した場合の合計所要時間は45分。博物館に入館できるのは閉館時刻となっている午後6時の30分前までなので，午後5時に【C】の方法で博物館に向かうと入館できない。

(2) 解答例は「美術館に行くのに最も速い方法なので，私はAを選びます」。

【答】 (1) ア・エ　(2) (例) I will choose A because it is the fastest way to get to the museum. (15語)

◀全訳▶　資料1

博物館開館時間

博物館は午前10時から午後6時まで開いています。最終入館時刻は閉館時刻の30分前です。

休館日

博物館は12月28日から1月1日まで閉まっています。

特別展示

2023年4月1日から10月31日まで「狩野永徳」特別展示が開催されます。

その他

レストランは2階にあり，午前11時から午後2時まで開いています。

庭での飲食は許されています。

資料2

【A】	まほろば駅からせんと駅まで電車に乗ってください。[約7分] 駅の東出口前で1番のバスに乗り，「せんと博物館」停留所で降りてください。[約9分] それから，博物館まで歩いてください。[約3分]
【B】	まほろば駅からせんと駅まで電車に乗ってください。[約7分] 駅の東出口を利用し，博物館まで歩いてください。[約27分]

【C】　まほろば駅の東出口前で２番のバスに乗り，「せんと博物館」停留所で降りてください。［約 42 分］
それから，博物館まで歩いてください。［約３分］

【D】　まほろば駅の西出口前から博物館までタクシーに乗ってください。［約 25 分］

3 【解き方】(1) 質問は「英語クラブのメンバーは主に何について話していますか？」。ハルカの最初のせりふを見る。メンバーはＴシャツのデザインについて話し合っている。

(2) マイの「Ｔシャツにクラブのメンバー全員の氏名を入れる」という提案に対するそれぞれの意見を確認する。タツヤとハルカは賛成しているが，ケンは「Ｔシャツに名前を載せるのはいいアイデアだと思わない」と言っている。

(3) イチロウはハルカに，Ｔシャツのデザインに関する他の意見を求められた。解答例は「僕は絵を描くのが得意なので，僕たちの顔の絵を描くことができる。それらをＴシャツに載せるのはどうだろう？」。

【答】(1) イ　(2) ア・イ

(3)（例）I'm good at drawing pictures, so I can draw pictures of our faces. How about putting them on the T-shirt?（20 語）

◀全訳▶　ハルカ，マイ，タツヤ，ケン，そしてイチロウは高校生です。彼らは学校の英語クラブのメンバーです。放課後，彼らは英語クラブの部室で話しています。

ハルカ　：先週，私たちは主に９月の文化祭について話して，クラブのＴシャツを作成することに決めたわ。私たちが文化祭でそのＴシャツを着ることができればいいと思う。今日は，そのデザインについて話しましょう。

マイ　　：そのＴシャツに，クラブのメンバー全員の氏名を入れるのはどうかしら？

タツヤ　：僕はそのアイデアが好きだな。それは僕たちが１つのチームであることを示すよね，そして僕は，Ｔシャツに僕たちの名前を入れるのがいいと思う。

ハルカ　：そうね。お互いを呼ぶとき，私たちはいつも名前を使っているわ。ケン，あなたはどう思う？

ケン　　：そうだね，学校内では僕たちのＴシャツを着ることができるけれど，もしそれに僕たちの名前が載っていたら，僕は学校の外でＴシャツを着たくないな。だから，僕はＴシャツに僕たちの名前を載せるのはいいアイデアだと思わないよ。

ハルカ　：なるほど。学校の外で名前が印刷されたＴシャツを着るのは難しいかもしれないけれど，私たちはそれを記憶に残る品物として持っておくことができる。だから，私はＴシャツに名前を載せるというアイデアに賛成よ。とにかく，それは１つのアイデアに過ぎないわ。イチロウ，何か他にデザインについてアイデアはある？

イチロウ：（僕は絵を描くのが得意なので，僕たちの顔の絵を描くことができる。それらをＴシャツに載せるのはどうだろう？）

4 【解き方】(1) A．第２段落では，鎌倉の江ノ電を例に「交通の問題」が述べられている。B．第３段落では，富士山の「ゴミ問題」が述べられている。C．第４段落では，京都の西芳寺での「騒音問題」が述べられている。

(2) ① 質問は「環境を保護するため，富士山を訪れる人々は何をしなければなりませんか？」。第３段落の７文目を見る。彼らはゴミを家に持ち帰らなければならない。② 質問は「西芳寺を訪問するとき，人々は予約を取る必要がありますか？」。第４段落の最後から３文目を見る。西芳寺では予約を取るよう観光客に要請し始めた。Yes で答える。

(3) ア．「日本のいくつかの場所に住む人々はオーバーツーリズムに苦しんでいる」。第１段落の最後の２文を見る。内容と合っている。イ．第２段落の５文目を見る。江ノ電に乗るのが困難になるのは，とても多くの観光客が乗りにくるため。ウ．第3段落の最後から2文目を見る。富士山で配られているゴミ袋には，富士山で起きているゴミ問題について観光客の注意を喚起するために「ゴミは持ち帰ってください」と書かれている。エ．第4段落では，京都の西芳寺で起きている騒音問題について書かれている。観光客にゴミ袋を渡しているのは京都ではなく富士山。オ．第4段落の4～7文目を見る。西芳寺と近隣住民が話し合ったのは騒音問題の解決方法について。カ．「来訪者数を減らすシステムは西芳寺周辺でうまく機能している」。第4段落の最後の2文を見る。内容と合っている。

【答】 (1) A．エ　B．ア　C．イ　(2) (例) ① They have to take their garbage home.　② Yes, they do.
(3) ア・カ

◀全訳▶　[1] 休日にあまりに多くの人々が1つの場所を訪れると，その場所は影響を多く受け，そこに住んでいる多くの人々が深刻な問題に直面する。これは「オーバーツーリズム」と呼ばれている。あまりに多くの人々が来ると，多くのゴミが置き去りにされる。車やバスであまりに多くの観光客が来ると，騒音や交通事故が増加する。自然環境も破壊される。そこに住む人々は，これらの問題に苦しんでいる。オーバーツーリズムは世界中の多くの場所で起きている。それは日本のいくつかの場所でも起きている。

[2] 鎌倉で，オーバーツーリズムが起きている。そこは観光でとても有名な街で，訪れるべき場所がたくさんある。最も多いときには，鎌倉は1年間で2,000万人を超える人々に訪問された。江ノ電と呼ばれる地元の電車はとても人気がある。休日には，とても多くの観光客がその電車に乗りに来るため，駅に入って電車に乗るのに1時間ほどかかることがある。このことは，駅の近くに住む人々の生活を不便にしている。鎌倉市は，この問題を解決しようと懸命に努力している。例えば，市は地元の人々が待たずに電車に乗ることを許す社会実験を実施した。しかし，鎌倉では今もオーバーツーリズムが大きな問題である。

[3] オーバーツーリズムは富士山でも起きている。富士山は日本で最も高い山である。世界中から多くの人々が富士山を訪れている。最も多いときには，1日で8,000人以上がその山に登った。登山道はときにとても混雑することがあるため，頂上までたどり着くのにより多くの時間がかかる。環境を保護するため，登山道にはゴミ箱がない。観光客はゴミを家に持ち帰らなければならないが，それを知らず，山にゴミを放置する人もいる。静岡県は，富士山のゴミを減らすために懸命に努力している。登山道のいくつかのスタート地点で，観光客はゴミ袋をもらうことができる。その袋には「ゴミは持ち帰ってください」というメッセージが多くの異なる言語で書かれているので，観光客は富士山で起きているゴミ問題について知ることができる。しかし，そこでは今もオーバーツーリズムが深刻な問題である。

[4] 京都にもオーバーツーリズムに苦しんでいる場所がいくつかあるが，その場所の1つはそれにずっと取り組んでいる。それは西芳寺だ。そこは美しい庭園を持つお寺で，観光客はそこで穏やかな時間を過ごす。かつては，その庭を見るために世界中からとても多くの人々が訪れたため，お寺の周辺に住む人々は過度の騒音に苦しんでいた。その騒音が彼らの穏やかな生活を破壊していた。西芳寺とその近隣住民はその問題を解決しようとした。彼らはそれについて何度も話し合い，様々な方法を試した。ついに西芳寺は来訪者数を減らすことに決め，予約を取って小グループで来るように彼らに要請し始めた。このシステムのおかげで，近隣住民の穏やかな暮らしが再び戻った。今では，観光客と近隣住民が穏やかな時間を共有している。

[5] 鎌倉や富士山のような広い地域で起きるとき，オーバーツーリズムを解決するのは容易ではない。西芳寺の例は，観光事業と環境のバランスを保つための解決策の1つを示している。

社　会

1 【解き方】(1) 藤原氏を中心に摂関政治が行われたのは平安時代。Y はおおよそ鎌倉時代以降の社会の様子。

(2) ① ア．保元の乱は平安時代末に起こったので，第一の変化よりも前の出来事。ウ．元が襲来したのは鎌倉時代の後半なので，第二の変化と第三の変化の間の出来事。エ．応仁の乱は室町時代の中期に起こったので，第三の変化と第四の変化の間の出来事。② 3 代執権の北条泰時が制定したきまり。貞永式目ともいう。③ 検地の結果，農民は年貢を納める義務を負い，村をはなれて移住することは禁じられた。また，荘園制度は消滅した。

(3) アは 1919 年，イは 1939 年，ウは 1871 年，エは 1882 年の出来事。

(4) 資料Ⅱのベルリンの壁は「冷戦の象徴」とされていた。1989 年にマルタ島でアメリカとソ連の首脳が会談し，冷戦の終結を宣言した。東西ドイツの統一は 1990 年のこと。

【答】(1) イ

(2) ① イ　② 御成敗式目　③ 検地帳に登録された農民に耕作する権利が与えられ，荘園領主のもつ権利が否定された。(同意可)

(3) ア　(4) 冷戦の終結。(同意可)

2 【解き方】(1) 1912 年に長州藩出身の桂太郎が 3 度目の内閣をつくると，尾崎行雄や犬養毅らは憲法にもとづく政治を守ろうとする護憲運動を起こした。

(2) 1922 年には小作人の地位向上をはかるために日本農民組合が組織された。

(3) 資料Ⅱは「二十一か条の要求」の一部。同年に朝鮮では日本からの独立を求める「三・一独立運動」が起こった。

(4) ロシア革命が起こると，イギリス・フランス・アメリカ・日本などの連合国は，社会主義革命が広がることを恐れてシベリア出兵を行った。

(5) 原敬内閣は，役人や軍人を中心とするそれまでの内閣とちがい，立憲政友会という政党を中心とした組織となった。

【答】(1) ウ　(2) 小作料を引き下げること。(同意可)　(3) 五・四運動　(4) ア

(5) 内閣を構成する大臣の多くが，衆議院で最も議員数の多い立憲政友会の党員であるから。(同意可)

3 【解き方】(2) 北アフリカや西アジアでは主にイスラム教が信仰されている。アは仏教，イはキリスト教，ウはヒンドゥー教について述べた文。

(3) a，b ともに赤道に近い地点だが，b 地点はアフリカ大陸最高峰のキリマンジャロが近くに位置し，標高が高いために，気温が低くなる。

(4) ① コーヒー，茶，さとうきびなどの栽培が行われている。② 特定の産物に依存する経済構造をモノカルチャー経済という。このような経済で成り立っている国は，国際市場での価格の下落や不作などの影響を受けやすく，国内の経済状態が不安定になりやすい。

(5) 略称は AU。アフリカの 55 の国と地域が加盟する世界最大級の地域連合。

(6) 資料Ⅴを見ると，特にアフリカ地域の人口増加が著しく，今後も増加し続けることが予測される。

【答】(1) 大西洋　(2) エ

(3) (記号) Z　(理由) b 地点は，a 地点より標高が高いため，気温が低いから。(同意可)

(4) ① プランテーション　② 輸出による収入の大部分を，価格の変動の大きい原油による収入が占めているから。(同意可)

(5) アフリカ連合

(6) 今後も人口増加による食料不足が予測され，自分たちで収穫量を増やせるようにするため。(同意可)

4 【解き方】(1) プライバシーの権利は「私生活をみだりに公開されない権利」。精神の自由のうちの表現の自由

や報道の自由は，プライバシーの権利と衝突することも多い。

(2) 東京都に地方交付税交付金が配分されていないのは，東京都では地方税収入などが多いためと考えられる。

(3) 住民投票の結果に法的な拘束力はないが，政策の実施には大きな影響力をもつ場合がある。

(4) アの役割を「発券銀行」，イの役割を「政府の銀行」，ウの役割を「銀行の銀行」という。

(5) X にはイが，Y にはエが当てはまる。

(6) 資料Ⅳから，トラック運転者は全産業従事者よりも平均年間労働時間が長いことがわかる。輸送の一部を船や鉄道に置き換えることは，トラック運転者の負担を減らすだけでなく，地球温暖化の原因である二酸化炭素の排出量を抑える効果もある。

【答】 (1) P. ウ　Q. ア　(2) 財政の格差を小さくする（同意可）　(3) 住民投票　(4) エ　(5) W. ア　Z. ウ

(6) 輸送の一部を鉄道に置き換えることで，トラック運転者の長時間労働の解消につながるから。(同意可)

5 **【解き方】** (1) 環境影響評価ともいう。

(2) 都市部は，アスファルトやコンクリートの熱吸収による蓄熱やビルの冷房装置からの排気熱などによって気温が高くなりやすい。

(3) X は足尾銅山鉱毒事件，Y は四日市ぜんそくの説明。

(4) イ．インドの一人当たりの二酸化炭素排出量は約 2.8 倍で，3 倍以上にはなっていない。エ．世界全体の二酸化炭素総排出量も，一人当たりの二酸化炭素排出量も増加している。

(5) 環境と開発が共存する持続可能な社会を目指し，資源を効率的に利用し，廃棄物をできる限り減らして再利用する循環型社会の実現が目指されている。

【答】 (1) 環境アセスメント　(2) 都市の中心部の気温が周辺より高くなる現象。(同意可)　(3) ウ　(4) ア・ウ

(5) 資源を有効活用した製品を普及させ，環境への負荷を減らすこと。(同意可)

理　科

1 **【解き方】** (1) れき，砂，泥の順に粒の大きさが小さくなる。

(2) 1 個の二酸化炭素分子と 4 個の水素分子が反応して，1 個のメタン分子と 2 個の水分子が生成する。

【答】 (1) エ　(2) $CO_2 + 4H_2 \rightarrow CH_4 + 2H_2O$

(3) 植物が生育している間に大気中から取りこんだ二酸化炭素。(同意可)

2 **【解き方】** (2) 大陸は海洋と比べてあたたまりやすく冷めやすいので，冬は大陸が冷えて気圧が高くなる。

(5) ① 表より，15 時の気温は 20.2 ℃，湿度は 68 %なので，15 時の空気 1 m^3 中に含まれる水蒸気量は，17.5 $(g/m^3) \times \frac{68}{100} = 11.9\,(g)$

【答】 (1) B，A，C　(2) イ

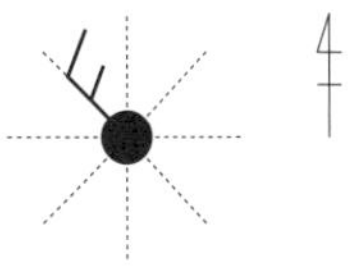

(3) 高気圧からふき出す大気は乾燥しているため，大気中の水蒸気の量が飽和水蒸気量に達していないから。(同意可)

(4) 偏西風

(5) ① 11.9 (g)　② (右図)　③ (記号) ウ　(理由) 気温が急に下がり，風向が北寄りに変わったから。(同意可)

3 **【解き方】** (1) 硫酸銅水溶液中の銅イオンが，2 個の電子を受け取って銅原子になる。

(2) 実験 1 では，水溶液中に含まれる金属イオンよりも金属片の方がイオンになりやすいとき，金属片は電子を失ってイオンとなって溶けだし，水溶液中の金属イオンが電子を受け取って原子になり，金属片の表面に付着する。したがって，表より，○が多い金属ほどイオンになりやすい金属と考えられる。よって，マグネシウム，亜鉛，金属 X，銅の順。

(3) ア．亜鉛は亜鉛イオンとなって溶けだすので，亜鉛板の質量は減少する。エ．硫酸亜鉛水溶液からは亜鉛イオン，硫酸銅水溶液からは硫酸イオンがセロハンを通って移動する。

(4) (2)より，亜鉛とマグネシウムでは，マグネシウムの方がイオンになりやすいので，マグネシウムが電子を失ってマグネシウムイオンとなって溶けだし，亜鉛イオンが電子を受け取って亜鉛原子になり亜鉛板に付着する。よって，マグネシウム板が－極，亜鉛板が＋極になり，電流は図 2 と逆向きに流れる。

【答】 (1) $Cu^{2+} + 2e^- \rightarrow Cu$　(2) 3 (番目)　(3) イ・ウ　(4) ① ア　② イ

4 **【解き方】** (1) 質量 20g の小球にはたらく重力の大きさは，$1\,(N) \times \frac{20\,(g)}{100\,(g)} = 0.2\,(N)$　小球を 12cm の位置まで持ち上げた力がした仕事は，12cm = 0.12m より，$0.2\,(N) \times 0.12\,(m) = 0.024\,(J)$

(2) 小球がもつ位置エネルギーの大きさが大きいほど，木片が移動する距離が大きくなる。

(3) 小球を置く高さが同じとき，質量 15g の小球は，質量 30g の小球の，$\frac{15\,(g)}{30\,(g)} = \frac{1}{2}$ (倍)の位置エネルギーをもつので，木片が移動する距離は質量 30g の小球の $\frac{1}{2}$ 倍になる。図 3 より，質量 30g の小球を 12cm の高さに置いたとき，木片は 18cm 移動するので，質量 15g の小球を 12cm の高さに置いたとき，木片は，18 $(cm) \times \frac{1}{2}$ (倍) = 9 (cm)移動する。

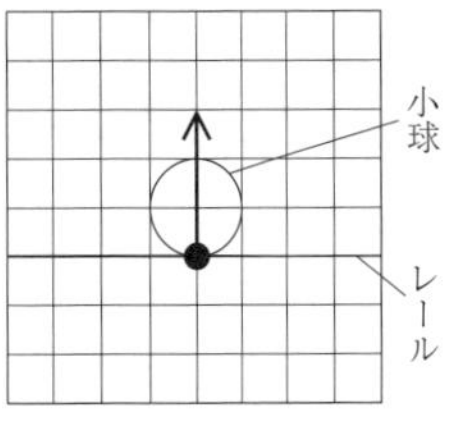

(4) 図 4 と図 5 では，小球がはじめにもっている位置エネルギーが等しいので，力学的エネルギー保存の法則より，高さが 0 cm の点 F での速さは等しい。

(5) 小球にはたらく重力の大きさとつりあう垂直抗力がはたらいている。

【答】 (1) 0.024 (J)　(2) ① ア　② ア　(3) 12 (cm)　(4) ウ　(5) (右図)

(6) 点 P にある小球は，運動エネルギーをもつ分だけ，点 A にあるときより位置エネルギーが小さいから。(同意可)

5【解き方】(2) しょうゆ 15cm^3 の質量は，1.2 (g/cm^3) × 15 (cm^3) = 18 (g)　実験により得られた食塩の質量は 2.5g なので，しょうゆに含まれる食塩の割合は，$\frac{2.5\,(\text{g})}{18\,(\text{g})} \times 100 \fallingdotseq 14$ (%)

【答】(1) ろ過して，ろ紙を通った水溶液から水を蒸発させる（同意可）(2) 14 (%)

6【解き方】(1) イ．維管束がないのはゼニゴケのみ。ウ．撮影された植物にはすべて葉緑体がある。

(2) 双子葉類は網状脈，単子葉類は平行脈をもつ。

(3) ② 表より，Q の水の減少量は，ホウセンカの葉の表側以外からの蒸散量なので，ホウセンカの葉の表側からの蒸散量は，5.4 (g) − 3.9 (g) = 1.5 (g)　また，R の水の減少量は，ホウセンカの葉の裏側以外からの蒸散量なので，ホウセンカの葉の裏側からの蒸散量は，5.4 (g) − 1.7 (g) = 3.7 (g)　よって，ホウセンカの葉の表側と裏側からの蒸散量の合計は，1.5 (g) + 3.7 (g) = 5.2 (g)　③ ②より，ホウセンカは葉の表側より裏側からの方が蒸散量が多いことがわかる。表より，トウモロコシは Y と Z で水の減少量に大きな差がないので，葉の表側と裏側からの蒸散量はほぼ同じであると考えられる。

【答】(1) ① エ　② ア　(2) エ

(3) ① 葉以外からも蒸散しているから。(同意可)　② 5.2 (g)　③ ホウセンカは葉の裏側に気孔が多く，トウモロコシは葉の表側と裏側で気孔の数がほぼ等しい。(同意可)

国　語

1 【解き方】㈡「人肌くらいの温度を保つ」ために「肌身離さずに持ち歩」き，種の発芽を「待ちわびて」いるので，卵を大事に温める親鳥の心境を考える。

㈢「ポケットの種が生んだ不思議な縁」とあるように，「何気なく」A さんの前で「種が入ったビニールを机に並べた」ことで「農業に携わってみたい」と話すことになり，それが農業をしている「友人夫婦」の紹介につながっている。

㈣ 最初は広く感じていた畑が，「自分の体を規格」に観察すると，「今は違って見える」とある。そのことについて，農家になって「体つき以外にも変化を感じること」として，「とくに距離や広さの感覚は農家らしくなってきた」と述べている。

㈤「縫い目なくつながって」に注目。「山椒の実が取れたら…カレンダーに書き込んで」おくように，農業と日々の生活がひと続きの状態になっていることをおさえる。

㈥「幸田文もそんなことを書いてたよ」「彼女の『一年めぐらないと確かではない。』という言葉の意味がよくわかる」とあるので，筆者と幸田文は同じような考えを持っている。

㈦「春夏秋冬のそれぞれに景色があって，畑では毎日違うことが起きている」とあるので，「野生の暦」とは，月日や季節の流れによる自然の移り変わりを表している。また，「季節の移り変わりとともに生き」ることで筆者が学んだことについて，「例えば，ネムノキの花が咲く頃にオクラの花も咲くとか…季節がひとめぐりしてみないとわからない」と述べていることをおさえる。

【答】㈠ A. ふう　B. 急(に)　C. 訓練　D. つ(け)　㈡ イ　㈢ エ　㈣ 距離や広さの感覚　㈤ ウ　㈥ ア
㈦ 毎年繰り返される自然の現象。(同意可)

2 【解き方】㈠ ある期間中ずっと続いている様子。アは通り過ぎること，ウは世の中を生き抜くこと，エは海外に行くことを表す。

㈡ 直後の具体的な説明に着目する。「数十年単位のミクロな時間軸」で見た場合と，「数万年単位のマクロの視座」で見た場合を比較しており，それぞれの視座は「時間軸」が異なっている。

㈢「経てきたプロセス」「もしも」という表現や，直後で「すなわち，時間を戻すことも…再現することもできない」と言い換えていることに着目する。

㈣「ここには」は，前の段落で述べた「地球科学者」の研究姿勢を指しており，それについて「興味深い性格が現出する」と考察を加えている。また，その性格を「知的な強靭さ」と具体化し，「想定外の現場」に出会った場合のことにつなげている。

㈤【文章 A】の最後で，「非可逆の現象にあふれた地球の歴史も…知っていただきたい」と述べ，それを「地球科学を学ぶ上で大事な視座の一つ」としている。

㈥ (1) 日本の特徴について，「天災」が「やってくるのは当たり前」であり，「変化すること自体が『常態』」と述べている。(2)【文章 B】では，日本人は「天災」に対処する「しなやかさ」があり，「このしなやかさを維持するために，地球科学の知識が役に立つ」「地球科学の最先端の知識を持ち…自然現象と上手に付き合っていただきたい」と述べている。そのため【文章 A】でも，「天災」にあたる「地震，火山噴火…想定外の現象」に対処する姿勢に着目し，「例外や想定外に出会ってもうろたえず，事実を冷静にマクロに分析し『長尺の目』で次の予測を立てる」と説明していることをおさえる。

【答】㈠ イ　㈡ 時間軸　㈢ ウ　㈣ エ　㈤ エ
㈥ (1) 自然が大きく変化することが当たり前であるという特徴。(2) 想定外の現象に出会ってもうろたえず，長期的な視点で事実の分析と予測を行うこと。(39 字)（それぞれ同意可）

3 【解き方】㈠ 語頭以外の「は・ひ・ふ・へ・ほ」は「わ・い・う・え・お」にする。

㈡ 文頭の「引き被き臥したる衣を」を受けている。

㈢ 直前で，筆者が見た空の様子を「ことに晴れて…星の大きなるが，むらもなく出でたる」と描写している。また，「花の紙に…よう似たり」と，藍色の紙に「箔」を散らした様子にたとえていることもおさえる。

【答】 ㈠ ひとえに　㈡ 衣　㈢ イ

◀口語訳▶　十二月一日ごろであっただろうか，夜になって，雨と雪が混ざったようなものが降って，集まりむらがっている雲はせわしなく流れ，すっかり曇りきってしまうわけではないけれども，まだらに星が見え隠れしていた。頭からかぶっていた着物を，夜更けごろ，午前二時ごろであるかと思うころに，どけて，空を見上げたところ，すっかり晴れて，薄い藍色であるところに，光の強い星の大きなものが，一面に出ているのが，格別にすばらしく，藍色の紙に，箔を散らしたのによく似ている。今晩初めて（本当の星空というものを）見た気持ちがする。

4 **【解き方】** 楷書で書くと，①の「桜」は 10 画，②の「閉」は 11 画，③の「祖」は 9 画，④の「浴」は 10 画。

【答】 エ

5 **【解き方】** ㈠「このポスターのよさは…キャッチコピーに調和した絵にある」「絵があることで，より効果的に…読書を促している」と述べている。

㈡ 初めに「私は，このポスターのよさは…絵にあると考える」と自分の考えを述べ，次に「本を読む動物たちや人物が…ぴったりと合っている」と絵の効果を具体的に説明している。そして最後に，「絵があることで，より効果的に…読書を促していると言える」と再び自分の考えを述べてまとめている。

【答】 ㈠ ウ　㈡ ア　㈢ (例)

私は，自分の考えを広げたり深めたりすることができるところに，読書の意義があると考える。

なぜなら，同じテーマであっても，本や文章によって様々な立場から多様な考えが書かれているからだ。例えば社会問題について考える際，複数の本や新聞などを読むことで，新たな視点を得ることができるはずだ。(148 字)

奈良県公立高等学校
(一般選抜)

2022年度
入学試験問題

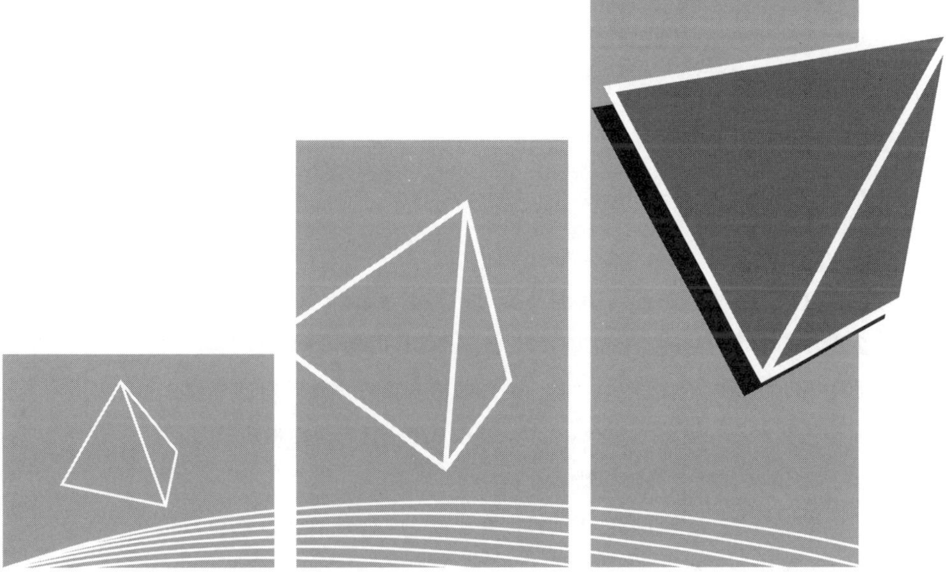

数学

時間　50分　　　　　満点　50点

1　次の各問いに答えよ。

(1)　次の①〜④を計算せよ。

①　$3 - 7$　(　　　)

②　$4(x + 2) + 2(x - 3)$　(　　　)

③　$12x^2y \div 4x^2 \times 3xy$　(　　　)

④　$(x + 2)(x + 8) - (x + 4)(x - 4)$　(　　　)

(2)　2次方程式 $x^2 - 6x + 2 = 0$ を解け。(　　　)

(3)　$x = \sqrt{2} + 3$ のとき，$x^2 - 6x + 9$ の値を求めよ。(　　　)

(4)　y は x の2乗に比例し，$x = 2$ のとき $y = -8$ である。y を x の式で表せ。(　　　)

(5)　右の表は，ある学級の生徒40人の通学時間を度数分布表に整理したものである。中央値（メジアン）が含まれる階級の相対度数を求めよ。

(　　　)

階級(分)	度数(人)
以上　未満	
5 〜 10	2
10 〜 15	5
15 〜 20	10
20 〜 25	6
25 〜 30	8
30 〜 35	6
35 〜 40	2
40 〜 45	1
計	40

(6)　図1のように，底面の直径と高さが等しい円柱の中に，直径が円柱の高さと等しい球が入っている。このとき，球の体積は円柱の体積の何倍か。(　　　倍)

図1

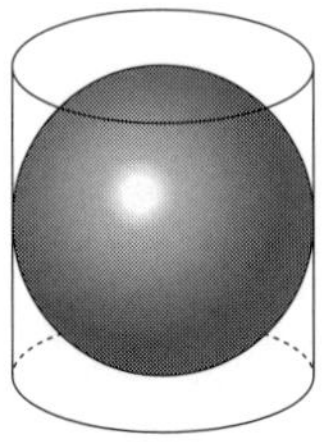

(7)　図2のような正方形ABCDがあり，点Pが頂点Aの位置にある。2つのさいころを同時に1回投げて，出た目の数の和と同じ数だけ，点Pは頂点B，C，D，A，B，…の順に各頂点を反時計回りに1つずつ移動する。例えば，2つのさいころの出た目の数の和が5のとき，点Pは頂点Bの位置に移動する。

2つのさいころを同時に1回投げたとき，点Pが頂点Dの位置に移動する確率を求めよ。(　　　)

図2

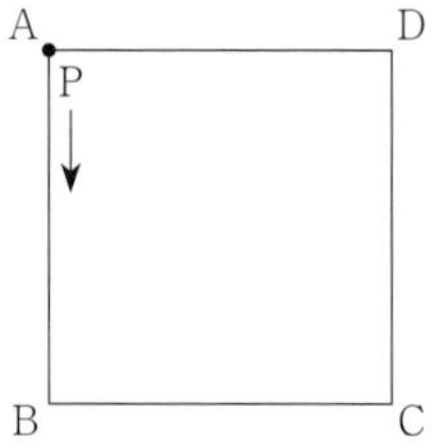

(8)　図3のように線分ABと点Cがある。線分AB上にあり，$\angle APC = 45^\circ$となる点Pを，定規とコンパスを使って解答欄の枠内に作図せよ。なお，作図に使った線は消さずに残しておくこと。

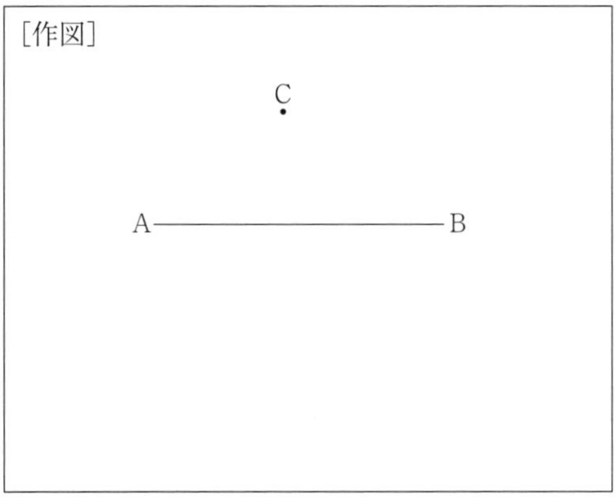

図3

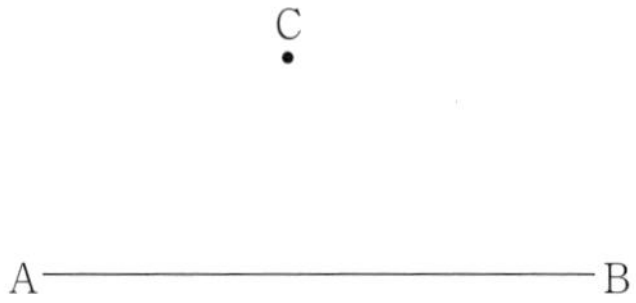

[2]　図1のように，深さ50cmの直方体の容器と給水管A，B，Cがある。この容器が空の状態から，給水管を使って6分間水を入れる。この容器では，給水管A，B，Cを使うと，それぞれ毎分12cm，毎分6cm，毎分2cmの割合で水面が高くなる。ただし，給水管は同時に複数使わないものとする。各問いに答えよ。

図1

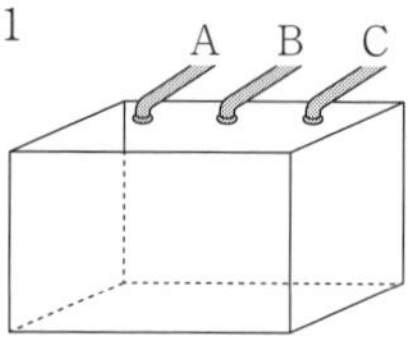

(1)　給水管をA，Bの順に使って水を入れる。次の［　　］内は，水を入れ始めてから6分後に容器の底から水面までの高さが50cmになる場合の給水管A，Bの使用時間の求め方について，太郎さんと花子さんがそれぞれ考えたものである。①，②の問いに答えよ。

【太郎さんの考え】

給水管Aの使用時間をa分，給水管Bの使用時間をb分とすると，給水管の使用時間の関係と，容器の底から水面までの高さの関係から，右のような連立方程式をつくれば求められる。

$$\begin{cases} a + b = 6 \\ \boxed{\text{あ}} = 50 \end{cases}$$

【花子さんの考え】

水を入れ始めてからx分後の容器の底から水面までの高さを$y$cmとすると，xとyの関係をグラフで表すことができる。給水管をA，Bの順に使って水を入れ，水を入れ始めてから6分後に容器の底から水面までの高さが50cmになる場合は，図2のように，容器が空の状態から，給水管Aを使って水を入れることを表す直線ℓと，給水管Bを使って，水を入れ始めてから6分後に容器の底から水面までの高さが50cmになることを表す直線mをかいて考えれば求められる。図2で，2直線ℓ，mの傾きは，[い]を表している。2直線ℓ，mの交点は，給水管をAからBに変更するときを表し，そのx座標は，[う]を示している。

図2

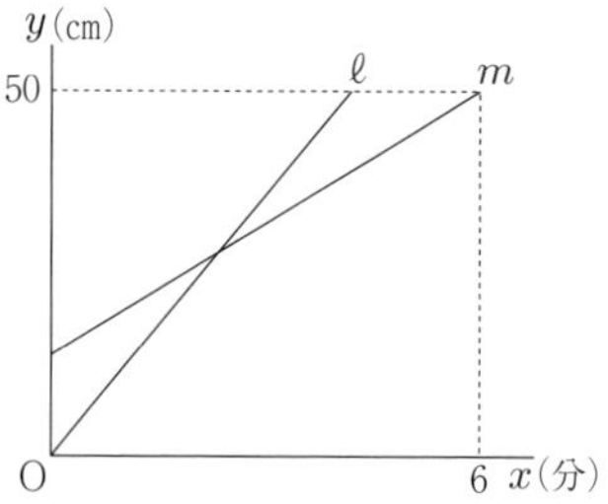

①　[あ]に当てはまる式を書け。(　　　)

②　[い]，[う]に当てはまる語句の組み合わせを，次のア～エから1つ選び，その記号を書け。(　　　)

ア　[い]　水面が1cm高くなるのにかかる時間　[う]　給水管Aの使用時間

イ　[い]　水面が1cm高くなるのにかかる時間　[う]　給水管Bの使用時間

ウ　[い]　1分あたりに高くなる水面の高さ　[う]　給水管Aの使用時間

エ　[い]　1分あたりに高くなる水面の高さ　[う]　給水管Bの使用時間

(2)　給水管をA，Bの順，またはA，Cの順に使って水を入れる。次の［　　］内は，水を入れ始めてから6分後に容器の底から水面までの高さが45cmになる場合について，図2をもとに考えた太郎さんと花子さんの会話である。①，②の問いに答えよ。

太郎：容器の底から水面までの高さを 50cm から 45cm に変更して水を入れる場合，グラフを使って考えると，どうすればいいのかな。

花子：給水管を A，B の順に使って水を入れ，水を入れ始めてから 6 分後に容器の底から水面までの高さが 45cm になることを考えるには，図 2 に，(え)直線を 1 本かき加えるといいよ。

太郎：直線を 1 本かき加えることで，視覚的に考えることができるね。次に，給水管を A，C の順に使って水を入れた場合，グラフを使って考えると，どうすればいいのかな。

花子：給水管を A，B の順に使う場合で考えたときと同じように，給水管を A，C の順に使って水を入れ，水を入れ始めてから 6 分後に容器の底から水面までの高さが 45cm になることを考えるには，図 2 に，(お)直線を 1 本かき加えるといいよ。

①　下線部(え)はどのような直線か。「直線 m」の語を用いて簡潔に説明せよ。
(　　　　　　　　　　　　　　　　　　　　　　　　　　　　　　　　　　　　　　)

②　次のア～エの中に，下線部(お)を適切に表しているグラフが 1 つある。そのグラフを，ア～エから 1 つ選び，その記号を書け。なお，-----線は，図 2 の直線 ℓ，m を示している。(　　　)

ア

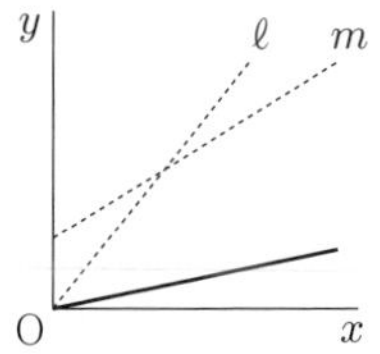

イ

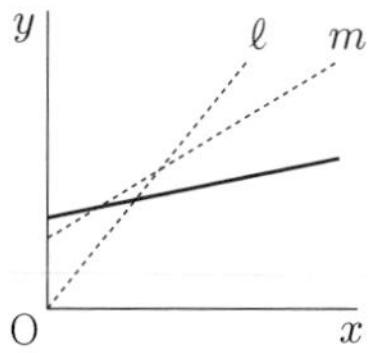

ウ

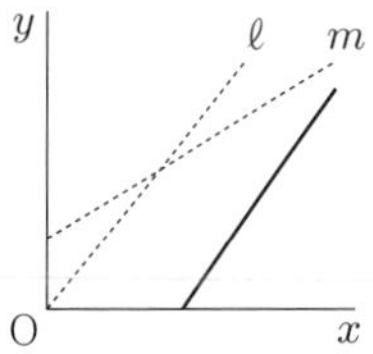

エ

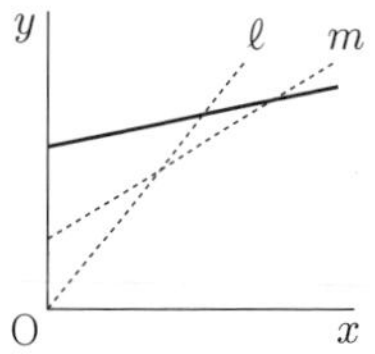

(3)　図 3 は，給水管を B，C の順に使って水を入れ，水を入れ始めてから 6 分後に容器の底から水面までの高さが 48cm になる場合を考えるために，図 2 を参考に作成した図である。図 3 から，給水管 B と C だけを使って水を入れるときは，6 分後に水面の高さが 48cm にはならないことがわかる。そこで，給水管 A を加えて，給水管を B，A，C の順に使って水を入れる。水を入れ始めてから 1 分後に，給水管を B から A に変更し，その後，A から C に変更することにした。給水管を A から C に変更するのは，給水管 B を使って水を入れ始めてから何分何秒後か。(　　　分　　　秒後)

図 3

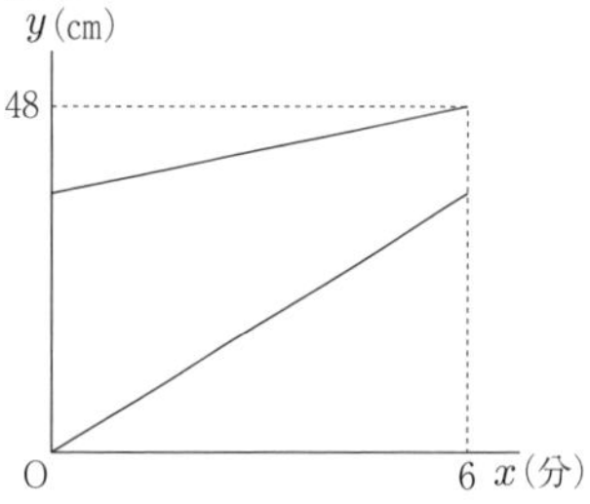

③　右の図で，曲線は関数 $y=\dfrac{6}{x}$ のグラフである。2点A，Bの座標はそれぞれ$(-6,\ -1)$，$(-3,\ -5)$である。点Cは曲線上を動く点であり，点Dは x 軸上を動く点である。2点C，Dの x 座標はどちらも正の数である。原点をOとして，各問いに答えよ。

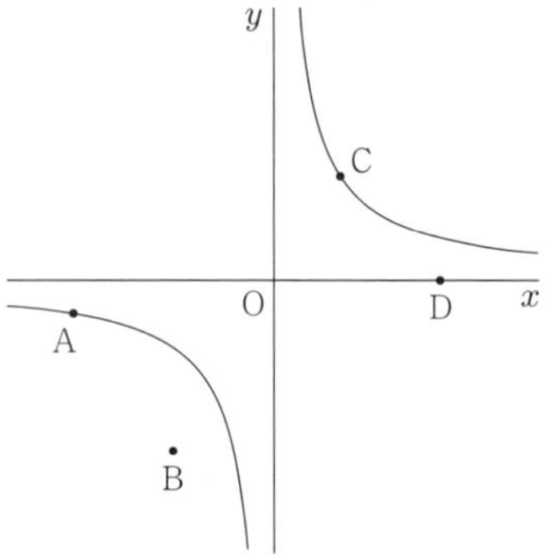

(1)　点Cの x 座標が1であるとき，点Cの y 座標を求めよ。

(　　　)

(2)　2点C，Dが，OC = CDを保ちながら動くとき，点Cの x 座標が大きくなるにつれて，△OCDの面積の値はどのようになるか。次のア～オのうち，正しいものを1つ選び，その記号を書け。(　　　)

ア　大きくなる。　　イ　大きくなってから小さくなる。

ウ　小さくなる。　　エ　小さくなってから大きくなる。

オ　一定である。

(3)　△OABの面積と△OBDの面積が等しくなるように点Dをとるとき，点Dの x 座標を求めよ。

(　　　)

(4)　四角形ABDCが平行四辺形になるように2点C，Dをとるとき，2点B，Dを通る直線の式を求めよ。(　　　)

④　右の図のように，円周上に4点A，B，C，Dがあり，AB = ADである。線分ACと線分BDとの交点をEとする。また，点Aを通り線分BCと平行な直線と，線分BD，線分CDとの交点をそれぞれF，Gとする。各問いに答えよ。

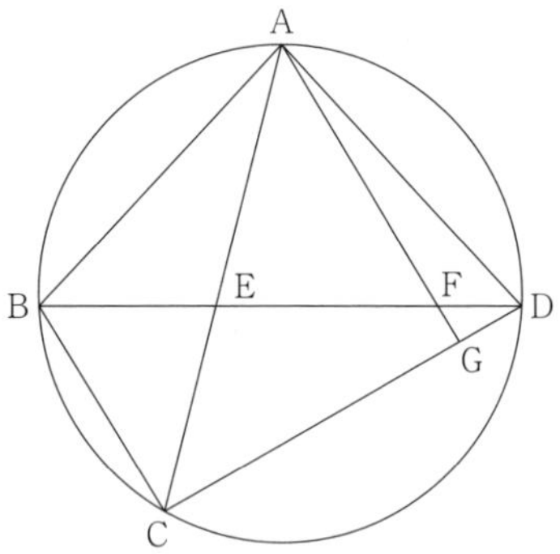

(1)　∠ABD = a° とするとき，∠BCDの大きさを a を用いて表せ。(　　　)

(2)　△AEF ∽ △CEBを証明せよ。

(　　　　　　　　　　　　)

(3)　AB = 6 cm，BC = 4 cm，AC = 8 cmのとき，①，②の問いに答えよ。

①　△ABEの面積は△BCEの面積の何倍か。(　　　倍)

②　線分AGの長さを求めよ。(　　　cm)

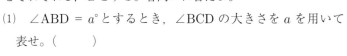

英語

時間　50分　　　　　満点　50点

（編集部注）　放送問題の放送原稿は英語の末尾に掲載しています。
音声の再生についてはもくじをご覧ください。

1　放送を聞いて，各問いに答えよ。

(1)　①，②の英語の内容に合うものを，それぞれア～エから１つずつ選び，その記号を書け。なお，英語はそれぞれ<u>1回</u>ずつ流れる。①(　　　)　②(　　　)

①　ア

イ

ウ

エ

②　ア

イ

ウ

エ

(2)　①，②のそれぞれの会話の最後の応答にあたる部分に入る英語として最も適切なものを，それぞれア～エから１つずつ選び，その記号を書け。なお，会話はそれぞれ<u>1回</u>ずつ流れる。

①(　　　)　②(　　　)

①　〈教室での会話〉

ア　Sure. Take care of yourself.　　イ　Sure. I want something to drink.

ウ　Sorry. You should go to the library.　　エ　Sorry. I won't study math with you.

②　〈娘と父親の会話〉

ア　I like it very much.

イ　You should look for it with your friend.

ウ　It is fun to go shopping and buy a T-shirt.

エ　It is white and there are some stars on it.

(3)　右の［　　］内は会話の後にボブ（Bob）が自分のすることをまとめたメモである。①，②に入る適切な英語を，それぞれ次のア～エから１つずつ選び，その記号を書け。なお，会話は<u>2回</u>流れる。①(　　　)　②(　　　)

Things to Do:
□ *tell my father Mom will come home at 7*
□ (①)
□ *tell my father* (②)
□ *make soup*

①　ア　help Emily do her homework

イ　come home earlier than Mom

ウ　make some sushi for dinner

エ　buy some bread for tomorrow's breakfast

②　ア　Mom bought milk and juice

イ　Mom forgot to go to the supermarket

ウ　he doesn't have to cook dinner

エ　he doesn't have to buy some sushi

(4)　英語の内容と合っていないものを，次のア～カから２つ選び，その記号を書け。なお，英語は２回流れる。(　　　)(　　　)

ア　You can carry many things in the new sports bag.

イ　It is easy to wash the new sports bag by hand.

ウ　There are eight different colors for the new sports bag.

エ　It's 50 dollars if you buy the new sports bag on a special shopping day.

オ　You need 75 dollars if you buy two sports bags.

カ　You can buy the new sports bag on the Internet.

2　次の□内は，ある旅行会社が企画した収穫体験（harvest experience）のバスツアー（bus tour）に関する案内チラシの一部である。各問いに答えよ。

Weekend Harvest Experience Bus Tour

Tour A【Potatoes】

Period　：June
Location：Reiwa Farm
Price　：6,000 yen

Tour B【Cherries】

Period　：May - June
Location：Reiwa Farm
Price　：6,000 yen

Tour C【Grapes】

Period　：July - September
Location：Yamato Fruits Park
Price　：11,000 yen

Tour D【Apples】

Period　：September - November
Location：Yamato Fruits Park
Price　：8,000 yen

[For All Tours]

○Plan　: Mahoroba Station (9:00) == (Special Lunch) == (Harvest Experience・Free Time) == Mahoroba Station (19:30)

* Half price for children under twelve in all tours.

（注）period：時期　location：場所　farm：農園　price：値段　yen：円　half：半分の
under：～未満の

(1)　案内チラシの内容と合っているものを，次のア～オから2つ選び，その記号を書け。

（　　）（　　）

ア　In all tours, you can have potatoes, cherries, grapes and apples.
イ　In Tour A, you will have a harvest experience at Reiwa Farm.
ウ　The price of Tour D is higher than the price of Tour C.
エ　In all tours, you will have a harvest experience before lunch.
オ　In all tours, you will start at Mahoroba Station at 9:00 a.m.

(2)　次の□内の条件のもと，大人1人，子ども（7歳）1人の計2人で収穫体験バスツアーに参加したい。条件をすべて満たしているものはどれか。後のア～エから1つ選び，その記号を書け。

（　　）

【条件】
・果物の収穫体験を希望　・9月に参加　・ツアー代金の合計は15,000円以内

ア　Tour A　イ　Tour B　ウ　Tour C　エ　Tour D

(3)　あなたは，Tour A～Dのいずれかの収穫体験バスツアーに参加することにした。どのバスツアーに参加したいか。あなたの考えを，その理由も含めて15語程度の英語で書け。ただし，1文または2文で書き，コンマやピリオドなどは語数に含めないこと。なお，選んだものを，それぞ

れ A，B，C，D と表してよい。

(　　　　　　　　　　　　　　　　　　　　　　　　　　　　　　　　　)

③　次の英文を読んで，各問いに答えよ。

Haruka, Mai, Tatsuya, and Ichiro are high school students. They are members of the English club. After school, they are talking in the English club room.

Haruka:　We are going to talk online to students in Australia next week again.

Mai:　Great. I enjoyed talking to them last month.

Tatsuya:　Exactly. I was very nervous and didn't know [①] I should say at first, but I introduced myself well, and we could keep talking.

Haruka:　Then, we introduced each other's popular spots around the school. What should we talk about this time? Do you have any ideas?

Mai:　How about talking about manga with them? I like manga, so I would like to tell them how good Japanese manga is.

Tatsuya:　I agree. I want to ask them which Japanese manga they know. I also want to know about popular manga in Australia.

Ichiro:　Are they interested in manga? How about sports? Rugby and soccer are popular in Australia, I think.

Haruka:　Well, everyone is interested in different things. How about school life? We can talk about our school life, and they can talk about their school life.

Tatsuya:　That's a good idea. We should talk about it. We can talk about our school events. What do you think about talking about school life, Mai?

Mai:　I agree, too. [②]

Haruka:　Right. The differences may reflect cultural differences. Also, we may learn about the things we have in common.

Ichiro:　That's right.

(注)　online：オンラインで　exactly：そのとおり　spot：場所　manga：マンガ
reflect：～を反映する　cultural：文化の　in common：共通で

(1)　[①] に入る最も適切な英語を，次のア～エから１つ選び，その記号を書け。(　　　)

ア　what　　イ　why　　ウ　before　　エ　because

(2)　他のメンバーとの話し合いを通して，Tatsuya の意見はどのように変わったと考えられるか。最も適切なものを，次のア～エから１つ選び，その記号を書け。(　　　)

ア　最初はマンガに限らず互いが興味のあることについて話をしたいと思った。話し合いをする中で，学校生活について話をするのがよいという意見になった。

イ　最初はマンガに限らず互いが興味のあることについて話をしたいと思った。話し合いをする中で，文化の違いについて話をするのがよいという意見になった。

ウ　最初はマンガについて話をしたいと思った。話し合いをする中で，学校生活について話をするのがよいという意見になった。

エ　最初はマンガについて話をしたいと思った。話し合いをする中で，文化の違いについて話をするのがよいという意見になった。

(3)　あなたは，Mai が ② でどのように発言したと考えるか。文脈に合うように， ② に入る英語を 20 語程度で書け。ただし，1 文または 2 文で書き，コンマやピリオドなどは語数に含めないこと。

〔　　　　　　　　　　　　　　　　　　　　　　　　　　　　　　　　〕

4　次の英文を読んで，各問いに答えよ。なお，英文の左側の［1］～［5］は各段落の番号を示している。

［1］ Have you ever seen the 2D codes which have a special mark on the corners? For example, you can find the 2D codes in your textbooks. When you scan them with a tablet computer, you can see pictures or watch videos. Today, a lot of people around the world use them in many different ways. This type of 2D code was invented by engineers at a car parts maker in Japan.

2D code
(2次元コード)

［2］ When cars are produced, many kinds of parts are needed. Car parts makers have to manage all of the car parts. About 30 years ago, car companies needed to produce more kinds of cars, and car parts makers had to manage many different kinds of car parts for each car. At that time, they used barcodes to manage the car parts, but they could not put a lot of information in one barcode. So, they used many barcodes. Workers had to scan many barcodes. A worker at a car parts maker had to scan barcodes about 1,000 times a day. It took a lot of time to scan them. The workers needed some help to improve their situation.

barcode
(バーコード)

［3］ The engineers at a car parts maker in Japan knew the situation of the workers. They started to learn about 2D codes because 2D codes can contain more information than barcodes. There were already some types of 2D codes in the U.S. One type could contain a lot of information, but it took a lot of time to scan that type. Another type was scanned very quickly, but it contained less information than other types. The engineers at the car parts maker did not use these types. They decided to create a new type of 2D code which had both of those good points. The engineers needed a long time to create this new type which could be scanned quickly. Finally, they thought of an idea. They thought, “If a 2D code has a special mark on the three corners, it can be scanned very quickly from every angle.” In this way, the new type of 2D code with special marks was invented by the engineers at a car parts maker in Japan.

［4］ How did people around the world start to use the new type of 2D code? After car parts makers started to use it, other businesses also started to pay attention to it. For example, a mobile phone company started to use it to help people visit websites directly by using their mobile phone cameras. By scanning a 2D code with their mobile phones, users can get a lot of information quickly and easily. With this technology, people learned that the new type of 2D code was very useful.

［5］ Today, the 2D code invented by the engineers at a car parts maker in Japan has become popular in people’s lives around the world. It was invented by engineers to help workers, but now, it helps people around the world a lot.

(注)　mark：目印　scan：読み込む　tablet computer：タブレットコンピュータ　type：種類
engineer：エンジニア　part：部品　maker：製造業者　manage：管理する

put：(情報などを)入れる　worker：労働者　situation：状況　contain：含む

quickly：素早く　think of：～を思いつく　angle：角度　business：事業

pay attention to：～に注目する　mobile phone：携帯電話　directly：直接　user：利用者

(1) 英文の段落ごとの見出しを下の表のようにつけるとき，表中の A ， B ， C に入る最も適切な英語を，後のア～カから1つずつ選び，その記号を書け。

A (　　) B (　　) C (　　)

段落	見出し
[1]	The 2D codes in our daily lives
[2]	A
[3]	B
[4]	C
[5]	The 2D code for people around the world

ア A new type of 2D code invented by engineers in Japan

イ The barcode which can improve the situation of workers

ウ Another way of using the new type of 2D code

エ The way of using some 2D codes from the U.S.

オ The company which started to use mobile phone cameras

カ The problems of using barcodes

(2) 英文の内容について，次の問いにそれぞれ3語以上の英語で答えよ。ただし，コンマやピリオドなどは語数に含めないこと。

① Did the engineers at the car parts maker in Japan use the 2D codes from the U.S.?

(　　　　　　　　　　　　　　　　)

② Where did the engineers put a special mark when they invented the new type of 2D code?

(　　　　　　　　　　　　　　　　)

(3) 英文の内容と合っているものを，次のア～カから2つ選び，その記号を書け。

(　　)(　　)

ア A car parts maker in Japan invented barcodes.

イ Car parts makers used barcodes to sell more cars.

ウ Barcodes can contain more information than 2D codes.

エ The 2D code with special marks can be scanned quickly.

オ A mobile phone company used the new type of 2D code to help users visit websites easily.

カ The engineers from Japan and the U.S. worked together to invent the new type of 2D code.

〈放送原稿〉

（チャイム）

これから，2022年度奈良県公立高等学校入学者一般選抜学力検査問題英語の聞き取り検査を行います。放送中に問題用紙の空いているところに，メモを取ってもかまいません。

それでは，問題用紙の[1]を見なさい。[1]には，(1)～(4)の4つの問題があります。

まず，(1)を見なさい。

(1)では，①，②の英語が流れます。英語の内容に合うものを，それぞれ問題用紙のア～エのうちから1つずつ選び，その記号を書きなさい。なお，英語はそれぞれ1回ずつ流れます。それでは，始めます。

① This is used for listening to music.

――（この間約3秒）――

② Three people are waiting for a bus. The person between the two other people is holding an umbrella.

――（この間約3秒）――

次に，(2)に移ります。

(2)では，①，②のそれぞれの場面での2人の会話が流れます。それぞれの会話の最後の応答にあたる部分でチャイムが鳴ります。そのチャイムの部分に入る英語として最も適切なものを，それぞれ問題用紙のア～エのうちから1つずつ選び，その記号を書きなさい。なお，会話はそれぞれ1回ずつ流れます。それでは，始めます。

① *Girl:* Ken, you don't look well.

Ken: I feel sick. I wanted to study math with you after school today, but I think I should go home. Is that OK?

Girl: 〈チャイム〉

――（この間約3秒）――

② *Father:* What are you looking for, Emma?

Emma: I'm looking for my favorite T-shirt. I'll go shopping with my friend tomorrow, and I want to wear it.

Father: I see. What does it look like?

Emma: 〈チャイム〉

――（この間約3秒）――

次に，(3)に移ります。

(3)では，Bobと母親の電話での会話が流れます。□内は会話の後にBobが自分のすることをまとめたメモです。①，②に入る適切な英語を，それぞれ問題用紙のア～エのうちから1つずつ選び，その記号を書きなさい。なお，会話は2回流れます。それでは，始めます。

Mother: Hi, Bob.

Bob: Hi, Mom. Where are you now?

Mother: I'm still at my office. This morning I told you I would come home at six o'clock, but I can't. I'll come home at seven.

Bob: OK. I've just come home from the supermarket. I bought the milk you asked me to buy. I also bought some juice.

Mother: Thank you, Bob. Your father will come home earlier than I will. Could you tell him I'll come home at seven?

Bob: Sure. Do you want me to do anything?

Mother: I'll be happy if you help your sister do her homework.

Bob: OK. Emily is doing her homework now, so I'll help her.

Mother: Your father may cook dinner, but he doesn't have to. I'll buy some sushi for you.

Bob: Thank you, Mom! I'll tell him about it. Then, I'll make soup. Oh, can you buy some bread for tomorrow's breakfast? I forgot to buy some bread when I went to the supermarket.

Mother: Sure. Thank you, Bob.

Bob: You're welcome. See you soon, Mom.

──(この間約3秒)──

繰り返します。(繰り返し)

──(この間約3秒)──

次に,(4)に移ります。

(4)では,ラジオの買い物番組の一部が流れます。この英語の内容と合っていないものを,問題用紙のア〜カのうちから2つ選び,その記号を書きなさい。なお,英語は2回流れます。それでは,始めます。

Hi, everyone, it's time for shopping. I'm Mary. Today is a special shopping day!

Today, I brought a new sports bag. It's bigger and stronger than the bag we sold before, so you can put a lot of things in it. My son is in the tennis club, and uses this bag when he goes to school. He puts so many things in it, for example, books, notebooks, dictionaries, T-shirts and many other things. It is very good for students.

Also, you can easily wash it by hand and keep it clean.

Last time, we only had black and blue colors for the bag, but this time, we have three other colors, red, green, and brown, so you can choose your favorite one from these five colors. You can see the colors on the Internet.

Now, do you want to know how much it is? It's usually 50 dollars, but today is a special shopping day, so it's only 40 dollars! If you buy two, it's only 75 dollars! How wonderful! Please call 01 234 now. You can buy one on the Internet, too. I'm sure you'll like it!

──(この間約3秒)──

繰り返します。(繰り返し)

──(この間約3秒)──

これで,英語の聞き取り検査の放送を終わります。次の問題に進んでよろしい。

社会

時間　50分　　　満点　50点

1　令子さんは,「日本の歴史上の出来事の背景には，どのような世界の出来事があったのだろうか」という疑問をもち，日本の出来事とそれぞれの背景となる世界の出来事について，次のような表を作成した。各問いに答えよ。

日本の出来事	世界の出来事
稲作が盛んになり，各地にクニが誕生した。	各地で$_A$古代文明が発展し，麦や稲の栽培が世界に広まった。
$_B$日本で最初の仏教文化が栄えた。	シャカの説いた仏教がアジア各地に伝えられた。
$_C$銅銭が多く輸入され，国内で流通した。	宋や明が建国され，アジア各地で交流や貿易が進んだ。
ヨーロッパとの交流や貿易が始まった。	ヨーロッパ人が$_D$新航路の開拓を行った。

(1)　資料Ⅰは，下線部Aが生まれた地域のひとつで見られる遺跡の写真である。この遺跡がある地域を，略地図中のア～エから1つ選び，その記号を書け。(　　　)

[資料Ⅰ]

[略地図]

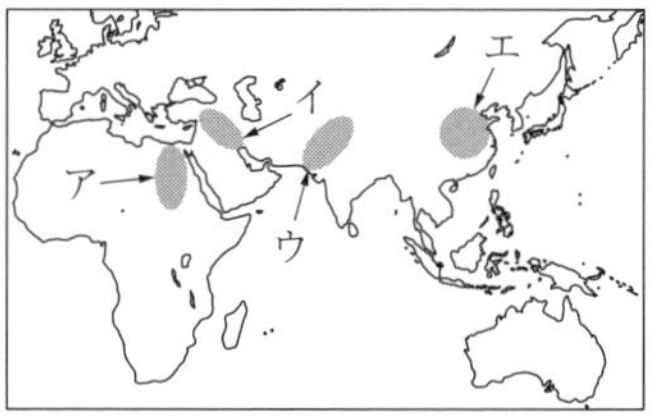

(2)　下線部Bは，中国やインド，西アジアなどの影響がみられる文化であり，奈良盆地南部を中心に栄えた。この文化の名称を書け。(　　　)

(3)　下線部Cの流通が社会に与えた影響について興味をもった令子さんは，資料Ⅱと資料Ⅲを見つけ，これらの資料に見られる当時の社会の様子を調べた。あとの[　　]内は，令子さんがまとめたものの一部である。

[資料Ⅱ]

[資料Ⅲ]

正長元年ヨリ
サキ者《(は)》カンへ《(神戸)》四カン
カウ《(郷)》ニヲキメ《(負い目)》アル
ヘ《(べ)》カラス《(ず)》

・資料Ⅱは，市の様子を描いたものである。この頃の市は毎月決められた日に開かれた。その後，商業が活発になり，市の開かれる回数が増えたことから，貨幣の流通もさらに進んだと考えられる。

・資料Ⅲは，民衆の行動の成果を示す碑文である。文中の「ヲキメ」とは借金のことであり，民衆の生活に貨幣が関わっていたことがわかる。

① 〜〜〜線部のような市を何というか。その名称を書け。(　　　)

② 資料Ⅲに記されている内容に最も関係の深いものを，次のア～エから１つ選び，その記号を書け。(　　　)

ア　楽市・楽座　　イ　太閤検地　　ウ　米騒動　　エ　土一揆

(4) 下線部Ｄによりヨーロッパの国々がアジアへ進出し，日本にもキリスト教が伝えられた。キリスト教の伝来から，幕府がポルトガル船の来航を禁止するまでの間に起きた世界の出来事を，次のア～エから１つ選び，その記号を書け。(　　　)

ア　イギリスで産業革命が起きた。

イ　ローマ教皇の呼びかけで十字軍の遠征が行われた。

ウ　オランダがスペインから独立した。

エ　軍人のナポレオンが皇帝になった。

(5) 令子さんは，作成した表に近世以降の出来事を加えようと考え，日本と世界の出来事について，次のように書き加えた。ペリー来航後の江戸幕府の対外政策の変化について，(Ｘ)に当てはまる言葉を，ペリーとの交渉により結んだ条約名を示しながら，簡潔に書け。

(　　　　　　　　　　　　　　　　　　　　　　　　　　　　　　)

[令子さんが書き加えたことがら]

日本の出来事	世界の出来事
(　Ｘ　)	独立後に領土を拡大させたアメリカは，東アジアに関心を向けた。

2　和正さんは，歴史的分野の授業で学んだ内容について発表することになり，第二次世界大戦後の日本の様子に関するスライドと発表するためのメモを作成した。各問いに答えよ。

［スライドの目次］

テーマ「第二次世界大戦後の日本」

- 政治　A 日本国憲法の制定
- 外交　日本の独立とB 国際社会への復帰
- 経済　経済の回復と発展
- 教育　新しい学校教育の開始

［メモ］

・政治では，日本国憲法を大日本帝国憲法と比較する。
・外交では，各国との外交関係に触れながら，国際社会に復帰する経緯について説明する。
・経済では，C 経済成長率の推移がわかるグラフを示す。
・教育では，写真を示し，D 戦後の教育について説明する。

(1)　資料Ⅰは，下線部Aの条文の一部である。和正さんは，資料Ⅰと，大日本帝国憲法で定められた同様の権利に関する条文とを比較し，気付いたことを，次の□内のように書き出した。（ X ）に当てはまる言葉を簡潔に書け。
（　　　　　　　　　　　　　　　　）

［資料Ⅰ］

第二十一条　集会，結社及び言論，出版その他一切の表現の自由は，これを保障する。

・大日本帝国憲法の条文には，「臣民」という語が見られる。
・大日本帝国憲法において，言論・出版・集会・結社の自由は（　　X　　）という制限のもとで認められている。

(2)　資料Ⅱは，下線部Bの過程で日本がある国と結んだ取り決めの一部を示したものである。この取り決めの名称を，次のア～エから1つ選び，その記号を書け。（　　　）

ア　日ソ中立条約
イ　日中平和友好条約
ウ　日ソ共同宣言
エ　日中共同声明

［資料Ⅱ］

4　（略）国際連合への加入に関する日本国の申請を支持するものとする。
9　（略）歯舞群島及び色丹島を日本国に引き渡すことに同意する。ただし，これらの諸島は，（略）平和条約が締結された後に現実に引き渡されるものとする。

（外務省 Webサイトより作成）

(3)　資料Ⅲは，1956年から1975年までの下線部Cを示したものである。資料Ⅲ中の←‥‥→の期間に起きた出来事を，次のア～エから2つ選び，その記号を書け。
（　　　）

ア　東海道新幹線が開通する。
イ　環境庁が設置される。
ウ　石油危機が起こる。
エ　朝鮮戦争が起こる。

［資料Ⅲ］

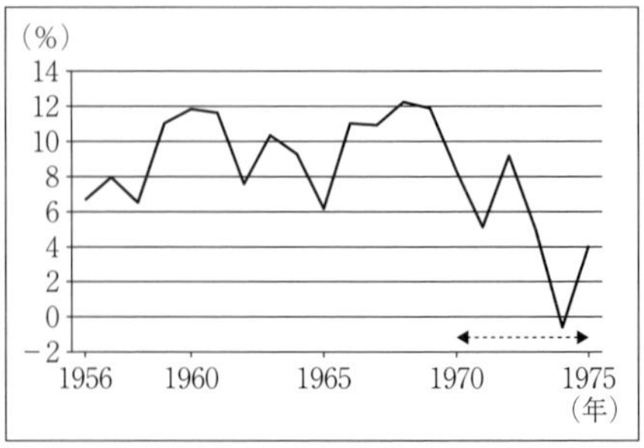

（「数字でみる日本の100年」より作成）

(4)　和正さんは，資料Ⅳを示し，下線部Dを説明することにした。資料Ⅳは，戦後すぐの時期に使われた教科書の写真である。このように一部の記述を墨で塗った目的は何か。その目的を簡潔に書け。(　　　　　　　　　　　　　　　　　)

[資料Ⅳ]

(5)　和正さんは，発表を通してさらに戦後の日本の様子に興味をもち，戦後の沖縄の出来事について詳しく調べることにした。資料Ⅴは，1972年に沖縄で撮影された写真である。和正さんは，資料Ⅴについて，次の□内のようにまとめた。(Y)に当てはまる言葉を，第二次世界大戦が終結した年からこの年までにおける沖縄の状況に触れながら，簡潔に書け。

[資料Ⅴ]

(　　　　　　　　　　　　　　　　　　　　　　　　　　　　　　　　　)

> この写真は，(　　Y　　)ことになり，これまで使用していたドルを円に交換するために銀行を訪れている人々の様子を写したものである。

3　夏美さんのクラスでは，2024 年にオリンピック・パラリンピックが開催されるフランスと，その周辺の国について調べることになった。略地図Ⅰ中の a～e は，ヨーロッパ州の国を示している。各問いに答えよ。

[略地図Ⅰ]

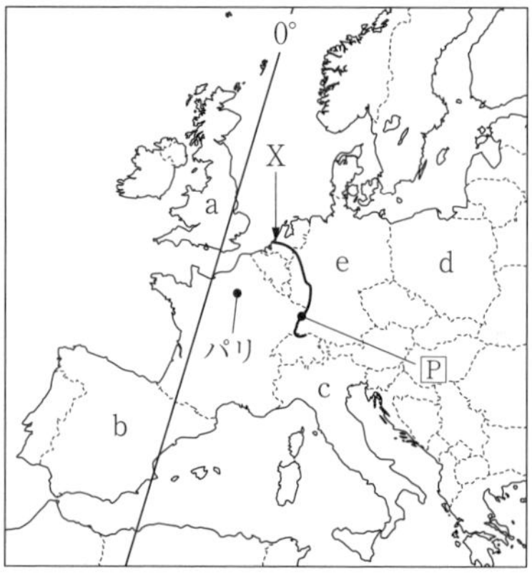

(1)　略地図Ⅰ中のパリの位置を表すために用いる語の組み合わせとして正しいものを，次のア～エから 1 つ選び，その記号を書け。(　　　)

ア　北緯，東経　　イ　北緯，西経　　ウ　南緯，東経

エ　南緯，西経

(2)　ヨーロッパ州には，複数の国を流れる国際河川が見られる。

①　略地図Ⅰ中の河川 X の名称を書け。(　　　)

②　資料Ⅰは，略地図Ⅰ中のP地点を撮影した写真である。資料Ⅰ中に見られる 2 か国間の通行にはどのような特徴があるか。「パスポート」，「国境」の語を用いて簡潔に書け。

(　　　　　　　　　　　　　　　　　　　　　　　　　)

[資料Ⅰ]

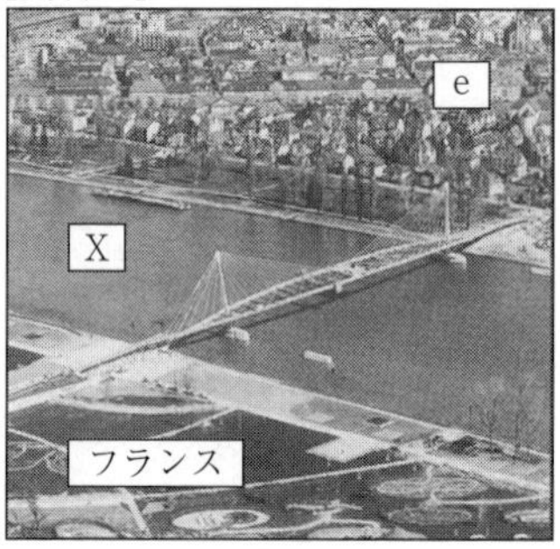

(3)　ヨーロッパ州の言語は，大きく，ゲルマン系，ラテン系，スラブ系の 3 つの系統に分けられる。資料Ⅱは，フランスと略地図Ⅰ中の国 a～e の公用語で「こんにちは」を表す言葉をまとめた表である。フランスの公用語と同じ系統の言語を主に使用する国を，略地図Ⅰ中の a～e からすべて選び，その記号を書け。(　　　)

[資料Ⅱ]

国	「こんにちは」を表す言葉
フランス	Bonjour
a	Good afternoon
b	Buenas tardes
c	Buon giorno
d	Dzień dobry
e	Guten Tag

(4)　次は，フランスの食品について調べている夏美さんと，幸平さんとの会話である。

夏美：幸平さんは，フランスの食品で知っているものはありますか。

幸平：ハムやチーズ，それに，ワインやオリーブオイルは有名ですね。

夏美：そうですね。フランスは，農業が盛んな国で，日本にも多くの食品を輸出しています。ところで，幸平さんは，ワインやオリーブオイルが日本でも生産されていることを知っていましたか。

幸平：社会科見学でぶどう農園を訪れたときに，地域で作られたワインを A 地域ブランドとして販売していると聞きました。でも，オリーブオイルが日本で生産されていることは知りませんでした。

夏美：調べてみると，日本での B オリーブの栽培は，約 150 年前にフランスから苗木が輸入されたことに始まり，現在は，香川県の小豆島で盛んに行われているようです。

①　フランスでは，小麦やライ麦などの穀物の栽培と豚や牛などの家畜の飼育を組み合わせた農業が行われてきた。このような農業を何というか。その名称を書け。(　　　)

② 夏美さんは，日本とEUが相互に下線部Aを保護する取り決めを結んでいることを知り，地域ブランドの保護を目的とした「地理的表示保護制度」について調べた。資料Ⅲは，日本の地理的表示について説明したものである。政府がこのような制度を推進することで期待される効果として適切なものを，次のア～エから2つ選び，その記号を書け。(　　　)

[資料Ⅲ]

○地理的表示（GI）とは

農林水産物・食品等の名称で，その名称から当該産品の産地を特定でき，産品の品質等の確立した特性が当該産地と結びついているということを特定できる名称の表示をいう。
例：神戸ビーフ，夕張《ゆうばり》メロン

風土や伝統が育んだ特色ある地域産品を保護する「GI マーク」は地域ブランドの証《あかし》です。

(政府広報オンライン Webサイトほかより作成)

ア　消費者が，品質の保証された産品を購入することができる。

イ　消費者が，外国産よりも低価格で地域産品を購入することができる。

ウ　他の産地の産品との差別化を図ることができる。

エ　優れた生産技術を，海外の生産者にも普及することができる。

③ 小豆島で下線部Bが盛んな理由のひとつとして，瀬戸内の降水量がオリーブの栽培に適していることが挙げられる。資料Ⅳは，小豆島町，鳥取市，高知市における年降水量を示したものである。略地図Ⅱは，小豆島町，鳥取市，高知市の位置を示したものである。瀬戸内の降水量の特徴を，資料Ⅳ，略地図Ⅱを参考にして，「季節風」の語を用いて簡潔に書け。

[資料Ⅳ]

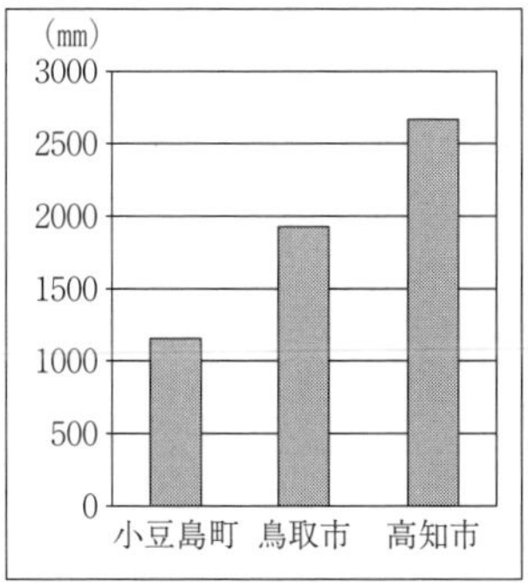

(気象庁 Webサイトより作成)

[略地図Ⅱ]

(　　　　　　　　　　　　　　　　　　　　　　　　　　　　　　　　)

4 絵里さんのクラスでは，班ごとにテーマを決め，公民的分野の学習内容をまとめることになった。絵里さんの班は，「国の政治のしくみ」をテーマに設定し，取り組むことにした。各問いに答えよ。

(1) 国会は，国民が直接選んだ議員によって組織され，国民にとって重要な問題について審議している。

① 国会の種類のうち，衆議院解散後の総選挙の日から30日以内に召集されるものを，次のア～エから1つ選び，その記号を書け。(　　　)

ア　通常国会　　イ　臨時国会　　ウ　特別国会　　エ　参議院の緊急集会

② 資料Ⅰは，ある法律案の採決の結果について示したものである。この法律案は，法律として成立したか，成立しなかったか。その理由を明らかにしながら，「出席議員」の語を用いて簡潔に書け。

(　　　　　　　　　　　　　　　　　　　　　　　　　　　　　　　　　　　　　　)

[資料Ⅰ]

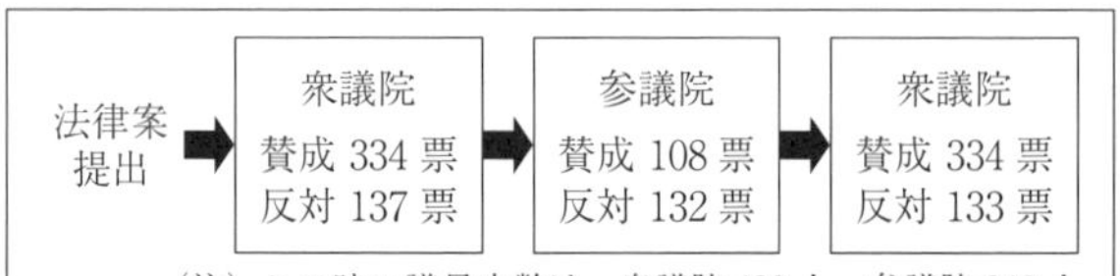

(注) この時の議員定数は，衆議院 480 人，参議院 242 人

(衆議院 Web サイトほかより作成)

(2) 内閣は，行政機関を通して私たちの暮らしに関わる様々な仕事を行っている。

① 内閣の仕事に当てはまるものを，次のア～エからすべて選び，その記号を書け。(　　　)

ア　憲法改正の発議　　イ　天皇の国事行為に対する助言と承認　　ウ　条約の承認

エ　最高裁判所長官の指名

② 資料Ⅱは，1990 年度と 2020 年度における国の一般会計歳出の総額とその内訳を示したものである。絵里さんは，資料Ⅱ中の歳出の総額に占めるXの割合の変化に着目し，その理由を考察することにした。Xの割合の変化の理由を考察する上で必要な資料として最も適切なものを，次のア～エから1つ選び，その記号を書け。(　　　)

ア　国の一般会計歳入の総額とその内訳がわかる資料

イ　地方公共団体の歳入の総額とその内訳がわかる資料

ウ　日本の年齢別人口がわかる資料

エ　日本の公務員数がわかる資料

[資料Ⅱ]

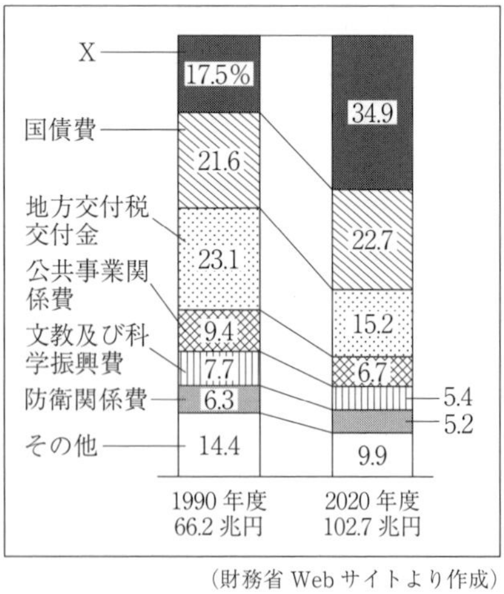

(財務省 Web サイトより作成)

(3) 裁判所は，適正な手続きにより，法に基づいて裁判を行っている。

① 資料Ⅲは，刑事裁判の公判の様子を示した図である。この刑事裁判は，国民の中から選ばれた人たちが参加し，裁判官とともに，被告人が有罪か無罪か，有罪の場合はどのような刑罰にするかを決める制度の対象となっている。このような制度を何というか。その名称を書け。(　　　)

［資料Ⅲ］

(政府広報オンライン Web サイトより作成)

② 次は，資料Ⅲ中のア～ウのいずれかの役割について説明したものである。どの役割について説明したものか。資料Ⅲ中のア～ウから１つ選び，その記号を書け。(　　　)

警察と協力して犯罪の捜査をし，犯罪の疑いのある者を刑事裁判にかける。また，裁判では様々な証拠を出して，被告人が犯罪を行ったことなどを証明しようとする。

(4) 次の□内は，絵里さんと健太さんとの会話の一部である。(Y)に当てはまる言葉を，「権力」,「国民」の語を用いて簡潔に書け。

(　　　　　　　　　　　　　　　　　　　　　　　　　　　　　　　　　　)

絵里

国の政治は，立法権をもつ国会，行政権をもつ内閣，司法権をもつ裁判所により行われ，それぞれが独立して担当していることがわかりましたね。

三つの権力が独立し，互いに抑制し合い，均衡を保つことで，(　　Y　　)ことができるようにしているのですね。

健太

5　次郎さんは，交通や都市に関することがらに興味をもち，調べることにした。各問いに答えよ。

(1)　江戸時代には，交通網が発達し，都市が繁栄した。

①　陸上交通や海上交通が整備され，武士や商人だけではなく，外国の使節なども行き来した。資料Ⅰは，将軍の代がわりなどの際に，朝鮮通信使が江戸を訪れた経路を示したものである。この経路についての説明として適切でないものを，次のア～エから１つ選び，その記号を書け。

(　　　)

［資料Ⅰ］

〈漢城～江戸までの主な経路〉

漢城　→　釜山　⇒　対馬　⇒　下関　⇒（瀬戸内海）⇒　大阪　→　京都　→（東海道）→　江戸

→ 陸路　⇒ 海路

ア　五街道として整備された街道を通っている。

イ　東まわり航路の一部を通っている。

ウ　西陣織などの工芸品が生産された都市に立ち寄っている。

エ　日本と朝鮮との国交回復のなかだちを行った藩に立ち寄っている。

②　次の表は，近世における江戸と大阪についてまとめたものである。（　X　）に当てはまる言葉を，「蔵屋敷」の語を用いて簡潔に書け。

(　　　　　　　　　　　　　　　　　　　　　　　　　　　　　　　　　　　　　　)

都市	江戸	大阪
呼び名	「将軍のおひざもと」	「天下の台所」
特徴	幕府が開かれ，政治の中心地として発展し，18世紀初めには人口が約100万人となった。	（　　X　　）が行われ，商業の中心地として栄えた。

(2)　1960年代以降，大都市を結ぶ高速道路の整備が進んだ。右の略地図は，東名高速道路と新東名高速道路の区間の一部を示したものである。略地図中のP，Qは，東名高速道路に設置されている休憩施設を示している。

［略地図］

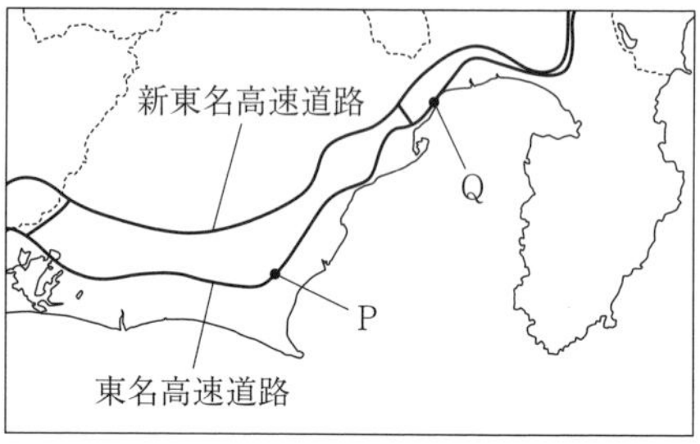

①　略地図中のPでは，この地域で生産が盛んなある農産物を使用した料理や土産が提供されている。資料Ⅱは，その農産物の国内生産量とその内訳を示したものである。この農産物の名称を書け。(　　　　)

［資料Ⅱ］

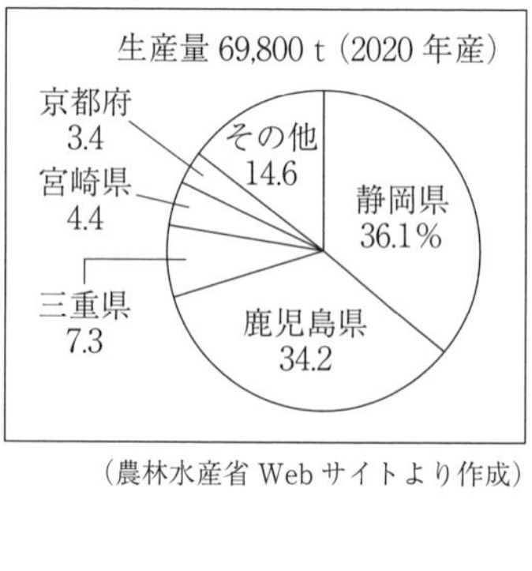

（農林水産省 Webサイトより作成）

② 新東名高速道路は，東名高速道路と並行して建設されている。資料Ⅲは，略地図中のQに掲示されているポスターの写真である。新東名高速道路が建設されたことによる利点について，略地図と資料Ⅲを関連付けて，簡潔に書け。

(　　　　　　　　　　　　　　　　　　　　　　　　　　　　)

［資料Ⅲ］

(3) 次郎さんが住むR市では，市営バスを運行している。住宅や商店が多いa地域の路線の経営状況は黒字であるが，過疎化が進んでいるb地域の路線の経営状況は赤字である。そのため，R市はb地域の路線の廃止を検討している。次の表は，b地域の路線の廃止をめぐる意見の対立について，「効率」と「公正」の考え方で整理したものである。表中の（ Y ）に当てはまる言葉を，「機会や結果の公正さ」の考え方を踏まえて，簡潔に書け。

(　　　)

効率	公正
市の財政改善のためには，路線の廃止はやむを得ない。	（　　Y　　）ため，路線を存続するべきだ。

理科

時間　50分　　　　満点　50点

1　真理さんは，世界自然遺産への登録が決定した奄美大島《あまみおおしま》，徳之島《とくのしま》，沖縄島《おきなわじま》北部および西表島《いりおもてじま》について調べた。次の□内は，真理さんが調べたことをまとめたものである。各問いに答えよ。

奄美大島，徳之島，沖縄島北部および西表島は，北緯 24～28 度の範囲に位置している。①世界の北緯20～30度の地域の多くは，1年を通して雲ができにくいが，これらの島は，暖流や季節風などの影響で1年を通して降水量が多く，豊かな森林が育まれている。また，②ヤンバルクイナや③アマミノクロウサギなど，固有の生物が数多く生息・生育している。このように，これらの島は生物の多様性の保全において重要な地域であることから，世界自然遺産への登録が決定した。

(1)　下線部①について，雲ができにくいのは，1年を通して高気圧が存在しているためである。北半球の高気圧における大気の動きを模式的に表した図として最も適切なものを，次のア～エから1つ選び，その記号を書け。ただし，図中の ⟹ 矢印は中心付近の上昇気流または下降気流を，⟶ 矢印は地表付近をふく風の向きを示している。(　　　)

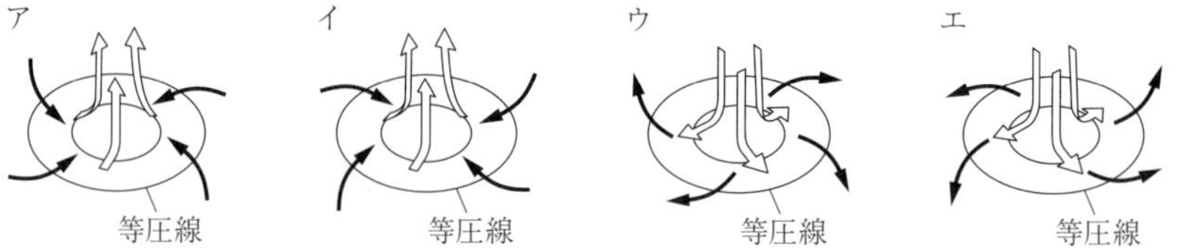

(2)　下線部②は鳥類に分類される。表は，せきつい動物の5つのグループの特徴をまとめたものであり，表のア～オはそれぞれほ乳類，鳥類，は虫類，両生類，魚類のいずれかである。鳥類にあたるものを，表のア～オから1つ選び，その記号を書け。(　　　)

	ア	イ	ウ	エ	オ
子のうまれ方	卵生	卵生	胎生	卵生	卵生
呼吸のしかた	えら	子は主にえら 親は肺と皮ふ	肺	肺	肺
体温の保ち方	変温動物	変温動物	恒温動物	変温動物	恒温動物

(3)　動物は，それぞれの生活に合った特徴のある体のつくりをしている。図は，下線部③の写真である。アマミノクロウサギなどの，植物を食べるほ乳類の体のつくりには，敵を早く見つけるのに適した特徴がある。その特徴を，目のつき方とそれによる見え方に触れながら，簡潔に書け。

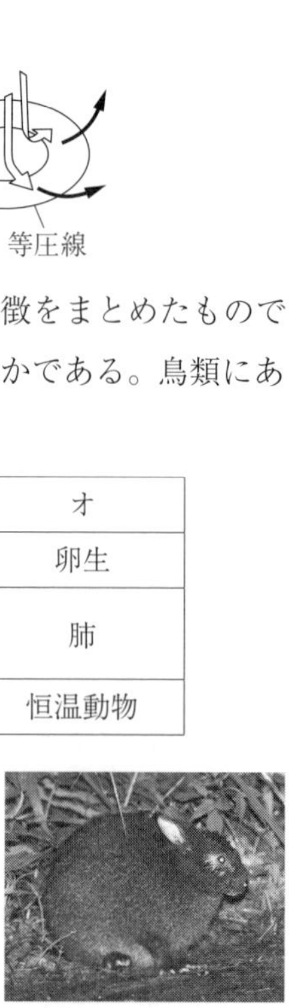

(　　　　　　　　　　　　　　　　　　　　　　　　　　　　　　)

2 春香さんは，理科の授業で，月と金星が2021年12月7日に接近して見えることを知り，12月7日の午後5時に日本のある地点Xで観察を行った。図1は，このとき観察した月の光って見える部分の形と位置および金星の位置をスケッチしたものである。各問いに答えよ。

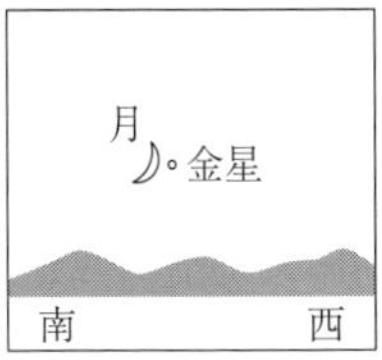

図1

(1) 月のように惑星のまわりを公転する天体を何というか。その用語を書け。

( )

(2) 春香さんが，2日後の12月9日の午後5時に再び地点Xで観察を行ったところ，12月7日と比べて月の光って見える部分の形と位置が変化していた。12月7日と比べてどのように変化していたか。最も適切なものを，次のア～エから1つ選び，その記号を書け。なお，図2は，12月7日の月の光って見える部分の形と位置を表している。( )

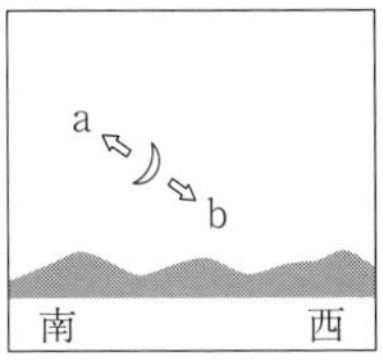

図2

ア 月の光って見える部分の形はさらに細くなり，位置は図2のaの方向に移動していた。
イ 月の光って見える部分の形は半月に近くなり，位置は図2のaの方向に移動していた。
ウ 月の光って見える部分の形はさらに細くなり，位置は図2のbの方向に移動していた。
エ 月の光って見える部分の形は半月に近くなり，位置は図2のbの方向に移動していた。

(3) 春香さんは，地球からの金星の見え方について調べたところ，金星は，月と同じように満ち欠けすることや，月と違って見かけの大きさが大きく変わることがわかった。また，金星は真夜中には見えないこともわかった。

① 図3は，2021年12月7日の太陽，金星，地球の位置関係と，金星と地球の公転軌道を模式的に表したものである。この日の金星を地点Xで天体望遠鏡を使って観察すると，金星の光って見える部分の形はどのように見えると考えられるか。最も適切なものを，次のア～エから1つ選び，その記号を書け。ただし，金星の光って見える部分の形は，肉眼で見たときのように上下左右の向きを直している。( )

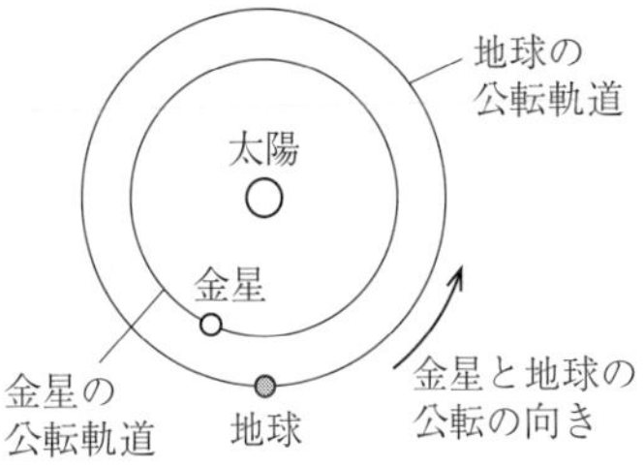

図3

② 図4は，2021年12月7日から1年後の太陽，金星，地球の位置関係と，金星と地球の公転軌道を，図3と同様に表したものである。この日の金星の位置は，図4のA～Eのどれにあたると考えられるか。最も適切なものを1つ選び，その記号を書け。また，この日に地点Xで観察される金星の見かけの大きさは，2021年12月7日と比べてどのようになると考えられるか。適切なものを，次のア～ウから1つ選び，その記号を書け。ただし，地球は1年で公転軌道を1周するのに対し，金星は0.62年で1周する。

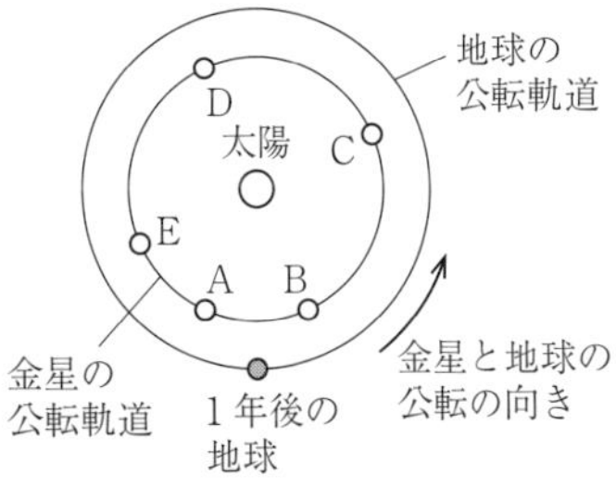

図4

位置( ) 大きさ( )

ア　大きくなる。　　イ　小さくなる。　　ウ　変わらない。

③　真夜中に地球から金星を観察できないのはなぜか。その理由を簡潔に書け。

(　　　　　　　　　　　　　　　　　　　　　　　　　　　　　　　　　　　　)

3　研一さんと花奈さんは，いろいろな気体を発生させ，集める実験を計画し，表1のようにまとめた。また，□内は，実験の計画を立てた後の2人の会話である。各問いに答えよ。ただし，実験器具は発生させる気体ごとに新しいものに取り替えて用いることとする。

実験者	発生させる気体	気体の発生方法	気体の集め方
研一	二酸化炭素	図1のような装置をつくり，試験管に石灰石とうすい塩酸を入れる。	水上置換法
	水素	図1のような装置をつくり，試験管に亜鉛とうすい塩酸を入れる。	水上置換法
花奈	アンモニア	図2のような装置をつくり，試験管に塩化アンモニウムと水酸化カルシウムの混合物を入れて加熱する。	水上置換法
	酸素	図2のような装置をつくり，試験管に酸化銀を入れて加熱する。	水上置換法

表1

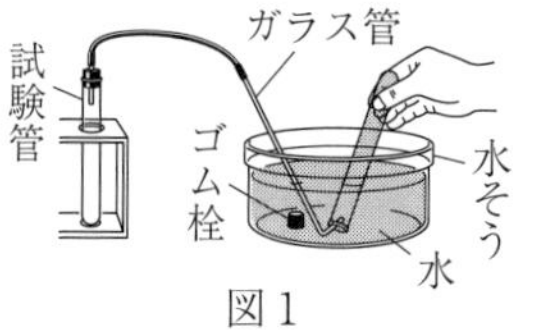

図1

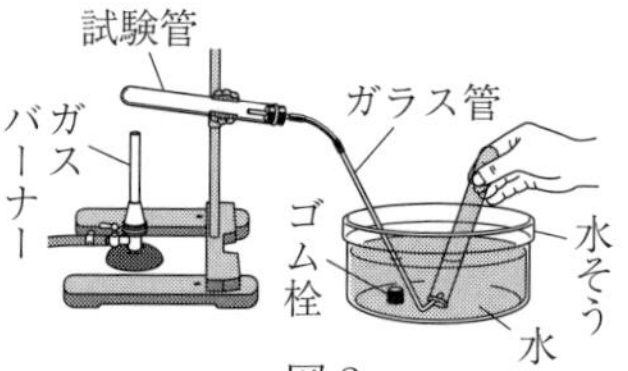

図2

花奈：発生させる気体の種類が違っても，気体の集め方はどれも同じだね。
研一：そうだね。でも，①アンモニアは水上置換法ではなく，上方置換法で集める必要があるよ。
花奈：あ，そうだったね。アンモニアの集め方は見直すね。他に気をつけることはあるかな。
研一：発生させる気体を水上置換法で集めるときは，②はじめに出てくる気体は集めず，しばらく発生させてから気体を集めるようにすることかな。

(1)　発生した気体が二酸化炭素であることは，気体を集めた試験管にある液体を入れてよく振ると液体が白くにごることで確かめることができる。ある液体とは何か。その名称を書け。(　　　)

(2)　表1の水素の発生方法以外でも，水素を発生させることができる。次のア～エのうち，発生する気体が水素であるものを1つ選び，その記号を書け。(　　　)

ア　二酸化マンガンにうすい過酸化水素水を加えると発生する気体

イ　硫化鉄にうすい塩酸を加えると発生する気体

ウ　塩化銅水溶液を電気分解すると陽極に発生する気体

エ　うすい塩酸を電気分解すると陰極に発生する気体

(3)　下線部①のようにするのは，アンモニアにどのような性質があるからか。「水」，「密度」の語を用いて簡潔に書け。

(　　　　　　　　　　　　　　　　　　　　　　　　　　　　　　　　)

(4)　下線部②のようにする理由を簡潔に書け。

(　　　　　　　　　　　　　　　　　　　　　　　　　　　　　　　　)

(5)　花奈さんは，計画にしたがって酸素を発生させる実験を行ったところ，酸化銀を加熱した後の試験管の中に白い物質が残っていることに気づいた。そこで，酸化銀の質量と酸化銀を加熱した後に試験管の中に残った物質の質量との関係を調べるために，次の［　　］内の実験を行った。

図2のような装置をつくり，試験管に酸化銀1.00gを入れて加熱した。気体が発生しなくなってから加熱をやめ，試験管の中に残った物質の質量をはかった。同様の操作を，酸化銀の質量を2.00g，3.00g，4.00gと変えて行った。表2は，その結果をまとめたものである。

酸化銀の質量〔g〕	1.00	2.00	3.00	4.00
加熱後の試験管の中に残った物質の質量〔g〕	0.93	1.86	2.79	3.72

表2

①　酸化銀を加熱したときの化学変化を化学反応式で書け。ただし，酸化銀の化学式はAg_2Oとする。(　　　　　　　　　　)

②　引き続き，酸化銀の質量を5.00gに変えて実験を行ったが，気体が発生しなくなる前に加熱をやめてしまった。このとき，加熱後の試験管の中に残った物質の質量は4.72gであった。この結果から，反応した酸化銀の質量は，加熱前の酸化銀5.00gのうちの何%であったと考えられるか。その値を書け。(　　　%)

4　良太さんは，ギターの演奏を聴いたときに，音の高さを変える方法に興味をもった。そこで，弦の振動と音の高さとの関係を調べるために，次の実験を行った。各問いに答えよ。

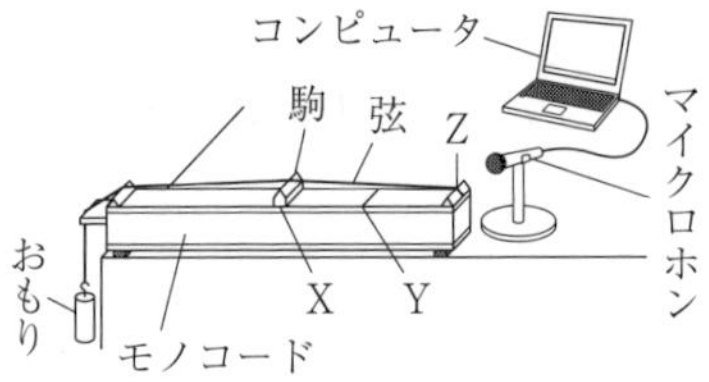

実験　図は，モノコード，マイクロホン，コンピュータを用いた装置であり，X，Yは駒を置く位置を示している。弦は，図のように一方の端をモノコードのZの部分に固定し，もう一方の端におもりをつけて張ることとする。同じ材質で太さの異なる2本の弦と質量の異なる2個のおもりを用意し，用いる弦1本とおもり1個，駒の位置の組み合わせを変えて，Zと駒の間の弦の中央を同じ強さではじいた。そのときに出た音を，マイクロホンを通してコンピュータの画面に表示させ，記録した。表は，その結果をまとめたものであり，表のA～Dはそれぞれ行った実験の条件とそのときに記録したコンピュータの画面を表している。ただし，コンピュータの画面の縦軸は振幅を，横軸は時間を表し，目盛りのとり方はいずれの記録も同じで，横軸の1目盛りは0.001秒である。

	A	B	C	D
弦の太さ	細い	細い	細い	太い
おもりの質量	小さい	大きい	小さい	小さい
駒の位置	X	Y	Y	Y
コンピュータの画面	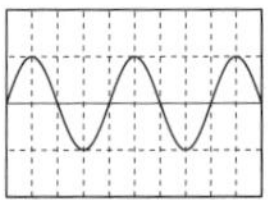	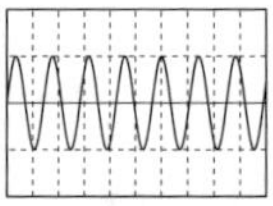	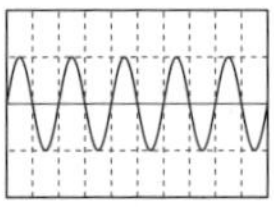	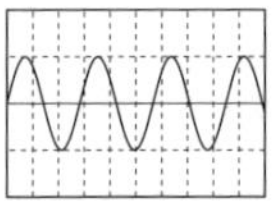

(1)　弦の振動する部分の長さによる音の高さの違いを調べるには，表のA～Dのうち，どれとどれを比べればよいか。適切なものを，表のA～Dから選び，その記号を書け。また，弦の振動する部分の長さを短くすると音の高さはどのようになるか。適切なものを，次のア～ウから1つ選び，その記号を書け。比べるもの(　　　と　　　)　音の高さ(　　　)

ア　高くなる。　　イ　低くなる。　　ウ　変わらない。

(2)　表のAにおいて記録したコンピュータの画面から，1回の振動にかかる時間は4目盛り分であることがわかる。Aで出た音の振動数は何Hzか。その値を書け。(　　　Hz)

(3)　良太さんは，駒を図のYの位置に置き，実験で用いた太い弦と質量の大きいおもりを使って実験と同様の操作を行ったところ，記録したコンピュータの画面が表のA～Dの記録のいずれかと同じになった。それはどの記録であったと考えられるか。表のA～Dから1つ選び，その記号を書け。ただし，このとき記録したコンピュータの画面の目盛りのとり方は表のA～Dと同じである。(　　　)

5　タマネギの根の成長について調べるために，次の観察を行った。各問いに答えよ。

観察　水を満たしたビーカーの上にタマネギを置いておくと，図1のようになった。1cm ぐらいにのびた根の1つに，図2のように先端から等間隔に印をつけておくと，1日後には図3のようになった。図3のa～cの各部分を切りとり，それぞれ別のスライドガラスにのせ，えつき針でくずし，うすい塩酸を用いて細胞どうしを離れやすくしたのち，酢酸オルセイン溶液で染色した。カバーガラスをかけ，その上をろ紙でおおい指で押しつぶして，プレパラートをつくった。顕微鏡でそれぞれのプレパラートを同じ倍率で観察したところ，いずれも細胞が重なりやすき間のない状態で視野全体に広がっていた。表は，視野の中の細胞の数を数えた結果をまとめたものである。また，cの部分では体細胞分裂のようすが観察された。

図1

図2

図3

	a	b	c
細胞の数〔個〕	15	18	60

(1)　タマネギの根はひげ根とよばれる。被子植物のうち，ひげ根をもつという特徴がみられる植物のなかまを何というか。その用語を書け。(　　　)

(2)　顕微鏡について述べた文として正しいものを，次のア～エから1つ選び，その記号を書け。

(　　　)

ア　顕微鏡の倍率は，接眼レンズの倍率と対物レンズの倍率を足したものである。

イ　顕微鏡の倍率を100倍から400倍に変えると，観察できる範囲は広くなり，視野は明るくなる。

ウ　ピントを合わせるときは，接眼レンズをのぞき，調節ねじを回して対物レンズとプレパラートを近づけながら合わせる。

エ　低倍率でピントを合わせた状態から，レボルバーを回して対物レンズを高倍率のものにすると，対物レンズの先端とプレパラートとの距離が短くなる。

(3)　下線部について，図4はその一部をスケッチしたものであり，図中のア～オはそれぞれ体細胞分裂の過程における異なる時期の細胞である。染色体が複製される時期の細胞として最も適切なものを，図4のア～オから1つ選び，その記号を書け。(　　　)

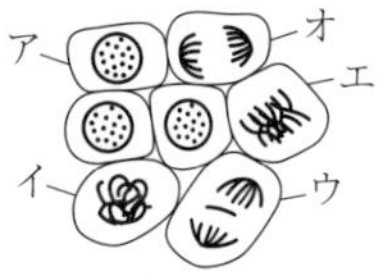

図4

(4)　次の［　　］内は，観察の結果から考えられるタマネギの根の成長のしくみについて述べたものである。①，②についてはア，イのいずれか適する語をそれぞれ1つずつ選び，その記号を書け。また，(③)については適する言葉を簡潔に書け。

①(　　　)　②(　　　)　③(　　　　　　　　　　　　)

タマネギの根は①(ア　先端　　イ　根もと)に近い部分がよくのびる。また，細胞の大きさは図3のa，bの部分よりもcの部分の方が②(ア　大きい　　イ　小さい)。このことから，タマネギの根は，体細胞分裂により細胞の数がふえ，さらに，(③)ことによって成長すると考えられる。

(5)　細胞分裂には，体細胞分裂のほかに，生殖細胞がつくられるときに行われる特別な細胞分裂がある。この特別な細胞分裂によってできた生殖細胞は，体細胞分裂によってできた細胞と比べてどのような違いがあるか。染色体の数に着目して簡潔に書け。

(　　　　　　　　　　　　　　　　　　　　　　　　　　　　　　　　)

6　電流による発熱量について調べるために，次の実験を行った。各問いに答えよ。

実験　熱を伝えにくい容器に室温と同じ温度の水100gを入れ，抵抗の大きさが2Ωの電熱線aを用いて図1のような装置をつくった。電熱線aに6.0Vの電圧を加えて電流を流し，電流の大きさを測定するとともに，水をときどきかき混ぜながら1分ごとに容器内の水の温度を記録し，5分間測定した。また，電熱線aを，抵抗の大きさが4Ωの電熱線bに取り替え，電熱線bに6.0Vの電圧を加えて同様の操作を行った。表1，2は，その結果をまとめたものである。

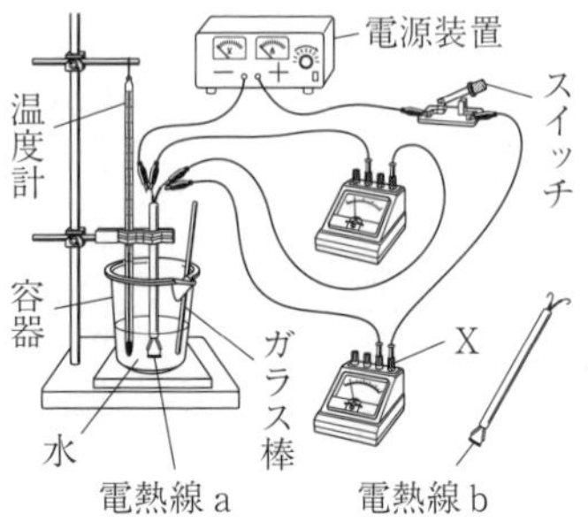

図1

	電流〔A〕
電熱線a	3.0
電熱線b	1.5

表1

電流を流した時間〔分〕		0	1	2	3	4	5
容器内の水の温度〔℃〕	電熱線a	21.4	23.8	26.2	28.6	31.0	33.4
	電熱線b	21.4	22.6	23.8	25.0	26.2	27.4

表2

(1)　図1のXが示している端子は何か。正しいものを，次のア～エから1つ選び，その記号を書け。(　　)

ア　電圧計の＋端子　　イ　電圧計の－端子　　ウ　電流計の＋端子　　エ　電流計の－端子

(2)　実験において，電熱線aが消費する電力は何Wか。その値を書け。(　　　W)

(3)　表2から，電熱線bについて，電流を流し始めたときからの水の上昇温度を求め，電流を流した時間と水の上昇温度との関係をグラフに表せ。

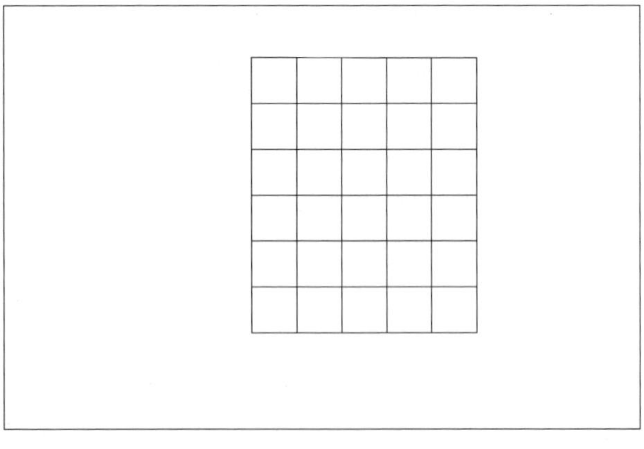

(4)　次の　　　内は，電流による発熱量と電力との関係について述べたものである。(①)，(②)に入る語の組み合わせとして適切なものを，後のア～カから1つ選び，その記号を書け。(　　)

実験の結果から，電流を流した時間が同じ場合，電熱線が消費する電力が大きいほど水の上昇温度は（ ① ）。よって，電流を流す時間が一定の場合，電力が大きいほど電流による発熱量は（ ① ）といえる。このことから，電熱線bに加える電圧を電熱線aに加える電圧の2倍にして，同じ時間電流を流したとき，電熱線bから発生する熱量は，電熱線aから発生する熱量と比べて（ ② ）と考えられる。

ア ① 小さくなる ② 小さくなる　イ ① 大きくなる ② 小さくなる
ウ ① 小さくなる ② 等しくなる　エ ① 大きくなる ② 等しくなる
オ ① 小さくなる ② 大きくなる　カ ① 大きくなる ② 大きくなる

(5) 図2は，電熱線が2本ある電気ストーブの写真である。この電気ストーブの内部は2本の電熱線をつないだ回路になっており，スイッチの操作により電熱線1本または電熱線2本で使用することができる。この電気ストーブを家庭のコンセントにつないで100Vの電圧で使用するとき，電熱線1本で使用するより電熱線2本で使用する方が回路全体の消費電力が大きくなる。その理由を，2本の電熱線のつなぎ方に触れながら，「抵抗」，「電流」の語を用いて簡潔に書け。ただし，家庭のコンセントの電流は交流であるが，消費電力や電流，電圧，抵抗についての考え方は，直流の場合と変わらないものとする。

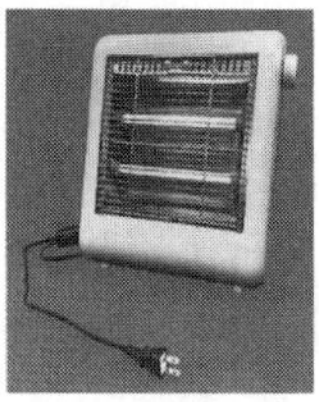

図2

(　　　　　　　　　　　　　　　　　　　　　　　　　　)

(一) 陽一さんの【3の提示資料】について説明したものとして適切なものを、次のア～オから二つ選び、その記号を書け。(　　)(　　)

ア 伝えることを明確にするために、要点を整理し見出しを付けている。

イ 内容に説得力をもたせるために、自分の考えと根拠を書いている。

ウ 視覚的にわかりやすく伝えるために、写真や図表を用いている。

エ 多くの情報を伝えるために、文字数を多くしている。

オ 難しい内容を的確に伝えるために、語句の意味を詳細に示している。

(二) 【3のスピーチの記録の一部】からわかる陽一さんのスピーチの特徴として最も適切なものを、次のア～エから一つ選び、その記号を書け。(　　)

ア 話の説得力を高めるために、具体的な体験談をいくつか紹介し、聞き手により多くの情報を伝えている。

イ 聞き手に問いかけながら、説明が必要だと思われる用語に補足を加え、わかりやすく伝えている。

ウ 多くの人の考えを示した上で、重要な言葉を繰り返しながら、自分の考えを丁寧に伝えている。

エ 聞き手に興味や関心をもたせるために、さまざまなたとえを用いながら、工夫して伝えている。

(三) あなたが、人の話を聞く上で大切だと思うことについて、次の①、②の条件に従って書け。

条件① 二段落構成で書くこと。第一段落では、あなたが人の話を聞く上で大切だと思うことを具体的に書き、第二段落では、その理由を書くこと。

条件② 原稿用紙の使い方に従って、百字以上百五十字以内で書くこと。

100字

150字

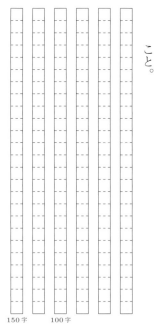

(三) この漢詩の鑑賞として最も適切なものを、次のア～エから一つ選び、その記号を書け。(　　)

ア　起句、承句では香り高い梨の花の様子が描かれ、転句、結句では春風で梨の香りや花びらが宮殿に届くことを願う気持ちがよまれている。

イ　起句、承句では梨の花びらが衣につく様子が描かれ、転句、結句では早く宮殿に春風が吹いてほしいと願う気持ちが表現されている。

ウ　起句、承句では美しい梨の花に感動する人々の様子が描かれ、転句、結句では宮殿にも梨の花が咲くことを願う気持ちが表現されている。

エ　起句、承句では梨の開花を願う人々の様子が描かれ、転句、結句では春に宮殿で梨の花を観賞したいと願う気持ちがよまれている。

(四) 次の行書で書いた□内の漢字を、楷書で書いたものと比較したとき、◯で囲まれた部分X、Yの行書の特徴の組み合わせとして最も適切なものを、後のア～エから一つ選び、その記号を書け。(　　)

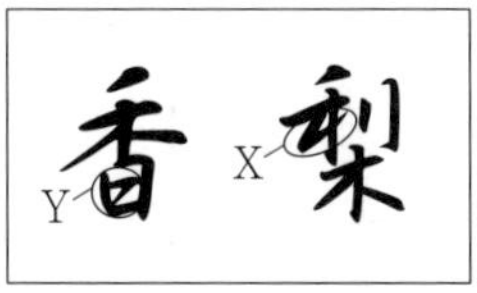

ア　X　点画の丸み　　Y　筆順の変化

イ　X　点画の丸み　　Y　点画の連続

ウ　X　点画の省略　　Y　点画の連続

エ　X　点画の省略　　Y　筆順の変化

4 陽一さんのクラスでは、国語科の授業で、三分間程度のスピーチをする学習に取り組んでいる。テーマは「これから挑戦してみたいこと」で、陽一さんは、富士山登頂についてスピーチを行った。次は、陽一さんが発表の際に使用した【メモ】と【3の提示資料】、実際に行った【3のスピーチの記録の一部】である。これらを読み、各問いに答えよ。

【メモ】

発表の流れ

1　挑戦したいことは富士山登頂
・きっかけは祖父の体験談
富士山豆知識
・日本一高い山
・2013年に世界文化遺産に登録

2　ルートを調べてわかったこと
(富士登山オフィシャルサイトより)
・吉田《よしだ》ルートは初心者向け
・須走《すばしり》ルートは樹林帯
・御殿場《ごてんば》ルートは距離が最長
・富士宮《ふじのみや》ルートは距離は最短だが，斜面が急
→吉田ルートで登山予定

3　挑戦を実現するために
・体力をつけるために毎日 3 kmのランニングをし，月1回，県内の山を登る。
・吉田ルートを詳しく調べ，登山計画を立てる。
※高山病の説明

【3の提示資料】

3　挑戦を実現するために
～登山までにすること～

○体力をつける
○登山計画を立てる

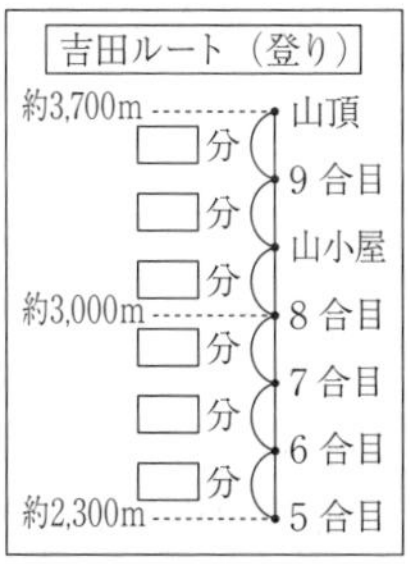

【3のスピーチの記録の一部】

富士山登頂を実現するために，登山までにすることの二つ目は，提示資料のような登山計画を立てることです。みなさんは，高山病という言葉を聞いたことはありますか。高い山では気圧が下がり，酸素が欠乏することにより，頭痛や吐き気などが起こります。そうならないためにも，ゆっくり登ることが重要です。初心者向けの吉田ルートをよく調べ，山小屋で適度な休憩を取るなど，無理がなく，自分の体力に合った計画を立てようと思います。

の世界を、一つのものととらえて説明するから。

(四)　――線④とは、どのような「もの」か。最も適切なものを次のア～エから一つ選び、その記号を書け。(　　)

ア　誰のものでも構わない、自由な見方で把握された「もの」。
イ　わたしたちの見方を離れ、ただそれ自体として存在する「もの」。
ウ　わたしたちそれぞれが、偏りのない見方で認識した「もの」。
エ　誰の見方かわからず、あいまいでとらえどころのない「もの」。

(五)　――線⑤の文と、その直前の文とを、文脈を変えないように一語の接続詞でつなぎたい。どのような接続詞でつなぐのがよいか。最も適切なものを次のア～エから一つ選び、その記号を書け。(　　)

ア　それから　　イ　あるいは　　ウ　しかし　　エ　つまり

(六)　この文章で筆者が述べている内容と合っているものを、次のア～エから一つ選び、その記号を書け。(　　)

ア　わたしたちが何かを見て美しいと感じることができるのは、自然科学的なものの見方をしているからである。
イ　人によって受けとり方が異なるあいまいなものは、真理の領域から排除されるべきである。
ウ　自然科学により明らかになったことも、わたしたちの生の営みに関係づけられることにより意味をもってくる。
エ　意識して見ることではじめて、わたしたちを取り囲む物体に「表情」が生まれる。

(七)　「リアリティ」や「表情」がわたしたちにもたらす効果を、筆者はどう考えているか。文章中の言葉を用いて四十字以内で書け。

3　次の漢詩は、中国の唐《とう》時代の詩人丘為《きゅうい》の作品であり、下はその書き下し文である。これを読み、各問いに答えよ。ただし、漢詩は返り点を省略している。

左掖《ノ》梨花　　丘為　　　左掖《さえき》の梨花《りくわ》

冷艶全《ク》欺《キ》雪《ヲ》　　　冷艶《れいえん》全く雪を①欺き

余香乍《チ》入《ル》衣《ニ》　　　余香乍《たちま》ち衣に入る

春風且《ク》莫《カレ》定《マルコト》　　　春風且《しばら》く定まること莫《な》かれ

吹《イテ》向《カッテ》玉階《ニ》飛《バシメヨ》　　　②吹いて玉階に向かつて飛ばしめよ

(注)　左掖＝中国にあった役所
梨花＝梨の花、花びらは白色
冷艶＝冷ややかな美しさ
余香＝漂ってくる香り
乍＝すぐに
入衣＝人の衣につく
莫定＝吹きやむな
玉階＝玉を散りばめた宮殿の階段
飛＝飛ばしてくれ

(一)　――線①とは、梨の花を何と見まちがうということか。書き下し文から一字で抜き出して書け。(　　)

(二)　――線②の読み方になるように、解答欄に返り点を書き入れて示せ。

吹《イテ》向《カッテ》玉階《ニ》飛《バシメヨ》

として張りのあるものに、また豊かなものにしてくれているのです。そこでこそわたしたちは生きる意欲を喚起されます。わたしたちが生きる意味を感じ、生きがいを見いだすのも、そのような世界においてのことです。

　そのようなわたしたちの生の営み、そしてそこで感じられる生の充実は、たしかに移ろい、変化するものです。変わることなく、ありつづけるものではありません。また、人によっても受けとり方が異なります。しかし、そうだからといって、それはあいまいなものとして真理の領域から排除されるべきでしょうか。むしろ、自然科学が明らかにしてくれるさまざまな知見も、そのようなわたしたちの生の営みに関係づけられて、はじめて意味をもってくるのではないでしょうか。

　④無視点的な三次元空間に置き直された「もの」には色や音、味はありません。そこにあるのは、ただ形をもった「もの」とそれの運動だけです。それに対してわたしたちが具体的に経験していることには豊かな「表情」があります。たとえばリンゴはわたしたちにとても美しく、つややかに見えます。それを実際に口にすれば、さわやかな甘みと酸味が口いっぱいに広がります。

　わたしたちが単なる物体と考えているものにも、つねにこういう「表情」が伴っています。そういう「表情」があるからこそ、わたしたちの経験はリアルなものになっているのです。⑤わたしたちはただ物体に囲まれて生きているわけではないのです。

　たとえばわたしがいま座っている机や、いま使っている万年筆は、ただ単に物としてそこにあるわけではありません。この机はさまざまな「こと」とともに、たとえば父から譲り受けたものであり、大切に使いつづけてきたということとともにあります。また、そのために強い愛着を感じているということとともにあります。一方、日頃使っている万年筆を前にして、わたしは、使い古したものではあるが、他の万年筆にない独特の書き易さがあることや、あるいは人生の節々でそれを用いて大切な文字を記してきたことなどを思い浮かべます。つまり、この机なり、万年筆は、単なる物体であるのではなく、先ほど言った「表情」で満たされています。この「表情」がわたしたちの世界に独特の色合いを付与していると言ってよいでしょう。

　こうしたことからいかに「表情」がわたしたちの生活のなかで重要な意味をもっているかがわかると思います。ふだん、あまり意識しなくても、わたしたちはそうした「表情」に取り囲まれて生きているのです。その「表情」があるからこそ、わたしたちの世界がいきいきとしたものに感じられ、生きる意欲もまた刺激されるのです。

（藤田正勝「はじめての哲学」より）

㈠　――線①の対義語を漢字で書け。（　　）

㈡　――線②を、ほぼ同じ意味の漢字二字の熟語に言い換えよ。［　　］

㈢　――線③とあるが、「リアリティがまったく失われてしまう」のは、わたしたちの世界をどうとらえて「ピアノの音」を説明するからか。最も適切なものを次のア～エから一つ選び、その記号を書け。（　　）

ア　「ものの本体」から成り立っているわたしたちの世界を、そのときどきの一時的な現れととらえて説明するから。

イ　「私的」であやふやなわたしたちの世界を、「もの」それ自体の世界ととらえて説明するから。

ウ　「もの」それ自体の世界と現象の世界には隔たりがないわたしたちの世界を、別々のものととらえて説明するから。

エ　「ものの本体」とそれの一時的な現れで構成されているわたしたち

(七)　この文章の述べ方の特色として最も適切なものを、次のア～エから一つ選び、その記号を書け。（　　）

ア　筆者の思いを、情景描写に重ねて具体的に述べている。
イ　筆者の思いを、時間の経過に従って詳細に述べている。
ウ　筆者の思いを、客観的な情報も交えながら素直に述べている。
エ　筆者の思いを、次々と主題を変えながら自由に述べている。

2　次の文章を読み、各問いに答えよ。

自然科学的なものの見方は、「私的」であやふやなものを取り除いていけば、誰からも同じように観察できる「ものの本体」だけがそこに残されると考えます。そうすれば、わたしたちのそのときどきの視点から見えるものの見え姿に惑わされることなく、ものを「①客観的」に把握することができると考えるのです。

しかしわたしたちの、何かを見て美しいと感じたり、何かを食べておいしいと感じたりするといった具体的な経験について見てみますと、そこでは客観的な「ものの本体」と、それの一時的な現れというように、二つのものが別々のものになっているでしょうか。

ものは単なるものとしてではなく、最初からたとえばわたしたちにおいしさを覚えさせるものとして、あるいはわれわれに恐怖を与えるものとして現れてきています。そこに二つの世界の隔たりはないのです。わたしたちの世界を、「もの」それ自体の世界と現象の世界に分けてしまうと、このわたしたちが具体的に経験していることがとらえそこなわれてしまうのではないでしょうか。

たとえばわたしがいま、われを忘れてピアノの美しい②調べに聞きほれているような場合のことを考えてみましょう。その場合、そこにまさにその調べの美しさが出現しています。その美しさを説明しようとして、ピアノの響きを空気の振動に還元し、その振動が聴覚を通して脳に伝わってわたしたちはピアノの音をピアノの音として認識しているのだと言うと同時に、その調べの美しさは雲散霧消してしまいます。③わたしの経験のなかにあったリアリティがまったく失われてしまうのです。

わたしたちはまさにこのリアリティのなかで生きています。それがわたしたちの生を作りあげています。それがわたしたちの生活をいきいき

——b
創造しているものたちがいる。そんなふうに想像すると、小説が書けないと言って嘆いている自分がひどくちっぽけに思えてくる。
——b

——c
近所にある西宮市《にしのみやし》貝類館を訪れた時、西宮の甲山《かぶとやま》周辺でよく見られる、クチベニマイマイが展示されていた。白っぽい殻の、口の部分がうっすら赤みを帯び、それが名前の由来となっている。その赤色が奥ゆかしく、おしとやかな印象を受けるが、説明には好奇心旺盛な性格、と書かれていた。例えば目新しい餌を与えられると、一番に触角をのばして近づいてゆくのかもしれない。カタツムリだからと言って皆がのんびりしているわけではなく、性格に個性があるのも面白い。
——c

——d
新美南吉《にいみなんきち》の童話『でんでんむしの　かなしみ』では、一匹のでんでんむしが、ある日、自分の殻の中にかなしみが一杯詰まっていると気づき、絶望する。友だちを訪ね歩き、不幸せをD訴えるが、皆もそれぞれに自分のかなしみを背負っているのだと知らされ、嘆きを乗り越える。
——d

カタツムリと人間の心がこれほど密接に結びついた文学が、他にあるだろうか。カタツムリの殻とは何なのか。中には何が入っているのか。彼らを見るたび、自らに引き寄せて考えずにはいられない。自分の背中にも透明な殻があって、中にはきっと厄介なあれこれが詰まっているのだろう。しかし死ぬまで背負い続けてゆくのだから、それに押し潰されることはあるまい。カタツムリだって、その重さにちゃんと耐えている。

（小川洋子「カタツムリの殻」より）

（注）陸貝＝カタツムリなど陸上で生活する貝
コントラスト＝対比

㈠ □A、Cの片仮名を漢字で書き、□B、Dの漢字の読みを平仮名で書け。
A（　　）B（　　らか）C（　　）D（　　える）

㈡ ——線①について、筆者が「思っていた」内容を文章中の言葉を用いて簡潔に書け。
（　　　　　　　　　　）

㈢ ——線②が直接かかる部分はどれか。次のア～エから一つ選び、その記号を書け。（　）
ア　背負うと　　イ　決意したからには
ウ　生涯それを　エ　下ろすことはできない

㈣ ——線③と筆者が述べるのはなぜか。文章中の言葉を用いて二十五字以内で書け。

㈤ 次は、文章中のa～dのどの段落について説明したものか。最も適切なものをa～dから一つ選び、その記号を書け。（　）
筆者が意外性を感じた経験を示して、読者にカタツムリへの親しみをもたせている。

㈥ この文章で筆者が言いたい内容として最も適切なものを、次のア～エから一つ選び、その記号を書け。（　）
ア　平常心を保って生きるカタツムリのように、自分も自らのペースで作品を創り出し、小説家として成功する道を模索しよう。
イ　黙々と殻を背負い続けるカタツムリのように、自分も日頃背負っているいろいろなことにくじけることなく進もう。
ウ　それぞれが異なる個性の殻を持つカタツムリのように、人間も一人一人異なる存在であるので、互いの違いを尊重しよう。
エ　周りに評価を求めることなく、ひっそりと美を創造するカタツムリのように、自分の価値観を大切にしよう。

国語

時間　五〇分
満点　五〇点

1　次の文章を読み、各問いに答えよ。

私はカタツムリがあせったり、取り乱したり、いらだったりしたところを見たことがない。こんなにも平常心を保っている生きものが他にいるだろうか。雨の季節、コンクリート塀や葉っぱの上を、どことも知れない目的地に向かって進む彼らを目にすると、慌て者の私など、この粘り強さを見習わなくてはと思うほどだ。

さて、今回いろいろと調べていて一番驚いたのは、ナメクジはカタツムリの進化系であるという事実だった。二つは同じ仲間だが、重くてかさばる殻を脱ぎ捨て、小さな隙間にも隠れることができるように進化したのがナメクジなのだ。①てっきり逆だと思っていた。より A フクザツ になるばかりでなく、単純になることもまた進化なのか、と気づかされた。

それを知るといっそう、カタツムリが愛《いと》おしくなる。「こんなもの、邪魔」と言って殻を捨て去った仲間を見送り、その殻を背負い続ける。時には、重たいなあと思うこともあるだろう。けれどそんな素振りはみじんも見せず、黙々とした態度を貫く。

もちろん、殻を捨てなかったのにはきちんとした理屈がある。『カタツムリ・ナメクジの愛し方』（脇司《わきつかさ》著）によれば、周りの空気が乾燥した時、中に隠れて耐える。外敵から防御する。内臓の形を保持する。等々が理由のようだ。確かに、いかにも B 柔らか そうで無防備な胴体（軟体部）に比べ、殻は強固で安定している。この中に逃げ込みさえすれば大丈夫、という安心感を与えてくれる。しかも内臓を守っているのだから、なくてはならない存在だ。脇先生によれば、カタツムリの殻を壊して解剖すると、肺などの内臓が〝でろん〟とすぐに崩れてしまうらしい。

殻の強固さと胴体の柔らかさの質感に C サ がありすぎるため、それらが一続きの体とは思えず、ちょっとつまめば殻は簡単に身から外れそうな気もするが、そうはいかないのである。②一旦、背負うと決意したからには、生涯それを下ろすことはできない。

卵から生まれ出たばかりの小さなカタツムリも既に、その小ささにふさわしい殻を背負っている。どんなに小さくても、親と同じ形をし、数は少ないながら殻にはちゃんと巻きもある。それを考えると、③殻こそがカタツムリの存在を証明する重要な証拠だという気がしてくる。

ここからカタツムリは巻きの数を増やし、殻を大きくしてゆく。殻の内側に接する外套膜《がいとうまく》という器官から殻の成分が分泌されて、少しずつ成長する。カタツムリの仲間は世界に約三万三千～三万五千種類、そのうち日本には約八百種類が生息しているらしいが、それぞれが異なる色や形や模様の殻を持っている。くっきりした縞《しま》がある、半透明で内臓が透けている、こん棒のように細長い、殻のてっぺんがとがっている、乳白色、こげ茶、緑、薄ピンク……。図鑑を眺めていると飽きない。

a
こんなにもさまざまな個性を持った殻が、自然の片隅で地味に暮らしている陸貝から生まれ出ていること。しかも外の世界にある材料に頼るのではなく、自分の体に元々授けられたものだけを使って、独自の美を作り出していること。もうそれだけで、尊敬に値する。軟体部と殻、このきついコントラストを見事に融合させたうえに、個性的な美を表現しているのである。

芸術は別に人間だけの特権ではない。私たちが生きている世界のいたるところに、誰に評価されることも求めないまま、ひっそりと美を

2022年度／解答

数　学

1 【解き方】(1) ① 与式 $= -(7-3) = -4$　② 与式 $= 4x+8+2x-6 = 6x+2$　③ 与式 $= \dfrac{12x^2y \times 3xy}{4x^2} = 9xy^2$　④ 与式 $= x^2+10x+16-(x^2-16) = x^2+10x+16-x^2+16 = 10x+32$

(2) 解の公式より，$x = \dfrac{-(-6) \pm \sqrt{(-6)^2 - 4 \times 1 \times 2}}{2 \times 1} = \dfrac{6 \pm \sqrt{28}}{2} = \dfrac{6 \pm 2\sqrt{7}}{2} = 3 \pm \sqrt{7}$

(3) 与式 $= (x-3)^2 = \{(\sqrt{2}+3)-3\}^2 = (\sqrt{2})^2 = 2$

(4) y は x の2乗に比例するから，$y = ax^2$ と表せる。$x = 2$，$y = -8$ を代入して，$-8 = a \times 2^2$　よって，$a = -2$ だから，$y = -2x^2$

(5) 中央値は，通学時間の短い方から20番目と21番目の生徒の通学時間の平均値となる。20分未満が，$2+5+10 = 17$（人），25分未満が，$17+6 = 23$（人）より，どちらも20分以上25分未満の階級に含まれるから，求める相対度数は，$6 \div 40 = 0.15$

(6) 円柱と球の半径を r とすると，球の体積は $\dfrac{4}{3}\pi r^3$。また，円柱は高さが $2r$ だから，体積は，$\pi r^2 \times 2r = 2\pi r^3$　よって，$\dfrac{4}{3}\pi r^3 \div 2\pi r^3 = \dfrac{2}{3}$（倍）

(7) 2つのさいころの目の数を a，b とすると，a，b の組み合わせは全部で，$6 \times 6 = 36$（通り）　点Pが頂点Dに移動するのは，$a+b$ が3，7，11のときだから，$(a,\ b) = (1,\ 2)$，$(1,\ 6)$，$(2,\ 1)$，$(2,\ 5)$，$(3,\ 4)$，$(4,\ 3)$，$(5,\ 2)$，$(5,\ 6)$，$(6,\ 1)$，$(6,\ 5)$ の10通り。よって，求める確率は，$\dfrac{10}{36} = \dfrac{5}{18}$

(8) CからABに下ろした垂線とABとの交点をQとする。点Qを中心とする半径がQCの円と線分ABとの交点のうち，点Bに近い方をPとすれば，△CQPは直角二等辺三角形だから，∠QPC = 45°　すなわち，∠APC = 45°となる。

（例）

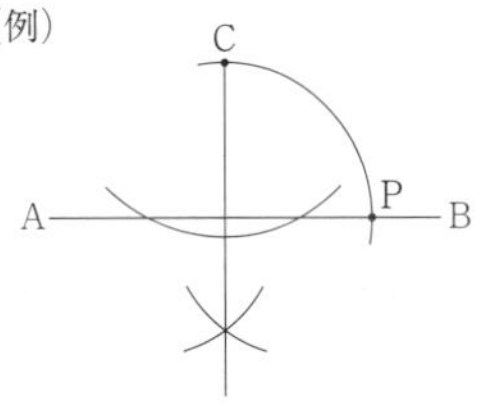

【答】(1) ① -4　② $6x+2$　③ $9xy^2$　④ $10x+32$　(2) $x = 3 \pm \sqrt{7}$　(3) 2
(4) $y = -2x^2$　(5) 0.15　(6) $\dfrac{2}{3}$（倍）　(7) $\dfrac{5}{18}$　(8)（右図）

2 【解き方】(1) ① 第2式は，水面の高さに関する式となる。給水管A，Bの給水でそれぞれ，$12a$ cm，$6b$ cm水面が上がるから，第2式は，$12a+6b = 50$　② 傾き，つまり変化の割合は，1分あたりに高くなる水面の高さを表している。

(2) ① 6分後の水面の高さを50cmから45cmに変更するから，かき加える直線は，m と傾きが等しく，点(6，45)を通ることになる。② 給水管Cは給水管AやBに比べて，1分間あたりの給水量が少ない。よって，給水管Cに関するグラフは，傾きが直線 ℓ，m より小さい。また，給水管A，Bの順に使う場合と給水管A，Cの順に使う場合で，同じ時間で同じ量の水を入れるとき，給水管Cを使う時間は給水管Bを使う時間より短くなるので，直線 ℓ との交点の x 座標は，直線 ℓ と m との交点の x 座標よりも6に近づく。したがって，エが適切と考えられる。

(3) 給水管Aの使用時間を s 分，給水管Cの使用時間を t 分とする。使用時間の合計より，$1+s+t = 6$　整理して，$s+t = 5$……(i)　また，給水管Bからの給水で，水面の高さは6cm上がっているから，$6+12s+2t = 48$　整理して，$6s+t = 21$……(ii)　(i)，(ii)を連立方程式として解くと，$s = \dfrac{16}{5}$，$t = \dfrac{9}{5}$　したがって，給水管Aを給水管Cに変更するのは，給水管Bで水を入れ始めてから，$1+\frac{16}{5}=\frac{21}{5}=4\frac{1}{5}$(分後)　$\frac{1}{5}$分$=60\times\frac{1}{5}=12$(秒)だから，4分12秒後。

【答】(1) ① $12a+6b$　② ウ　(2) ① 直線mをy軸の負の方向に5だけ平行移動した直線。② エ
(3) 4(分)12(秒後)

3 **【解き方】**(1) $y=\frac{6}{x}$に$x=1$を代入して，$y=\frac{6}{1}=6$

(2) △OCDは，OC＝CDの二等辺三角形だから，点Cからx軸に垂線CHを下ろすと，HはCDの中点となる。よって，$C\left(t,\ \frac{6}{t}\right)$とすると，H$(t,\ 0)$，D$(2t,\ 0)$だから，$\triangle OCD=\frac{1}{2}\times 2t\times\frac{6}{t}=6$で，一定となる。

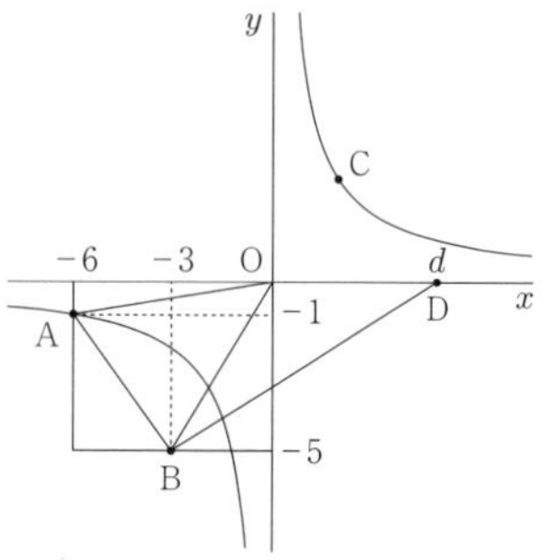

(3) 右図において，△OABの面積を，長方形から周りの3つの直角三角形を切り取ったものとして求めると，$\triangle OAB=6\times 5-\left(\frac{1}{2}\times 6\times 1+\frac{1}{2}\times 3\times 4+\frac{1}{2}\times 3\times 5\right)=30-\frac{33}{2}=\frac{27}{2}$　D$(d,\ 0)$とすると，$\triangle OBD=\frac{1}{2}\times d\times 5=\frac{5}{2}d$だから，$\frac{5}{2}d=\frac{27}{2}$　よって，$d=\frac{27}{5}$

(4) 四角形ABCDが平行四辺形のとき，点A，Bのy座標の差が4だから，点Cのy座標は4。$y=\frac{6}{x}$に$y=4$を代入して，$4=\frac{6}{x}$より，$x=\frac{3}{2}$だから，$C\left(\frac{3}{2},\ 4\right)$　直線BDの傾きは，直線ACの傾きと等しく，$\{4-(-1)\}\div\left\{\frac{3}{2}-(-6)\right\}=5\div\frac{15}{2}=\frac{2}{3}$　$y=\frac{2}{3}x+b$に，点Bの座標の値を代入して，$-5=\frac{2}{3}\times(-3)+b$より，$b=-3$　よって，直線BDの式は，$y=\frac{2}{3}x-3$

【答】(1) 6　(2) オ　(3) $\frac{27}{5}$　(4) $y=\frac{2}{3}x-3$

4 **【解き方】**(1) △ABDは二等辺三角形だから，$\angle ADB=\angle ABD=a°$　$\overset{\frown}{AD}$に対する円周角だから，$\angle ACD=\angle ABD=a°$　$\overset{\frown}{AB}$に対する円周角だから，$\angle ACB=\angle ADB=a°$　よって，$\angle BCD=\angle ACD+\angle ACB=a°+a°=2a°$

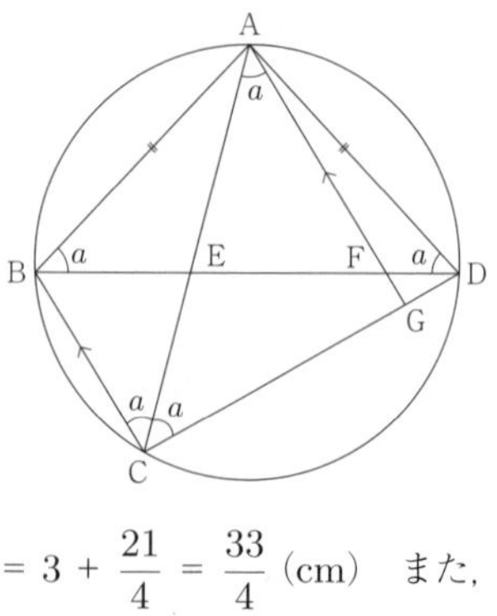

(3) ① △ABEと△ACBは，∠ABE＝∠ACB，∠BAE＝∠CABだから，△ABE∽△ACBとなる。よって，AB：AC＝AE：ABだから，6：8＝AE：6より，$AE=\frac{9}{2}$(cm)　$CE=8-\frac{9}{2}=\frac{7}{2}$(cm)になるから，△ABE：△BCE＝AE：CE＝$\frac{9}{2}:\frac{7}{2}=9:7$　よって，$\triangle ABE=\frac{9}{7}\triangle BCE$　② △CEB∽△DEAで，AD＝AB＝6cmより，相似比は，BC：AD＝4：6＝2：3　よって，BE：AE＝CE：DE＝2：3より，$BE=\frac{2}{3}AE=\frac{2}{3}\times\frac{9}{2}=3$(cm)，$DE=\frac{3}{2}CE=\frac{3}{2}\times\frac{7}{2}=\frac{21}{4}$(cm)　したがって，$BD=3+\frac{21}{4}=\frac{33}{4}$(cm)　また，(1)のように∠ABD＝$a°$とすると，BC∥AGより，前図のように∠CAG＝$a°$だから，△ABDと△GACは相似な二等辺三角形となる。よって，BA：BD＝AG：ACだから，$6:\frac{33}{4}=AG:8$で，$AG=\frac{64}{11}$(cm)

【答】 (1) $2a^\circ$

(2) (例) △AEF と△CEB において，AG ∥ BC より，平行線の錯角は等しいから，∠EAF = ∠ECB……①
対頂角は等しいから，∠AEF = ∠CEB……② ①，②より，2 組の角がそれぞれ等しいから，△AEF ∽△CEB

(3) ① $\frac{9}{7}$ (倍) ② $\frac{64}{11}$ (cm)

英　語

1 **【解き方】** (1) ①「音楽を聴くためのもの」→「ヘッドフォン」。②「他の2人の間にいる人は傘を持っている」という条件から選ぶ。

(2) ① 体調の悪いケンが「僕は家に帰った方がいいと思う。それでかまわない？」と言っている。② Tシャツを探しているエマに，父親がその特徴を聞いている。

(3) ① 母親はボブに「妹が宿題をするのを手伝ってくれたらうれしい」と言っている。② 母親はボブに「お父さんが夕食を作るかもしれないけれど，その必要はない」と言っている。

(4) ア.「新しいスポーツバッグで多くのものを持ち運ぶことができる」。正しい。イ.「新しいスポーツバッグを手洗いするのは簡単だ」。正しい。ウ. 新しいスポーツバッグの色は5色である。エ. 特別なお買い物の日に新しいスポーツバッグを買うと，通常は50ドルの値段が40ドルになる。オ.「2つのスポーツバッグを買うと，75ドル必要である」。正しい。カ.「インターネットで新しいスポーツバッグを買うことができる」。正しい。

【答】 (1) ① ウ　② イ　(2) ① ア　② エ　(3) ① ア　② ウ　(4) ウ・エ

◀**全訳**▶　(1)

① これは音楽を聴くために使われる。

② 3人の人がバスを待っている。他の2人の間にいる人は傘を持っている。

(2) ①

少女：ケン，具合がよくなさそうね。

ケン：気分が悪いんだ。今日の放課後，君と一緒に数学を勉強したかったけれど，僕は家に帰った方がいいと思う。それでかまわない？

少女：(もちろん。お大事にね。)

②

父親：何を探しているんだい，エマ？

エマ：私のお気に入りのTシャツを探しているの。明日友だちと買い物に行く予定で，それを着たいのよ。

父親：なるほど。それはどんなやつ？

エマ：(白色で，いくつか星が描かれているの。)

(3)

母親：もしもし，ボブ。

ボブ：もしもし，お母さん。今どこにいるの？

母親：まだ会社にいるわ。今朝，私は6時に帰宅するとあなたに伝えたけれど，無理なのよ。7時に帰るわ。

ボブ：わかった。僕はちょうどスーパーマーケットから帰ったところだよ。お母さんが買うように頼んでいたミルクを買っておいた。ジュースも買っておいたよ。

母親：ありがとう，ボブ。お父さんは私よりも早く帰るわ。私が7時に帰宅すると伝えておいてくれる？

ボブ：いいよ。何か僕にしておいてほしいことはある？

母親：妹が宿題をするのを手伝ってくれたらうれしいわ。

ボブ：いいよ。エミリーは今，宿題をしているから，手伝ってあげるよ。

母親：お父さんが夕食を作るかもしれないけれど，その必要はないわ。あなたたちのためにすしを買っていくから。

ボブ：ありがとう，お母さん！　お父さんにそう伝えておく。それじゃあ，僕がスープを作るよ。ああ，明日の朝食用のパンを買ってきてくれる？　スーパーマーケットに行ったときにパンを買い忘れたんだ。

母親：いいわよ。ありがとう，ボブ。

ボブ：どういたしまして。またあとでね，お母さん。

⑷ こんにちは，みなさん，お買い物の時間です。私はメアリーです。今日は特別なお買い物の日です！

今日は新しいスポーツバッグをお持ちしました。これは以前販売したバッグよりも大きくて丈夫なので，たくさんのものを入れることができます。私の息子はテニス部に入っていて，学校に行くときにはこのバッグを使っています。彼はその中にとてもたくさんのもの，例えば，本，ノート，辞書，Tシャツ，その他の多くのものを入れています。それは生徒にぴったりなのです。

そのうえ，簡単に手洗いしてきれいに保つことができます。

前回はバッグの色に黒と青しかありませんでしたが，今回はその他に赤，緑，茶の3色がありますので，これらの5色からお好きな色を選べます。インターネットでそれらの色を見ることができますよ。

さて，それがいくらか知りたいですか？　通常は50ドルですが，今日は特別なお買い物の日なので，たった40ドルです！　2つお買い上げになると，たった75ドルです！　なんと素晴らしいのでしょう！　今から01234にお電話ください。インターネットでもご購入いただけます。きっとお気に召すでしょう！

2 **【解き方】** ⑴ ア．ツアーごとに収穫するものは異なるので，全てのツアーでジャガイモ，サクランボ，ブドウ，リンゴが収穫できるわけではない。イ．「ツアーAでは，れいわファームで収穫体験をする」。正しい。ウ．ツアーDの値段は8,000円で，ツアーCの値段が11,000円なので，ツアーDの方が安い。エ．全ツアーとも，収穫体験の前に昼食時間がある。オ．「全ツアーとも，午前9時にまほろば駅から出発する」。正しい。

⑵ 果物を収穫できるのはBとCとD。9月に参加できるのはCとD。大人料金と，半額になる子ども料金の合計金額が15,000円以内になるのは，8,000円＋4,000円で計12,000円となるDのみである。

⑶ 解答例は「私はAに参加します。私はジャガイモが好きだし，Aにはあまりお金が必要ではありません」。

【答】 ⑴ イ・オ　⑵ エ　⑶ (例) I will join A. I like potatoes, and I don’t need much money for A. (15語)

◀全訳▶

週末の収穫体験バスツアー

ツアーA【ジャガイモ】	ツアーB【サクランボ】
時期：6月	時期：5月～6月
場所：れいわファーム	場所：れいわファーム
値段：6,000円	値段：6,000円

ツアーC【ブドウ】	ツアーD【リンゴ】
時期：7月～9月	時期：9月～11月
場所：やまとフルーツパーク	場所：やまとフルーツパーク
値段：11,000円	値段：8,000円

【全ツアーについて】

○予定：まほろば駅(9:00)＝＝(特別ランチ)＝＝(収穫体験・自由時間)＝＝まほろば駅(19:30)

＊全ツアーとも12歳未満のお子さまは半額です。

3 **【解き方】** ⑴「最初は『何を』言うべきかわからなかった」。間接疑問文。

⑵ タツヤの2・3番目のせりふを見る。2番目のせりふでは「マンガについて話す」というマイの意見に賛成していたが，3番目のせりふでは「学校生活について話す」というハルカの意見に賛成している。

⑶ 解答例は「私はクラブ活動について話すのが面白いと思います。私たちは彼らのクラブ活動が私たちのクラブ活動とどのように違っているのか知ることができます」。

【答】(1) ア　(2) ウ

(3) (例) I think talking about club activities will be interesting. We can learn how their club activities are different from ours. (20 語)

◀全訳▶　ハルカ，マイ，タツヤ，そしてイチロウは高校生である。彼らは英語クラブのメンバーだ。放課後，彼らは英語クラブの部室で話している。

ハルカ　：私たちは来週もう一度オーストラリアの生徒たちとオンラインで話をする予定よ。

マイ　　：いいわね。私は先月，彼らと話をして楽しかったわ。

タツヤ　：そのとおり。僕はとても緊張して，最初は何を言うべきかわからなかったけれど，うまく自己紹介すると話し続けることができたよ。

ハルカ　：それから，私たちはお互いの学校周辺にある人気のある場所を紹介したわね。今回は何について話せばいいかしら？　何かアイデアはある？

マイ　　：彼らとマンガについて話すのはどう？　私はマンガが好きだから，日本のマンガがどれほどすぐれているのか彼らに伝えたいの。

タツヤ　：僕は賛成だ。彼らがどの日本のマンガを知っているのか聞いてみたい。それに，オーストラリアで人気のあるマンガについて知りたいな。

イチロウ：彼らはマンガに興味があるの？　スポーツはどう？　オーストラリアではラグビーとサッカーが人気だと思うよ。

ハルカ　：ええと，みんな違うことに興味があるわ。学校生活はどう？　私たちは私たちの学校生活について話すことができるし，彼らは彼らの学校生活について話すことができる。

タツヤ　：それはいいアイデアだ。それについて話すべきだよ。僕たちは学校行事について話すことができる。マイ，学校生活について話すのはどう思う？

マイ　　：私も賛成よ。(私はクラブ活動について話すのが面白いと思う。私たちは彼らのクラブ活動が私たちのクラブ活動とどのように違っているのか知ることができるわ。)

ハルカ　：そうね。その違いは文化の違いを反映しているかもしれないわ。それに，私たちが共通で持っているものについて知ることもできるかもしれない。

イチロウ：そのとおりだね。

4 【解き方】(1) A．第 2 段落では，情報量の少ないバーコードを使うことによる問題点を述べている。B．第 3 段落では，新しい種類の 2 次元コードが日本のエンジニアたちによって発明されたことを伝えている。C．第 4 段落では，携帯電話会社による新しい 2 次元コードの利用法をあげている。

(2) ① 質問は「日本の自動車部品製造業者のエンジニアたちは，アメリカの 2 次元コードを利用しましたか？」。第 3 段落の中ほどを見る。彼らはアメリカの 2 次元コードを利用しなかった。② 質問は「新しい種類の 2 次元コードを発明したとき，エンジニアたちは特殊な目印をどこに入れましたか？」。第 3 段落の最後から 2 文目を見る。彼らは「3 つの隅」に特殊な目印を入れた。

(3) ア．日本の自動車部品製造業者のエンジニアは新しい 2 次元コードを発明したが，彼らが「バーコードを発明した」わけではない。イ．第 2 段落の中ごろを見る。自動車部品製造業者は，自動車部品の管理をするためにバーコードを利用していた。ウ．第 3 段落の 2 文目を見る。含むことのできる情報量は，バーコードより 2 次元コードの方が多い。エ．「特殊な目印を持つ 2 次元コードは素早く読み込むことができる」。第 3 段落の最後から 2 文目を見る。正しい。オ．「携帯電話会社は，利用者が簡単にウェブサイトを訪れるのを助けるために新しい種類の 2 次元コードを利用した」。第 4 段落の 3 文目を見る。正しい。カ．第 3 段落の最終文を見る。新しい種類の 2 次元コードは日本のエンジニアたちによって発明された。彼らがアメリカのエンジニアと一緒に開発したという記述はない。

【答】(1) A．カ　B．ア　C．ウ　(2) (例) ① No, they did not. ② On the corners.　(3) エ・オ

◀全訳▶　[1] あなたは隅に特殊な目印のある2次元コードを今までに見たことがあるだろうか？　例えば，あなたは教科書の中で2次元コードを見つけることができる。タブレットコンピュータでそれらを読み込むと，写真を見たり動画を見たりすることができる。今日では，世界中の多くの人々が実にさまざまな用途でそれらを利用している。この種類の2次元コードは，日本にある自動車部品製造業者のエンジニアによって発明された。

[2] 自動車が製造されるとき，多くの種類の部品が必要となる。自動車部品製造業者は全ての自動車部品を管理しなければならない。約30年前，自動車会社はより多くの種類の自動車を製造する必要があり，自動車部品製造業者は自動車ごとにさまざまな自動車部品を管理しなければならなかった。当時，彼らは自動車部品を管理するためにバーコードを利用していたが，1つのバーコードに多くの情報を入れることができなかった。そこで彼らは多数のバーコードを利用した。労働者たちはたくさんのバーコードを読み込まなければならなかった。ある自動車部品製造業者の労働者は，1日に約1,000回もバーコードを読み込まなければならなかった。それらを読み込むには長い時間がかかった。労働者たちはその状況を改善するための助けを必要としていた。

[3] 日本の自動車部品製造業者のエンジニアたちは，労働者たちの状況を知っていた。2次元コードはバーコードより多くの情報を含むことができるため，彼らは2次元コードについて学び始めた。アメリカにはすでに何種類かの2次元コードがあった。1つの種類は多くの情報を含むことができたが，その種類を読み込むには長い時間がかかった。もう1つの種類はとても素早く読み込まれたが，他の種類より含む情報が少なかった。その自動車部品製造業者のエンジニアたちは，これらの種類を利用しなかった。彼らはそれらの利点を両方持つ新しい種類の2次元コードを創り出そうと決心した。素早く読み込めるこの新しい種類を創り出すのに，そのエンジニアたちは長い時間を必要とした。とうとう，彼らはあるアイデアを思いついた。彼らは「もし2次元コードの3つの隅に特殊な目印がついていたら，あらゆる角度からとても素早く読み込むことができる」と考えたのだ。このようにして，特殊な目印のある新しい種類の2次元コードが，日本の自動車部品製造業者のエンジニアたちによって発明された。

[4] 世界中の人々はどのように新しい種類の2次元コードを使い始めたのだろうか？　自動車部品製造業者がそれを利用し始めてから，他の事業もそれに注目し始めた。例えば，携帯電話会社は，携帯電話のカメラを使うことによって人々が直接ウェブサイトを訪れられるようにそれを利用し始めた。自分の携帯電話で2次元コードを読み取ることで，利用者たちは素早く，そして簡単に多くの情報を手に入れることができる。この技術によって，人々は新しい種類の2次元コードがとても役立つことを知った。

[5] 今日では，日本の自動車部品製造業者のエンジニアによって発明された2次元コードは，世界中で人々の生活に浸透している。それは労働者を助けるためにエンジニアによって発明されたのだが，今では世界中の人々を大いに助けている。

社　会

1 **【解き方】**(1) 写真はエジプトにあるピラミッド。

(2) 聖徳太子が建てた法隆寺などの仏教寺院や，広隆寺の弥勒《みろく》菩薩《ぼさつ》像などの仏像がつくられた。

(3) ① 鎌倉時代には月に3回，室町時代には月に6回開かれる市も出現した。② 資料Ⅲは，1428年に起こった正長の土一揆の際に記された碑文で，奈良市柳生町で発見された。近江坂本の馬借の蜂起から始まり，近隣地域の農民などにも広がった徳政一揆。

(4) キリスト教の伝来は1549年，ポルトガル船の来航禁止は1639年。アは18世紀後半，イは11世紀末から13世紀まで，ウについてオランダが独立を宣言したのは1581年，エは1804年のできごと。

(5) 鎖国政策の転換につながった1854年の出来事を書くとよい。

【答】(1) ア　(2) 飛鳥文化　(3) ① 定期市　② エ　(4) ウ　(5) 日米和親条約を結び，開国した。(同意可)

2 **【解き方】**(2) Bは，1956年の国際連合への加盟のこと。同年にソ連との間で結んだ取り決めにより可能になった。アは1941年，イは1978年，エは1972年に結ばれた。

(3) アは1964年，イは1971年，ウは第一次石油危機が1973年，エは1950年の出来事。

(4) GHQの意向に基づき，徹底した教育の民主化が図られた。新しい教科書は印刷が間に合わず，戦前の教科書に墨を塗って使用された。

(5) 沖縄は1945年から1972年までアメリカの統治下にあり，交通習慣も車は右側通行となっていた。

【答】(1) 法律の範囲内（同意可）(2) ウ　(3) イ・ウ　(4) 軍国主義的な内容を排除するため。(同意可)

(5) アメリカの統治下にあった沖縄が日本に返還される（同意可）

3 **【解き方】**(1) パリは赤道よりも北（北緯49度），本初子午線よりも東（東経2度）に位置している。

(2) ② シェンゲン協定を結んでいるEU加盟国間の移動にはパスポートが不要となっている。

(3) ラテン語系に属するものを選択。aは英語，bはスペイン語，cはイタリア語，dはポーランド語，eはドイツ語。このうちaとeはゲルマン語系，dはスラブ語系。

(4) ① 緯度が高い割には冬でも比較的温暖な西岸海洋性気候に属しており，良質の牧草が育つこととも関係がある。② イ．外国産の方が価格は低い傾向にあるので誤り。エ．国内の風土や伝統によって育まれるものである点に注意。③ 夏の南東季節風は四国山地に，冬の北西季節風は中国山地にぶつかり，山地の手前で雨や雪を降らせるため，二つの山地にはさまれた瀬戸内地域には乾いた風が吹くことが多い。

【答】(1) ア　(2) ① ライン川　② パスポートがなくても自由に国境を通過できる。(同意可)　(3) b・c

(4) ① 混合農業　② ア・ウ　③ 季節風が山地でさえぎられるため，年降水量が少ない。(同意可)

4 **【解き方】**(1) ① 特別国会の冒頭では，内閣が総辞職し，新たに内閣総理大臣が指名される。② 法律案の再議決は，衆議院の優越がはたらく事例の一つ。

(2) ① アとウは国会の仕事。② Xは社会保障関係費。日本では少子高齢化の進行に伴い，年金や医療をはじめとする社会保障関係費の増加が続いている。

(3) ① 司法制度改革の一環として2009年から導入された制度。重大な犯罪にかかわる刑事事件の第一審で採用されている。

(4) 三権分立は，フランスの思想家モンテスキューが『法の精神』で唱えた考え方。

【答】(1) ① ウ　② 衆議院で出席議員の3分の2以上の多数で再び可決したため，成立した。(同意可)

(2) ① イ・エ　② ウ　(3) ① 裁判員制度　② イ　(4) 権力の集中を防ぎ，国民の人権を守る（同意可）

5 **【解き方】**(1) ①「東まわり航路」とは，東北地方の日本海沿岸から津軽海峡を通って，太平洋を南下し，江戸に至る航路。②「蔵屋敷」とは，年貢米や特産物を保管・販売するために諸藩が設置した倉庫のこと。

(2) ① 静岡県では，特に牧ノ原台地における生産がさかん。② 新東名高速道路が，東名高速道路よりも内陸部に開通していることに注目する。

(3)「効率」は無駄を省くこと，「公正」は手続き，機会，結果の公正さを守ることを意味する。

【答】 (1) ① イ　② 蔵屋敷に集められた年貢米や特産物の取り引き（同意可）

(2) ① 茶　② 東名高速道路が自然災害により通行不可能な時でも，交通がしゃ断されない。(同意可)

(3) b 地域の住民が不利益をこうむる（同意可）

理　科

1 **【解き方】** (1) 北半球では，高気圧の中心から風が時計回りに吹き出し，中心付近では下降気流が生じる。

(2) アは魚類，イは両生類，ウはほ乳類，エはは虫類。

【答】 (1) ウ　(2) オ　(3) 目が横向きについており，広い範囲を見わたすことができる。(同意可)

2 **【解き方】** (2) 図2で，12月7日の月は三日月なので，日がたつにつれてだんだん満ちていき，半月に近づいていく。月は地球のまわりを，地球の自転の向きと同じ向きに公転しているので，同じ時刻に見た月の位置は，1日に約12°西から東へ移動する。

(3) ① 図3では，地球から見て金星の右側に太陽があるので，右側が光って見える。また，金星と地球との距離が近いので，形は大きく欠けて細長い形に見える。② 金星は公転軌道を0.62年で1周するので，1年で，1(周) $\times \dfrac{1\,(\text{年})}{0.62\,(\text{年})} \fallingdotseq 1.6$ (周)する。2021年の12月7日には金星は図4のAの位置にあるので，1年後にはAから反時計回りに約1.6周した位置Dにある。このとき，金星と地球との距離は，位置Aのときよりも遠いので，金星の見かけの大きさは小さくなる。

【答】 (1) 衛星　(2) イ

(3) ① エ　② (位置) D　(大きさ) イ　③ 金星は地球より内側を公転しているから。(同意可)

3 **【解き方】** (2) アは酸素，イは硫化水素，ウは塩素が発生する。

(5) ① 酸化銀→銀＋酸素　② 加熱によって発生した気体の質量は，5.00 (g) − 4.72 (g) = 0.28 (g)　表2より，酸化銀1.00gが完全に反応したときに発生する気体の質量は，1.00 (g) − 0.93 (g) = 0.07 (g)　酸化銀5.00gのうち反応した酸化銀の質量は，$1.00\,(\text{g}) \times \dfrac{0.28\,(\text{g})}{0.07\,(\text{g})} = 4.00\,(\text{g})$　よって，$\dfrac{4.00\,(\text{g})}{5.00\,(\text{g})} \times 100 = 80\,(\%)$

【答】 (1) 石灰水　(2) エ　(3) 水にとけやすく，密度が空気よりも小さいという性質。(同意可)

(4) はじめに出てくる気体には，試験管の中にあった空気がふくまれているから。(同意可)

(5) ① $2Ag_2O \rightarrow 4Ag + O_2$　② 80 (%)

4 **【解き方】** (1) 弦の太さとおもりの質量は同じで，駒の位置だけが異なるものを比べる。AとCを比べると，Cの方が振動数が多い。図より，駒の位置がYのとき，Xよりも弦の振動する部分の長さが短いので，弦の長さを短くすると音は高くなる。

(2) 1回の振動にかかる時間は4目盛り分なので，$0.001\,(\text{秒}) \times \dfrac{4\,(\text{目盛り})}{1\,(\text{目盛り})} = 0.004\,(\text{秒})$　Aで出た音の振動数は，1秒間に弦が振動する回数なので，$1\,(\text{回}) \times \dfrac{1\,(\text{秒})}{0.004\,(\text{秒})} = 250\,(\text{Hz})$

(3) 駒の位置をYとし，太い弦と質量の大きいおもりを使って実験を行うと，Dの条件と比べて，質量が大きいおもりを使ったので，弦の張りが強くなり，Dよりも振動数が多くなる。また，Bの条件と比べて，太い弦を使ったので，Bよりも振動数が少なくなる。

【答】 (1) (比べるもの) A (と) C　(音の高さ) ア　(2) 250 (Hz)　(3) C

5 **【解き方】** (2) ア．顕微鏡の倍率は，接眼レンズの倍率と対物レンズの倍率をかけたもの。イ．顕微鏡の倍率を上げると，観察できる範囲は狭くなり，視野は暗くなる。ウ．ピントを合わせるときは，対物レンズとプレパラートを遠ざけながら合わせる。

(3) 分裂をはじめる前に，染色体が複製され，2本ずつくっついた状態になる。

(4) 図2と図3を比べると，aとbの間隔はあまり変わっていないが，bとcの間隔は大きくなっている。よって，タマネギの根は先端に近い部分がよくのびる。また，表より，同じ倍率で観察した細胞の数は，a，bに比べてcが著しく多く，cの細胞の大きさはa，bの部分よりも小さいことがわかる。

(5) 生殖細胞がつくられるときには，減数分裂が行われる。

【答】 (1) 単子葉類　(2) エ　(3) ア　(4) ① ア　② イ　③ 分裂した細胞が大きくなる（同意可）

(5) 染色体の数が半分になる。(同意可)

6 **【解き方】** (1) 図1のXの端子がある計器は，回路に直列につながっているので，電流計。Xの端子は電源装置の＋につながっているので，電流計の＋端子。

(2) 表1より，電熱線aに6.0Vの電圧を加えたとき，3.0Aの電流が流れるので，電熱線aが消費する電力は，6.0 (V) × 3.0 (A) = 18 (W)

(3) 表2より，電熱線bについて，電流を流し始めたときからの水の上昇温度を求めると，1分では，22.6 (℃) − 21.4 (℃) = 1.2 (℃)　同様に，電流を流した時間とそのときの水の上昇温度をそれぞれ求め，グラフをかく。

(例)

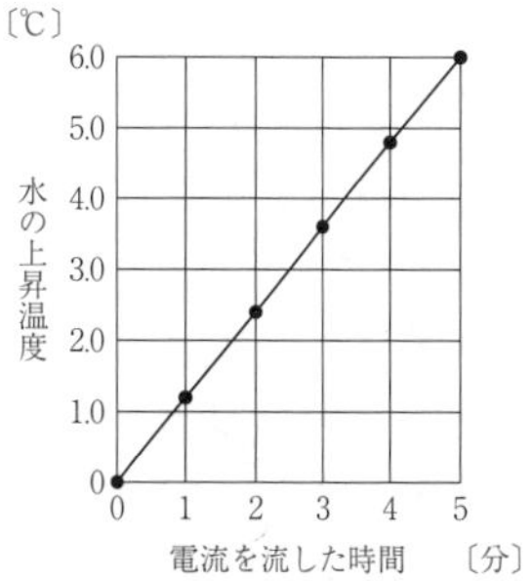

(4) 表1より，電熱線bに6.0Vの電圧を加えたとき，1.5Aの電流が流れるので，電熱線bが消費する電力は，6.0 (V) × 1.5 (A) = 9.0 (W)　(2)より，電熱線aが消費する電力は18Wなので，表2より，電流を流した時間が同じ場合，消費する電力が大きい電熱線aの方が水の上昇温度が大きく，発熱量は大きいことがわかる。また，電熱線aとbに同じ電圧を加えたとき，電熱線bの消費する電力は，電熱線aの，$\frac{9.0\ (\mathrm{W})}{18\ (\mathrm{W})} = \frac{1}{2}$ (倍)　電熱線bに電熱線aの2倍の電圧を加えると，流れる電流も2倍になり，消費する電力は，2 (倍) × 2 (倍) = 4 (倍)になる。よって，同じ時間電流を流したとき，電熱線bから発生する熱量は，電熱線aから発生する熱量の，$\frac{1}{2}$ (倍) × 4 (倍) = 2 (倍)となり，電熱線bから発生する熱量は，電熱線aから発生する熱量よりも大きくなる。

【答】 (1) ウ　(2) 18 (W)　(3) (前図)　(4) カ

(5) 2本の電熱線を並列につなぐことで，回路全体の抵抗が小さくなり，回路全体に流れる電流が大きくなるから。(同意可)

国　語

1 【解き方】㈡「一番驚いたのは，ナメクジはカタツムリの進化系であるという事実だった」と述べていることから考える。

㈢「一旦」したことをおさえる。

㈣「それを考えると」とあるので，前で「卵から生まれ出たばかりの小さなカタツムリも…ふさわしい殻を背負っている」とあることに着目する。

㈤「意外性を感じた経験」という説明があるので，カタツムリは「皆がのんびりしている」と思っていた筆者が，西宮市貝類館を訪れた時に，クチベニマイマイは「好奇心旺盛な性格」だと知り，カタツムリにも「個性がある」ことを「面白い」と思っていることに着目する。

㈥ カタツムリの，「殻を背負い続ける」その「黙々とした態度」を取り上げ，「カタツムリの殻とは何なのか」「自らに引き寄せて考えずにはいられない」と最終段落で述べている。そして，「自分の背中にも透明な殻があって，中にはきっと厄介なあれこれが詰まっているのだろう…それに押し潰されることはあるまい」としめくくっていることに着目する。

㈦「ナメクジはカタツムリの進化系である」という，調べて確認した事実を取り上げ，「それを知るといっそう，カタツムリが愛おしくなる」と述べている。また，「殻を捨てなかった」理屈や，「図鑑」で見たカタツムリの殻の「さまざまな個性」を具体的に取り上げ，カタツムリは「尊敬に値する」と述べている。

【答】㈠ A. 複雑　B. やわ(らか)　C. 差　D. うった(える)

㈡ カタツムリはナメクジの進化系である。(同意可)　㈢ イ

㈣ 生まれ出たばかりのカタツムリにも殻があるから。(23字)(同意可)　㈤ c　㈥ イ　㈦ ウ

2 【解き方】㈠「客観的」とは，特定の立場にとらわれずに物事を見たり考えたりするさま。自分一人のものの見方や考え方によっているさまという意味の語が対義語。

㈡「ピアノの美しい調べ」を「ピアノの音」と言いかえていることに着目する。

㈢ 前で筆者が述べている「わたしたちの世界を，『もの』それ自体の世界と現象の世界に分けてしまうと…具体的に経験していることがとらえそこなわれてしまう」ということを具体的に示すために，「ピアノの美しい調べ」を例として挙げていることをおさえる。

㈣「色や音，味はありません」「そこにあるのは，ただ形をもった『もの』とそれの運動だけです」と続けていることに着目する。

㈤「わたしたちが単なる物体と考えているものにも…『表情』が伴っています」「そういう『表情』があるからこそ，わたしたちの経験はリアルなものになっているのです」という前の内容をまとめている。

㈥「自然科学が明らかにしてくれるさまざまな知見」も，「わたしたちの生の営みに関係づけられて，はじめて意味をもってくるのではないでしょうか」と述べている。

㈦「わたしたちはまさにこのリアリティのなかで生きています」と指摘した後で，「それがわたしたちの生活を…豊かなものにしてくれているのです」「それでこそわたしたちは生きる意欲を喚起されます」と述べている。また「表情」についても，「その『表情』があるからこそ，わたしたちの…生きる意欲もまた刺激される」と最後に述べている。

【答】㈠ 主観的　㈡ 音色　㈢ ウ　㈣ イ　㈤ エ　㈥ ウ

㈦ わたしたちの生活をいきいきとして張りのあるものにし，生きる意欲を刺激する。(37字)(同意可)

3 **【解き方】** ㈠ 梨の花を「冷艶」とほめたたえ，そうした冷ややかな美しさを「雪を欺き」と表現している。

㈡ 一字戻って読む場合には「レ点」を，二字以上戻って読む場合には「一・二点」を用いる。

㈢ 起句，承句の「冷艶」「余香」という表現に着目する。また，転句，結句で，「春風」に対して「定まること莫かれ」「飛ばしめよ」と呼びかけていることに着目する。

㈣「梨」の五画目が省略されている。また，「香」の八画目と九画目が一続きになっている。

【答】 ㈠ 雪 ㈡ (右図) ㈢ ア ㈣ ウ

吹イテ向カッテ㆓玉階ニ㆒飛バシメヨ

◀口語訳▶ 左掖の梨の花

冷ややかな美しさは雪と見まちがう

漂ってくる香りはすぐに人の衣につく

春風よしばらく吹きやむな

吹いて玉階に向かって飛ばしてくれ

4 **【解き方】** ㈠「挑戦を実現するために」すべきことを，「体力をつける」「登山計画を立てる」と簡潔に記している。また，「登山計画」をイメージしやすいように富士山の写真や計画表を示している。

㈡「みなさんは，高山病という言葉を聞いたことはありますか」と問いかけて聞き手の注意を引いたうえで，「高山病」についての説明や注意を伝えて印象づけている。

【答】 ㈠ ア・ウ ㈡ イ ㈢ (例)

私は，相手の考えが自分と違っていても，それを否定せずに最後まで話を聞くことが大切だと考える。

自分の考えに固執し，他者の考えを受け入れる柔軟さがないと，自分の考えを広げたり深めたりできないからだ。多様な考えに触れ，新たなものの見方に気づくことで，自分自身を成長させることができるだろう。(147 字)

~MEMO~

奈良県公立高等学校
(一般選抜)

2021年度
入学試験問題

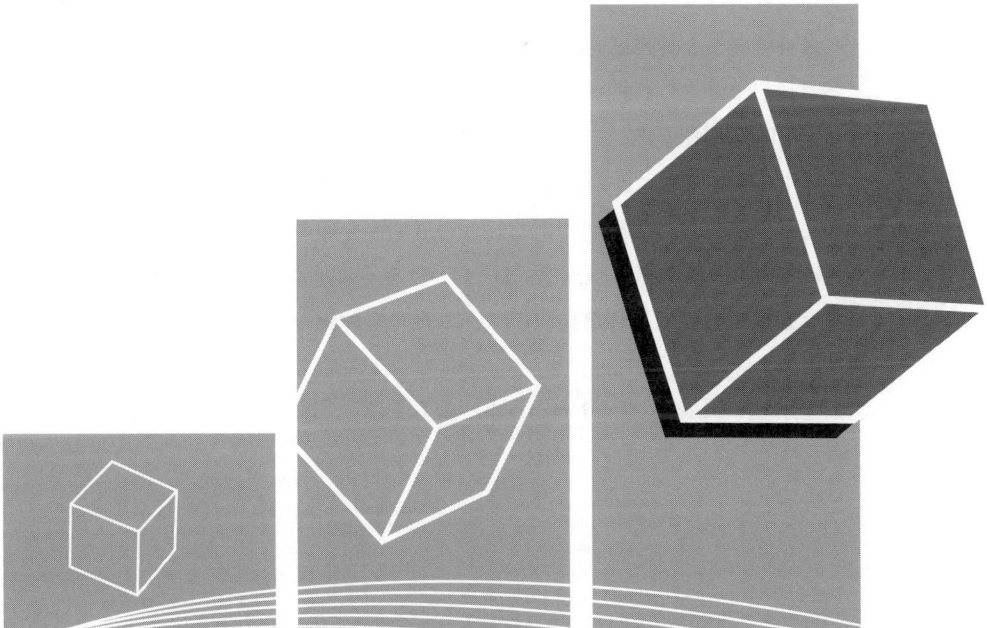

数学

時間　50分　　　　満点　50点

1　次の各問いに答えよ。

(1)　次の①～④を計算せよ。

①　$-2-5$　(　　　)

②　$-3^2 \times 9$　(　　　)

③　$8a^2b \div (-2ab)^2 \times 6ab$　(　　　)

④　$(x+7)(x-4)-(x-4)^2$　(　　　)

(2)　連立方程式 $\begin{cases} 3x+4y=1 \\ 2x-y=-3 \end{cases}$ を解け。(　　　　　)

(3)　2次方程式 $x^2-3x+1=0$ を解け。(　　　)

(4)　$\sqrt{15}$ の小数部分を a とするとき，a^2+6a の値を求めよ。(　　　)

(5)　右の表は，A中学校とB中学校の3年生全生徒を対象に，1日当たりの睡眠時間を調査し，その結果を度数分布表にまとめたものである。この表から読み取ることができることがらとして適切なものを，次のア～エからすべて選び，その記号を書け。(　　　)

階級(時間)	度数(人)	
	A中学校	B中学校
以上　未満 4 ～ 5	1	7
5 ～ 6	5	5
6 ～ 7	7	25
7 ～ 8	12	31
8 ～ 9	4	3
9 ～ 10	1	2
計	30	73

ア　5時間以上6時間未満の階級の相対度数は，A中学校の方が大きい。

イ　睡眠時間が8時間以上の生徒の人数は，A中学校の方が多い。

ウ　睡眠時間の最頻値（モード）は，B中学校の方が大きい。

エ　B中学校の半数以上の生徒が，7時間未満の睡眠時間である。

(6)　図1は，立方体の展開図である。この展開図を組み立ててできる立体において，頂点Pと頂点A，B，C，Dをそれぞれ結ぶ線分のうち，最も長いものはどれか。次のア～エから1つ選び，その記号を書け。(　　　)

ア　線分PA　　イ　線分PB　　ウ　線分PC　　エ　線分PD

図1

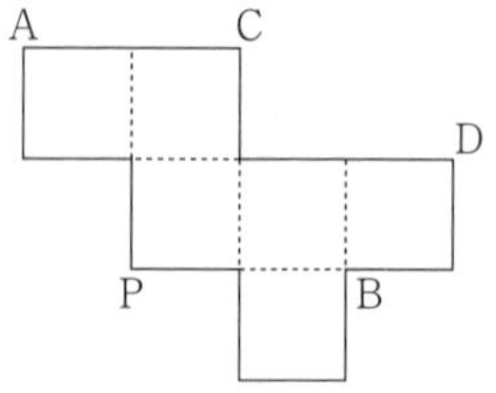

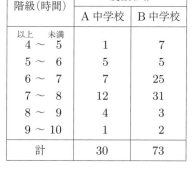

(7)　図2のように，3点A，B，Cがある。次の条件①，②を満たす点Pを，定規とコンパスを使って解答欄の枠内に作図せよ。なお，作図に使った線は消さずに残しておくこと。

図2

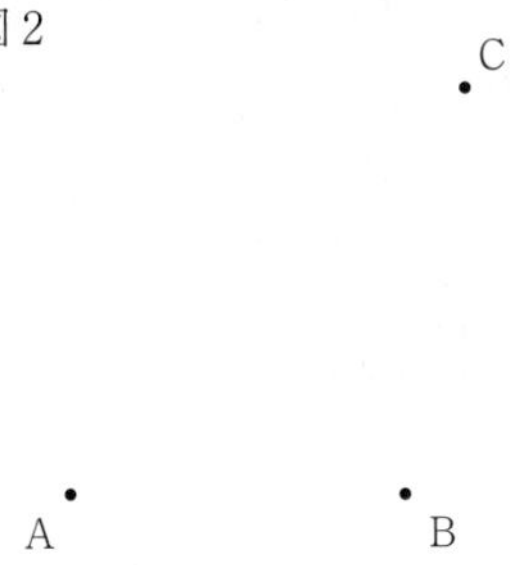

［条件］
① 点Pは，線分BC上にある。
② ∠BAP ＝ 30°である。

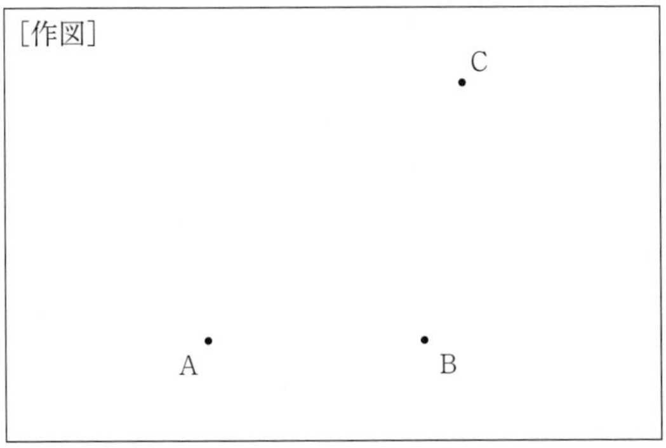

(8)　連続する4つの整数のうち，1つの数を除いた3つの整数の和は2021である。①，②の問いに答えよ。

①　連続する4つの整数のうち，最も小さい数をaとするとき，最も大きい数をaを用いて表せ。
(　　　)

②　除いた数を求めよ。(　　　)

2　花子さんと太郎さんは，ある博物館で入館料の割引キャンペーンが行われることを知り，それぞれ何人かのグループで訪れる計画を立てている。次の□内は，博物館の入館料と，花子さんと太郎さんのそれぞれの計画をまとめたものである。各問いに答えよ。

【博物館の入館料】

◆通常料金

大人　500円　　子ども（中学生以下）　200円

◆特別割引（開館10周年記念）

・期日　7月17日(土)～7月18日(日)

・内容　大人1人につき，同伴している子ども1人の入館料が無料。

※入館する子どもには，記念品が必ずプレゼントされる。

◆月末割引

・期日　7月30日(金)～7月31日(土)

・内容　入館者全員，入館料50円引き。

【訪れる計画】

	訪れる日	グループの人数構成
花子	7月17日(土)	大人2人，子ども3人
太郎	7月31日(土)	大人3人，子ども5人

(1)　次の□内は，グループの入館料の合計金額に関する花子さんと太郎さんの会話である。この会話を読んで，①～③の問いに答えよ。

花子：私のグループの場合，入館料の合計金額は［あ］円だね。

太郎：私のグループの場合，月末割引の日に訪れる予定だから，特別割引の日に訪れるよりも入館料の合計金額は［い］円高くなるよ。

花子：私のグループが月末割引の日に訪れるとしても，入館料の合計金額は，特別割引の日に訪れるより高くなるよ。

太郎：特別割引の日より，月末割引の日に訪れる方が，グループの入館料の合計金額が安くなることはあるのかな。

花子：大人x人，子どもy人のグループで訪れるとして，入館料の合計金額を式に表して考えてみようよ。

①　［あ］，［い］に当てはまる数を書け。あ(　　　)　い(　　　)

②　2人は，特別割引について考えている中で，xとyの大小関係により，グループの入館料の合計金額を表す式が異なることに気づいた。$x < y$であるとき，特別割引の日に訪れる場合のグループの入館料の合計金額をx，yを用いて表せ。(　　　円)

③　2人は，グループの入館料の合計金額について，次の□内のようにまとめた。［う］に

当てはまる数を書け。また，（ X ），（ Y ）に当てはまる語句の組み合わせを，後のア～エから1つ選び，その記号を書け。㋒(　　　)　記号(　　　)

> 大人の人数より子どもの人数の方が多い場合，2種類の割引でグループの入館料の合計金額が等しくなるのは，子どもの人数が大人の人数の［㋒］倍のときである。このときより，大人の人数が1人（ X ）か，子どもの人数が1人（ Y ）と，特別割引の日より，月末割引の日に訪れる方が，グループの入館料の合計金額が安くなる。

ア　X　増える　　Y　増える　　イ　X　増える　　Y　減る

ウ　X　減る　　Y　増える　　エ　X　減る　　Y　減る

(2)　特別割引の日に入館する子どもには，スクラッチカードが配られ，記念品として「クリアファイル」か「ポストカード」のいずれかが必ずプレゼントされる。次の［　　］内は，スクラッチカードとその説明である。花子さんのグループの子ども3人のうち，少なくとも1人は「クリアファイル」がプレゼントされる確率を求めよ。(　　　)

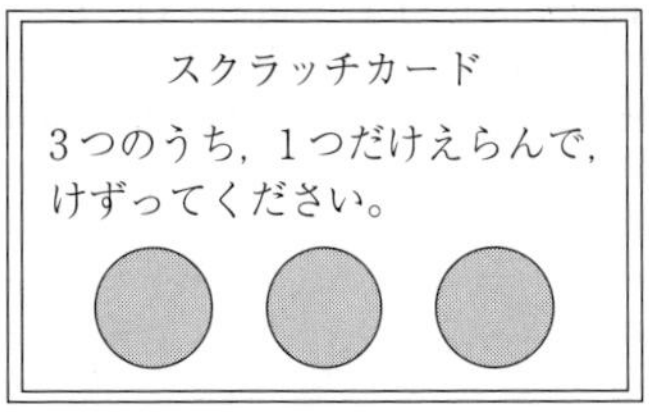
スクラッチカード
3つのうち，1つだけえらんで，けずってください。

3つの○には，Aの記号が1つ，Bの記号が2つ隠されています。○を1つだけ削り，Aが出れば「クリアファイル」，Bが出れば「ポストカード」がプレゼントされます。ただし，記号の並び方はカードごとにばらばらです。

3　右の図のように，関数 $y = ax^2$ $(a > 0)$ のグラフ上に，2 点 A，B があり，その x 座標はそれぞれ -1，2 である。原点を O として，各問いに答えよ。

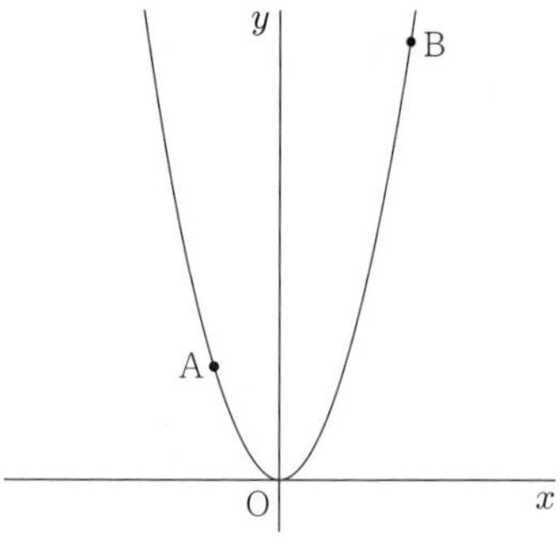

(1)　a の値が大きくなると，次の①，②はどのように変化するか。正しいものを，それぞれア～ウから 1 つずつ選び，その記号を書け。

①　グラフの開き方（　　　）

ア　大きくなる　　イ　小さくなる　　ウ　変わらない

②　線分 AB の長さ（　　　）

ア　長くなる　　イ　短くなる　　ウ　変わらない

(2)　x の変域が $-1 \leqq x \leqq 2$ のとき，y の変域が $0 \leqq y \leqq 2$ となる。このときの a の値を求めよ。

（　　　）

(3)　$a = 2$ のとき，①，②の問いに答えよ。

①　直線 AB の式を求めよ。（　　　）

②　線分 OA 上に点 C をとり，直線 BC と y 軸との交点を D とする。また，直線 AB と y 軸との交点を E とする。△BED の面積と△ODC の面積が等しくなるとき，点 C の x 座標を求めよ。

（　　　）

4　右の図のように，線分 AB を直径とする円 O の周上に点 C があり，AB = 5 cm，AC = 3 cm である。線分 AB 上に点 D をとり，直線 CD と円 O との交点のうち点 C 以外の点を E とする。ただし，点 D は，点 A，B と一致しないものとする。各問いに答えよ。

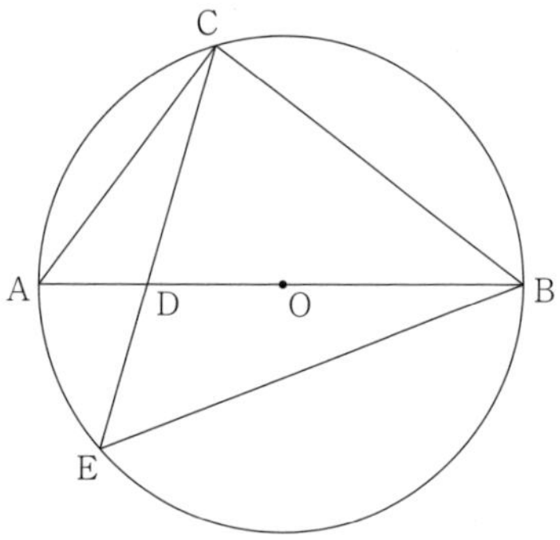

(1)　△ACD∽△EBD を証明せよ。

（　　　　　　　　　　　　　　　　）

(2)　∠BAC = $a°$ とする。BC = CE のとき，∠OCD の大きさを a を用いて表せ。（　　　）

(3)　∠AOE = 60° のとき，線分 DE の長さは線分 AD の長さの何倍か。（　　　倍）

(4)　AC = CD のとき，△OEB の面積を求めよ。（　　　cm^2）

英語

時間　50分　　　満点　50点

（編集部注）放送問題の放送原稿は英語の末尾に掲載しています。
音声の再生についてはもくじをご覧ください。

1 放送を聞いて，各問いに答えよ。

(1) ①，②の英語の内容に合うものを，それぞれア～エから1つずつ選び，その記号を書け。なお，英語はそれぞれ1回ずつ流れる。①(　　　) ②(　　　)

① ア

イ

ウ

エ

② ア

イ

ウ

エ

(2) ①，②のそれぞれの会話の最後の部分に入る英語として最も適切なものを，それぞれア～エから1つずつ選び，その記号を書け。なお，会話はそれぞれ1回ずつ行う。

①(　　　) ②(　　　)

① ア I don't know your name.　イ Yukiko is my friend.　ウ I am from Japan.
エ Suzuki, I'm Suzuki Yukiko.

② ア It will start at 11 o'clock.　イ It was exciting.　ウ I haven't watched it.
エ I am good, thank you.

(3) 会話の内容についての質問に対する答えとして最も適切なものを，次のア～エから1つ選び，その記号を書け。なお，会話と質問はそれぞれ2回ずつ行う。(　　　)

ア The 1st, 4th and 6th floors.
イ The 1st, 5th and 7th floors.
ウ The 1st, 2nd, 5th and 6th floors.
エ The 1st, 4th, 6th and 7th floors.

ABC デパート	
7F	レストラン
6F	書籍　文房具
5F	子ども服　家庭用品
4F	紳士服　スポーツ用品
3F	婦人服
2F	バッグ　アクセサリー
1F	化粧品　靴

(4) 聞き取った英語の内容と合っているものを，次のア～カから2つ選び，その記号を書け。なお，英語は2回流れる。(　　　)(　　　)

ア People can enjoy a big festival and many kinds of food in Mika's town in spring.

イ　Many people visit Mika's town in summer to buy beautiful flowers.

ウ　Some old houses in Mika's town were built more than 200 years ago.

エ　The library in Mika's town is old, so a new library will be built next year.

オ　Students in Mika's town study about the library in their town.

カ　Mika wants to make a website about her town in the future.

2　次の英文を読んで，各問いに答えよ。

The Popular Job Ranking in Aoba Junior High School	
1	sports player
2	video blogger
3	game creator
4	[ア]
5	nurse
6	[イ]
7	vet
8	doctor
9	[ウ]
10	cook

Ichiro: What do you want to be in the future, Emily?

Emily: I want to teach Japanese in my country. I want to help students who are interested in Japan like me. How about you, Ichiro?

Ichiro: I want to be a nurse. I want to support many people who have health problems. Look at this. This is the popular job ranking among the third grade students at our school. A sports player is the most popular job among the students. A nurse is in the fifth place.

Emily: Interesting ranking! Oh, a teacher is not as popular as a nurse, but it is more popular than a doctor. In the US, a teacher and a doctor are very popular jobs.

Ichiro: Interesting. Do you think popular jobs among students will change in the future?

Emily: Yes. A video blogger is a very popular job now, but I've heard that we didn't have such a job ten years ago. Society is changing so quickly.

Ichiro: You're right. We will see more AI technologies around us soon, and they can work for us and change our life. Actually, we can use translator applications when people speaking different languages communicate with each other. A lot of new technologies will be developed in the future. They can make our life better.

Emily: Is it necessary for us to learn foreign languages to communicate with each other?

Ichiro: Now, I can communicate with you because I have studied English for several years. I am very glad we can understand each other through conversation in English. Translator applications will be a great help when we communicate, but still [　　　] to understand people from different cultures.

(注)　ranking：ランキング　　video blogger：動画投稿者　　game creator：ゲームクリエイター
place：順位　　society：社会　　AI：人工知能（artificial intelligence）　　technology：技術
translator application：翻訳のアプリケーションソフト　　develop：開発する
conversation：会話　　still：それでも

(1)　会話の内容から判断して，“teacher”は，表中の[ア]～[ウ]のどこに入るか。1つ選び，その記号を書け。(　　　)

(2) 文脈に合うように，[　　　]に入る最も適切な英語を，次のア～エから1つ選び，その記号を書け。(　　　)

ア I will continue to study foreign languages

イ I will change popular job ranking

ウ I will give up becoming a sports player

エ I will support people who have health problems

(3) あなたが外国語でコミュニケーションをする際に，大切にしたいことは何か。あなたの考えを15語程度の英語で書け。ただし，1文または2文で書き，コンマやピリオドは語数に含めないこと。

(　　　　　　　　　　　　　　　　　　　　　　　　　　　　　　　　)

3　次の［　　］内は，まほろば市が作成したイングリッシュキャンプ参加者募集のポスターの一部である。各問いに答えよ。

Mahoroba City ENGLISH CAMP 2021

Let's enjoy speaking English and have fun with ALTs in Mahoroba City!

Place　Mahoroba River Park

Date　July 31 (Saturday) - August 1 (Sunday)

[*The participants will meet at Mahoroba Station at 1 p.m. on July 31.]

Who Can Join　Students who live in Mahoroba City (9 - 15 years old)

(*Students who have not joined this camp before can apply.
*Parents cannot join this camp.
*The meeting before the camp will be held at Mahoroba City Hall at 10 a.m. on July 24.
The participants must join it. Parents can join the meeting, too.
*Don't worry about your English skills. ALTs will help you.)

Cost　¥3,000

How to Apply　Please visit the website: http://www.mhrbcityenglishcamp.jp

[*You need to apply on the website by June 30.]

PROGRAM　*Some of the activities will be changed if it rains.

DAY 1 (7/31)	Afternoon	★Self-introduction ★Playing games
	Evening	★Cooking (Let's make pizza!) ★Campfire (Let's sing English songs!)
DAY 2 (8/1)	Morning	★Walking in the park ★Learning cultures (ALTs will talk about their countries.)

(注)　camp：キャンプ　participant：参加者　apply：申し込む　city hall：市役所
cost：費用　self-introduction：自己紹介　campfire：キャンプファイヤー

(1)　このキャンプの参加条件に合うのはどの生徒か。次のア～エから1つ選び，その記号を書け。(　　)

ア　A student who joins the camp with parents.

イ　A student who joined the camp last year.

ウ　A student who lives in Mahoroba City and is 13 years old.

エ　A student who lives in Sento City and is 15 years old.

(2)　次の①，②の問いに対する答えとして最も適切なものを，それぞれ後のア～エから1つずつ選び，その記号を書け。

①　Where will the participants meet at 1 p.m. on July 31? (　　)

ア　At Mahoroba River Park.　　イ　At Mahoroba Station.

ウ　At Mahoroba Junior High School.　　エ　At Mahoroba City Hall.

②　Which is true about the camp? (　　)

ア　The participants need to speak English well to join the camp.

イ　The participants can learn foreign cultures from ALTs on the morning of DAY 1.

ウ　If students want to join the camp, they must visit Mahoroba City Hall by June 30.

エ　If it is rainy, the activities for the camp will be changed.

4 次の英文を読んで，各問いに答えよ。

Otama Village is a beautiful village in Fukushima Prefecture. It is the first friendship city of Machu Picchu Village in Peru. Machu Picchu Village is famous for its World Heritage Site, and many people visit it every year. Why has Otama Village become a friendship city of Machu Picchu Village?

マチュピチュ
(Machu Picchu)

One Japanese man linked the two villages. His name was Nouchi Yokichi. He was born in 1895 in Otama Village. His parents were farmers, and he had many brothers and sisters. When he was 21 years old, he decided to go to Peru as an immigrant though his parents did not want him to go. He wanted to succeed in a foreign country. He left Japan alone in 1917.

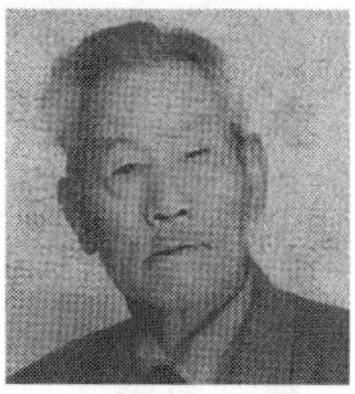

野内　与吉
(Nouchi Yokichi)

After arriving in Peru, Yokichi worked on a farm. The work on the farm was too hard to continue. He gave up the job and traveled around to look for another job. He changed jobs several times. When he was 28, he started to work at a national railway company in Peru. At that time, the company had a plan to build a long railroad to carry coffee beans. He stayed in a village at the foot of Machu Picchu and worked to build the railroad. There was a lot of nature around the village. He liked the village and decided to live there.

However, the life in the village was not easy. The villagers had to walk a long way to get water. Also, they did not have electricity. Yokichi built a waterway with the villagers to carry water into the village. After that, they could get water more easily. The villagers did not know much about electricity, so he taught them about it. He built a small hydroelectric power plant with them. The villagers began to respect him.

Before coming to the village, Yokichi worked only for himself, but his experiences in the village changed him. He felt happy when he worked for the villagers. He thought, "The village will develop if more people visit the village." He built a hotel in the village in 1935 when he was 40. This hotel was not only for visitors but also for the villagers. It had a post office and a police station in it. The hotel became a very important place for the villagers. He always thought of the village and the villagers. He was no longer just an immigrant from Japan. The life in the village was improved thanks to him. He was an indispensable person for the village.

The Pacific War began in 1941. In Peru, the military police started to arrest Japanese people. Soon, the military police came to the village to look for them. All the villagers said to the police, "There are no Japanese people in this village." Yokichi and his family were saved by the villagers. After the war, he became the first mayor of the village when he was 53.

Yokichi went back to Otama Village for the first time when he was 73. He introduced Machu Picchu Village to the people during his stay. His family in Japan asked him to stay in Japan, but he returned to Peru in the next year. He did not go back to Otama Village again. His life ended in 1969.

Machu Picchu became a World Heritage Site in 1983. Machu Picchu Village was asked to be a friendship city by many cities around the world, but the village chose Otama Village as its first friendship city. This was because of Yokichi's great achievement. His achievement still links Japan and Peru together.

(注)　Otama Village：大玉村　friendship city：友好都市　Peru：ペルー　link：つなげる
immigrant：移民　succeed：成功する　farm：農場　railway：鉄道　railroad：線路
foot：ふもと　villager：村人　waterway：水路　hydroelectric power plant：水力発電所
himself：彼自身　develop：発展する　thanks to：～のおかげで
Pacific War：太平洋戦争　military police：軍警察　mayor：村長　introduce：紹介する
achievement：功績

(1)　野内与吉に関する出来事について述べた次のア～オを，起こった順に並べかえて記号で書け。

(　→　→　→　→　)

ア　Yokichi built a hotel in the village for both the visitors and the villagers.
イ　Yokichi went back to Otama Village from Peru.
ウ　Yokichi became the first mayor of Machu Picchu Village.
エ　Yokichi built a waterway to carry water into the village.
オ　Yokichi started to work at a national railway company.

(2)　英文の内容について，次の問いにそれぞれ3語以上の英語で答えよ。ただし，コンマやピリオドなどは語数に含めないこと。

(a)　Did Yokichi's parents want him to go to Peru when he was 21 years old?
(　　　　)

(b)　How many times did Yokichi go back to Otama Village from Peru?
(　　　　)

(3)　英文の内容から判断して，下線部の意味に最も近い語を，次のア～エから1つ選び，その記号を書け。(　　)

ア　international　イ　nervous　ウ　important　エ　terrible

(4)　英文の内容と合っているものを，次のア～カから2つ選び，その記号を書け。

(　　)(　　)

ア　The work on the farm in Peru was so hard that Yokichi could not continue it.
イ　Yokichi started to grow coffee beans in Peru when he was 28 years old.
ウ　The villagers respected Yokichi because he built a farm in the village.
エ　Yokichi built a post office and a police station in the village before building a hotel.
オ　Yokichi and his family saved the villagers' lives during the Pacific War.
カ　Thanks to Yokichi, Otama Village has become a friendship city of Machu Picchu Village.

(5)　次の会話は，英文を読んだ後にMr. BrownとHarukoが話した内容である。あなたがHarukoなら，Mr. Brownの質問にどのように答えるか。□に入る英語を20語程度で書け。ただし，1文または2文で書き，コンマやピリオドなどは語数に含めないこと。

Mr. Brown: Yokichi went to Peru alone and worked for the people there. It was great.

Haruko: He made the villagers happy through his efforts.

Mr. Brown: Right. What do you want to do to make people around you happy, Haruko?

Haruko:

〈放送原稿〉

(チャイム)

これから，2021年度奈良県公立高等学校入学者一般選抜学力検査問題，英語の聞き取り検査を行います。放送中に問題用紙の空いているところに，メモを取ってもかまいません。

それでは，問題用紙の[1]を見なさい。[1]には，(1)〜(4)の4つの問題があります。

まず，(1)を見なさい。

(1)では，①，②の英語が流れます。英語の内容に合うものを，それぞれ問題用紙のア〜エのうちから1つずつ選び，その記号を書きなさい。なお，英語はそれぞれ1回ずつ流れます。

それでは，始めます。

① The woman is taking a picture of flowers.

――（この間約3秒）――

② This is used to produce electricity when wind blows.

――（この間約3秒）――

次に，(2)に移ります。

(2)では，①，②のそれぞれの場面で，2人が会話を行います。それぞれの会話の最後にチャイムが鳴ります。そのチャイムの部分に入る英語として最も適切なものを，それぞれ問題用紙のア〜エのうちから1つずつ選び，その記号を書きなさい。なお，会話はそれぞれ1回ずつ行います。

それでは，始めます。

① *Clerk:* May I have your name, please?
Ms. Suzuki: My name is Suzuki Yukiko.
Clerk: Could you say it again?
Ms. Suzuki: 〈チャイム〉

――（この間約3秒）――

② *Woman:* I haven't watched movies these days.
Man: I watched an anime movie last week.
Woman: How was it?
Man: 〈チャイム〉

――（この間約3秒）――

次に，(3)に移ります。

(3)では，問題用紙に示されたデパートの案内表示を見ながら2人が会話を行います。その後，会話の内容についての質問をします。質問に対する答えとして最も適切なものを，問題用紙のア〜エのうちから1つ選び，その記号を書きなさい。なお，会話と質問はそれぞれ2回ずつ行います。

それでは，始めます。

Tom: You said you wanted to buy shoes, Lucy.
Lucy: Yes.
Tom: We are on the first floor now. Let's go to the shoe shop on this floor first.
Lucy: Sure. What are you going to buy, Tom?

Tom: I want to buy a tennis racket and look for a good dictionary to study Spanish.

Lucy: Let's buy a racket after buying my shoes. Then, we can go to the bookstore. I want to buy a comic book, too.

Tom: Perfect. After shopping, shall we eat dinner at a restaurant?

Lucy: Sounds nice, but I have to go home by five o'clock because my parents and I are going to have dinner together.

Tom: OK. Let's leave here after we finish shopping.

Lucy: Thank you, Tom.

質問 Which floors will they visit for shopping?

繰り返します。(繰り返し)

――（この間約３秒）――

次に，(4)に移ります。

(4)では，イギリスに留学しているMikaが授業で行った，自分の町を紹介したスピーチが流れます。この英語の内容と合っているものを，問題用紙のア～カのうちから２つ選び，その記号を書きなさい。なお，スピーチは２回流れます。

それでは，始めます。

Hello. Today, I'm going to talk about my town.

Look at these pictures. These are pictures of my town. In spring, you can see beautiful flowers along the river. In summer, many people come to my town because we have a big festival. You can enjoy many kinds of food at the festival.

Look at the next picture. You can see a street with old houses near the river. Some houses are more than 200 years old. The street has a long history and students in my town learn about it. I think it is important for us to learn about our town.

There are not only old things but also new things in my town. This is the picture of a new library built last year. It is very big and has many books. It also has a room for studying. Many students study there on weekends. Some people visit the library to take pictures of it because it is made of wood and beautiful.

In the future, I want to make a website to show my town to people around the world. I hope many people will know about my town through the website.

I love my town. Thank you.

――（この間約３秒）――

繰り返します。(繰り返し)

――（この間約３秒）――

これで，英語の聞き取り検査の放送を終わります。次の問題に進んでよろしい。

社会

時間　50分　　　満点　50点

1　令子さんと和人さんのクラスでは，古代から近代の日本の歴史について，班ごとに各時代の特色を明らかにすることにした。次の写真や絵は，各班がそれぞれ集めた資料の一部であり，[　　]内は，今後の学習活動の見通しを示したものである。各問いに答えよ。

［古代］

奈良県で出土した銅鏡の写真である。銅鏡の中にはA中国から贈られたものもある。中国と日本の関係から，古代について調べていく。

［中世］

武芸に励む武士を描いた絵である。中世の資料には，B武士が登場する場面が見られる。武士の活躍から，中世について調べていく。

［近世］

打ちこわしの様子を描いた絵である。幕府がさまざまな改革を行うも，打ちこわしはたびたび起きた。C幕府の政策から，近世について調べていく。

［近代］

ラジオの前に集まる家族の写真である。人々の生活様式には大きな変化が見られた。D人々の生活や文化から，近代について調べていく。

(1)　下線部Aの歴史書には，ある国が邪馬台国の卑弥呼に対して金印や銅鏡を与えたとある。この国の名称は何か。次のア～エから１つ選び，その記号を書け。(　　　)

ア　秦　　イ　魏　　ウ　隋　　エ　唐

(2)　令子さんの班は，下線部Bについて調べた。

①　資料Ⅰは，承久の乱において，北条政子が御家人に発したとされる言葉を要約したものの一部である。資料Ⅰ中の＝＝線部「御恩」に対する奉公として，政子が御家人に求めた行動を簡潔に書け。

(　　　　　　　　　　　　　　　　　　　　)

［資料Ⅰ］

みなの者よく聞きなさい。これが最後の言葉である。亡き頼朝公が朝廷の敵を倒し，幕府を開いてから，その御恩は山よりも高く，海よりも深い。この御恩に報いる心が浅くてよいはずがない。

(「吾妻鏡」より作成)

②　資料Ⅱは，足利義政が建てた銀閣と同じ敷地にある東求堂同仁斎の写真である。この資料に見られるような室内の特徴をもつ建築様式を何というか。その名称を書け。

(　　　)

［資料Ⅱ］

③　戦国時代になると，領国の産業発展のために鉱山の開発に力を入れる戦国大名もいた。石見銀山は，戦国大名が保護した商人により開発された鉱山の一つである。石見銀山の位置を略地図中のア～エから１つ選び，その記号を書け。

(　　)

［略地図］

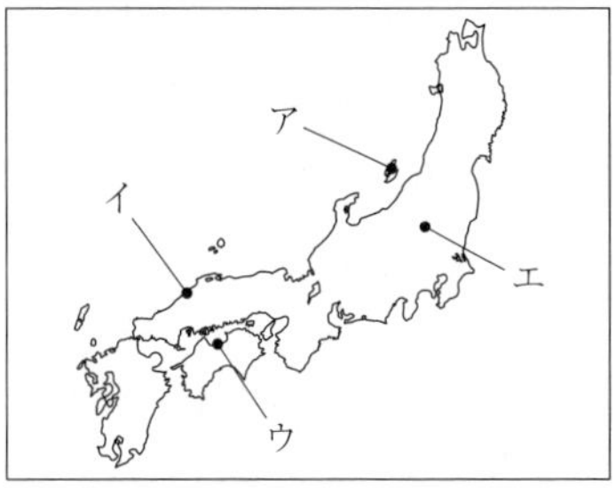

(3)　和人さんの班は，下線部Cについて，幕府のリーダーが行った取り組みをそれぞれメモにまとめた。次の□内は，そのとき作成したメモである。

〈a徳川吉宗が行った取り組み〉
・幕府の支出が増えたため，質素倹約を命じて，出費を減らそうとした。また，b庶民の意見を取り入れる目安箱を設置した。

〈松平定信が行った取り組み〉
・c天明のききんによる社会の混乱を抑え，幕府財政の立て直しをはかろうとした。また，庶民の生活にも厳しい統制を加えた。

〈水野忠邦が行った取り組み〉
・物価上昇を抑えるために，株仲間を解散させた。また，日本沿岸に接近するd外国船に対する強硬な方針を改めた。

①　波線部aが，メモに書かれたこと以外に行ったことについて述べた文として適切なものを，次のア～エからすべて選び，その記号を書け。(　　)

ア　裁判の基準となる公事方御定書を定めた。

イ　外交方針を批判した高野長英らを処罰した。

ウ　漢訳された洋書の輸入の制限をゆるめた。

エ　動物愛護を定めた生類憐みの令を出した。

②　波線部bの間にも教育への関心が高まり，子どもたちが読み・書き・そろばんを学ぶことのできる施設が開かれるようになった。資料Ⅲは，子どもたちが学んでいる様子を描いたものである。このような庶民教育の施設を何というか。その名称を書け。

(　　)

［資料Ⅲ］

③　次の□内は，和人さんたちが寛政の改革についてまとめたものである。また，資料Ⅳは，波線部cとその前後の期間における，１年当たりの幕府領の年貢収納量を示したものである。□内の（ X ）に当てはまる言葉を，資料Ⅳを参考にして，簡潔に書け。

(　　　　　　　　　　　　)

［資料Ⅳ］

	１年当たりの幕府領の年貢収納量
天明のききん前の期間(1777～1781年)	約150万石
天明のききんの期間(1782～1787年)	約135万石
寛政の改革後の期間(1794～1798年)	約154万石

(「日本史辞典」より作成)

> 天明のききんと呼ばれる全国的なききんが起きたことで，農村が荒廃し，百姓一揆や打ちこわしが多発した。松平定信は，寛政の改革において農村を復興させようとした。なぜなら農村が復興することで，(　　X　　)ため，幕府の財政を立て直すことにつながるからだ。

④　水野忠邦は波線部 d を，燃料のまきや水などを与えて退去させる穏便な方針に改めた。この改定のきっかけとなったアジアでの出来事について，関係する 2 つの国名を示しながら，簡潔に書け。(　　　　　　　　　　　　　　　　　　　　)

(4)　近代以降，欧米から新しい文化や考え方が流入し，下線部 D は大きく変化した。近代以降の人々の生活や文化について述べた次のア～ウを，年代の古いものから順に並べかえて記号で書け。

(　　→　　→　　)

ア　発行部数が 100 万部をこえる新聞が現れ，1 冊 1 円の円本も出版された。

イ　欧米の近代思想が中江兆民らにより紹介され，人々に影響を与えた。

ウ　学校教育が普及し，義務教育は 6 年制となり，就学率は 9 割をこえた。

(5)　次の□内は，令子さんと和人さんが学習のまとめとして意見交換したときの会話の一部である。□内の（ Y ）に当てはまる言葉を，幕府の定めた法令に触れながら，「統制」，「違反」の語を用いて簡潔に書け。

(　　　　　　　　　　　　　　　　　　　　　　　　　　　　)

> 令子：私たちは，武士に関するさまざまな資料を見つけ，中世は武士を中心とする時代であると考えました。
>
> 和人：私たちが調べた近世も，武士が主役だと考えました。なぜなら近世の武士はさまざまな取り組みを行い，武家政権の維持を図るとともに社会をよくしようとしたからです。
>
> 令子：中世と近世には，武士が主役という共通点があるということですね。しかし，同じ武家政権でも，中世の室町幕府の時代は混乱した期間が長かったと学びました。
>
> 和人：近世は，混乱の少ない時代でした。江戸幕府は，(　　Y　　)ことで，全国の大名の力を抑え，安定した政権になったと言えます。
>
> 令子：他の時代との共通点や相違点に着目することで，その時代の特色が明らかになりましたね。

[2] 夏美さんは，社会科の授業で学習した自動車工業に興味をもち，関連することがらについて調べた。各問いに答えよ。

(1) 愛知県瀬戸市では，ファインセラミックスを素材とする自動車部品を製造している。この素材には，瀬戸市で生産が盛んな工芸品の生産技術が応用されている。この工芸品は何か。次のア～エから1つ選び，その記号を書け。(　　　)

ア　織物　　イ　漆器　　ウ　陶磁器　　エ　鉄器

[略地図Ⅰ]

(2) 略地図Ⅰは，自動車工業が盛んな群馬県太田市の位置と関東地方の高速道路網の一部を示したものである。太田市が位置する北関東には，内陸型の工業地域が形成されている。この地域において工業が発達している理由を，高速道路網との関係に着目して，「製品」の語を用いて簡潔に書け。(　　　　　　　　　　　　　　　　　　　　　　　　　　)

(3) 国内で生産された自動車の一部は，名古屋からロサンゼルスへ船で輸出されている。略地図Ⅱ中において両都市を直線で結んだ----- 線aの長さと，━━ 線ア～ウの地図上の長さはそれぞれ等しい。実際の距離を比較したとき，----- 線aより長いものを，━━ 線ア～ウから1つ選び，その記号を書け。なお，略地図Ⅱは，緯線と経線が直角に交わった地図である。(　　　)

[略地図Ⅱ]

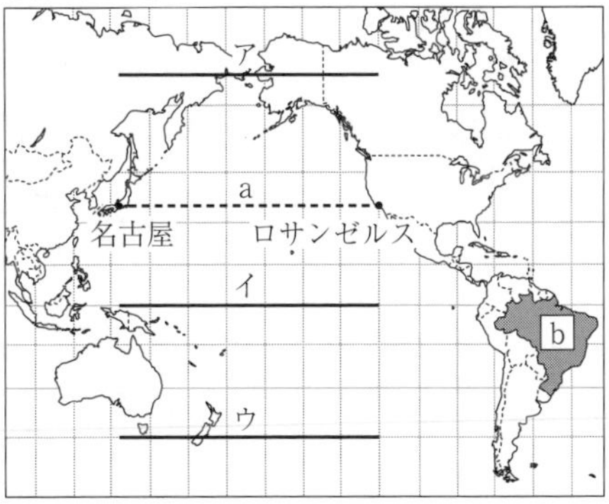

(4) 略地図Ⅱ中の国bでは，自動車の燃料として使用されるバイオ燃料の生産が盛んである。資料Ⅰは，バイオ燃料の原料となる，ある農作物の2018年における国別生産割合を示したものである。この農作物を，次のア～エから1つ選び，その記号を書け。なお，資料Ⅰ中のbは，略地図Ⅱ中の国bを示している。(　　　)

ア　米　　イ　カカオ豆　　ウ　小麦　　エ　さとうきび

[資料Ⅰ]

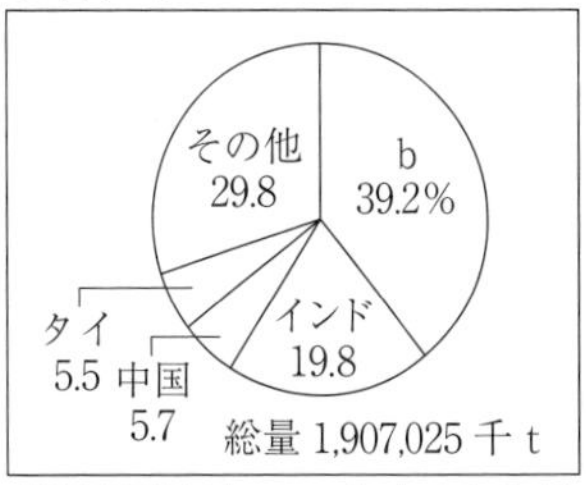

(「世界国勢図会 2020/21」より作成)

(5) 夏美さんは，自動車を生産する日本の企業に多国籍企業が多いことを知り，関連する資料を集めた。資料Ⅱは，海外に進出した製造業を営む日本の企業の，1995年から2015年における海外生産比率の推移を示したものである。資料Ⅱを参考にして，「産業の空洞化」とはどのような現象か，簡潔に書け。

(　　　　　　　　　　　　　　　　　　　　　　　　　　)

[資料Ⅱ]

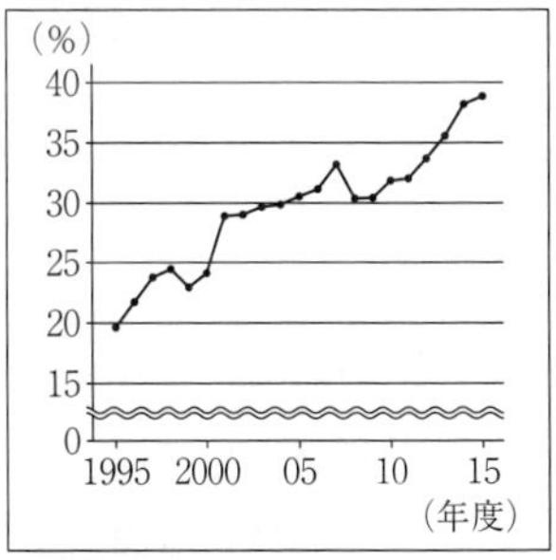

(経済産業省「海外事業活動基本調査」より作成)

(6) 夏美さんは，電気自動車に興味をもち，電気自動車と持続可能な社会との関わりについてレポートにまとめた。次の［　　］内は，その一部である。

近年，環境に配慮した乗り物として，A電気自動車が注目されている。電気自動車は，ガソリン車とは異なり電気を動力源としているため，走行時に二酸化炭素を排出しない。また，太陽光やB地熱などの再生可能エネルギーを利用してつくられた電気を，電気自動車に搭載されているCリチウムイオン電池に蓄電して使用することで，持続可能な社会の実現につながることが期待されている。

① 資料Ⅲは，大分県姫島村のWebサイトに掲載されている，下線部Aを活用した観光プランの一部を示したものである。資料Ⅲのような，地域の自然環境を生かした体験活動と，環境の保全の両立を目的とした観光のあり方を何というか。その用語を書け。(　　　)

［資料Ⅲ］

姫島　おすすめコース

・「おおいた姫島ジオパーク」で地層群の観察
・姫島に飛来する「アサギマダラ」の観察
・古事記に登場する姫島の七不思議伝説巡り

(姫島村Webサイトほかより作成)

② 資料Ⅳは，下線部Bを利用した発電を行う際に必要な資源の多い上位6か国を示したものである。また，資料Ⅴは，地熱資源が見られる場所を模式的に示したものである。資料Ⅳ中の(　X　)に当てはまる国を，後のア～エから1つ選び，その記号を書け。(　　　)

［資料Ⅳ］

	国名	地熱資源量(万kW)
1	アメリカ	3,000
2	(　X　)	2,779
3	日本	2,347
4	ケニア	700
5	フィリピン	600
	メキシコ	600

(資源エネルギー庁Webサイトより作成)

［資料Ⅴ］

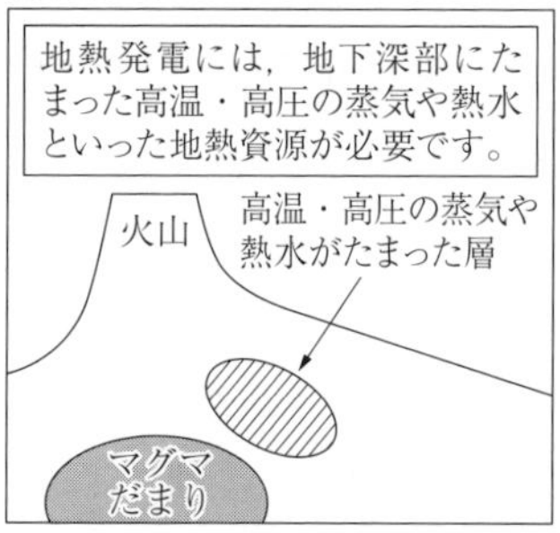
地熱発電には，地下深部にたまった高温・高圧の蒸気や熱水といった地熱資源が必要です。
火山
高温・高圧の蒸気や熱水がたまった層
マグマだまり

(独立行政法人石油天然ガス・金属鉱物資源機構Webサイトほかより作成)

ア　インドネシア　　イ　スウェーデン　　ウ　モンゴル　　エ　オーストラリア

③ 夏美さんは，下線部Cの製造に必要な資源に関わる課題について調べ，レポートに次の□内の内容を書き加えた。□内の(　Y　)に当てはまる言葉を，歴史的背景に触れながら，簡潔に書け。

(　　　　　　　　　　　　　　　　　　　　　　　　　　　　　　　　　　　)

リチウムイオン電池の製造には，レアメタルが不可欠である。レアメタルが豊富に産出されるアフリカ州では，(　　Y　　)を国境線として使用していることもあり，一部の地域においては資源をめぐる民族対立も起こっている。このような対立は，資源の安定供給を妨げる原因となっている。

[3] 健太さんは，スーパーマーケットでの職場体験を通して，実際の経済活動に興味をもち，調べた。各問いに答えよ。

(1) 資料Ⅰは，経済活動における，家計，企業，政府の関係を示したものである。

[資料Ⅰ]

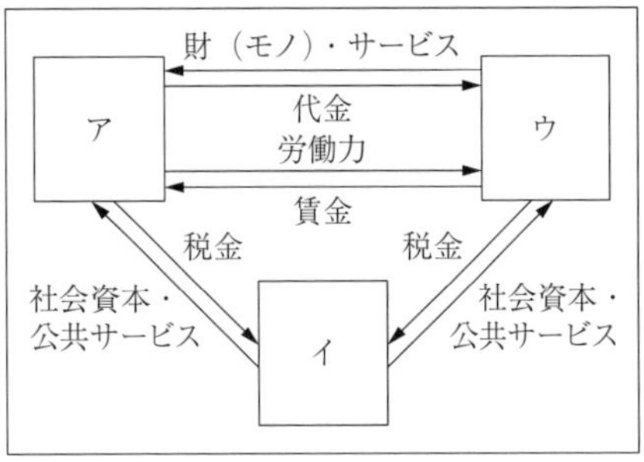

① 資料Ⅰ中のア～ウは，家計，企業，政府のいずれかを示している。家計に当たるものを，資料Ⅰ中のア～ウから1つ選び，その記号を書け。(　　　)

② 企業の中でも，株式を発行して資金を集める会社を株式会社という。株式を購入した出資者が出席して，経営方針を決定したり，経営者を選出したりする機関を何というか。その名称を書け。(　　　)

(2) 健太さんは，スーパーマーケットの入り口で，求人広告を見つけた。求人広告に記されている労働条件は，次に示すような内容を定めた法律に基づいている。この法律を何というか。その名称を書け。(　　　)

・男女同一賃金の原則　　・労働時間は週40時間，1日8時間以内
・毎週少なくとも1回の休日

(3) 健太さんは，商品の価格がさまざまな条件によって変動することに興味をもち，調べた。

[資料Ⅱ]

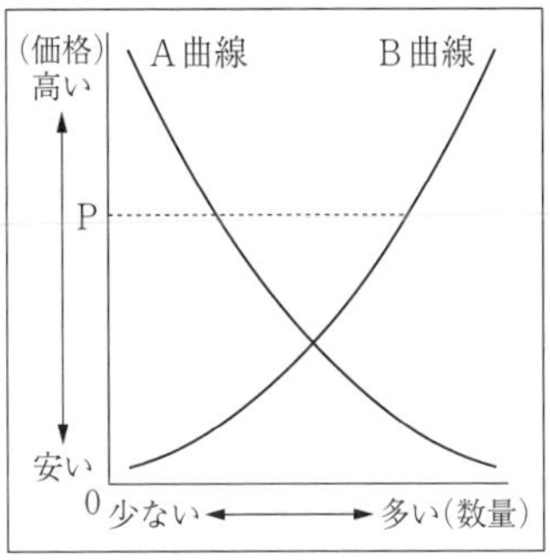

① 資料Ⅱは，市場における，ある商品の価格と需要量，供給量との関係を示したものである。資料Ⅱ中のA曲線は価格と買い手が買おうとする量との関係を，B曲線は価格と売り手が売ろうとする量との関係を示している。資料Ⅱにおいて，価格がPのときの状況とその後の価格の変化について述べた文として適切なものを，次のア～エから1つ選び，その記号を書け。

(　　　)

ア　需要量が供給量よりも多いため，価格は上昇する。
イ　需要量が供給量よりも多いため，価格は下落する。
ウ　供給量が需要量よりも多いため，価格は上昇する。
エ　供給量が需要量よりも多いため，価格は下落する。

② 海外から輸入される商品は，為替相場の影響を受けて，その価格が変動することがある。資料Ⅲは，2019年の4月と8月における，円とドルの為替相場を示したものである。次の[　　]内は，健太さんが，資料Ⅲをもとに，為替相場と商品の価格の関係をまとめたメモである。[　　]内の（ a ），（ b ）に当てはまる語の組み合わせとして正しいものを，後のア～エから1つ選び，その記号を書け。なお，為替相場以外の影響は考えないものとする。(　　　)

[資料Ⅲ]

	為替相場
2019年4月	1ドル＝112円
2019年8月	1ドル＝106円

(注) 4月と8月の月ごとの平均値を，小数第1位を四捨五入して示している。

(日本銀行 Web サイトより作成)

2019年の4月と8月の為替相場を比べると，8月は4月よりも（ a ）であることがわかる。例えば，日本の企業が，アメリカの企業から1個あたり5ドルのチョコレートを輸入すると，8月は4月よりも，1個あたり30円（ b ）輸入することになる。

ア　a　円高　　b　高く　　イ　a　円高　　b　安く　　ウ　a　円安　　b　高く
エ　a　円安　　b　安く

(4)　次は，POSシステムを導入する利点について，職場体験先の店長が健太さんに説明した内容である。（ X ）に当てはまる言葉を，「販売」の語を用いて簡潔に書け。

（　　　　　　　　　　　　　　　　　　　　）

このシステムでは，レジでバーコードを読み取ると，商品の精算ができるのと同時に，（　　X　　）ことができます。このシステムの活用により，商品の製造や仕入れを効率的に行うことができるため，利益が上がることにつながります。

(5)　市場経済のしくみに興味をもった健太さんは，政府の経済活動への関わりについて調べたところ，資料Ⅳを見つけた。資料Ⅳは，独占禁止法が規制する企業の行為の一つを示している。独占禁止法によってこのような行為を規制する目的を，資料Ⅳを参考にして，「競争」，「消費者」の語を用いて簡潔に書け。

（　　　　　　　　　　　　　　　　　　　　　　　　）

［資料Ⅳ］

（公正取引委員会 Webサイトより作成）

4 今年は，廃藩置県が行われてから150年目に当たる年である。直樹さんは，奈良県の行政区域の変化について，先生と話をした。次は，その会話の一部である。各問いに答えよ。

直樹：A古代より大和国と呼ばれていた奈良の地域が，廃藩置県により各藩が廃止され，後に奈良県となったことを知りました。県名から奈良が消えた期間もあったそうですね。

先生：奈良県は1876年にB堺県に合併され，県名から奈良が消えました。その後，堺県も大阪府に合併され，奈良の地域は大阪府の一部になりました。財政面において，地方税の支出が大阪の地域に偏るなど，奈良の地域に不利な状況となり，奈良県の再設置を望む声が高まりました。その結果，1887年に再び奈良県が置かれ今日まで続いています。

直樹：奈良の地域に住む人々の暮らしをよくするには自治が行われることが大切であると，当時の人々は考えたのですね。私たちもこれからの奈良県をもっとよくするために，何ができるか考えようと思います。

先生：よいことですね。まずは，C現在の奈良県の様子について，詳しく知ることから始めてはどうですか。

(1) 下線部Aには，大和国に都があった時期があり，その都である平城京には，絹や魚など地方の特産物が税として運び込まれた。このような特産物などを納める税を何というか。その名称を書け。(　　　)

(2) 直樹さんは下線部Bの存在を知り，堺という地域に興味をもった。

① 中世における堺の説明として最も適切なものを，次のア～エから1つ選び，その記号を書け。
(　　　)

ア　守護を倒した一向一揆の拠点となった。

イ　元寇の際に，上陸を防ぐ石の防壁が築かれた。

ウ　アイヌの人々と交易を行う館《たて》が築かれた。

エ　日明貿易の拠点となり，商人が力をもった。

② 資料Ⅰは，古代より堺と奈良の地域を結ぶ街道付近の2万5千分の1地形図を拡大して示したものである。資料Ⅰ中の土地は，おもにどのように利用されているか。最も適切なものを，後のア～エから1つ選び，その記号を書け。(　　　)

［資料Ⅰ］

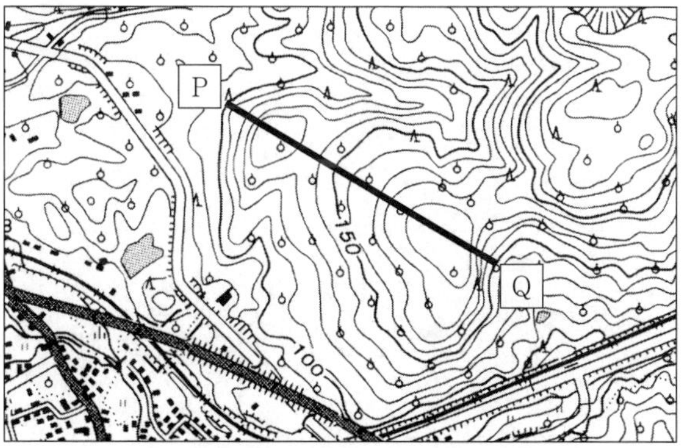

(国土地理院発行2万5千分の1地形図より作成)

ア　田　　イ　果樹園　　ウ　針葉樹林　　エ　広葉樹林

③　資料Ⅰ中のP――Qの断面図として，最も適切なものはどれか。次のア～ウから1つ選び，その記号を書け。(　　　)

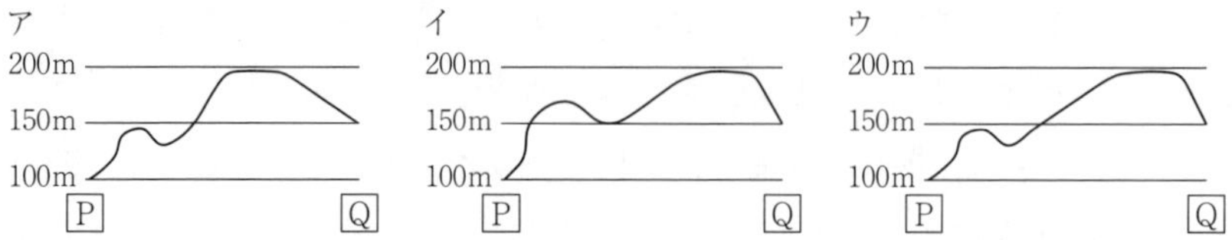

(3)　直樹さんは，下線部Cを知るために，奈良県の取り組みについて調べ，メモにまとめた。次の□内は，そのメモの一部である。資料Ⅱは，奈良県の総人口と15歳未満人口を示したものである。奈良県がメモのような取り組みを行う目的は何か。資料Ⅱからわかる奈良県の課題に触れながら，「環境」の語を用いて簡潔に書け。

(　　　　　　　　　　　　　　　　　　　　　　　　　　　　)

［資料Ⅱ］

年	総人口(千人)	15歳未満人口(千人)
2005	1,421	197
2010	1,401	184
2015	1,364	170
2019	1,330	158

(総務省統計局「人口推計」より作成)

・「奈良県パパ産休プロジェクト」による企業等を対象とした研修ツールの作成
・児童預かり等を行う「ファミリー・サポート・センター」の運営等の支援
・奈良県住みよい福祉のまちづくり条例に基づく，公共施設における，子どもが利用しやすい手洗い器や授乳場所等の整備

理科

時間　50分　　　満点　50点

1　真理さんは，地質年代のうちのある期間が「チバニアン」と命名されたニュースを見て，興味をもち，調べることにした。次の［　　］内は，真理さんが調べたことをまとめたものである。各問いに答えよ。

> 地質年代は，①地層の堆積した年代が推定できる化石などをもとに決められている。最近では②地球を１つの磁石としたときのＮ極とＳ極の逆転が起こった時期も，地質年代を決めるものとして使われている。千葉県市原市にある地層には，約77万年前に地球のＮ極とＳ極が逆転して現在の磁界の向きになったこん跡がある。この地層が2020年１月，地質年代を決める地層として世界的に認められ，まだ名前の決まっていなかった約77万4000～12万9000年前の期間が，県名にちなんで「チバニアン」と命名された。

(1)　下線部①のような化石を何というか。その用語を書け。(　　　)

(2)　下線部②に関して，地球は，北極付近をＳ極，南極付近をＮ極とした大きな１つの棒磁石として表すことができる。図１は，北極点と南極点を通る平面上における現在の地球の周りの磁界を表した模式図であり，棒磁石はその平面上にあるものとする。曲線は磁力線であるが，磁界の向きは省略されている。

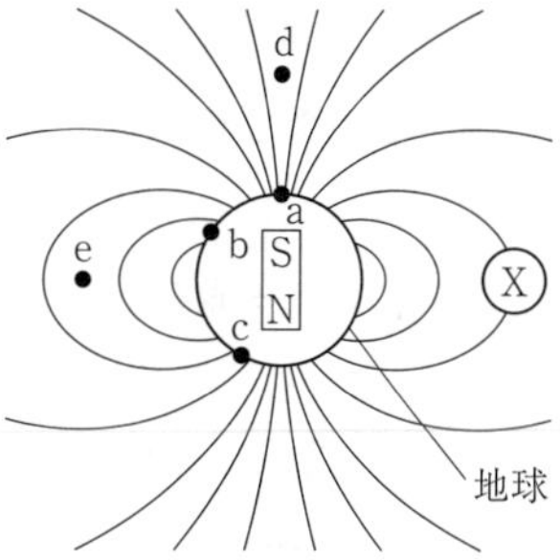

図１

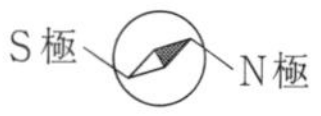

図２

①　図１のＸの位置に，図２のような方位磁針を置いたときの，針が指す向きを表したものとして最も適切なものを，次のア～エから１つ選び，その記号を書け。(　　　)

②　図１の点a～eのうち，磁力が最も小さいと考えられる点を１つ選び，その記号を書け。

(　　　)

2　動物の体のつくりとはたらきについて調べるために，次の実験1，2を行った。各問いに答えよ。

実験1　図1のように，12人が外側を向くように手をつないで輪になり，1人目が右手でストップウォッチをスタートさせると同時に，左手でとなりの人の右手をにぎった。2人目以降，右手をにぎられた人は左手でさらにとなりの人の右手をにぎるということを次々に行った。12人目は自分の右手がにぎられたら，左手でストップウォッチを止め，かかった時間を記録した。表は，この実験を3回繰り返した結果をまとめたものである。

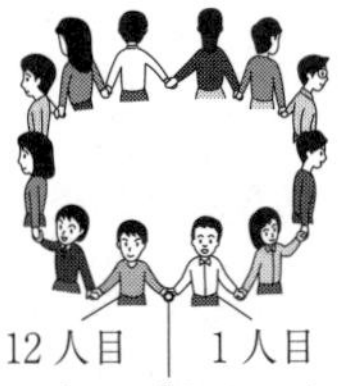

図1

回数	1回目	2回目	3回目
時間[秒]	3.19	2.75	2.64

実験2　ニワトリの翼の一部である手羽先の皮を取り除いた後，図2のように筋肉Xをピンセットで直接⇨矢印の向きに引くと，先端部が➡矢印の向きに動いた。次に，筋肉などをすべて除き，図3のように骨を取り出した。

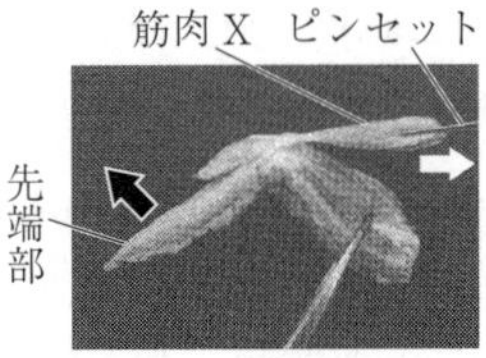

図2

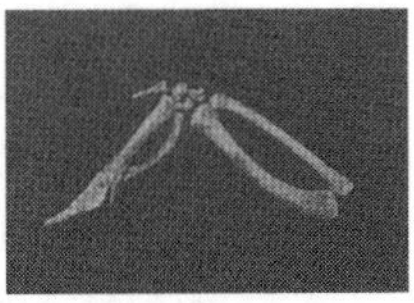
図3

(1)　実験1のような意識して起こす反応とは別に，無意識に起こる反応がある。刺激に対して無意識に起こる反応の例として最も適切なものを，次のア～エから1つ選び，その記号を書け。

(　　　)

ア　信号機の表示が青信号になったのを見て，歩き始めた。
イ　授業中に名前を呼ばれたので，返事をした。
ウ　暗い部屋から明るい部屋へ移動すると，ひとみの大きさが変化した。
エ　キャッチボールで投げられたボールを，手でとった。

(2)　右手の皮ふが刺激を受けとってから左手の筋肉が反応するまでにかかる時間が，刺激や命令の信号が神経を伝わる時間と，脳で判断や命令を行う時間からなるとしたとき，実験1において，脳で判断や命令を行うのにかかった時間は1人あたり何秒であったと考えられるか。3回の実験結果の平均値をもとに計算し，その値を書け。ただし，ヒトの中枢神経や末しょう神経を刺激や命令の信号が伝わる速さを60m/sとし，右手の皮ふから左手の筋肉まで信号が伝わる経路の長さを1人あたり1.8mとする。また，1人目は，スタートと同時にとなりの人の手をにぎるので，計算する際の人数には入れないものとする。(　　　秒)

(3)　次の文は，筋肉のつくりとはたらきについて述べたものである。文中の，①については適する語を書き，②についてはア，イのいずれか適する語を1つ選び，その記号を書け。

①(　　　)　②(　　　)

筋肉の両端は(　①　)というじょうぶなつくりになって骨についており，実験2では，図2のように筋肉Xをピンセットで直接⇨矢印の向きに引くことで先端部が➡矢印の向きに動いたが，実際には筋肉Xが②(ア　縮む　　イ　ゆるむ)ことで先端部が➡矢印の向きに動く。

(4)　ほ乳類の前あしの骨格には，図３と基本的なつくりが似ている部分がある。図４は，ほ乳類の前あしにあたるコウモリの翼とヒトのうでを表しており，図中の色を塗った骨は同じ部位であり，ａは同じ指にあたることを示している。

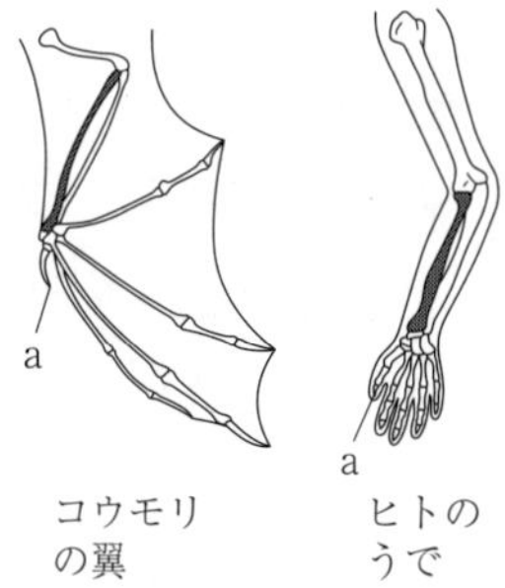

図４

①　多くの鳥類とほ乳類は，まわりの温度が変化しても体温がほぼ一定に保たれている。このような動物を何というか。その用語を書け。

(　　　)

②　図５は，ほ乳類の前あしにあたるクジラのひれを表しており，ｂは図４のａと同じ指にあたる。図４の色を塗った骨と同じ部位は，図５ではどこにあたるか。図５の該当する部位を黒く塗りつぶせ。

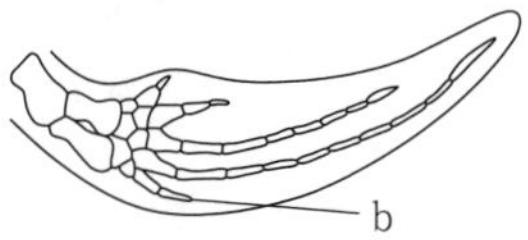

図５

③　次の文は，ニワトリの翼やほ乳類の前あしの，現在の形やはたらきが異なる理由について述べたものである。(　　)に適する言葉を簡潔に書け。

(　　　　　　　　　　　　　　　　　　　　　　　　　　　　　　)

ニワトリの翼やほ乳類の前あしの，現在の形やはたらきが異なるのは，それぞれの動物が，同じ基本的つくりをもつ共通の祖先から，(　　)ように進化したからだと考えられる。

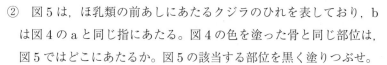

[3]　いろいろな水溶液の性質について調べるために，次の実験1，2を行った。各問いに答えよ。

実験1　図1のような装置を組み立て，いろいろな水溶液について，電流を通すかどうかを調べた。ただし，1つの水溶液について調べるごとに，ステンレス電極の先を蒸留水でよく洗った後，別の水溶液について調べた。また，それぞれの水溶液における pH の値を調べた。表1は，それらの結果をまとめたものである。

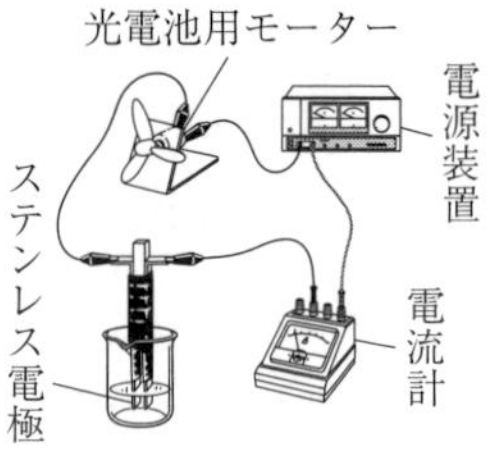

図1

調べた水溶液	電流	電極付近のようす	pH の値
蒸留水	通さなかった	変化なし	7
石灰水	通した	気体が発生した	12
塩酸	通した	気体が発生した	1
エタノールと水の混合物	通さなかった	変化なし	7
砂糖水	通さなかった	変化なし	7
しょうゆと水の混合物	通した	気体が発生した	4
セッケン水	通した	気体が発生した	10

表1

実験2　図2のように，うすい塩酸 10cm^3 をビーカーにとり，2，3滴の BTB 溶液を加えた後，ガラス棒でよくかき混ぜながら，うすい水酸化ナトリウム水溶液をこまごめピペットで 2cm^3 ずつ 10cm^3 まで加えた。表2は，その結果をまとめたものである。また，実験前の，うすい塩酸とうすい水酸化ナトリウム水溶液の温度を測定すると，どちらも 20.1℃であったが，実験後の，混合した水溶液の温度は，24.0℃であった。

図2

加えたうすい水酸化ナトリウム水溶液の体積〔cm^3〕	2	4	6	8	10
かき混ぜた後の水溶液の色	黄色	黄色	黄色	緑色	青色

表2

(1)　実験1で，下線部の操作を行った理由を簡潔に書け。
(　　　　　　　　　　　　　　　　　　　　　　　　　　　　　　)

(2)　実験1の結果から考えられることとして内容が正しいものを，次のア〜エからすべて選び，その記号を書け。(　　　)

ア　酸性の水溶液は，電流を通さない。

イ　エタノールと水の混合物が電流を通さないのは，エタノールが電解質だからである。

ウ　電流を通す水溶液では，電極付近で化学変化が起こっている。

エ　アルカリ性であるのは石灰水とセッケン水であり，アルカリ性がより強いのは石灰水である。

(3)　次の①〜④の図は，実験2の結果をもとにして，加えたうすい水酸化ナトリウム水溶液の体積を横軸に，ビーカー内の混合した水溶液中に存在する4種類のイオンの，種類別の数を縦軸にして模式化したものである。図とイオンの名称の組み合わせとして最も適切なものを，後のア〜エから1つ選び，その記号を書け。(　　　)

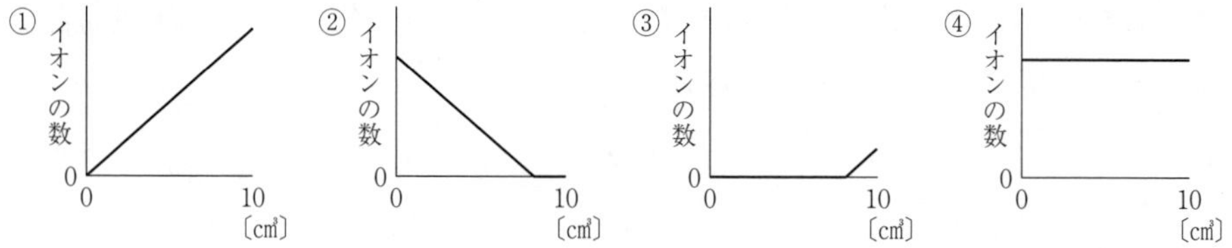

ア　ナトリウムイオンが①，水酸化物イオンが②　　イ　水素イオンが②，塩化物イオンが③

ウ　水酸化物イオンが③，塩化物イオンが④　　エ　ナトリウムイオンが④，水素イオンが①

(4)　実験2で起きた，酸とアルカリがたがいの性質を打ち消し合う反応を何というか。その用語を書け。また，混合した水溶液の温度上昇から，この反応はどのような反応といえるか。簡潔に書け。

用語(　　　)　反応(　　　　　　　　　　　　　　　　　　　　　　　　　　　　　　)

4　空気中の湿度や，雲のでき方を調べるために，次の実験1～3を行った。表は，気温と飽和水蒸気量の関係を示したものである。各問いに答えよ。

気温〔℃〕	10	12	14	16	18	20	22	24	26	28	30	32	34
飽和水蒸気量〔g/m^3〕	9.4	10.7	12.1	13.6	15.4	17.3	19.4	21.8	24.4	27.2	30.4	33.8	37.6

実験1　室温26℃の理科室で，金属製のコップに水を半分ぐらい入れ，その水の温度が室温とほぼ同じになったことを確かめた後，図1のように，金属製のコップの中の水をガラス棒でよくかき混ぜながら，氷水を少しずつ入れた。金属製のコップの表面がくもりはじめたときの水温をはかると，16℃であった。

図1

実験2　図2のように，簡易真空容器に，少し空気を入れて口を閉じたゴム風船と気圧計を入れ，ピストンを上下させて容器内の空気を抜いていったところ，容器内の気圧は下がり，ゴム風船はふくらんだ。

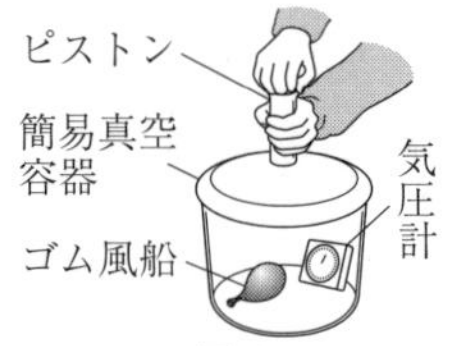

図2

実験3　丸底フラスコの内部をぬるま湯でぬらし，線香のけむりを少量入れた後，注射器とつないで図3のような装置を組み立てた。注射器のピストンをすばやく引いたところ，丸底フラスコの中の温度は下がり，丸底フラスコの中がくもった。

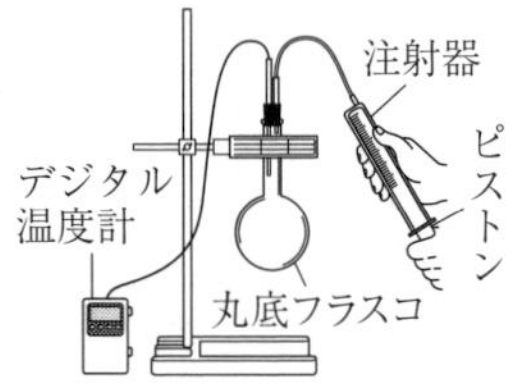

図3

(1)　水蒸気が水に変わる現象を述べたものを，次のア～エから1つ選び，その記号を書け。(　　　)

ア　寒いところで，はく息が白くなる。　　イ　冬に湖の表面が凍る。

ウ　湿っていた洗濯物が乾く。　　エ　朝に出ていた霧が，昼になると消える。

(2)　実験1を行ったときの理科室の湿度は何%か。小数第1位を四捨五入して整数で書け。(　　　%)

(3)　地上付近にある，水蒸気をふくむ空気が上昇すると，どのような変化が起こり雲ができると考えられるか。実験2，3の結果に触れながら，「気圧」，「露点」の語を用いて簡潔に書け。

(　　　　　　　　　　　　　　　　　　　　　　　　　　　　　　　　　)

(4)　空気が上昇するしくみについて述べた文として正しいものを，次のア～エから1つ選び，その記号を書け。(　　　)

ア　太陽の光であたためられた地面が，周囲の空気をあたためることで，空気が上昇する。

イ　高気圧の中心部に風がふきこむことで上昇気流が発生し，空気が上昇する。

ウ　寒冷前線付近では，暖気が寒気をおし上げることによって，冷たい空気が上昇する。

エ　風が山の斜面に沿って山頂からふもとに向かってふくことで上昇気流が発生し，空気が上昇する。

(5)　気温30℃，湿度64%の空気が高さ0mの地表から上昇すると，ある高さで雲ができ始めた。雲ができ始めたとき，上昇した空気は何mの高さにあると考えられるか。最も適切なものを，次のア～エから1つ選び，その記号を書け。ただし，雲ができ始めるまでは，空気が100m上昇するごとに温度は1℃下がるものとする。(　　　)

ア　約400m　　イ　約800m　　ウ　約1200m　　エ　約1600m

5　春香さんは理科室の戸棚に，形や大きさの異なる5つの金属片が置かれているのを見つけた。先生に聞いたところ，それぞれ表1に示す金属のいずれかであることがわかった。金属片がどの金属であるか調べてみようと考えた春香さんは，［　　　］内の実験を計画した。表2は，その実験結果をまとめたものである。各問いに答えよ。

金属	密度〔g/cm^3〕(約20℃)
アルミニウム	2.70
亜鉛	7.13
鉄	7.87
銅	8.96

表1

① 5つの金属片をそれぞれ金属A～Eとして，それぞれの質量を電子てんびんではかる。
② メスシリンダーに水を入れ，目盛りを読みとる。
③ ②のメスシリンダーの中に，金属Aを静かに入れて目盛りを読みとり，ふえた体積を求める。この操作を金属B～Eについても同様に行う。

	金属A	金属B	金属C	金属D	金属E
質量〔g〕	8.1	42.8	49.3	28.5	55.0
ふえた体積〔cm^3〕	3.0	6.0	5.5	4.0	7.0

表2

(1) 水の入った100cm^3用メスシリンダーに金属Aを入れたところ，図1のようになった。図1の水面付近を拡大した図2の目盛りを読みとり，その値を書け。(　　　cm^3)

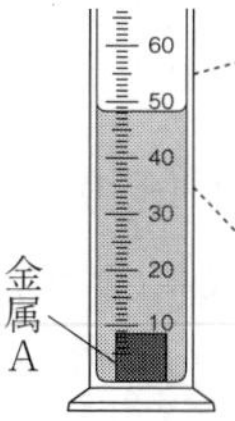

図1

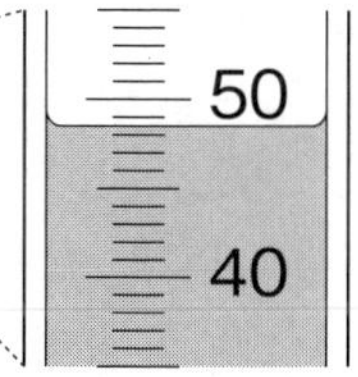

図2

(2) 金属Aは表1中のどの金属か。化学式で書け。また，金属A～Eのうち，同じ物質であると考えられるものの組み合わせを，次のア～エから1つ選び，その記号を書け。

化学式(　　　)　記号(　　　)

ア　金属Aと金属C　　イ　金属Bと金属C　　ウ　金属Bと金属D　　エ　金属Dと金属E

(3) 春香さんは，表1に示す金属から，形を変えずにある金属を見分ける方法として，磁石を金属に近づける実験も計画した。見分けられる金属の物質名を示しながら，考えられる実験結果を簡潔に書け。

(　　　　　　　　　　　　　　　　　　　　　　　　)

6　研一さんと花奈さんは，凸レンズの性質について調べるために，次の実験を行った。［　　］内は，実験後の2人の会話である。各問いに答えよ。

実験　光学台の上に光源，物体，焦点距離が15cmの凸レンズA，スクリーンを図1のように並べ，光源と物体の位置を固定した。物体には凸レンズ側から見て「ラ」の形の穴があいている。凸レンズAとスクリーンの位置を動かし，スクリーンにはっきりした物体の像ができるときの，物体から凸レンズAまでの距離X，凸レンズAからスクリーンまでの距離Yを記録した。また，凸レンズAを，焦点距離が10cmの凸レンズBに変えて同様の操作を行った。表は，Xを10cmから40cmまで5cmずつ大きくしていったときのYの結果をまとめたものである。表中の「—」は，スクリーンに像ができなかったことを表している。

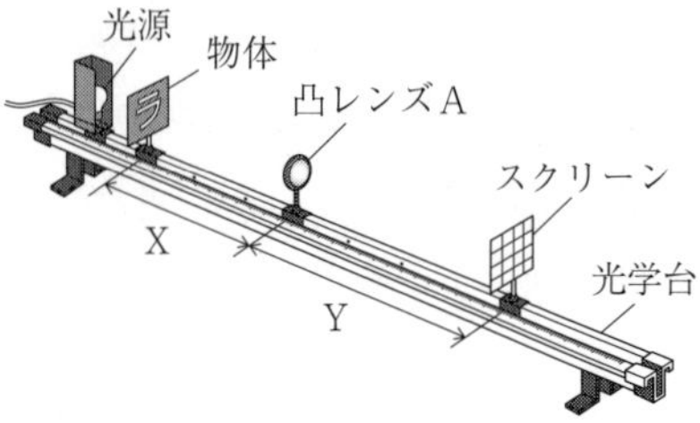

図1

	X〔cm〕	10	15	20	25	30	35	40
凸レンズA	Y〔cm〕	—	—	60	38	30	26	24
凸レンズB	Y〔cm〕	—	30	20	17	15	14	13

研一：どちらの凸レンズも，Xを大きくしていくと，①(ア　Yも大きく　　イ　Yは小さく)なったね。

花奈：Xを20cmから30cmにしたとき，スクリーンにできる像の大きさは②(ア　大きくなった　　イ　小さくなった　　ウ　変化しなかった)ね。

研一：Xを10cmにしたとき，スクリーン側から凸レンズAを通して見えた物体の像は，③上下左右が同じ向きの像だったよ。

花奈：④スクリーンにはっきりした物体の像ができるとき，凸レンズの焦点距離によって，X，Yや像の大きさは，どのように変化するのかな。

研一：2つの凸レンズの結果をもとに考えてみよう。

(1)　［　　］内について，会話の内容が正しくなるように，①はア，イのいずれか，②はア～ウから，それぞれ適する言葉を1つずつ選び，その記号を書け。①(　　　)　②(　　　)

(2)　実験で，凸レンズ側から見た，スクリーン上にできる物体の像として最も適切なものを，次のア～エから1つ選び，その記号を書け。(　　　)

ア

イ

ウ

エ

(3) 図2は，スクリーンにはっきりした物体の像ができるときの，物体，凸レンズBおよびスクリーンを真横から見た位置関係と，凸レンズの軸を模式的に表したものである。点Pから凸レンズの点Qに向かって進んだ光は，その後スクリーンまでどのように進むか。その道すじを直線でかき入れよ。ただし，方眼の1目盛りを5cmとし，光は凸レンズの中心線で屈折するものとする。また，作図のために用いた線は消さずに残しておくこと。

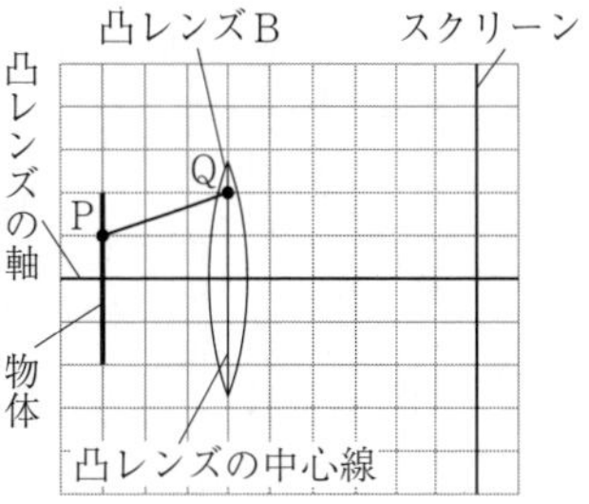

図2

(4) 下線部③のような像が見えるのはどのようなときか。「焦点距離」の語を用いて簡潔に書け。

(　　　　　　　　　　　　　　　　　　　　　　　　　　　　　　)

(5) 下線部④について，実験の結果から考えられることとして内容が正しいものを，次のア～エから1つ選び，その記号を書け。(　　　)

ア　物体から凸レンズまでの距離が同じ場合，焦点距離が小さいほど凸レンズからスクリーンまでの距離は大きい。

イ　凸レンズからスクリーンまでの距離が同じ場合，焦点距離が小さいほど物体から凸レンズまでの距離は大きい。

ウ　物体から凸レンズまでの距離が同じ場合，焦点距離が小さいほどスクリーンにできる像は大きい。

エ　凸レンズからスクリーンまでの距離が同じ場合，焦点距離が小さいほどスクリーンにできる像は大きい。

5　春香さんの中学校では、卒業を控えた三年生が後輩に伝えたい言葉と、その言葉についての思いを文章に書き、冊子にまとめることになった。次の□内は、春香さんが書いた【文章の下書き】である。これを読み、各問いに答えよ。

【文章の下書き】

努力を放棄された理想は、単なる空想か、漠然とした憧れにすぎない。単なる空想なら現実になるわけがない。理想を実現しようと努力することこそが現実なんだ。

（池田《いけだ》晶子《あきこ》『14歳からの哲学　考えるための教科書』95頁6行目から8行目より）

　これは、私が部活動でア なかなか結果を出せずに悩んでいたときに、先輩から教わった言葉です。そのときの私は、先輩の意図がわからず、「こんなに頑張っているのに。」と、素直に受け止めることができませんでした。

　しかし、後日イ この言葉が書かれた本を読み、先輩と話をして、私は知ったのです。これは、私の努力不足を責めるものではありませんでした。〈先輩の意図を知った私は、その優しさに胸が一杯になりました。心がウ 軽くなった私は、再び前向きに練習に取り組むことができ、次の記録会では自己最高記録を出すことができました。それ以来、この言葉は、私を前向きな気持ちにしてくれるエ 大切な言葉です。

　先輩から受け取った大切なこの言葉を、感謝と激励の気持ちを込めて、皆さんに贈ります。

(一)　――線部と同じ品詞の語を、【文章の下書き】の～～線ア～エから一つ選び、その記号を書け。（　）

(二)　春香さんは、【文章の下書き】の〈のところに次の一文を書き加えることにした。そのねらいとして最も適切なものを、後のア～エから一つ選び、その記号を書け。（　）

　理想を見失わずに努力し続ける私を認め、励ますための言葉だったのです。

ア　不足している内容を加え、読み手に思いを正確に伝えようとする。
イ　これまでの内容をまとめ、読み手にわかりやすく伝えようとする。
ウ　話題を転換し、読み手に異なる考えを新たに伝えようとする。
エ　別の具体例を追加し、読み手に説得力をもって伝えようとする。

(三)　春香さんは、先輩から教わった言葉が自分を前向きな気持ちにしてくれると述べているが、あなたを前向きな気持ちにしてくれることについて、次の①、②の条件に従って書け。

条件①　二段落構成で書くこと。第一段落では、あなたを前向きな気持ちにしてくれることを具体的に書き、第二段落では、それについてのあなたの思いを書くこと。

条件②　原稿用紙の使い方に従って、百字以上百五十字以内で書くこと。ただし、題、自分の名前は書かないこと。

100　150

4　次の文章は、役者の考えを記録した江戸時代の書物『耳塵集《にじんしゅう》』の一部である。これを読み、各問いに答えよ。

我も初日は同じく、うろたゆるなり。しかれども、よそめにしなれたる狂言をする①やうに見ゆるは、けいこの時、せりふをよく覚え、初日には、②ねから忘れて、舞台にて相手のせりふを聞き、その時おもひ出してせりふをいふなり。その故は、常々人と寄り合ひ、あるいは喧嘩《けんくわ》口論するに、かねてせりふにたくみなし。相手のいふ詞《ことば》を聞き、こちら初めて返答心にうかむ。狂言は常を手本とおもふ故、③けいこにはよく覚え、初日には忘れて出るとなり。

（注）初日＝舞台の最初の日
うろたゆる＝うろたえる
よそめにしなれたる＝他の人から見てやり慣れた
たくみなし＝用意しておくということはない
うかむ＝浮かぶ

(一)　——線①を現代仮名遣いに直して書け。（　　）

(二)　——線②とあるが、「ねから忘れる」とはどういうことか。最も適切なものを、次のア～エから一つ選び、その記号を書け。（　　）

ア　すっかり忘れるということ　　イ　うっかり忘れるということ
ウ　緊張して忘れるということ　　エ　知らぬ間に忘れるということ

(三)　——線③と「我」が述べるのはなぜか。その理由として最も適切なものを、次のア～エから一つ選び、その記号を書け。（　　）

ア　互いに相手の言葉をよく聞いてその場に合うせりふを即興で話すことが、稽古以上に優れた狂言をするためには必要だから。
イ　本番の舞台で息の合った狂言ができるように、すべてのせりふを十分に理解して話すことを日々の稽古で徹底しているから。
ウ　狂言においては、本番の舞台でせりふを間違えないことよりも、表情やしぐさと合わせて自然に話すことの方が大切だから。
エ　相手への言葉は、事前に準備するものではなく、相手の言葉を受けて出てくるという日常を手本として狂言をしているから。

(六) この文章の論理の展開の仕方について述べたものとして最も適切なものを、次のア～エから一つ選び、その記号を書け。（　　）

ア 筆者の体験に基づいて仮説を立て、その妥当性を複数の視点から検証し、新たな定義として整理している。

イ 一般的な考えを説明した上で、筆者の実体験を根拠として自らの見解を解説し、結論づけている。

ウ はじめに複数の事例を挙げ、そこから共通して読み取れることを筆者の主張として示し、論をまとめている。

エ 身近な課題から書き始め、その背景の分析と検討を重ねた上で、筆者の考える解決策を示している。

3 次の□内の文は行書で書かれている。楷書で書くときと筆順が異なる漢字はどれか。当てはまるものを、後のア～オからすべて選び、その記号を書け。（　　）

山の緑に花の色が映える。

ア 山　イ 緑　ウ 花　エ 色　オ 映

と。このことは逆に見れば、すべての歴史的事象は、それぞれが空間的に展開するという意味において、空間的存在であるとも言えよう。

先の言葉の例に戻れば、この四十、五十年間における日本語の変化は、決して小さくない。戦後間もないころの人々が話した言葉は、すでに口語で記されたり、録音されたりした記録があるので、容易に確認できるであろうが、それと現代のわれわれが耳にする日本語はかなり異なっている。

ところが『源氏物語』や『平家物語』などの古典の日本語と、現代の日本語との違いはさらに大きい。④言語が人間社会の文化の基礎であることは繰り返すまでもないが、その変化には人間社会の存在、人々の社会集団が必用である。一人だけの言葉の違いでは、それが別の人に通じたとしても、その一人の個性でしかないであろう。そもそもそれでは、情報の伝達や蓄積を目的とした言語の役割を、完全には果たさない。言語の変化には、時間の経過に加えて、一定量の人間社会からなる空間が不可欠なのであろう。

改めて言い換えると、すべての空間的事象は時間的（歴史的）存在であり、すべての歴史的事象は空間的存在であることになろう。空間を考えるために歴史過程への視角を保ち、また歴史過程を考えるために空間への視角を保つことなくしては、さまざまな事象の実態へは十分に接近し難《がた》いことになる。前者が地理学の側からの歴史地理学の視角であり、後者における歴史学の側からの視角もまた、同様に歴史地理学と呼ばれる。

つまり、歴史地理学は「空間と時間の学問」と言うべきであり、⑤歴史地理学は、カント以来の歴史学と地理学における空間と時間のギャップへの、架け橋の役割をも果たすことになろう。

（金田章裕「地形と日本人」より）

（注）　カント＝ドイツの哲学者
必用＝必要
視角＝視点

㈠　——線①とほぼ同じ意味で用いられている言葉を、文章中から五字で抜き出して書け。

㈡　——線②と同じ働きをしている「くる」を、次のア～エから一つ選び、その記号を書け。（　　）

ア　喜びの便りがくるのを待つ。　　イ　もうすぐ一雨くるようだ。

ウ　留学生が私のクラスにくる。　　エ　よい考えが浮かんでくる。

㈢　——線③とあるが、この通訳が話したフランス語と日本語の説明として最も適切なものを、次のア～エから一つ選び、その記号を書け。（　　）

ア　フランス語はフランス人にとって違和感のない言葉遣いのようだが、日本語は発音が不明瞭で伝わりにくいものであった。

イ　フランス語はとても流ちょうな話しぶりだったが、日本語は言葉遣いに誤りがあり、どこかたどたどしさを感じさせるものであった。

ウ　フランス語は用務に役立つものであり、日本語はたいそう丁寧で時代がかった、現在の言葉遣いとは合わないものであった。

エ　フランス語も日本語も、若々しさは感じられないものの、とても美しい言葉遣いであり、上品な人柄が伝わってくるものであった。

㈣　——線④とあるが、筆者が言語や言葉を人間社会の文化の基礎だと考える理由に当たる一文を、文章中から抜き出し、その初めの五字を書け。

㈤　——線⑤とあるが、このように筆者が述べるのはなぜか。その理由を、文章中の言葉を用いて四十字以内で書け。

国語

時間　五〇分
満点　五〇点

1　(省略)三浦しをん「魚の記憶」より

2　次の文章を読み、各問いに答えよ。

近代科学としての地理学と歴史学の分類は、カントが、「地理学は相互に隣接している事象の記述であり、空間と関連する。」、また「歴史学は相互に継起する事象の記述であり、時間と関連がある。」としたことに①由来する。簡略に表現すれば、地理学を「空間的並存」の状況を記述する学問、歴史学を「時間的継起」の様相を記述する学問、と定義したのである。

確かに、空間の概念と時間の概念は別のものであり、空間と時間を理論的に区別することはできる。近代以後の、地理学と歴史学の研究対象の違い、あるいは地理の学校教科書と歴史の学校教科書にみられる違いは、カントによるこの分類に端を発すると言ってもよいであろうし、現在もその基本は変わっていない。

しかし、現実の空間の様相と時間の経過はどうであろうかと考えるとすれば、私には別の感覚が頭をもたげて②くる。

唐突に個人的経験を語ることになるが、私は空間の違いと時間の経過を、一つの事例から同時に実感したことがある。それは、言葉をめぐる印象的な体験であった。

もとより人間社会にとって言葉は、意思を疎通し、情報を伝達したり、それを蓄積したりするために不可欠である。言葉が人間の文化の基礎をなすことは改めて言うまでもない。その言葉が、例えば日本とフランスでは異なっていて、言葉を含むそれぞれの文化が、異なった空間において並存している状況は、確かに地理学にとっても重要課題となりうる。

私が体験した一つの事例とは、用務のためにかつてパリを訪れた際のことであった。その折、③パリ在住の日本人に通訳をしていただいた。フランス語ができないから通訳の世話になったのであり、通訳のフランス語について評価することはできない。しかし、おそらくは立派なフランス語であったと思われ、用務はきわめてスムーズに進行した。

違和感があったのはむしろ、通訳の日本人が話す日本語のほうであった。その折に年配の通訳が話した、非常に丁重な日本語は、現在からすれば随分古めかしい日本語だったのである。

その日本語はおそらく、通訳が若い時に日本で修得したものと思われる表現であった。私自身もおぼろげに、若い時に聞いたことがあったような気がするものの、現在の日常からは遠くなってしまった言葉遣いだったのである。その古めかしい日本語は、現在の日本において、ほとんど使われなくなった。ところがパリ在住の日本人通訳はおそらく、変化する日本語を更新する機会もないままに、旧態を維持したものであろう。

このように、異なった空間に並存しながらも、時間の経過によって、相互に異なった状況を呈する日本語の存在、といった現象を説明することができるのは、おそらく空間の側面からだけでも、時間の側面からだけでもないと思われるのである。

パリにおいて耳にした日本語について、私が感じた印象は次のように言い換えることができそうである。つまり、いろいろな空間に存在するさまざまな事象(例えば日本語)は、すべてが時間的(歴史的)な存在(変化する。あるいは更新するか、しないか)であることの一証である、

2021年度／解答

数　学

1 【解き方】(1) ② 与式 $= -9\times 9 = -81$　③ 与式 $= 8a^2b \div 4a^2b^2 \times 6ab = \dfrac{8a^2b\times 6ab}{4a^2b^2} = 12a$　④ 与式 $=$ $(x-4)\{(x+7)-(x-4)\} = (x-4)(x+7-x+4) = (x-4)\times 11 = 11x-44$

(2) 与式を順に㋐，㋑とおく。㋐＋㋑× 4 より，$11x = -11$ だから，$x = -1$　これを㋑に代入して，$2\times(-1)-y = -3$ より，$y = 1$

(3) 解の公式より，$x = \dfrac{-(-3)\pm\sqrt{(-3)^2-4\times 1\times 1}}{2\times 1} = \dfrac{3\pm\sqrt{5}}{2}$

(4) $\sqrt{9} < \sqrt{15} < \sqrt{16}$ だから，$3 < \sqrt{15} < 4$　したがって，$\sqrt{15}$ の整数部分は 3 だから，小数部分は，$a = \sqrt{15}-3$　よって，$a^2+6a = a(a+6) = (\sqrt{15}-3)\{(\sqrt{15}-3)+6\} = (\sqrt{15}-3)(\sqrt{15}+3) = 15-9 = 6$

(5) ア…5 時間以上 6 時間未満の階級の度数はどちらの中学校も 5 人で同じだが，度数の合計は A 中学校の方が少ないので，相対度数は A 中学校の方が大きくなる。イ…睡眠時間が 8 時間以上の生徒は，A 中学校が，$4+1=5$ (人)，B 中学校が，$3+2=5$ (人)で同じである。ウ…度数が最も多いのは，どちらの中学校も 7 時間以上 8 時間未満の階級だから，最頻値は同じになる。エ…B 中学校で，睡眠時間が 7 時間未満の生徒は，$7+5+25=37$ (人)　全体の半数は，$73\div 2 = 36.5$ (人)だから，37 人は全体の半数以上である。よって，アとエ。

(6) 展開図を組み立てると，右図のようになる。線分 PA は立方体の 1 辺，線分 PB，PD は立方体の 1 つの面(正方形)の対角線，線分 PC は立方体の対角線となるので，線分 PC が最も長い。

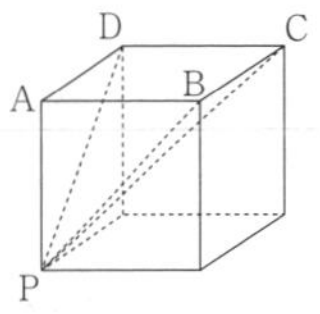

(7) 線分 AB を 1 辺とする正三角形の∠A の二等分線と，線分 BC との交点が P となる。

(例)

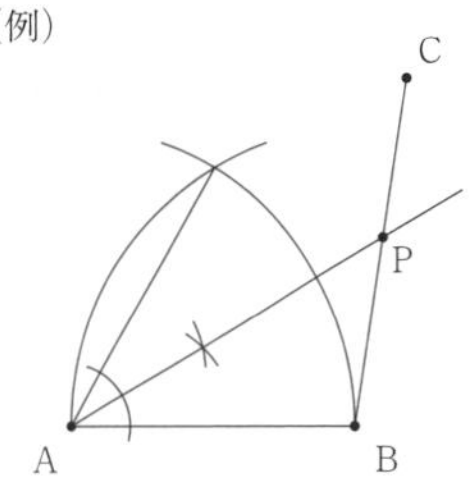

(8) ① 最も小さい数を a とすると，連続する 4 つの整数は小さい方から順に，a，$a+1$，$a+2$，$a+3$ と表される。よって，最も大きい数は $a+3$。② 除いた数が a のとき，$(a+1)+(a+2)+(a+3) = 2021$ が成り立つ。式を整理すると，$3a = 2015$ だから，$a = 671.6\cdots$　a は整数だから，条件に合わない。除いた数が $a+1$ のとき，$a+(a+2)+(a+3) = 2021$ より，これを解くと，$a = 672$　除いた数が $a+2$ のとき，$a+(a+1)+(a+3) = 2021$ より，$a = 672.3\cdots$で，条件に合わない。除いた数が $a+3$ のとき，$a+(a+1)+(a+2) = 2021$ より，$a = 672.6\cdots$で，条件に合わない。よって，条件に合うのは $a = 672$ のときで，除いた数は，$672+1 = 673$

【答】 (1) ① -7　② -81　③ $12a$　④ $11x-44$　(2) $x=-1$，$y=1$　(3) $x = \dfrac{3\pm\sqrt{5}}{2}$　(4) 6　(5) ア，エ　(6) ウ　(7) (前図)　(8) ① $a+3$　② 673

2 【解き方】(1) ① 花子さんのグループは大人 2 人と子ども 3 人で，特別割引によって子ども 2 人の入館料が無料になる。したがって，入館料の合計金額は，$500\times 2+200\times(3-2) = 1200$ (円)　太郎さんのグループは大人 3 人と子ども 5 人だから，月末割引で安くなる金額は，$50\times(3+5) = 400$ (円)　特別割引の日に訪れると子ども 3 人の入館料が無料になるから，安くなる金額は，$200\times 3 = 600$ (円)　よって，月末割引の日は特別割引の日より，$600-400=200$（円）高くなる。② $x<y$ のとき，特別割引で子ども x 人の入館料が無料になるから，入館料の合計金額は，$500\times x+200\times(y-x)=500x+200y-200x=300x+200y$（円）　③ 大人 x 人，子ども y 人（$x<y$）のグループが月末割引の日に訪れるとき，入館料の合計金額は，$(500-50)\times x+(200-50)\times y=450x+150y$（円）　②より，入館料の合計金額が等しいとき，$450x+150y=300x+200y$ が成り立つ。式を整理して，$150x=50y$ より，$3x=y$　よって，子どもの人数が大人の人数の3倍のときである。特別割引の日は大人1人につき子ども1人の入館料が無料になるから，月末割引の日の方が安くなるのは，大人の人数が1人減るか，子どもの人数が1人増える場合である。

(2) 2つのBの記号を B_1，B_2 とすると，子ども3人それぞれにA，B_1，B_2 の3つの記号の出方が考えられるから，記号の出方は全部で，$3\times3\times3=27$（通り）　このうち，1人もクリアファイルでない場合は3人それぞれが B_1，B_2 のいずれかなので，$2\times2\times2=8$（通り）　よって，少なくとも1人はクリアファイルなのは，$27-8=19$（通り）だから，確率は $\dfrac{19}{27}$。

【答】 (1) ① (あ) 1200　(い) 200　② $300x+200y$（円）　③ (う) 3　（記号）ウ　(2) $\dfrac{19}{27}$

3 **【解き方】** (1) 例えば，$y=x^2$ のとき，A（-1，1），B（2，4），$y=2x^2$ のとき，A（-1，2），B（2，8）だから，a の値が大きい方が同じ x 座標について y 座標が大きくなり，グラフの開き方は小さくなる。また，三平方の定理より，$\sqrt{\{2-(-1)\}^2+(4-1)^2}=3\sqrt{2}$，$\sqrt{\{2-(-1)\}^2+(8-2)^2}=3\sqrt{5}$ だから，a の値が大きい方が線分ABの長さが長い。

(2) x と y の変域から，$x=2$ のとき $y=2$ である。$y=ax^2$ に代入して，$2=a\times2^2$ より，$a=\dfrac{1}{2}$

(3) ① A（-1，2），B（2，8）で，直線ABは傾きが，$\dfrac{8-2}{2-(-1)}=\dfrac{6}{3}=2$ だから，式を $y=2x+b$ とおき，点Aの座標を代入すると，$2=2\times(-1)+b$ より，$b=4$　よって，$y=2x+4$　② 右図のように，点Bと点Oを結び，点A，B，Cから x 軸にそれぞれ垂線AH，BI，CJをひく。AH∥EO∥BIより，AE：EB＝HO：OI＝1：2だから，△AOE＝△AOB × $\dfrac{1}{1+2}=\dfrac{1}{3}$△AOBである。ここで，△BED＝△ODCより，△AOE＝（四角形ACDE）＋△ODC＝（四角形ACDE）＋△BED＝△ABCだから，△ABC＝$\dfrac{1}{3}$△AOBとなる点Cは，AC：AO＝1：3となる点である。AH∥CJより，HJ：HO＝AC：AO＝1：3だから，HJ＝$\dfrac{1}{3}$HO＝$\dfrac{1}{3}$　よって，点Jの x 座標は，$-1+\dfrac{1}{3}=-\dfrac{2}{3}$ で，点Cの x 座標も $-\dfrac{2}{3}$。

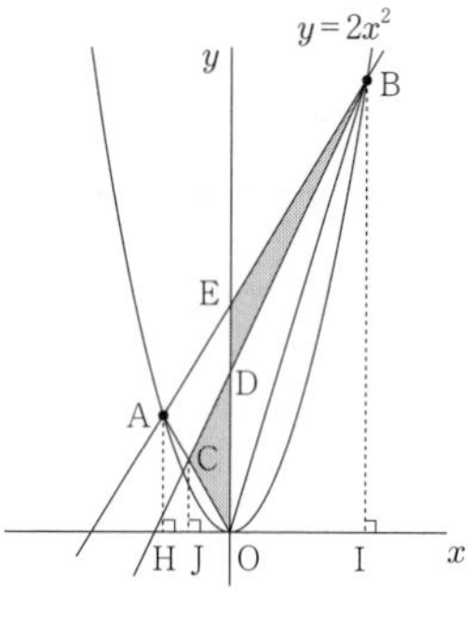

【答】 (1) ① イ　② ア　(2) $\dfrac{1}{2}$　(3) ① $y=2x+4$　② $-\dfrac{2}{3}$

4 **【解き方】** (2) 次図あ で，半円の弧に対する円周角だから，$\angle\mathrm{ACB}=90^\circ$　△ABCで，$\angle\mathrm{ABC}=180^\circ-(90^\circ+a^\circ)=90^\circ-a^\circ$　△OBCはOB＝OC（円の半径）の二等辺三角形だから，$\angle\mathrm{OCB}=\angle\mathrm{OBC}=90^\circ-a^\circ$　また，$\overset{\frown}{\mathrm{BC}}$に対する円周角だから，$\angle\mathrm{BEC}=\angle\mathrm{BAC}=a^\circ$　△CEBはBC＝CEの二等辺三角形だから，$\angle\mathrm{ECB}=180^\circ-a^\circ\times2=180^\circ-2a^\circ$　よって，$\angle\mathrm{OCD}=\angle\mathrm{ECB}-\angle\mathrm{OCB}=180^\circ-2a^\circ-(90^\circ-a^\circ)=90^\circ-a^\circ$

(3) 次図い で，円周角の定理より，$\angle\mathrm{ABE}=\dfrac{1}{2}\angle\mathrm{AOE}=30^\circ$　△ABEは30°，60°の直角三角形となるから，BE＝$\dfrac{\sqrt{3}}{2}$AB＝$\dfrac{5\sqrt{3}}{2}$（cm）　△ACD∽△EBDより，AD：ED＝AC：EB＝$3:\dfrac{5\sqrt{3}}{2}=6:5\sqrt{3}$

よって，$\dfrac{5\sqrt{3}}{6}$ 倍。

(4) 次図う のようになる。点Cから線分ABに垂線CHをひくと，$\angle CAH = \angle BAC$ (共通の角)，$\angle CHA = \angle BCA = 90^\circ$ で，2組の角がそれぞれ等しいから，$\triangle CAH \backsim \triangle BAC$　CA : BA = AH : ACより，3 : 5 = AH : 3だから，$AH = \dfrac{3 \times 3}{5} = \dfrac{9}{5}$ (cm)　$\triangle CAD$ はAC = CDの二等辺三角形だから，$AD = 2AH = \dfrac{18}{5}$ (cm)　また，$\angle ADC = \angle DAC$　$\overset{\frown}{BC}$ に対する円周角だから，$\angle DAC = \angle BED$　対頂角だから，$\angle ADC = \angle BDE$　したがって，$\angle BED = \angle BDE$ となるから，$BE = BD = AB - AD = 5 - \dfrac{18}{5} = \dfrac{7}{5}$ (cm)　$\triangle AEB$ は $\angle AEB = 90^\circ$ の直角三角形だから，三平方の定理より，$AE = \sqrt{5^2 - \left(\dfrac{7}{5}\right)^2} = \sqrt{\dfrac{576}{25}} = \dfrac{24}{5}$ (cm)　よって，$\triangle OEB = \dfrac{1}{2}\triangle AEB = \dfrac{1}{2} \times \left(\dfrac{1}{2} \times \dfrac{24}{5} \times \dfrac{7}{5}\right) = \dfrac{42}{25}$ (cm^2)

図あ

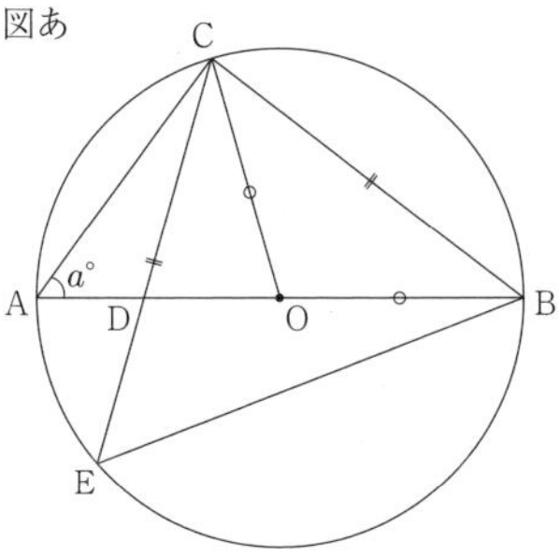

図い

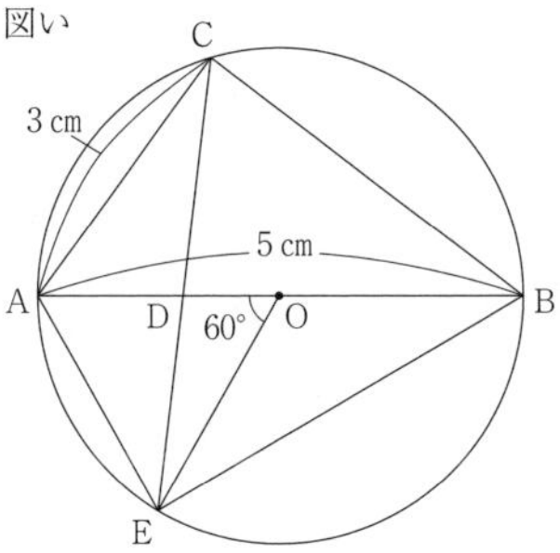

図う

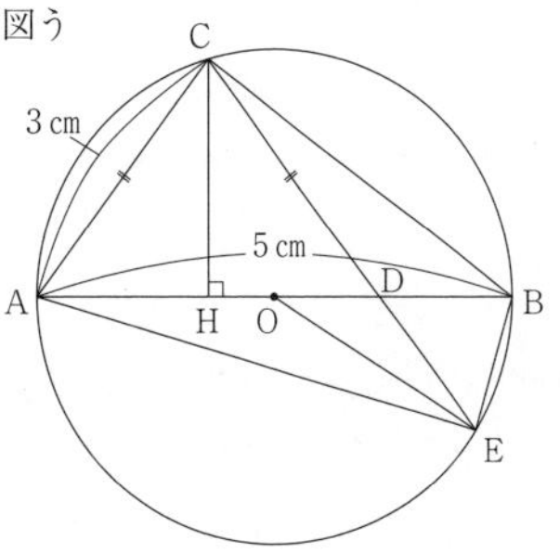

【答】 (1) $\triangle ACD$ と $\triangle EBD$ において，$\overset{\frown}{AE}$ に対する円周角だから，$\angle ACD = \angle EBD$……㋐　対頂角は等しいから，$\angle ADC = \angle EDB$……㋑　㋐，㋑より，2組の角がそれぞれ等しいから，$\triangle ACD \backsim \triangle EBD$

(2) $90^\circ - a^\circ$　(3) $\dfrac{5\sqrt{3}}{6}$ (倍)　(4) $\dfrac{42}{25}$ (cm^2)

英　語

[1]【解き方】(1) ① take a picture =「写真を撮る」。② 風の力で電気を生み出す風力発電装置の絵を選ぶ。blow =「(風) が吹く」。

(2) ① 店員は，名前をもう１度言ってくれるようお願いしている。② 女性は，男性が先週見たアニメ映画の感想をたずねている。

(3) 彼らは１階で靴，４階でテニスラケット，６階で辞書とマンガ本を買う。

(4) ア．夏に大きな祭りがある。イ．多くの人が夏の祭りで食べ物を楽しむためにミカの町を訪れる。ウ．「ミカの町のいくつかの古い家は200年以上前に建てられた」。正しい。エ．ミカの町の図書館は昨年建てられた。オ．ミカの町の生徒たちは新しい図書館で勉強する。カ．「ミカは将来自分の町についてのウェブサイトを作りたいと思っている」。正しい。

【答】(1) ① ウ　② ウ　(2) ① エ　② イ　(3) ア　(4) ウ・カ

◀全訳▶ (1)

① 女性は花の写真を撮っています。

② これは風が吹くと電気を生産するために使われます。

(2)

①

店員　　　：お名前をお願いできますか？

スズキさん：私の名前はスズキユキコです。

店員　　　：もう１度言っていただけますか？

スズキさん：(スズキ，私はスズキユキコです。)

②

女性：私は最近映画を見ていないわ。

男性：ぼくは先週アニメ映画を見たよ。

女性：それはどうだった？

男性：(それはわくわくしたよ。)

(3)

トム　　：きみは靴を買いたいと言っていたね，ルーシー。

ルーシー：ええ。

トム　　：ぼくたちは今１階にいるね。まずこの階の靴屋に行こう。

ルーシー：いいわよ。あなたは何を買うつもりなの，トム？

トム　　：ぼくはテニスラケットとスペイン語を勉強するためのいい辞書を探したいんだ。

ルーシー：私の靴を買った後，ラケットを買いましょう。それから，私たちは本屋に行くことができるわ。私もマンガ本を買いたいのよ。

トム　　：いいね。買い物の後，レストランで夕食を食べようか？

ルーシー：いいわね，でも私と両親は夕食をいっしょに食べる予定だから，５時までに帰宅しなければならないの。

トム　　：わかった。ぼくたちは買い物を終えた後，ここを出よう。

ルーシー：ありがとう，トム。

質問：彼らは買い物のためにどの階を訪れますか？

(4) こんにちは。今日私は自分の町について話をします。

　これらの写真を見てください。これらは私の町の写真です。春には，川沿いに美しい花を見ることができます。夏には，大きな祭りがあるので多くの人が私の町に来ます。祭りで多くの種類の食べ物を楽しむことができます。

次の写真を見てください。川の近くに古い家のある通りが見えます。いくつかの家は築200年以上です。その通りは長い歴史を持ち，私の町の生徒はそれについて学びます。私たちにとって自分たちの町について学ぶことは大切だと思います。

私たちの町には古いものだけでなく，新しいものもあります。これは昨年建てられた新しい図書館の写真です。それはとても大きく，多くの本があります。それには勉強するための部屋もあります。多くの生徒たちが週末にそこで勉強します。図書館が木で建てられ美しいので，それの写真を撮るために訪れる人もいます。

将来，私は自分の町を世界中の人に見せるためにウェブサイトを作りたいです。私は多くの人がウェブサイトを通して私の町について知ってくれるといいなと思います。

私は自分の町が大好きです。ありがとうございました。

2 **【解き方】**(1) エミリーの2つ目のせりふを見る。先生は看護師ほど人気がないけれど，医者より人気がある。

(2)「翻訳のアプリケーションソフトはコミュニケーションをとるとき大いに助けとなるだろう」の後にbut（しかし）と逆説の接続詞が続くことから，「ぼくは外国語を勉強し続けるだろう」が適切。

(3) 解答例は「私は間違いを恐れません。間違いから多くを学ぶことができます」。

【答】(1) イ (2) ア

(3)（例）I will not be afraid of making mistakes. I can learn a lot from mistakes.（15語）

◀全訳▶

イチロウ：きみは将来何になりたい，エミリー？

エミリー：私は自分の国で日本語を教えたいわ。私のように日本に興味がある生徒たちを手伝いたいの。あなたはどう，イチロウ？

イチロウ：ぼくは看護師になりたいな。ぼくは健康問題を抱えている多くの人をサポートしたいんだ。これを見て。これはぼくたちの学校の3年生の間で人気のある職業ランキングだよ。スポーツ選手が生徒たちの間で最も人気があるんだ。看護師は第5位だね。

エミリー：おもしろいランキングね！ あら，先生は看護師ほど人気がないけれど，医者より人気があるのね。合衆国では先生と医者はとても人気がある職業よ。

イチロウ：おもしろいね。きみは生徒たちの間で人気のある職業が将来変わると思う？

エミリー：ええ。動画投稿者は今ではとても人気がある職業だけれど，10年前にはそのような職業はなかったらしいわ。社会がそれだけ速く変化しているのよ。

イチロウ：きみの言う通りだね。まもなく人工知能技術がぼくたちのまわりでもっと見られるようになって，それらがぼくたちのために働き，ぼくたちの生活を変えるだろうね。実際，異なる言語を話す人がお互いにコミュニケーションをとるとき，ぼくたちは翻訳のアプリケーションソフト使うことができるよ。多くの新しい技術が将来開発されるだろうね。それらはぼくたちの生活をよりよくできるよ。

エミリー：私たちにとってお互いにコミュニケーションをとるために外国語を勉強することは必要かしら？

イチロウ：今ぼくは数年間英語を勉強してきているから，きみとコミュニケーションをとることができるね。ぼくは英語での会話を通してお互いを理解できるからとてもうれしいよ。翻訳のアプリケーションソフトはコミュニケーションをとるとき大いに助けとなるだろうけれど，それでもぼくは異なる文化の人を理解するために外国語を勉強し続けるよ。

3 **【解き方】**(1) ポスターの「誰が参加できるか」の冒頭を見る。まほろば市に住んでいる9歳から15歳で，以前にこのキャンプに参加したことのない生徒が参加できる。

(2) ① 質問は「参加者は7月31日の午後1時にどこに集合しますか？」。ポスターの「日付」を見る。参加者はまほろば駅に集合する。② 質問は「キャンプについてどれが正しいですか？」。ア．ポスターの「誰が参加できるか」の最後を見る。ALT が手伝うので，参加者は英語スキルについて心配しなくてよい。イ.「プログラム」を見る。参加者は２日目の午前中に ALT から外国文化について学ぶことができる。ウ.「申し込み方法」を見る。生徒は６月30日までにウェブサイトで申し込まなければならない。エ.「雨降りであれば，キャンプの活動は変更される」。「プログラム」を見る。正しい。

【答】 (1) ウ　(2) ① イ　② エ

◀全訳▶

まほろば市イングリッシュキャンプ 2021

英語を話すことを楽しみ，まほろば市のALTと楽しく過ごしましょう！

場所　まほろば川公園

日付　７月31日（土曜日）—８月１日（日曜日）

＊参加者は７月31日の午後１時にまほろば駅に集合します。

誰が参加できるか　まほろば市に住んでいる生徒（9歳—15歳）

＊以前にこのキャンプに参加したことのない生徒が申し込むことができます。

＊親はこのキャンプに参加できません。

＊キャンプ前のミーティングが７月24日の午前10時にまほろば市役所で行われます。参加者はそれに参加しなければなりません。親もそのミーティングに参加できます。

＊英語スキルについて心配しないでください。ALT があなたを手伝います。

費用　3,000円

申し込み方法　ウェブサイトを見てください。http://www.mhrbcityenglishcamp.jp

＊６月30日までにウェブサイトで申し込む必要があります。

プログラム　＊活動のいくつかは雨が降れば変更されます。

１日目 （７月31日）	午後	★自己紹介 ★ゲームをする
	晩	★料理（ピザを作ろう！） ★キャンプファイヤー（英語の歌を歌おう！）
２日目 （８月１日）	午前	★公園を散歩 ★文化の学習（ALT が彼らの国について話します）

4 **【解き方】** (1) 第３段落の中ほどを見る。オ「与吉は国の鉄道会社で働き始めた」→第４段落の中ほどを見る。エ「与吉は水を村に運ぶために水路を建設した」→第５段落の中ほどを見る。ア「与吉は訪問者と村人両方のためにホテルを建てた」→第６段落の最後の文を見る。ウ「与吉はマチュピチュ村の初代村長になった」→第７段落の冒頭を見る。イ「与吉はペルーから大玉村に帰った」。

(2) (a) 問いは「与吉の両親は，彼が21歳のときに彼にペルーに行ってほしかったのですか？」。第２段落の中ほどを見る。両親は彼に行ってほしくなかったので，No で答える。(b) 問いは「与吉はペルーから大玉村に何回帰りましたか？」。第７段落を見る。彼は１回帰った。

(3) 第４・５段落では，与吉がマチュピチュ村のために尽力したおかげで，村の生活が向上したことが書かれている。彼は村にとって「大切な」人であった。

(4) ア.「ペルーの農場での仕事はとてもきつかったので与吉はそれを続けることができなかった」。第３段落の前半を見る。正しい。イ．第３段落の中ほどを見る。与吉は28歳のとき，ペルーの国の鉄道会社で働き始めた。ウ．第４段落の後半を見る。与吉が水力発電所を建設したので，村人は彼を尊敬し始めた。エ．第５段落の中ほどを見る。与吉はホテルを建て，それの中に郵便局と警察署があった。オ．第6段落を見る。太平洋戦争中，与吉と彼の家族は村人に救われた。カ．「与吉のおかげで大玉村はマチュピチュ村の友好都市になった」。最終段落を見る。正しい。

(5) 質問は「あなたはまわりの人を幸せにするために何をしたいですか？」。解答例は「私は笑顔で『ありがとう』を言おうと努めています。優しい言葉と笑顔は人を幸せにする力があります」。

【答】 (1) オ→エ→ア→ウ→イ　(2) (例) (a) No, they did not.　(b) He went back once.　(3) ウ　(4) ア・カ

(5) (例) I am trying to say “thank you” with a smile. Kinds words and smiles have power to make people happy. (20 語)

◀全訳▶ 大玉村は福島県の美しい村です。それはペルーのマチュピチュ村の初めての友好都市です。マチュピチュ村は世界遺産で有名で，多くの人がそこを毎年訪問します。大玉村はなぜマチュピチュ村の友好都市になったのでしょう？

1人の日本人男性が2つの村をつなげました。彼の名前は野内与吉でした。彼は1895年に大玉村で生まれました。彼の両親は農民で，彼にはたくさんの兄弟姉妹がいました。彼が21歳のとき，両親は彼に行ってほしくありませんでしたが，移民としてペルーに行く決心をしました。彼は外国で成功したかったのです。彼は1917年に1人で日本を出発しました。

ペルーに着いた後，与吉は農場で働きました。農場での仕事はきつすぎて，続けることができませんでした。彼はその仕事を諦め，別の仕事を見つけるために旅をしてまわりました。彼は仕事を数回変えました。彼は28歳のとき，ペルーの国の鉄道会社で働き始めました。当時，その会社はコーヒー豆を運ぶ長い鉄道を建設する計画を持っていました。彼はマチュピチュのふもとの村に滞在し，鉄道を建設するために働きました。村のまわりには自然がたくさんありました。彼はその村が気に入って，そこで暮らす決心をしました。

しかし，そこでの暮らしは容易ではありませんでした。村人は水を手に入れるために長い道を歩かなければなりませんでした。また，彼らには電気がありませんでした。与吉は水を村に運ぶために村人といっしょに水路を建設しました。その後，彼らはより簡単に水を手に入れることができました。村人は電気について多く知らなかったので，彼は彼らにそれについて教えました。彼は彼らといっしょに小さな水力発電所を建設しました。村人は彼を尊敬し始めました。

村に来る前，与吉は彼自身のためだけに働きましたが，村での経験が彼を変えました。彼は村人のために働くとき，幸せに感じました。彼は「もっと多くの人が村を訪れれば，村は発展するだろう」と考えました。彼は40歳のとき，1935年に村にホテルを建てました。このホテルは訪問者のためだけではなく，村人のためでもありました。それの中には郵便局や警察署がありました。ホテルは村人にとってとても大切な場所になりました。彼はいつも村と村人のことを考えました。彼はもはやただの日本からの移民ではありませんでした。彼のおかげで，村の生活は向上しました。彼は村にとって欠くことのできない人でした。

太平洋戦争が1941年に始まりました。ペルーでは軍警察が日本人を逮捕し始めました。まもなく軍警察は彼らを探しに村に来ました。村人はみな警察に「この村には日本人はいない」と言いました。与吉と彼の家族は村人に救われました。戦後，彼は53歳のときに村の初代村長になりました。

与吉は73歳のときに初めて大玉村に帰りました。彼は滞在中マチュピチュ村を人々に紹介しました。日本の彼の家族は彼に日本にとどまるよう頼みましたが，彼は次の年にはペルーに戻りました。彼は再び大玉村には戻りませんでした。彼の人生は1969年に終わりました。

マチュピチュは1983年に世界遺産になりました。マチュピチュ村は世界中の多くの都市に友好都市になるよう頼まれましたが，村は大玉村を初めての友好都市として選びました。これは与吉の偉大な功績のためでした。彼の功績は今でも日本とペルーをつなげています。

社　会

1 【解き方】(1)「歴史書」とは『魏志』倭人伝のこと。

(2) ①「御恩」とは，将軍が御家人に土地の支配権を認めたり，御家人が功績をあげたときには新たな土地を与えたりすること。土地を仲立ちとしたこのような主従関係を封建制度という。② 畳を敷きつめた床，ふすまや障子《しょうじ》，違い棚などの特徴を持つ様式。③ 現在の島根県に位置する。アは佐渡金山，ウは別子銅山，エは足尾銅山の位置。

(3) ① イは12代将軍の徳川家慶《いえよし》の時代に起こった事件。エは5代将軍の徳川綱吉が行った政策。③ 幕府の年貢収納量が，ききん後に元に戻っていることに注目するとよい。④「アジアでの出来事」とは1840年に起こったアヘン戦争。清とイギリスの間で起こった戦争に清が敗れたことは，江戸幕府にとって衝撃的なできごとであった。

(4) アは大正時代，イは明治時代初期，ウは明治時代後期のできごと。

(5) 1635年に徳川家光によって出された武家諸法度では，参勤交代が制度化されたため，各藩の大名たちは経済的にも困窮する事態におちいった。

【答】(1) イ　(2) ① 幕府のために戦うこと。(同意可)　② 書院造　③ イ

(3) ① ア・ウ　② 寺子屋　③ 年貢が増える（同意可）　④ 清がイギリスとの戦いに敗れたこと。(同意可)

(4) イ→ウ→ア　(5) 武家諸法度により大名を統制し，違反した大名を罰する（同意可）

2 【解き方】(1) 瀬戸焼は，平安時代後期からつくられ始めた歴史をもつ陶磁器。

(2) 北関東工業地域が発達した理由を考えるとよい。人口が集中している首都圏の臨海部では，工場を拡張するための広い敷地を確保することが難しかったことも背景にある。

(3) 略地図Ⅱは，高緯度になるほど距離と面積が拡大されており，イの赤道が最も長くなる。

(4) 国bはブラジル。

(5) 日本国内の雇用が縮小し，高度な技術が海外に流出してしまうなどの課題を抱えている。

(6) ② インドネシアはアルプス＝ヒマラヤ造山帯に属しており，火山活動も活発になっている。③ アフリカ州の国々の国境線の多くが，緯線や経線を利用した直線的なものになっていることからその歴史的背景がわかる。

【答】(1) ウ　(2) 高速道路が整備されていることで，効率的に製品の輸送ができるため。(同意可)　(3) イ　(4) エ

(5) 国内の生産拠点が海外に移ることで，国内の産業が衰退する現象。(同意可)

(6) ① エコツーリズム　② ア　③ 植民地として支配されていたときに引かれた境界線（同意可）

3 【解き方】(1) ① 家計は，企業に対して労働力を提供し，対価として賃金を得ている。イは政府，ウは企業。②「株式を購入した出資者」を株主という。株主総会は，株式会社の最高意思決定機関。

(3) ① Aには「需要」，Bには「供給」があてはまる。② 4月から8月までに1ドルと交換できる円の価格が下がっているので，ドルに対する円の価値が高まっていると考えられる。円高になると，日本の輸入企業は有利に，輸出企業は不利となる。

(4) 売れた商品名，価格，売れた時間帯などが集計されている。

(5) 資料Ⅳの行為は，複数の同業会社で販売価格を取り決める協定を結ぶ価格カルテル。自由競争が機能しないため，価格が不当につり上げられ，消費者にとって不利益になることが多い。このようなことを監視するために公正取引委員会が設置されている。

【答】(1) ① ア　② 株主総会　(2) 労働基準法　(3) ① エ　② イ

(4) 商品を販売したときに得られる情報を集計する（同意可）

(5) 企業間の自由な競争をうながし，消費者の利益を確保すること。(同意可)

4 【解き方】(1) 運脚と呼ばれた人々（主に農民）によって都まで運ばれた税。

(2) ① アは加賀国，イは博多湾沿い，ウは北海道の渡島《おしま》半島南部の説明。③ Pに近い山が150mをこえていな

いこと，Q付近の等高線の間隔が狭いので急斜面になっていることを読み取る。

(3) メモの内容が育児のサポートに関係していることから，資料Ⅱからわかる少子化の進行への対策が急がれていることを読み取る。

【答】 (1) 調　(2) ① エ　② イ　③ ウ　(3) 子育てがしやすい環境を整えて，少子化の進行を防ぐこと。(同意可)

理　科

1 **【解き方】**(2) ① 磁力線の向き（磁界の向き）はN極から出てS極に入る向き。方位磁針のN極は，置かれた場所の磁界の向きを指す。② 磁力は磁力線の間隔がせまいほど大きいので，磁力線の間隔が最も広い点eの磁力が最も小さい。

【答】(1) 示準化石　(2) ① イ　② e

2 **【解き方】**(1) ア・イ・エの反応の命令は脳が出しているので，無意識に起こる反応ではない。

(2) 右手の皮ふから左手の筋肉まで信号が伝わる1人あたりの時間は，$\frac{1.8\,(\text{m})}{60\,(\text{m/s})} = 0.03$ (秒)　3回の実験結果の平均値は，$\frac{(3.19 + 2.75 + 2.64)\,(秒)}{3} = 2.86$ (秒)なので，1人の人が右手を握られて，隣の人を左手で握るまでにかかる時間は，$\frac{2.86\,(秒)}{11\,(人)} = 0.26$ (秒)　よって，脳で判断や命令を行うのにかかった1人あたりの時間は，0.26 (秒) − 0.03 (秒) = 0.23 (秒)

(3) 筋肉Xを直接ピンセットで引くことは，筋肉Xに力を入れているのと同じはたらき。

(4) ② 図4のヒトのうでのひじから先の2本の骨のうち，親指にあたる骨aに近いほうの骨に色が塗られている。コウモリの翼でも，ヒトのうでのひじから先にあたる2本の骨のうち，aに近いほうの骨に色が塗られている。よって，クジラのひれでも，ヒトのうでのひじから先にあたる2本の骨のうち，bに近い骨を塗りつぶす。

【答】(1) ウ　(2) 0.23 (秒)　(3) ① けん　② ア

(4) ① 恒温動物　② (右図)　③ 生息する環境に都合のよい（同意可）

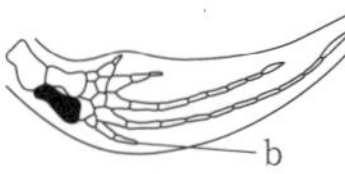

3 **【解き方】**(2) pHの値が7のときは中性。7より小さいときは酸性で，数値が小さいほど酸性が強い。7より大きいときはアルカリ性で，数値が大きいほどアルカリ性が強い。ア．表1より，酸性の水溶液の塩酸と，しょうゆと水の混合物は電流を通す。イ．電解質の物質を水に溶かした水溶液は電流を通すので，エタノールは非電解質。ウ．電流を通した石灰水・塩酸・しょうゆと水の混合物・セッケン水の電極付近から気体が発生しているので，化学変化が起こっていると考えられる。エ．pHの値は石灰水が12，セッケン水が10なので，数値の大きい石灰水がよりアルカリ性が強い。

(3) BTB溶液は酸性のとき黄色，中性のとき緑色，アルカリ性のとき青色を示す。表2より，水酸化ナトリウム水溶液を8 cm^3 加えたときに過不足なく中和したことがわかる。塩酸は塩化水素の水溶液で，塩化水素は水溶液中で，$HCl \rightarrow H^+ + Cl^-$ のように電離し，水酸化ナトリウムは水溶液中で，$NaOH \rightarrow Na^+ + OH^-$ のように電離している。ビーカーの中の塩酸に水酸化ナトリウム水溶液を加えていくと，塩酸の水素イオン H^+ と水酸化ナトリウム水溶液の水酸化物イオン OH^- が結びついて水 H_2O になるので，水素イオンの数は水酸化ナトリウム水溶液を加えていくと減少していき，過不足なく中和した後はずっと0になる。水酸化物イオンの数は過不足なく中和するまでは0で，その後は水酸化ナトリウム水溶液を加えるごとに増加していく。塩化物イオンとナトリウムイオンは水溶液中では結びつかないので，塩化物イオンの数は水酸化ナトリウム水溶液を加える量とは関係なく一定で，ナトリウムイオンの数は加える水酸化ナトリウム水溶液の量に比例して増えていく。よって，①はナトリウムイオンのグラフ，②は水素イオンのグラフ，③は水酸化物イオンのグラフ，④は塩化物イオンのグラフになる。

【答】(1) 水溶液どうしが混ざることを防ぐため。(同意可)　(2) ウ・エ　(3) ウ

(4) (用語) 中和　(反応) 発熱反応である。(同意可)

4 **【解き方】**(1) イは水が氷に，ウとエは水が水蒸気に変わる現象。

(2) 実験1で空気中の水蒸気が水滴に変わる温度（露点）が16℃なので，表より，理科室の空気中に含まれる

水蒸気量は 13.6g/m^3。気温 26 ℃の飽和水蒸気量は 24.4g/m^3 なので，$\dfrac{13.6\ (\text{g/m}^3)}{24.4\ (\text{g/m}^3)} \times 100 \fallingdotseq 56\ (\%)$

(3) 実験 2 より，まわりの気圧が低くなると空気が膨張するとわかり，実験 3 より，空気が膨張すると温度が下がり，空気中の水蒸気が水滴に変わることがわかる。

(4) イ．高気圧の中心部では空気がふき出すので下降気流が発生する。ウ．寒冷前線付近では，寒気が暖気をおし上げる。エ．風が山の斜面に沿って山頂からふもとに向かってふくと下降気流が発生する。

(5) 地表にある気温 30 ℃，湿度 64 %の空気に含まれている水蒸気量は，気温 30 ℃の飽和水蒸気量が 30.4g/m^3 なので，$30.4\ (\text{g/m}^3) \times \dfrac{64}{100} \fallingdotseq 19.5\ (\text{g/m}^3)$　飽和水蒸気量が 19.5g/m^3 になるときの気温は，表より，およそ 22 ℃なので，地表にある気温 30 ℃の空気の温度が，30 (℃) − 22 (℃) = 8 (℃) 下がると雲ができ始める。よって，空気が 100m 上昇するごとに温度が 1 ℃下がるので，$100\ (\text{m}) \times \dfrac{8\ (℃)}{1\ (℃)} = 800\ (\text{m})$

【答】 (1) ア　(2) 56 (%)

(3) まわりの気圧が低くなるため，膨張して温度が下がり，露点に達すると，ふくまれていた水蒸気の一部が水滴になる。(同意可)

(4) ア　(5) イ

5 **【解き方】** (1) メスシリンダーは最小目盛りの $\dfrac{1}{10}$ まで目分量で読む。

(2) 表 2 より，各金属の密度を求めると，金属 A は，$\dfrac{8.1\ (\text{g})}{3.0\ (\text{cm}^3)} = 2.70\ (\text{g/cm}^3)$　金属 B は，$\dfrac{42.8\ (\text{g})}{6.0\ (\text{cm}^3)} \fallingdotseq 7.13\ (\text{g/cm}^3)$　金属 C は，$\dfrac{49.3\ (\text{g})}{5.5\ (\text{cm}^3)} \fallingdotseq 8.96\ (\text{g/cm}^3)$　金属 D は，$\dfrac{28.5\ (\text{g})}{4.0\ (\text{cm}^3)} \fallingdotseq 7.13\ (\text{g/cm}^3)$　金属 E は，$\dfrac{55.0\ (\text{g})}{7.0\ (\text{cm}^3)} \fallingdotseq 7.86\ (\text{g/cm}^3)$　よって，表 2 より，金属 A はアルミニウム，金属 B と D は亜鉛，金属 C は銅，金属 E は鉄とわかる。

【答】 (1) 48.5 (cm^3)　(2) (化学式) Al　(記号) ウ　(3) 鉄が磁石につく。(同意可)

6 **【解き方】** (1) 凸レンズから物体までの距離を長くすると，凸レンズからできる像までの距離は短くなり，像の大きさは小さくなる。

(2) 凸レンズ側から見たスクリーン上にできる物体の像は，凸レンズ側から見た物体の向きに対して，上下が逆になる。

(3) 点 P から出た光がスクリーン上のどの点に集まるかを見つける。凸レンズの中心を通る光は直進するので，点 P と凸レンズの中心を通る直線を引く。その直線とスクリーンの交点に点 P から出た光は集まる。

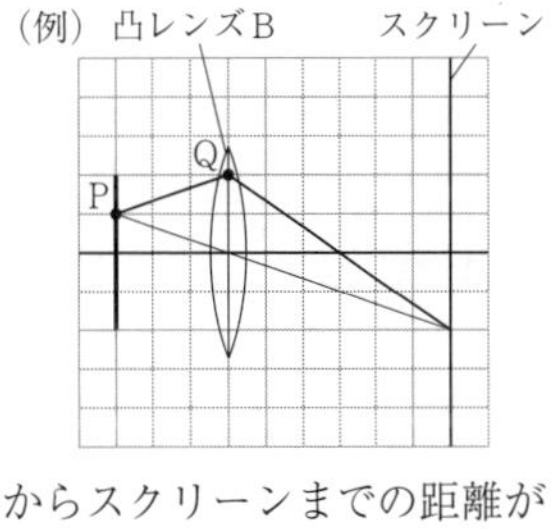

(5) ア．凸レンズ B の焦点距離のほうが，凸レンズ A の焦点距離より小さく，表より，X の値が同じとき，凸レンズ B の Y の値のほうが，凸レンズ A の Y の値より小さいので，物体から凸レンズまでの距離が同じ場合，焦点距離が小さいほど凸レンズからスクリーンまでの距離は小さい。イ．凸レンズ A・B からスクリーンまでの距離が 30cm のとき，物体から凸レンズまでの距離は，凸レンズ A が 30cm，凸レンズ B が 15cm なので，焦点距離が小さいほど物体から凸レンズまでの距離は小さい。ウ．物体から凸レンズまでの距離が同じ場合，焦点距離が小さいほど凸レンズからスクリーンまでの距離は小さくなるので，スクリーンにできる像は小さくなる。

【答】 (1) ① イ　② イ　(2) エ　(3) (前図)　(4) 物体と凸レンズの距離が，焦点距離より近いとき。(同意可)　(5) エ

国　語

1 (省略)

2 【解き方】(一)「由来する」の主語は,「近代科学としての地理学と歴史学の分類」。この後で,「近代以後の,地理学と歴史学の研修対象の違い,あるいは地理の学校教科書と歴史の学校教科書にみられる違い」について改めて説明している。

(二) 直前の「もたげて」という用言に付属している補助動詞の「くる」なので,同じく直前の「浮かんで」という用言を補助しているエを選ぶ。ア～ウは,同じ動詞であるが,補助動詞ではなく本動詞。

(三) 通訳が話したフランス語と日本語について,「おそらくは立派なフランス語で…スムーズに進行した」「違和感があったのはむしろ…随分古めかしい日本語だった」と続けている。

(四)「言葉が人間の文化の基礎をなすことは改めて言うまでもない」という同意表現に着目し,「人間社会」に言葉は「不可欠」だと述べていることをおさえる。

(五) 歴史地理学は「空間と時間の学問」に注目。「空間を考えるために歴史過程への視角を保ち…空間への視角を保つことなくしては,さまざまな事象の実態へは十分に接近し難い」と述べていることから考える。

(六) 筆者はまず「近代科学としての地理学と歴史学の分類」について説明した上で,「私が体験した一つの事例」としてパリでの体験を述べ,最後に「歴史地理学は『空間と時間の学問』と言うべき」とまとめている。

【答】(一) 端を発する　(二) エ　(三) ウ　(四) もとより人

(五) 歴史地理学は,空間と時間の両方の視覚を保って事象の実態へ接近する学問だから。(38字)(同意可)

(六) イ

3 【解き方】「緑」を行書で書く場合,糸へんの四・五・六画目は左から順に書いていく。また,「花」の草かんむりも,楷書の一画目よりも二・三画目を行書では先に書く。

【答】イ・ウ

4 【解き方】(一)「au」は「ô」と発音するので,「やう」は「よう」にする。

(二)「ねから」は漢字では「根から」と表記し,根っこから,根本からという意味。

(三) 直前で「相手のいふ詞を聞き,…返答心にうかむ。狂言は常を手本とおもふ故」と,その理由を述べている。

【答】(一) ように　(二) ア　(三) エ

◀口語訳▶　私も舞台の最初の日は同じように,うろたえるものである。そうではあるけれども,他の人から見てやり慣れた狂言をしているように見えるのは,けいこの時に,せりふをよく覚えて,初日には,すっかり忘れて,舞台の上で相手のせりふを聞いて,その時に思い出してせりふを言うのである。その理由は,日ごろから人と寄り合って,あるいは喧嘩や口論をする時には,元からせりふを用意しておくということはない。相手の言う言葉を聞いて,こちらは初めて返事が心に浮かぶ。狂言は日ごろのことを手本と思うので,けいこではよく覚えて,舞台の最初の日には忘れて出演するのだ。

5 【解き方】(一) 活用のない自立語で,体言を修飾する連体詞。アは,活用のない自立語で,用言を修飾する副詞。ウは,活用のある自立語で言い切りの形が「～い」となる形容詞「軽い」。エは,活用のある自立語で,言い切りの形が「～だ」となる形容動詞「大切だ」。

(二) 先輩から教わった言葉について,「私の努力不足を責めるもの」ではなく,「私を認め,励ますための言葉」であると,認識が改まる流れになることをおさえる。

【答】(一) イ　(二) ア　(三) (例)

私は毎朝早起きをして,自宅から近所の公園までの往復約三キロメートルをジョギングしています。私の気持ちを前向きにしてくれるのは,このジョギングです。

朝の澄んだ空気の中を走ると,心も体もすっきりします。たとえ嫌なことがあっても頑張ろうという気持ちがわいてくるので,これからも続けようと思っています。(150字)

奈良県公立高等学校
（一般選抜）

2020年度
入学試験問題

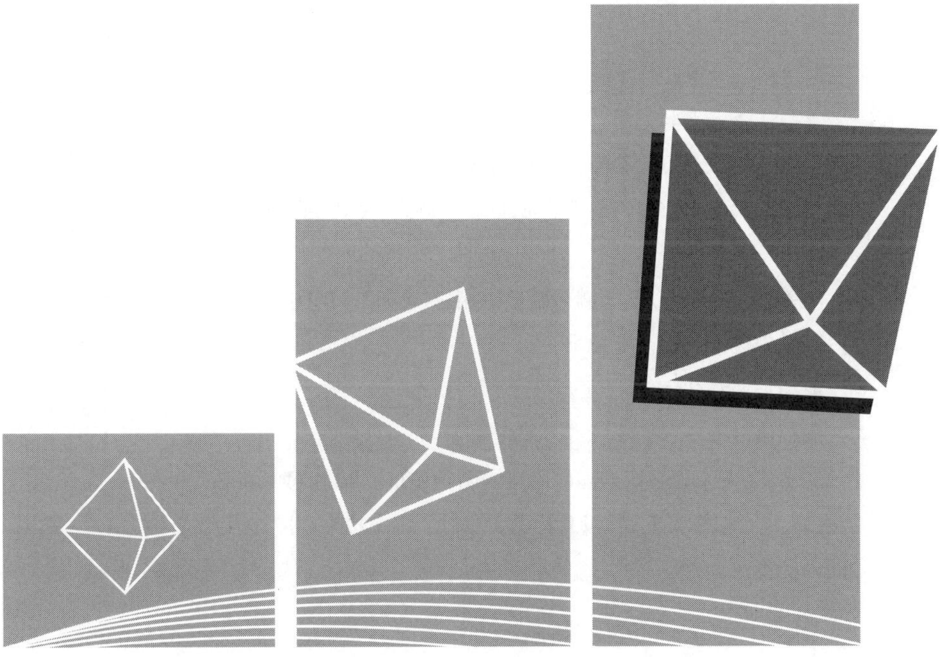

数学

時間　50分　　　　満点　50点

1　次の各問いに答えよ。

(1)　次の①～④を計算せよ。

①　$5-8$　(　　　)

②　$-4\times(-3)^2$　(　　　)

③　$(4a^3b+6ab^2)\div 2ab$　(　　　)

④　$(x+y)^2-5xy$　(　　　)

(2)　絶対値が4より小さい整数は何個あるか。(　　　個)

(3)　2次方程式 $x^2+5x+2=0$ を解け。(　　　)

(4)　y が x に反比例し，x と y の値が表1のように対応しているとき，表1のAに当てはまる数を求めよ。(　　　)

表1

x	…	-3	-2	-1	…
y	…	-4	A	-12	…

(5)　図1は，円すいの展開図で，底面の半径は5cm，側面のおうぎ形の半径は12cmである。$\angle x$ の大きさを求めよ。(　　　度)

図1

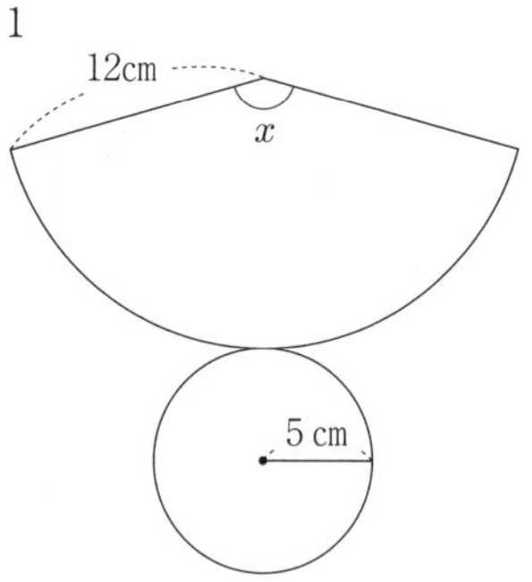

(6)　表2は，ある市における，7月の日ごとの最高気温を度数分布表にまとめたものである。この表から読み取ることができることがらとして適切なものを，次のア～オからすべて選び，その記号を書け。

(　　　)

ア　32.0℃以上34.0℃未満の階級の相対度数は，0.16より大きい。

イ　階級の幅は，12.0℃である。

ウ　最高気温が28.0℃以上の日は，5日である。

エ　最頻値（モード）は，27.0℃である。

オ　30.0℃以上32.0℃未満の階級の階級値は，30.0℃である。

表2

階級(℃)	度数(日)
以上　　未満	
24.0 ～ 26.0	1
26.0 ～ 28.0	8
28.0 ～ 30.0	5
30.0 ～ 32.0	7
32.0 ～ 34.0	5
34.0 ～ 36.0	5
計	31

(7)　次の□内の【A】,【B】の文章は，確率について述べたものである。これを読み，①，②の問いに答えよ。

【A】　図2のように，袋の中に，1，2，3，4，5の数字を1つずつ書いた5個の玉が入っている。この袋から，同時に2個の玉を取り出すとき，奇数の数字が書かれた玉と偶数の数字が書かれた玉を1個ずつ取り出す確率を p とする。

図2

【B】　図3のように，袋の中に，赤玉が3個，白玉が2個入っている。この袋から，同時に2個の玉を取り出すとき，異なる色の玉を取り出す確率を q とする。

図3

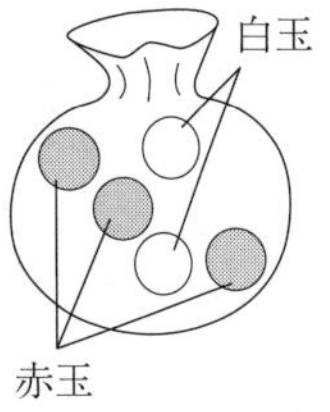

①　p の値を求めよ。(　　　)

②　p の値と q の値の関係について正しく述べているものを，次のア～ウから1つ選び，その記号を書け。(　　　)

ア　p の値は q の値より大きい。　　イ　p の値は q の値より小さい。

ウ　p の値と q の値は等しい。

(8)　一の位の数が0でない2桁の自然数Aがある。Aの十の位の数と一の位の数を入れかえてできる数をBとする。①，②の問いに答えよ。

①　Aの十の位の数を x，一の位の数を y とするとき，Bを x，y を使った式で表せ。(　　　)

②　Aの十の位の数は一の位の数の2倍であり，BはAより36小さい。このとき，Aの値を求めよ。(　　　)

2　花子さんと太郎さんは，クラスの文集をつくるときに，紙には，A 判や B 判とよばれる規格があることを知り，A 判と B 判の紙について調べた。次の□内は，2 人が調べたことをまとめたものである。後の問いに答えよ。

【A 判の紙について調べたこと】

1　A0 判の紙は，面積が $1\,\mathrm{m}^2$ の長方形であり，短い方の辺の長さと長い方の辺の長さの比は，$1:\sqrt{2}$ である。

2　図 1 のように，A0 判の紙を，長い方の辺を半分にして切ると，A1 判の紙になり，A0 判の紙と A1 判の紙は，相似になっている。

3　図 2 のように，次々と長い方の辺を半分にして切っていくと，A2 判，A3 判，A4 判，A5 判，…の紙になり，それらの紙はすべて相似になっている。

図 1

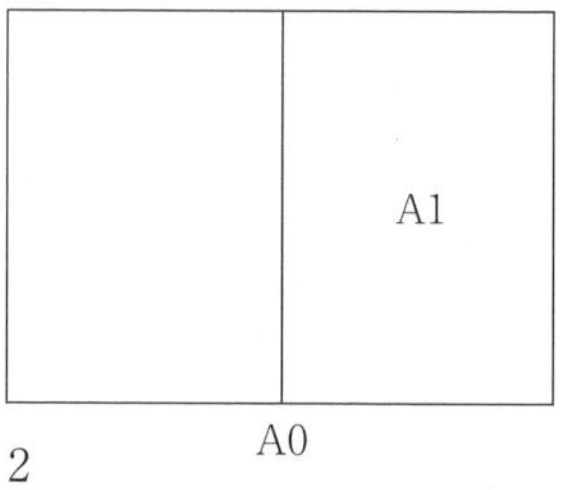

図 2

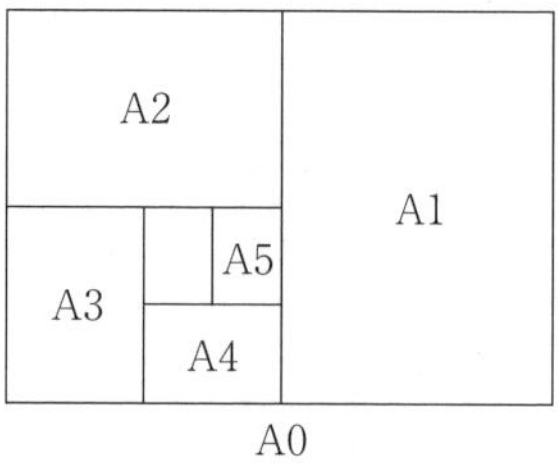

【B 判の紙について調べたこと】

1　B0 判の紙は，面積が $1.5\,\mathrm{m}^2$ の長方形であり，短い方の辺の長さと長い方の辺の長さの比は，$1:\sqrt{2}$ である。

2　B0 判の紙を，A 判のときと同じように，次々と長い方の辺を半分にして切っていくと，B1 判，B2 判，B3 判，B4 判，B5 判，…の紙になり，それらの紙はすべて相似になっている。

【A 判の紙と B 判の紙の関係について調べたこと】

1　図 3 のように，A0 判の紙の対角線の長さと B0 判の紙の長い方の辺の長さは，等しくなっている。

2　A1 判と B1 判，A2 判と B2 判，A3 判と B3 判，…のように，A 判と B 判の数字が同じとき，A 判の紙の対角線の長さと B 判の紙の長い方の辺の長さは，等しくなっている。

図 3

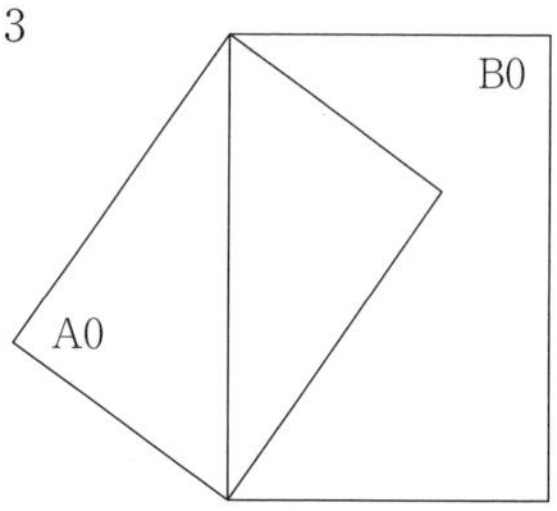

(1)　図 4 の四角形 ABCD は，A 判の規格の紙と相似な長方形である。辺 BC は，辺 AB を 1 辺とする正方形 ABEF の対角線の長さと等しい。解答欄にある線分 AB をもとに，点 C を，定規とコンパスを使って解答欄の枠内に作図せよ。なお，作図に使った線は消さずに残しておくこと。

図 4

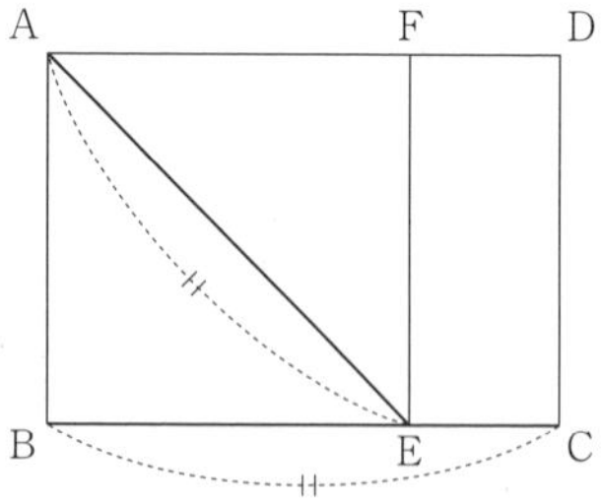

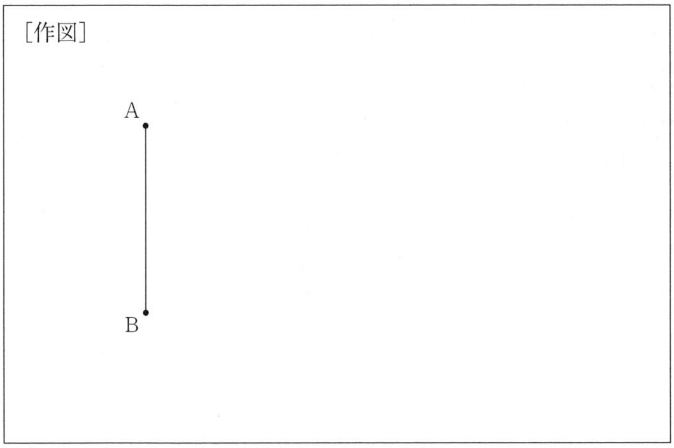

(2)　A0 判の紙の短い方の辺の長さを a cm とするとき，①，②の問いに答えよ。

①　A1 判の紙の短い方の辺の長さを，a を用いて表せ。(　　　　cm)

②　A3 判の紙の面積を，a を用いて表せ。(　　　　cm^2)

(3)　花子さんは，A3 判の資料を，コピー機で B6 判に縮小して文集に使用することにした。次の［　　］内は花子さんと太郎さんの会話である。この会話を読んで，①，②の問いに答えよ。ただし，$\sqrt{2} = 1.414$，$\sqrt{3} = 1.732$，$\sqrt{6} = 2.449$ とする。

花子：コピー機で，資料を拡大したり縮小したりしてコピーをするときには，倍率を指定するよね。

太郎：そうだね。例えば，ある長方形を縮小するとき，対応する辺の長さを 0.7 倍に縮小したいのなら，倍率を 70 %にすればいいよ。

花子：A3 判の資料を，B6 判に縮小するには，倍率を何％にすればいいのかな。

太郎：まず，A3 判と B3 判の関係に着目してみようよ。B3 判の紙の短い方の辺の長さは，A3 判の紙の短い方の辺の長さの［あ］倍になるね。

①　［あ］に当てはまる数を，小数第 3 位を四捨五入した値で答えよ。(　　　　)

②　A3 判の資料を B6 判に縮小するには，何％の倍率にすればよいか。小数第 1 位を四捨五入した値で答えよ。(　　　　%)

3　右の図の放物線は，関数 $y = 2x^2$ のグラフである。3 点 A，B，C は放物線上の点であり，その座標はそれぞれ(1，2)，(2，8)，(－2，8)である。また，点 P は x 軸上を，点 Q は放物線上をそれぞれ動く点であり，2 点 P，Q の x 座標はどちらも正の数である。原点を O として，各問いに答えよ。

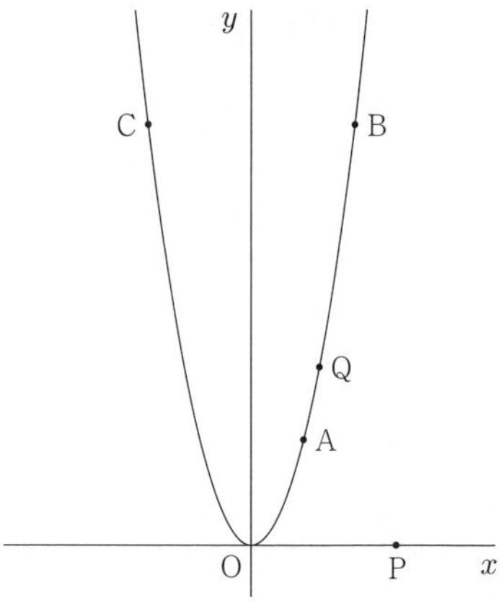

(1)　2 点 A，C を通る直線の式を求めよ。(　　　)

(2)　関数 $y = 2x^2$ について，次のア～エのうち，変化の割合が最も大きくなるものを 1 つ選び，その記号を書け。また，そのときの変化の割合を求めよ。

記号(　　　)　変化の割合(　　　)

ア　x の値が 1 から 2 まで増加するとき

イ　x の値が－2 から 0 まで増加するとき

ウ　x の値が 0 から 2 まで増加するとき

エ　x の値が－2 から 2 まで増加するとき

(3)　$\angle$OPA = 45° となるとき，△OPA を，x 軸を軸として 1 回転させてできる立体の体積を求めよ。ただし，円周率は π とする。(　　　)

(4)　四角形 APQC が平行四辺形となるとき，点 P の x 座標を求めよ。(　　　)

4　右の図で，3 点 A，B，C は円 O の周上にある。点 D は線分 BC 上の点であり，$\angle$ADB = 90° である。点 E は線分 AC 上の点であり，$\angle$AEB = 90° である。また，点 F は線分 AD と線分 BE との交点であり，点 G は，直線 AD と円 O との交点のうち点 A 以外の点である。各問いに答えよ。

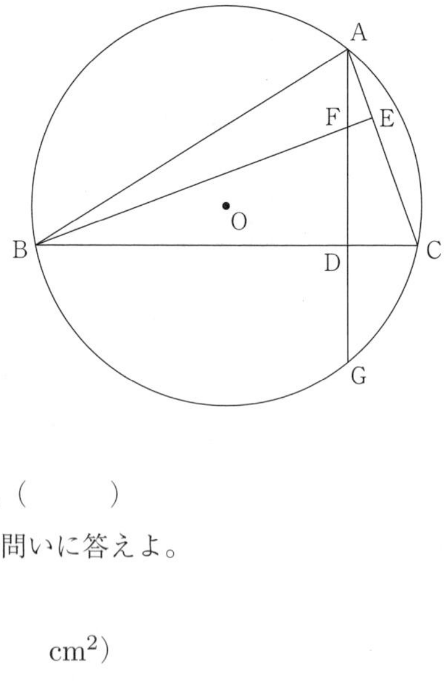

(1)　△AFE ∽ △BCE を証明せよ。

(2)　$\angle$AFE = a° のとき，$\angle$OAB の大きさを a を用いて表せ。(　　　)

(3)　BC = 10cm，AF = 2 cm，DF = 3 cm のとき，①，②の問いに答えよ。

①　線分 AG の長さを求めよ。(　　　cm)

②　円 O の面積を求めよ。ただし，円周率は π とする。(　　　cm^2)

英語

時間　50分　　　　満点　50点

（編集部注）　放送問題の放送原稿は英語の末尾に掲載しています。
音声の再生についてはもくじをご覧ください。

1　放送を聞いて，各問いに答えよ。

(1)　①，②の英文の内容に合うものを，それぞれア～エから1つずつ選び，その記号を書け。

①(　　　)　②(　　　)

①

ア

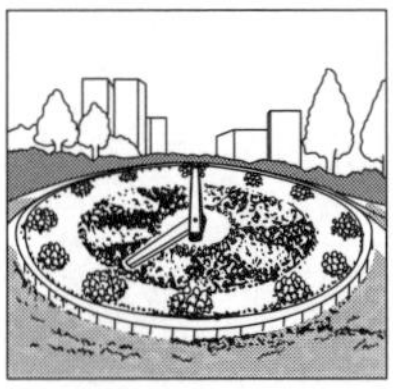

イ

ウ

エ

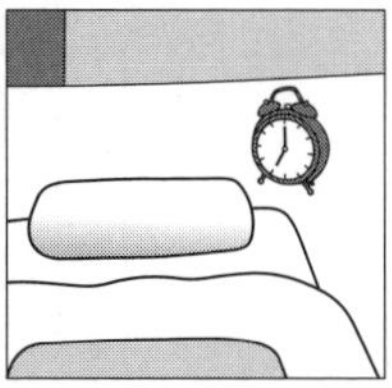

②

ア

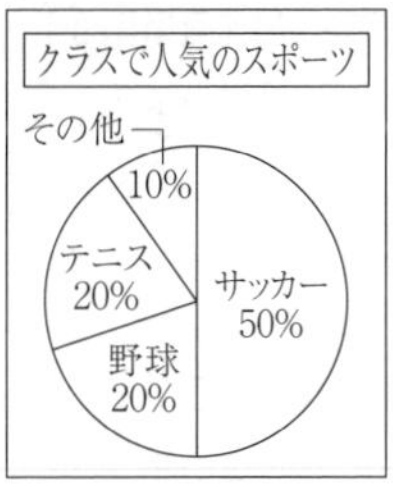

イ

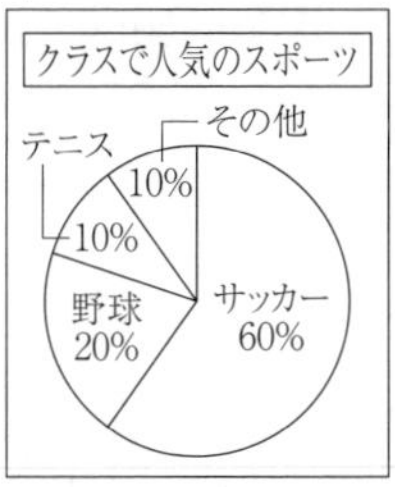

ウ

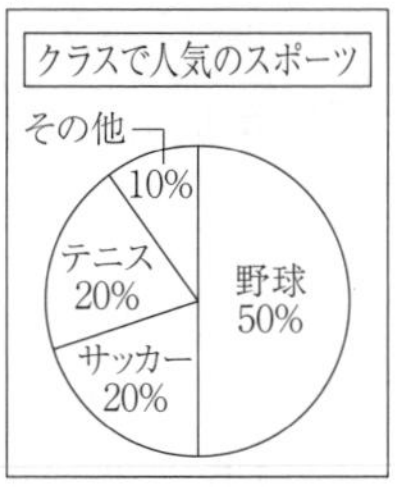

エ

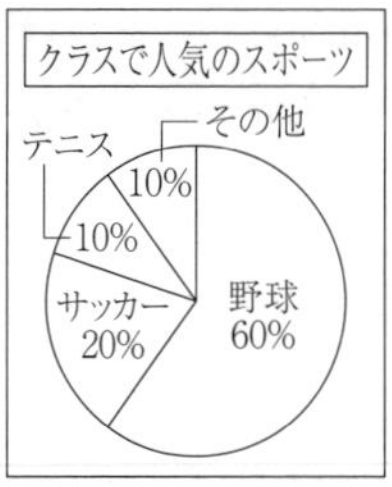

(2)　①，②の【会話の流れ】の［　　　］に入る英語として最も適切なものを，続けて読まれるア～エから1つずつ選び，その記号を書け。①(　　　)　②(　　　)

①

【会話の流れ】

Woman:　……………
Man:　……………
Woman:　……………
Man:　［　　　　　］

②

【会話の流れ】

Jack's mother:　……………
Tom:　……………
Jack's mother:　……………
Tom:　……………
Jack's mother:　……………
Tom:　［　　　　　］

(3)　会話の内容についての質問に対する答えとして最も適切なものを，後のア～エから1つ選び，その記号を書け。(　　　)

時間割表

	月	火	水	木	金
1	数	理	社	国	英
2	体	英	音	数	国
3	理	体	数	理	社
4	技/家	社	英	道徳	理
5	社	国	学活	美	総合
6	英	数	＼	体	総合

ア　On Monday.　　イ　On Tuesday.　　ウ　On Wednesday.　　エ　On Thursday.

(4)　聞き取った英文の内容と合っているものを，次のア～カから2つ選び，その記号を書け。

(　　　)(　　　)

ア　Mary has never seen snow in her town in Canada.

イ　Mary felt very cold when she first visited the classroom in Japan.

ウ　Mary went to school by school bus during her stay in Japan.

エ　Mary was surprised because students cleaned their schools in Japan.

オ　Mary did not enjoy cleaning the school when she was staying in Japan.

カ　Mary cleaned the river in her town after coming back to Canada.

2　次の英文を読んで，各問いに答えよ。

Keiko and Emma are high school students. Emma came to Japan from Australia one month ago, and she goes to Keiko's school. They are visiting Nara Park.

Emma: This is my first time to visit Nara Park. I'm so excited. Look! The deer are so cute! I want to give them *shika-sembei.*

Keiko: Oh, you know *shika-sembei*?

Emma: Yes. It is a snack for the deer, right? One of my friends in Australia visited Nara last year, and she told me about it. Our food is not good for the deer's health. We should feed them with *shika-sembei* only.

Keiko: That's right. When you feed them with *shika-sembei*, be careful with the plastic bag you have.

Emma: This plastic bag? What do you mean?

Keiko: Plastic bags are not their food, but they eat plastic bags if the bags smell of food. So, we need to be careful when we bring lunch or snacks to the park.

Emma: Eating plastic bags must be very dangerous for them.

Keiko: Right. Plastic stays in the deer's stomachs. If they eat plastic many times, they die. About 3.2 kg of plastic was found in one dead deer's stomach. I saw this on the news.

Emma: 3.2 kg! Terrible!

Keiko: When volunteers cleaned Nara Park last July, the garbage ①（collect）in the park was about 53 kg and much of it was plastic.

Emma: I think it is a big problem for the deer in Nara Park. Some of the people who visit the park throw plastic bags away in the park. People who visit the park need to think more about the deer. They should act to protect the deer. For example, they should bring their own shopping bags without receiving plastic bags from shops. What do you think, Keiko?

Keiko: [　　②　　]

Emma: Oh, tell me your idea.

Keiko: Actually, the number of visitors is increasing in Nara, but I think shops around the park can do something for this problem, too. In Japan, we can get plastic bags easily at many shops. In some countries in the world, providing plastic bags is banned. I think shops around the park should stop providing plastic bags, or at least they should reduce the plastic bags which shops provide for the customers.

Emma: I see. ③ <u>Both（ あ ）and（ い ）should change to help the deer in the park</u>.

Keiko: Of course, people who live in Nara can do something to protect them, too.

Emma: Why don't you clean Nara Park as a volunteer? I want to join you, too.

（注）deer：シカ（単複同形）　feed ～ with ...：～に…をえさとして与える

plastic bag：ビニール袋　smell of：～のにおいがする　must：～にちがいない

plastic：プラスチック　dead：死んだ　throw ～ away：～を捨てる　act：行動する
provide：提供する　ban：禁止する　at least：少なくとも

(1)　文脈に合うように，①の（　　）内の英語を正しい形に直して書け。（　　　）

(2)　文脈に合うように，［　②　］に入る最も適切な英語を，次のア～エから1つ選び，その記号を書け。（　　　）

ア　I agree with your idea.　イ　I have another idea.　ウ　I share the same idea.
エ　I don't have any idea.

(3)　英文の内容について，次の問いにそれぞれ3語以上の英語で答えよ。ただし，コンマやピリオドなどは語数に含めないこと。

(a)　Has Emma ever visited Nara Park before?
（　　　　　　　　　　　　　　　　　　　　）

(b)　How did Emma know about *shika-sembei*?
（　　　　　　　　　　　　　　　　　　　　）

(4)　下線部③は Emma と Keiko の2人の考えをまとめた文である。（ あ ）に入る英語を Emma の言葉から5語で，（ い ）に入る英語を Keiko の言葉から4語で，それぞれ英文中から抜き出して書け。あ（　　　　　　　　）　い（　　　　　　　　）

③　次の会話で，あなたが Ken なら Mr. Smith にどのように答えるか。［　　　］に入る英語を理由も含めて20語程度で書け。ただし，コンマやピリオドなどは語数に含めないこと。

（　　　　　　　　　　　　　　　　　　　　　　　　　　　　）

Mr. Smith:　What are you doing?
Ken:　We are making our yearbook now.
Haruko:　We have to decide the design of the cover. We have two different designs. Look.
Mr. Smith:　Both are nice. Which do you like better, Ken? A or B?
Ken:　［　　　　　　］

【A】

【B】

(注)　yearbook：卒業文集　cover：表紙

4　次の英文を読んで，各問いに答えよ。

Have you ever heard about WWF? WWF, World Wide Fund for Nature, is the largest organization which works for the conservation of the natural environment and wild animals around the world. It was established in 1961. The logo for WWF is cute. It was made by Peter Scott.

WWF（世界自然保護基金）のロゴ

Peter was born in London in 1909. His father was a famous adventurer who traveled around the world and loved nature. His mother was a kind woman who loved art. His father died when he was two years old. He grew up without knowing his father well. In the last letter from Peter's father to Peter and his mother, his father told her that he wanted Peter to be interested in nature. Peter got older, and he became a boy who loved nature and was able to draw pictures well.

ピーター・スコット
(Peter Scott)

Peter became a junior high school student. He did not like reading books or writing essays, but he was very interested in nature. Fishing was one of his favorite activities at that time. He liked fishing better than playing soccer. He was also interested in drawing birds, especially birds living near water. He often went out to rivers and lakes. He watched birds for a long time and drew beautiful pictures of the birds around him. After he finished university, he traveled around the world many times. He enjoyed watching and drawing birds on the trips. During these trips, he found that there were some kinds of wild animals which were almost extinct on the earth.

After that, Peter established WWF with many people who were interested in the conservation of the natural environment and wild animals. He hoped to stop the destruction of the natural environment on the earth, and he also hoped to build a better world for both people and wild animals. People can live comfortably in the world, and wild animals can also live there without becoming extinct. He believed people should live together with wild animals without killing them. Now, WWF is supported by over 5,000,000 people in more than 100 countries around the world.

One of the wild animals which was saved by Peter was the bird called Nene. Nene is a kind of bird which lives in the Hawaiian Islands. There were a lot of fruits and seeds in the mountains, and Nene ate them. When many people started to live there, they hunted Nene for food. People brought cats and dogs there. They could catch Nene easily because Nene did not move fast. The number of Nene decreased quickly, and Nene became almost extinct around 1950. When Peter learned about this situation, he started trying to save Nene with the members of WWF. He tried to increase the number of Nene through captive breeding. The number of Nene is still almost extinct today, but it began to increase slowly after the activities.

ネーネー
(Nene)

Peter saved many kinds of wild animals with the members of WWF. He wanted people to make a better world for both people and wild animals. We can learn many things from his idea, and we should try to support the conservation of the natural environment and wild animals around the world.

(注) World Wide Fund for Nature：世界自然保護基金　organization：団体
conservation：保護　natural environment：自然環境　wild：野生の
establish：設立する　logo：ロゴ　adventurer：冒険家　nature：自然　essay：作文
extinct：絶滅した　destruction：破壊　comfortably：快適に
Hawaiian Islands：ハワイ諸島　seed：種　hunt：狩りをする　decrease：減少する
captive breeding：人工繁殖

(1) Peter Scottについて述べたものとして英文の内容と合っているものを，次のア～エからすべて選び，その記号を書け。(　　)

ア　WWFを設立したメンバーの１人である。　イ　ロンドンで生まれた。
ウ　魚釣りよりサッカーをすることの方が好きだった。　エ　500万人の命を助けた。

(2) 英文の内容について，①，②の問いに対する答えとして最も適切なものを，それぞれ後のア～エから１つずつ選び，その記号を書け。

① What did Peter's father ask Peter's mother in his last letter? (　　)
ア　To love art.　イ　To establish WWF.　ウ　To make Peter interested in soccer.
エ　To make Peter interested in nature.

② What did Peter find during his trips around the world after he finished university? (　　)
ア　He found that the number of some kinds of wild animals was very small.
イ　He found that pictures of wild animals near rivers and lakes were beautiful.
ウ　He found that there were so many members of WWF in the world.
エ　He found that the natural environment was getting better for wild animals.

(3) Neneについて述べられている段落の内容を以下のようにまとめたとき，次の（ あ ），（ い ）に入る英語を，それぞれ１語で書け。ただし，その段落中の英語が入る。あ(　　)　い(　　)

Nene is a bird which lives in the Hawaiian Islands. There was a lot of (あ) for Nene in the mountains, like fruits and seeds. After many people arrived with cats and dogs, the number of Nene decreased. It was easy for them to catch Nene because Nene moved (い). Peter worked hard to save Nene with the members of WWF. After their efforts, the number of Nene began to increase.

(4) 英文の内容と合っているものを，次のア～カから２つ選び，その記号を書け。
(　　)(　　)

ア　Reading books was one of Peter's favorite activities when he was in junior high school.
イ　Peter was interested in birds living near water, and drew many pictures of them.
ウ　Peter's father went to the Hawaiian Islands, and found Nene for the first time.

エ　WWF was established in 1950 because Nene became almost extinct.

オ　WWF tried to save Nene, but we cannot see Nene in the Hawaiian Islands today.

カ　Peter hoped that wild animals could live in the world without becoming extinct in the future.

(5) Peter Scott は多くの人々と協力して野生動物保護に取り組んだ。あなたが周りの人と一緒に取り組みたいと考えることは何か。15 語程度の英語で書け。ただし，1 文または 2 文で書き，コンマやピリオドなどは語数に含めないこと。

(　　　　　　　　　　　　　　　　　　　　　　　　　　　　　　)

〈放送原稿〉

(チャイム)

これから，2020年度奈良県公立高等学校入学者一般選抜学力検査問題，英語の聞き取り検査を行います。放送中に問題用紙の空いているところに，メモを取ってもかまいません。

それでは，問題用紙の1を見なさい。1には，(1)〜(4)の4つの問題があります。

まず，(1)を見なさい。(1)では，①，②の英文を2回ずつ読みます。英文の内容に合うものを，それぞれ問題用紙のア〜エのうちから1つずつ選び，その記号を書きなさい。それでは，始めます。

① A clock is on the wall.

A clock is on the wall.

――(この間約3秒)――

② In our class, soccer is the most popular among students. Baseball is as popular as tennis.

In our class, soccer is the most popular among students. Baseball is as popular as tennis.

――(この間約3秒)――

次に，(2)に移ります。(2)では，①，②の場面での会話を行います。会話はそれぞれ問題用紙の【会話の流れ】に示されている順に進みます。□に入る英語として最も適切なものを，続けて読まれるア〜エのうちから1つずつ選び，その記号を書きなさい。なお，会話とア〜エは2回ずつ読みます。それでは，始めます。

① *Woman:* Excuse me, but could you tell me how to get to Mahoroba Stadium?

Man: Sure. Take the Yamato Line and get off at Mahoroba Chuo Station.

Woman: How long does it take?

ア Five kilometers.　イ About ten minutes.　ウ Three stations from here.

エ It's in front of the station.

繰り返します。(繰り返し)

――(この間約3秒)――

② *Jack's mother:* Hello.

Tom: Hello. This is Tom. May I speak to Jack?

Jack's mother: Hi, Tom. Sorry, but he is not at home now.

Tom: I want to tell him something about the math lesson. When will he come home?

Jack's mother: He will be back soon.

ア Is he there?　イ How about the math lesson?　ウ Will you ask him to call me?

エ Can I take a message?

繰り返します。(繰り返し)

――(この間約3秒)――

次に，(3)に移ります。(3)では，問題用紙に示された時間割表を見ながら2人が会話を行います。その後，会話の内容についての質問をします。その質問に対する答えとして最も適切なものを，問題用紙のア〜エのうちから1つ選び，その記号を書きなさい。なお，会話と質問は2回ずつ行います。それでは，始めます。

Girl: How was today's English lesson?

Boy: I think it was very difficult. What will we do in the English lesson tomorrow?

Girl: I'm not sure, but Ms. White will come to our class. She will talk about her country.

Boy: It's exciting. How about the music lesson tomorrow?

Girl: We will sing a new song.

Boy: Oh, that sounds nice. I like music lessons.

質問 When are they talking?

繰り返します。(繰り返し)

──（この間約３秒）──

次に，(4)に移ります。(4)では，留学生のMaryがカナダに帰国した後，日本で共に学んだクラスの生徒にあてて送った手紙の英文を２回読みます。この英文の内容と合っているものを，問題用紙のア～カのうちから２つ選び，その記号を書きなさい。それでは，始めます。

Dear classmates,

How are you? Is it cold in Japan? In my town, we had some snow last week.

Thank you very much for spending time with me. When I first visited your class, I was so nervous, but all of you talked to me. I was very glad because everyone was so kind, and I could have a good time in Japan.

During my school life in Japan, I was sometimes surprised. First, I was surprised to know that you don't go to school by school bus in Japan. Many students in Japan go to school by bike or by train. Some of you walk to school. In Canada, many students go to school by school bus. It was the first time in my life to go to school by train. There were so many people on the train every day. I got tired before the lessons, but I enjoyed talking with my friends on the train.

Second, I was surprised to know that students cleaned their schools in Japan, so your classrooms are always clean. After I cleaned the classroom with you, I felt good. I have never cleaned my school in Canada, but I really enjoyed cleaning the school in Japan. After coming back to Canada, I joined a volunteer activity to clean the river in my town.

I had a good time with you in Japan. I will not forget my time in Japan or all of you. I hope I can see you soon in Japan or in Canada.

Your friend,

Mary

──（この間約３秒）──

繰り返します。(繰り返し)

──（この間約３秒）──

これで，英語の聞き取り検査の放送を終わります。次の問題に進んでよろしい。

社会

時間　50分　　　　　満点　50点

1　絵里さんと秀一さんは，一万円，五千円，千円の紙幣が20年ぶりに刷新されることを知って，日本銀行発行の紙幣の図柄に興味をもち，調べた。各問いに答えよ。

(1)　次の表は，絵里さんと秀一さんが，これまでに発行された紙幣の図柄となった人物とそれぞれが行ったことを調べて整理したものの一部である。

人物	行ったこと
A 聖徳太子	蘇我馬子と協力しながら，天皇を中心とする政治制度を整えようとした。
藤原鎌足	中大兄皇子とともに蘇我氏を倒し，B 大化の改新と呼ばれる改革に関わった。
板垣退助	C 自由民権運動の始まりとなる民撰議院設立建白書を政府に提出し，国会の開設を要求した。
新渡戸稲造	世界平和と国際協調を目的としたD 国際連盟の事務局次長を務めた。

①　資料Ⅰは，下線部Aが定めたきまりの一部である。このきまりは誰の心がまえとして示されたものか。次のア～エから1つ選び，その記号を書け。(　　　)

ア　民衆　　イ　天皇　　ウ　役人　　エ　僧

[資料Ⅰ]

二に曰《いわ》く，あつく三宝を敬え。三宝とは仏・法・僧なり。
三に曰く，詔《みことのり》を承りては，必ず謹め。

(「日本書紀」より作成)

②　下線部Bと呼ばれる改革以来めざしてきた律令国家が大宝律令の制定により形づくられた。次のa～cは，大化の改新から大宝律令の制定までの期間の出来事である。年代の古いものから順に正しく並べられているものを，後のア～エから1つ選び，その記号を書け。(　　　)

a　白村江の戦いが起こる。　　b　藤原京に都を移す。　　c　壬申の乱が起こる。

ア　a→b→c　　イ　a→c→b　　ウ　b→a→c　　エ　b→c→a

③　資料Ⅱは，下線部Cに対して政府が定めた法令の一部を要約したものである。また，資料Ⅲは，自由民権運動の演説会の様子を示したものである。資料Ⅱ，資料Ⅲにみられる，自由民権運動に対する政府の方針を，「言論」，「批判」の語を用いて簡潔に書け。

(　　　　　　　　　　　　　　　　　　　　　　　　　　　　)

[資料Ⅱ]

第6条　集会が届け出の内容と違うときや，社会秩序を妨げるようなとき，(略) 警察官は集会を解散させることができる。

(「法令全書」より作成)

[資料Ⅲ]

④ 下線部Dの設立を提案したアメリカの大統領は誰か。その人物名を書け。(　　　)

(2) 資料Ⅳは，2000年に発行が開始された二千円札の裏面を示したものである，資料Ⅳの左側の図柄は，紫式部の作品を題材にした絵巻物の一場面である。この図柄にみられるような，平安時代に生まれた絵画の様式の名称と，絵巻物となった紫式部の作品の名称は何か。その組み合わせとして正しいものを，次のア～エから１つ選び，その記号を書け。(　　　)

[資料Ⅳ]

ア　大和絵・源氏物語　　イ　大和絵・枕草子　　ウ　浮世絵・源氏物語　　エ　浮世絵・枕草子

(3) 右の表は，絵里さんと秀一さんが，2004年に発行が開始された紙幣の図柄を調べて整理したものである。

紙幣	表面	裏面
一万円	福沢諭吉	E平等院鳳凰堂の鳳凰像
五千円	樋口一葉	F尾形光琳の「燕子花《かきつばた》図」
千円	野口英世	富士山と桜

① 資料Ⅴは，一万円，五千円，千円のいずれかの紙幣の表面に描かれた人物を採用した理由を財務省が示したものである。資料Ⅴは，どの人物の採用理由に当たるか。次のア～ウから１つ選び，その記号を書け。(　　　)

ア　福沢諭吉　　イ　樋口一葉　　ウ　野口英世

[資料Ⅴ]

今まで日本銀行券の肖像として選択したことのなかった科学者を採用することとし，また，学校の教科書にも登場するなど，知名度の高い文化人の中から採用したものです。

(財務省 Web サイトより)

② 資料Ⅵは，世界の出来事を年代の古い順に表し，それぞれの出来事で区切られた期間をア～エとしたものである。下線部Eが建てられたのは，どの期間に当てはまるか。資料Ⅵ中のア～エから１つ選び，その記号を書け。

(　　　)

[資料Ⅵ]

世界の出来事	
ムハンマドがイスラム教を開く。	
	ア
唐が滅亡する。	
	イ
チンギス＝ハンがモンゴルを統一する。	
	ウ
ルターが宗教改革を始める。	
	エ
フランスで人権宣言が発表される。	

③ 下線部Fが活躍したころは，幕府政治の安定とともに都市が繁栄し，新しい文化が栄えていた。この文化の特色を，中心となった地域に触れながら，簡潔に書け。

(　　　　　　　　　　　　　　　　　　　　　　　　　　　　　　)

(4) 次の□内は，絵里さんと秀一さんが，20年ぶりに刷新される紙幣の図柄について話したときの会話の一部である。

絵里：新しく発行される紙幣の図柄に採用されたのは，渋沢栄一，津田梅子，北里柴三郎の３人ですね。

秀一：はい。渋沢栄一はフランスで学んだ経験を生かし，日本で多くの企業を設立し，G産業の発展に貢献しました。津田梅子は政府が募集した最初の女子留学生の一人として，H岩倉具視を大使とする使節団に同行し，アメリカへ渡りました。帰国後は教師になり，生涯を通じて女子教育に尽力しました。ペスト菌を発見した北里柴三郎は留学のためにドイツへ渡り，医学の研究を続けました。

絵里：3人は日本を代表する偉大な人物であり，それぞれの功績は日本の産業・教育・医学分野の発展をもたらし，現代社会にも大きな影響を与えています。このような観点から，私も紙幣の図柄にしたい人物を考えてみました。

秀一：それは興味があります。どのような人物を選んだのか，教えてください。

① 資料Ⅶは，下線部Gの過程における，1914年と1919年の国内の生産総額を示したものである。資料Ⅶの生産総額の変化にみられる経済状況を表す言葉として最も適切なものを，次のア～エから1つ選び，その記号を書け。(　　　)

ア 高度経済成長　　イ 金融恐慌　　ウ 世界恐慌

エ 大戦景気

[資料Ⅶ]

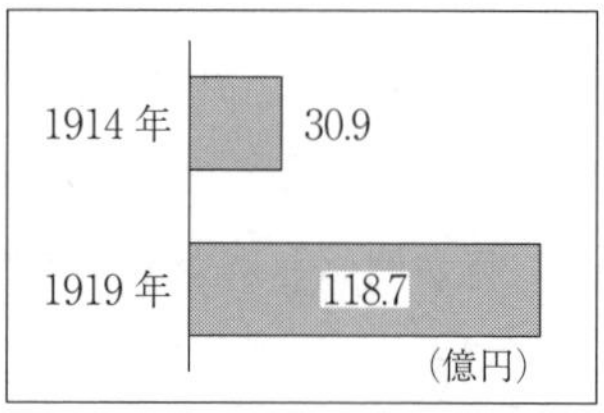

(「日本資本主義発達史年表」より作成)

② 下線部Hは，当初の主な目的の達成が困難なことが明らかになると，その後は欧米の制度や文化を学んで帰国した。この当初の主な目的とは何か。簡潔に書け。

(　　　　　　　　　　　　　　　　　　　　　　　　　　　　　　　　　　　)

③ 次のメモは，絵里さんが紙幣の図柄にしたい人物についてまとめたものである。(X)に当てはまる言葉を，「女性」の語を用いて簡潔に書け。

(　　　　　　　　　　　　　　　　　　　　　　　　　　　　　　　　　　　)

・図柄にしたい人物＝平塚らいてう

・選んだポイント＝青鞜社を結成して，女性に対する古い慣習や考え方を批判する活動を行い，さらに市川房枝らと女性の社会的地位の向上を求めて，本格的な活動に取り組んだことです。第二次世界大戦後に(　　X　　)ことにより，写真のような様子がみられました。このことは，日本の社会が平塚らのめざした社会に一歩近づいたことを示しています。

このような人物を紙幣の図柄にすることで，人々の願いの実現に向けて努力した先人の働きを忘れないようにしたいと思います。

2 今年は，2020 年東京オリンピック・パラリンピック競技大会が開催されるため，世界や日本の各地から多くの人々が東京を訪れることが予想される。世界や日本の各地と東京との結びつきについて，各問いに答えよ。

(1) 右の地図は，東京からの距離と方位が正しい地図である。地図中の a～d は，東京都の姉妹友好都市であり，a はカイロ，b はジャカルタ，c はペキン，d はニューヨークを示している。

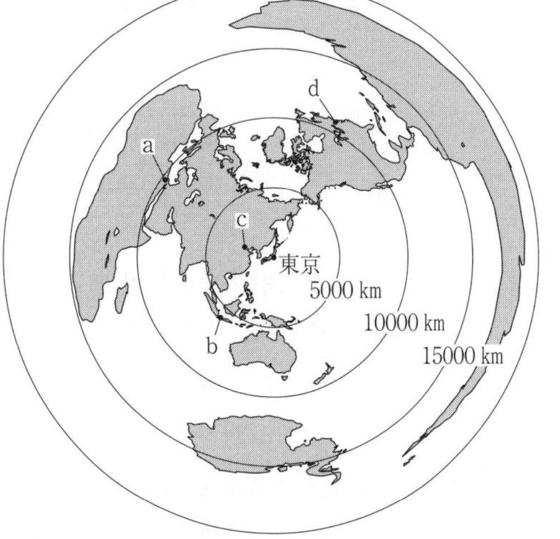

① 次の□内のどちらの条件にも当てはまる都市を，地図中の a～d から 1 つ選び，その記号を書け。(　　　)

・東京から約 10000km 離れている。
・東京から見て，北西の方位にある。

② 資料Ⅰは，地図中の a～d のいずれかの都市の雨温図である。この雨温図に当てはまる都市を，a～d から 1 つ選び，その記号を書け。
(　　　)

[資料Ⅰ]

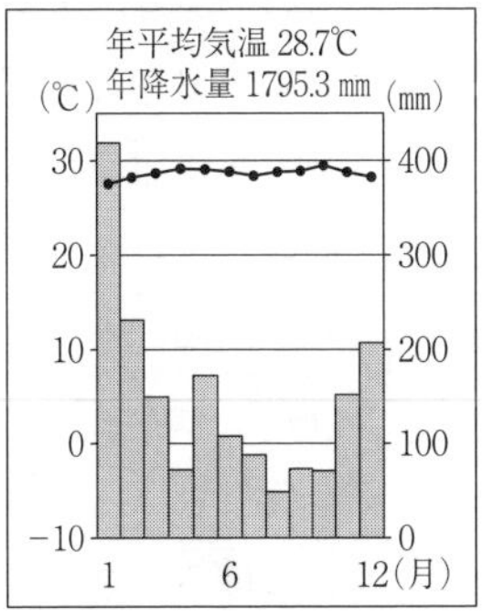

(気象庁 Web サイトより作成)

③ 資料Ⅱは，地図中の a～d の都市があるエジプト，インドネシア，中国，アメリカの，2018 年における日本への輸出額，日本へ輸出する主な品目と日本への輸出額に占める割合を示したものである。アメリカに当たるものはどれか。資料Ⅱ中のア～エから 1 つ選び，その記号を書け。(　　　)

[資料Ⅱ]

国	日本への輸出額(億円)	日本へ輸出する主な品目と日本への輸出額に占める割合(%)					
ア	191,937	機械類	46.3	衣類	10.1	金属製品	3.5
イ	23,789	石炭	14.7	液化天然ガス	12.4	機械類	11.1
ウ	90,149	機械類	28.1	航空機類	5.3	医薬品	5.1
エ	300	石油製品	46.8	液化天然ガス	26.9	機械類	6.1

(「財務省貿易統計」より作成)

④ 資料Ⅲは，イスラム教徒の訪日外国人旅行者が増加していることから，東京駅に 2017 年に設置された施設の床にある表示を描いたものである。資料Ⅲ中の●の印は何を示しているか。簡潔に書け。
(　　　　　　　　　　　　　　　　　　　　　　)

[資料Ⅲ]

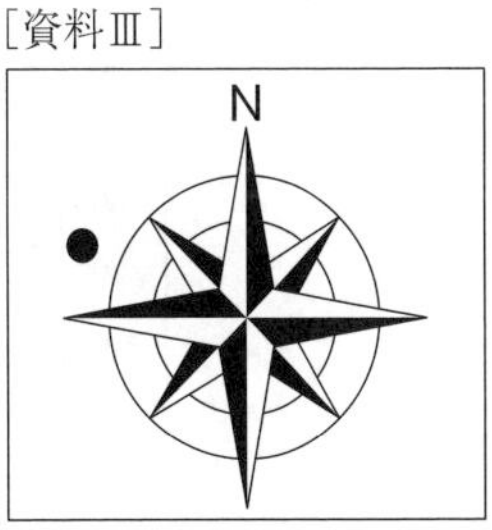

(2) 資料Ⅳは，2018 年の成田国際空港と東京国際空港の貨物量及び旅客数と，その国際線と国内線の内訳を示したものである。資料Ⅳから読み取ることができる内容として適切なものを，後のア～エからすべて選

び，その記号を書け。(　　　)

[資料Ⅳ]

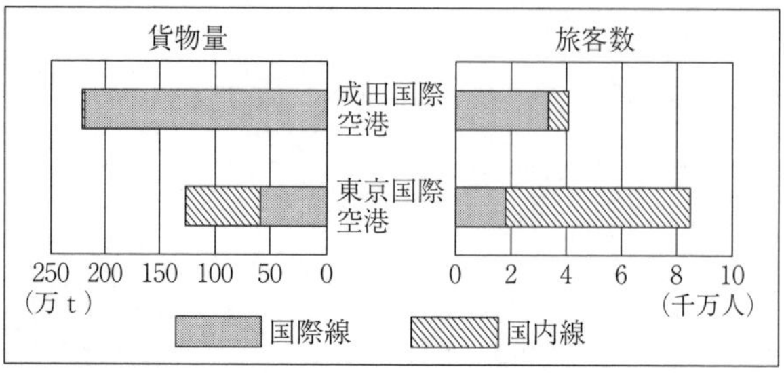

(「平成30年空港管理状況調書」より作成)

ア　成田国際空港と東京国際空港の旅客数を合わせると，1億2千万人を超えている。

イ　東京国際空港は，成田国際空港に比べ，国際線の貨物量が多い。

ウ　成田国際空港は，貨物量，旅客数ともに，国際線よりも国内線が多い。

エ　東京国際空港の旅客数は，国際線よりも国内線が多い。

(3)　資料Ⅴは，2017年の東京都中央卸売市場における，なすの月別入荷量とその内訳を示したものである。

[資料Ⅴ]

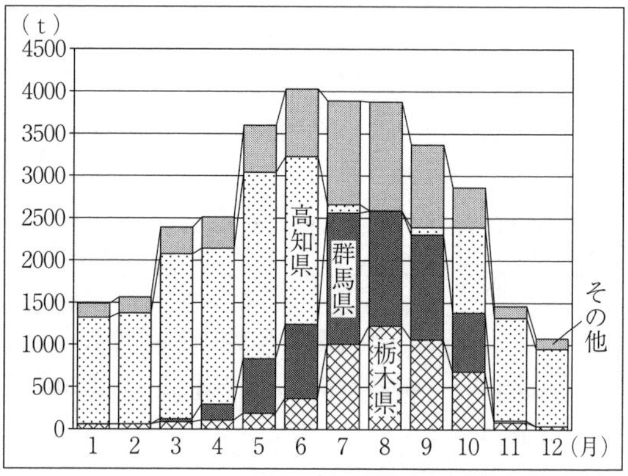

(農畜産業振興機構 Webサイトより作成)

①　資料Ⅴ中の群馬県や栃木県では，大消費地である東京に近いことを生かして，都市向けに，野菜を新鮮なうちに出荷する農業がさかんである。このような農業を何というか。その名称を書け。(　　　)

②　資料Ⅵは，2017年の東京都中央卸売市場における，なすの月別平均卸売価格を示したものである。また，資料Ⅶは，高知県，群馬県，栃木県それぞれのなすの主な産地の月別平均気温を示したものである。資料Ⅴ，資料Ⅵ，資料Ⅶから読み取ることができる，高知県のなすの出荷の特徴を簡潔に書け。

(　　　　　　　　　　　　　　　　　　　　　　　　　　　　　　　　　　　　　　)

[資料Ⅵ]

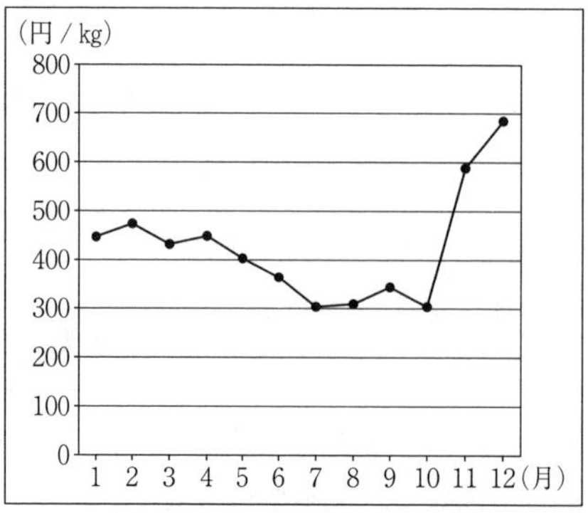

(農畜産業振興機構 Webサイトより作成)

[資料Ⅶ]

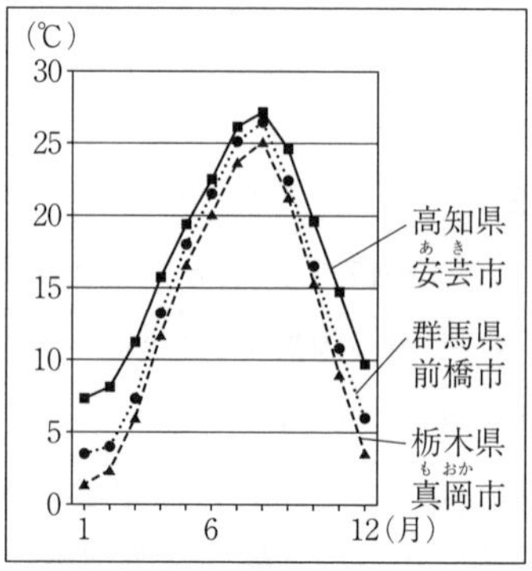

(気象庁 Webサイトより作成)

3 現在，中学校３年生である健太さんは，2022年４月１日から成年年齢が18歳に引き下げられることを知り，先生と話をした。次の［ ］内は，その会話の一部である。各問いに答えよ。

> 健太：私たちの学年から，18歳になると成人として扱われることになるそうですね。なぜ，成年年齢が20歳から18歳に引き下げられることになったのですか。
>
> 先生：近年，A日本国憲法の改正手続きにおける国民投票の投票権年齢やB公職選挙法の選挙権年齢が満18歳以上と定められ，国の政治に関わる重要な判断について，20歳以上の成人と同様に，18歳，19歳の人々の意見を聞くことになりました。そこで社会生活の上でも，18歳以上の人を成人として扱った方がよいという議論が起こりました。また，世界的にも成年年齢を18歳とするのが主流です。このようなことから，「民法の一部を改正する法律」がC国会で制定され，成年年齢が18歳に引き下げられたのですよ。
>
> 健太：成年年齢に達すると，社会生活の上では，未成年のときと何が変わるのですか。
>
> 先生：保護者の同意を得なくても，携帯電話の契約を結ぶことなどができます。ただ，現在でも，成年年齢を迎えた直後の若者が，D消費者トラブルにあう事例が多くみられるので注意が必要です。

(1) 下線部Aには，さまざまな人権が規定されている。しかし，社会の変化とともに，日本国憲法に直接的には規定されていない権利が，日本国憲法の第13条にある幸福追求権などにもとづいて主張されるようになった。このような新しい人権に当てはまるものを，次のア～エから１つ選び，その記号を書け。(　　)

ア 労働者が団結して行動できるように労働組合をつくる権利

イ 自由に職業を選び，選んだ職業を営む権利

ウ 権利が侵害された場合に裁判を受ける権利

エ 個人の私的な生活や情報を他人の干渉から守る権利

(2) 右の表は，下線部Bが改正され，選挙権年齢が満18歳以上に引き下げられてから行われた国政選挙の実施年月について示したものである。

実施年月	国政選挙
(X)年７月	第24回参議院議員通常選挙
2017年10月	第48回衆議院議員総選挙
2019年７月	第25回参議院議員通常選挙

① 表中の(X)に当てはまる年を書け。

(　　)

② 第48回衆議院議員総選挙は，小選挙区制と比例代表制を組み合わせた小選挙区比例代表並立制で行われた。小選挙区制について述べた文として最も適切なものを，次のア～エから１つ選び，その記号を書け。(　　)

ア １つの選挙区から複数名を選出する。

イ いずれかの政党が単独で議会の過半数の議席を獲得しやすい。

ウ 各政党の得票に応じて議席を配分する。

エ 落選者に投じられた票が少なくなる傾向がある。

(3)　資料Ⅰは，下線部Ｃと内閣との関係を示したものである。次の□内は，衆議院において内閣不信任決議が可決された場合に，内閣が行わなければならないことについて述べたものである。資料Ⅰを参考にして，□内の（　Ｙ　）に当てはまる言葉を簡潔に書け。

（　　　　　　　　　　　　　　　　）

内閣は，10日以内に（　　Ｙ　　）か，総辞職をしなければならない。

［資料Ⅰ］

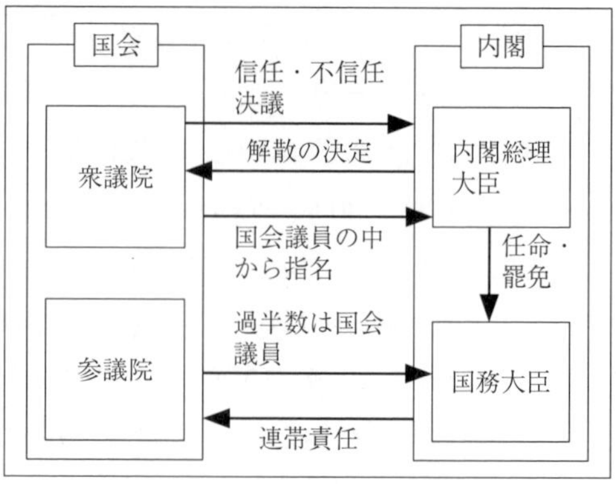

(4)　下線部Ｄを防ぐために，さまざまな法律が制定され，行政による取り組みが行われている。

①　消費者を保護する法律の１つとして，消費者が商品の欠陥によって身体や財産に損害を受けたときに，消費者が製造業者の過失を証明しなくても，製造業者に賠償の責任を負わせることを定めたものがある。この法律を何というか。その名称を書け。（　　　　）

②　資料Ⅱは，消費者庁が管理する国民生活センターのWebサイトに掲載されている相談事例とそれに対する回答である。また，資料Ⅲは，国民生活センターが発行している書籍の内容の一部である。国民生活センターが資料Ⅱや資料ⅢをWebサイトや書籍に掲載することは，消費者が自立した消費者として行動するための支援につながっている。自立した消費者とは，どのような消費者か。資料Ⅱ，資料Ⅲを参考にして，「判断」の語を用いて簡潔に書け。

（　　　　　　　　　　　　　　　　　　　　　　　　　　　　　　　　）

［資料Ⅱ］

【相談事例】
インターネットによる通信販売で靴を購入しました。届いてから数日後に箱をあけてみたら，イメージしていたものと違うものが入っていることに気づきました。クーリング・オフはできますか。
【回答】
通信販売は，クーリング・オフができません。Webサイト上に表示されている「返品の可否と返品可能な条件」をよく確認しましょう。また，返品できる場合でも，返品期限を設けている場合がよくみられますので，商品が手元に届いたら，すぐに中身を確認しましょう。

（国民生活センター Web サイトより作成）

［資料Ⅲ］

ワンクリック詐欺
パソコンやスマートフォンで，Webサイトにアクセスして，動画の再生ボタン等をクリックすると，突然「登録完了」といった画面が表示され，登録料などの名目で高額な料金を請求されることがあります。

（「2020 年版くらしの豆知識」より作成）

4　和夫さんは，社会科の授業で「源平の争乱」について学習し，その後，国語科の授業で「平家物語」を学習した。2つの学習をもとに，「平氏が都を離れてから滅亡するまでの戦い」というテーマで，レポートをまとめた。次の□内は，その一部である。各問いに答えよ。

平氏が都を離れてから
滅亡するまでの戦い

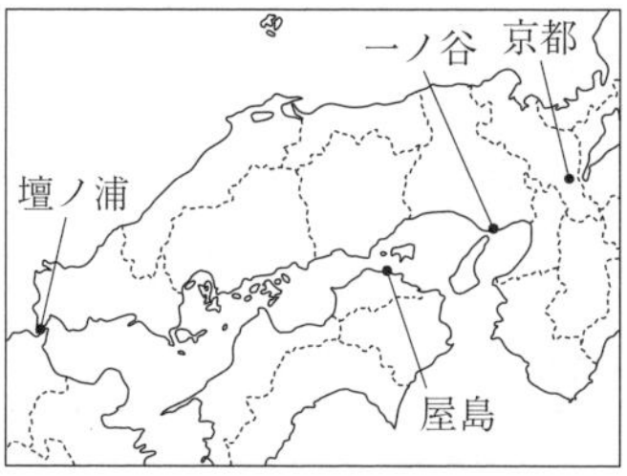

〔A 一ノ谷の戦い〕（1184 年）
一ノ谷（兵庫県神戸市）で源義経が平氏を奇襲し，平氏は四国に敗走する。「平家物語」では，平《たいらの》 敦盛《あつもり》が源氏方に討たれる場面が描かれている。

〔屋島の戦い〕（1185 年）
源義経がB 屋島（香川県高松市）で平氏を攻め，平氏は瀬戸内海を西へ敗走する。「平家物語」では，源氏方の弓の名手である那須《なすの》 与一《よいち》が平氏方の船上に立てられた扇の的を見事に射る場面が描かれている。

〔壇ノ浦の戦い〕（1185 年）
壇ノ浦（山口県下関市）の海上で源平最後の戦いが行われ，平氏は滅亡する。「平家物語」では，C 安徳天皇が水中に身を投げる場面が描かれている。

(1)　資料Ⅰは，武士や民衆の間に平家物語を広めた人を描いたものである。このような人を何と呼ぶか。その名称を書け。(　　　)

［資料Ⅰ］

(2)　資料Ⅱは，下線部Aが行われた場所の周辺の地形図である。

［資料Ⅱ］

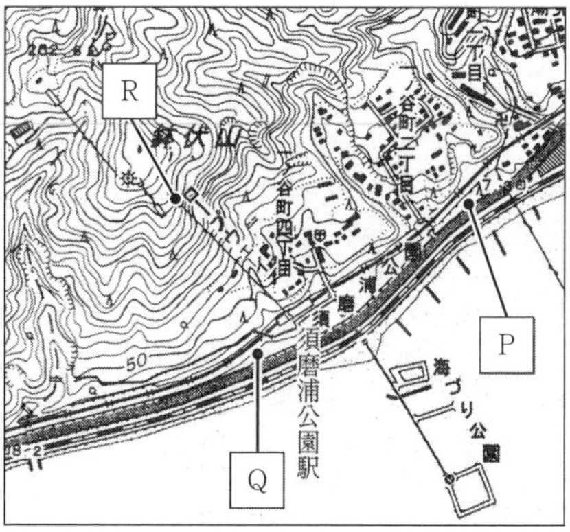

(国土地理院発行2万5千分の1地形図「須磨」より作成)

①　和夫さんは，地形図中のP地点に下線部Aの記念碑があり，Q地点に一ノ谷の戦いで亡くなった平敦盛の墓があることを知り，見学に行った。地形図上でP地点とQ地点を直線で結んだ長さは，2.6cm である。実際の直線距離は何 m になるか。その距離を書け。

(　　　m)

②　須磨浦公園《すまうらこうえん》駅からロープウェイに乗った和夫さんは，地形図中のR地点（鉢伏山上《はちぶせさんじょう》駅）で降り，一ノ谷町を眺めた。R地点（鉢伏山上駅）の標高は約何 m か。最も適切なものを，次のア〜エから1つ選び，その記号を書け。(　　　)

ア　150m　　イ　200m　　ウ　250m　　エ　300m

(3)　下線部Bでは，歴史的資源を活用した観光客の誘致が進められ，観光客や市民の利便を図るために駐車場を設置する条例が，2017 年に制定された。このように全国ではさまざまな条例が制定されている。条例とはどのようなものか。簡潔に書け。

(　　　　　　　　　　　　　　　　　　　　　　)

(4)　資料Ⅲは，レポート内の略地図に示された場所がある，京都府，兵庫県，香川県，山口県の4府県における 2016 年の，人口密度，県内総生産，農業産出額，重要文化財の件数を示した表であ

る。兵庫県に当たるものはどれか。資料Ⅲ中のア～エから１つ選び，その記号を書け。(　　　)

［資料Ⅲ］

府県	人口密度（人/km^2）	県内総生産（億円）［2016 年度］	農業産出額（億円）	重要文化財の件数
ア	518.0	38,022	898	120
イ	564.9	104,876	740	2,162
ウ	228.1	60,875	681	135
エ	657.1	209,378	1,690	466

（「2018／19 日本国勢図会」ほかより作成）

(5)　資料Ⅳは，下線部Ｃを含む皇室と平氏の系図の一部である。武士である平清盛が政治の実権を握ることができた理由のうち，資料Ⅳから読み取ることができるものを簡潔に書け。

(　　　　　　　　　　　　　　　　　　　　　　)

［資料Ⅳ］

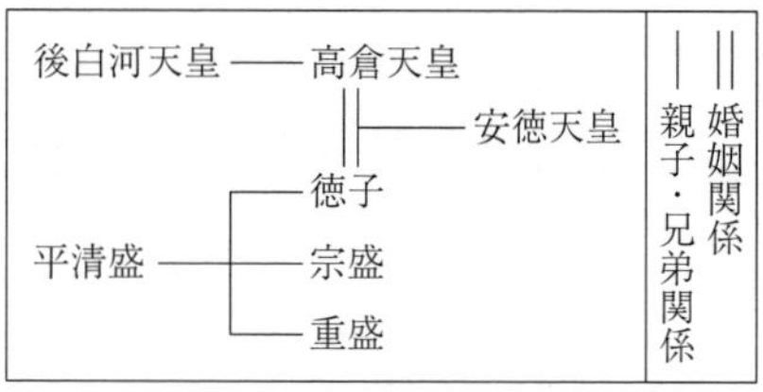

理科

時間　50分　　　満点　50点

1　真理さんは，ノーベル化学賞受賞者の吉野《よしの》彰《あきら》さんが持続可能な社会の実現について語っているニュースを見て，エネルギー資源の有効利用について興味をもち，調べることにした。次の□内は，真理さんが，各家庭に普及し始めている燃料電池システムについてまとめたものである。各問いに答えよ。

> 家庭用燃料電池システムは，都市ガスなどからとり出した水素と空気中の酸素が反応して水ができる化学変化を利用して，電気エネルギーをとり出す装置である。電気をつくるときに発生する熱を給湯などに用いることで，エネルギーの利用効率を高めることができる。
>
> 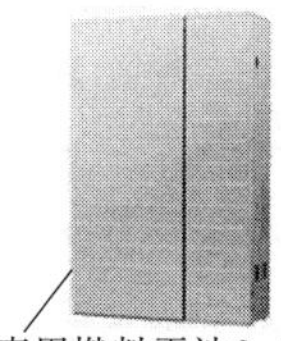
>
> 家庭用燃料電池システム

(1)　下線部に関して，水素と酸素が反応して水ができる化学変化を化学反応式で書け。

(　　　　　　　　　)

(2)　図1は従来の火力発電について，図2は家庭用燃料電池システムについて，それぞれ発電に用いた燃料がもつエネルギーの移り変わりを模式的に表したものである。なお，図中の□内は，燃料がもつエネルギーを100としたときの，エネルギーの割合を示している。

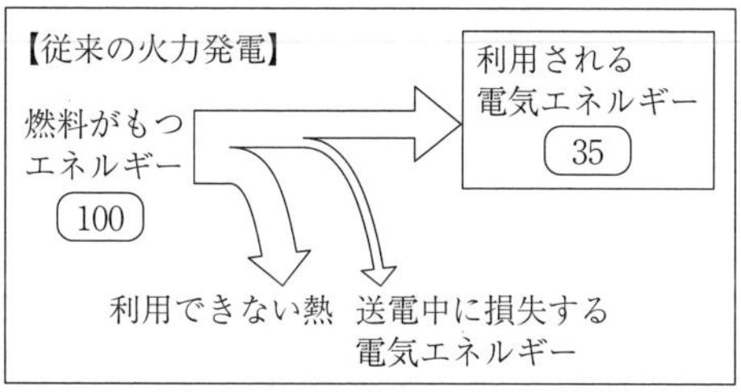

図1

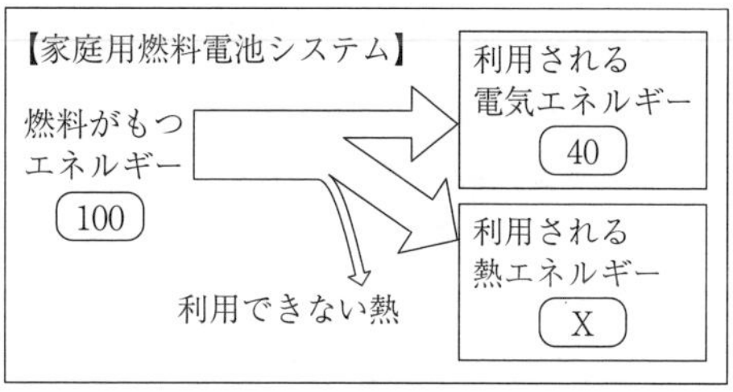

図2

①　図1において，送電中に損失する電気エネルギーは，主にどのようなエネルギーに変わることで失われるか。最も適切なものを，次のア～エから1つ選び，その記号を書け。(　　　)

ア　光エネルギー　　イ　運動エネルギー　　ウ　音エネルギー　　エ　熱エネルギー

②　図2において，利用される電気エネルギーが，消費電力が40Wの照明器具を連続して10分間使用できる電気エネルギーの量であるとき，利用される熱エネルギーの量は34200Jである。Xに当てはまる値を書け。(　　　)

2 物体にはたらく力について調べるために，次の実験1～3を行った。各問いに答えよ。ただし，質量100gの物体にはたらく重力の大きさを1Nとし，ばねや糸の質量はないものとする。

実験1 水平な台の上にスタンドを置き，ばねをつり棒につるした。次に，図1のように，1個の質量が20gのおもりを，1個から8個まで個数を変えてばねにつるし，ばねののびをそれぞれはかった。表1は，その結果をまとめたものである。

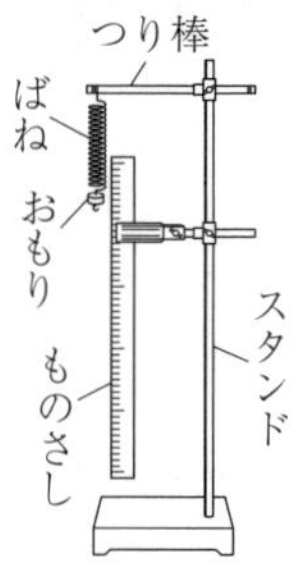

図1

おもりの数〔個〕	1	2	3	4	5	6	7	8
ばねののび〔cm〕	1.0	2.0	3.0	4.0	5.0	6.0	7.0	8.0

表1

実験2 質量160gで一辺の長さが5.0cmの立方体である物体Aと，実験1で用いたばねを使って，水平な台の上に図2のような装置をつくり，物体Aの底面のすべてが電子てんびんの計量皿に接するまでつり棒を下げた。この状態から，ゆっくりとつり棒を下げていきながら，ばねののびがなくなるまで，ばねののびと電子てんびんの示す値との関係を調べた。

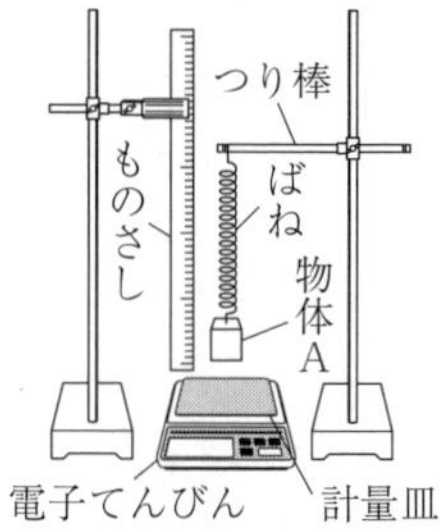

図2

実験3 図3のように，実験1で用いたばねと，糸1～3を使って，実験2で用いた物体Aを持ち上げた。次に，糸3を延長した線と糸1および糸2がそれぞれつくる角X，Yの大きさが常に等しくなるようにしながら，角X，Yの大きさを合わせた糸1，2の間の角度が大きくなる方向に糸1を動かし，ばねののびの変化を調べた。表2は，その結果をまとめたものである。

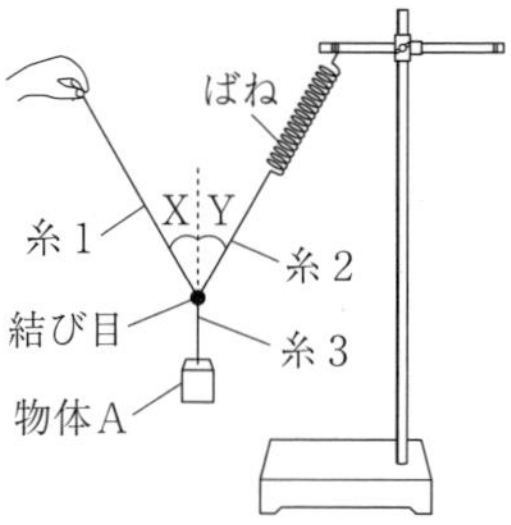

図3

糸1，2の間の角度〔°〕	60	90	120
ばねののび〔cm〕	4.6	5.7	8.0

表2

(1) 実験1で用いたばねを使って，質量110gの物体をつるしたときのばねののびは何cmになると考えられるか。その値を書け。(　　　cm)

(2) 実験2で，ばねののびが6.0cmのとき電子てんびんの値は40gを示していた。このとき，計量皿が物体Aの底面から受けた圧力の大きさは何Paか。その値を書け。また，物体Aの底面のすべてが電子てんびんの計量皿に接してからばねののびがなくなるまでの間の，ばねののびと電子てんびんの示す値との関係を述べたものとして，最も適切なものを，次のア～ウから1つ選び，その記号を書け。圧力(　　　Pa)　関係(　　　)

ア ばねののびが小さくなるにしたがって，電子てんびんの示す値は大きくなる。

イ ばねののびが小さくなるにしたがって，電子てんびんの示す値は小さくなる。

ウ ばねののびが小さくなっても，電子てんびんの示す値は変わらない。

(3) 実験3で，糸1，2がそれぞれ結び目を引く力を合成し，その合力を解答欄に矢印で表せ。なお，合力を矢印で表すために用いた線は消さずに残しておくこと。

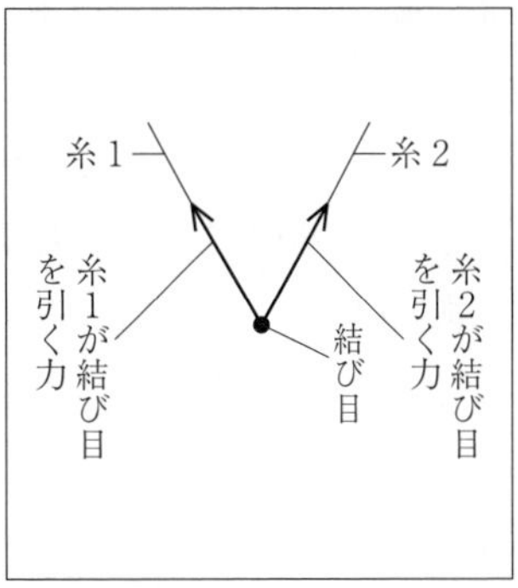

(4) 図4は，斜張《しゃちょう》橋《きょう》とよばれる橋を模式的に表したものである。塔からななめに張った多数のケーブルが橋げたに直接つながっており，このケーブルが橋げたを引くことで，橋げたを支えている。図5のように，ケーブルａ，ｂが橋げたを引くようすに着目したとき，図6のように塔をより高くし，ケーブルをより高い位置から張ると，ケーブルａ，ｂがそれぞれ橋げたを引く力の大きさはどのように変化すると考えられるか。ケーブルａ，ｂの間の角度に触れながら，簡潔に書け。ただし，橋げたの質量や塔の間隔は変わらないものとし，ケーブルの質量はないものとする。

(　　　)

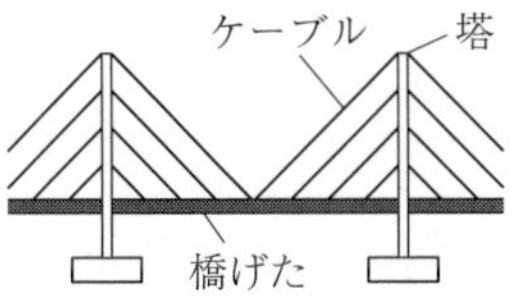

図4

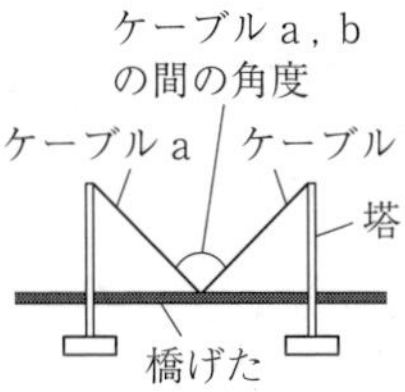

図5

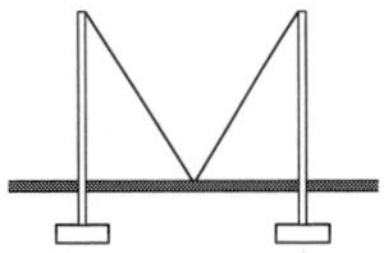

図6

3　遺伝の規則性を調べるために，エンドウを用いて次の実験1，2を行った。なお，エンドウには図のような丸い種子としわのある種子がある。また，丸い種子をつくる遺伝子をA，しわのある種子をつくる遺伝子をaとし，丸い種子をつくる純系のエンドウがもつ遺伝子の組み合わせをAA，しわのある種子をつくる純系のエンドウがもつ遺伝子の組み合わせをaaで表すものとする。各問いに答えよ。

丸い種子　しわのある種子

実験1　丸い種子をつくる純系のエンドウの花粉を，しわのある種子をつくる純系のエンドウのめしべに受粉させると，子はすべて丸い種子になった。次に，子の種子を育てて自家受粉させると，孫には丸い種子としわのある種子の両方ができた。

実験2　遺伝子の組み合わせがわからないエンドウの苗を4本育てて，咲いた花をかけ合わせた。表1は，その結果をまとめたものである。ただし，エンドウの苗は，①～④でそれぞれの個体を表すものとする。

かけ合わせ		できた種子の形質と割合
エンドウの苗①の花粉	エンドウの苗②のめしべ	すべて丸い種子だった。
エンドウの苗①の花粉	エンドウの苗③のめしべ	丸い種子としわのある種子の数が3：1の割合となった。
エンドウの苗①の花粉	エンドウの苗④のめしべ	丸い種子としわのある種子の数が1：1の割合となった。

表1

(1)　エンドウの花粉は，受粉したのちに花粉管をのばす。花粉管の中を移動する生殖細胞を何というか。その名称を書け。(　　　)

(2)　実験1でできた孫の丸い種子がもつ遺伝子の組み合わせとして考えられるものをすべて書け。

(　　　)

(3)　実験2でできた種子の結果から，エンドウの苗がもつ遺伝子の組み合わせを推定することができる。エンドウの苗①～④がそれぞれもつ遺伝子の組み合わせを正しく表しているものを，表2のア～エから1つ選び，その記号を書け。(　　　)

	エンドウの苗			
	①	②	③	④
ア	AA	Aa	AA	aa
イ	Aa	AA	Aa	aa
ウ	AA	AA	aa	Aa
エ	Aa	aa	Aa	AA

表2

(4)　遺伝子は，細胞の核内の染色体にある。染色体の中に存在する遺伝子の本体は何という物質か。その名称を書け。(　　　)

(5)　エンドウは有性生殖で子をつくるが，無性生殖で子をつくる生物もある。無性生殖について述べたものとして正しいものを，次のア～エから1つ選び，その記号を書け。(　　　)

ア　減数分裂によって子がつくられるので，子は親と同じ遺伝子を受けつぎ，子に現れる形質は親と同じである。

イ　減数分裂によって子がつくられるので，子は親と同じ遺伝子を受けつぐが，子に現れる形質は親と異なる。

ウ　体細胞分裂によって子がつくられるので，子は親と同じ遺伝子を受けつぎ，子に現れる形質は親と同じである。

エ　体細胞分裂によって子がつくられるので，子は親と同じ遺伝子を受けつぐが，子に現れる形質は親と異なる。

4 気象庁のWebサイトのデータを活用して，日本列島付近で発生した地震について調べた。図1は，図2の地点Xを震央とする地震が起きたときの，地点Aでの地震計の記録である。表は，この地震を観測した地点A，Bについて，震源からの距離と，小さなゆれと大きなゆれが始まった時刻をまとめたものである。ただし，地震のゆれを伝える2種類の波はそれぞれ一定の速さで伝わるものとする。各問いに答えよ。

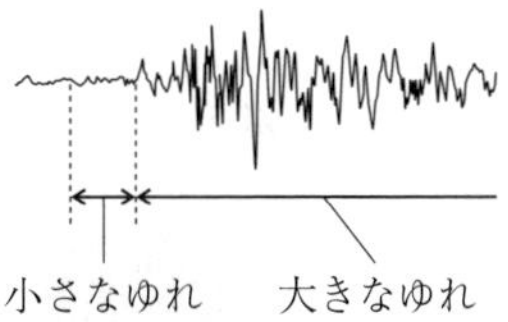

図1

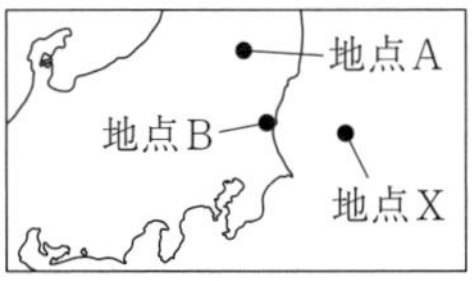

図2

地点	震源からの距離	小さなゆれが始まった時刻	大きなゆれが始まった時刻
A	150 km	15時15分59秒	15時16分14秒
B	90 km	15時15分49秒	15時15分58秒

(1) 図1のように，小さなゆれの後にくる大きなゆれを何というか。その用語を書け。また，小さなゆれの後に大きなゆれが観測される理由として最も適切なものを，次のア～エから1つ選び，その記号を書け。用語(　　　) 理由(　　　)

ア　震源ではP波が発生した後にS波が発生し，どちらも伝わる速さが同じであるため。

イ　震源ではP波が発生した後にS波が発生し，P波の方がS波より伝わる速さが速いため。

ウ　震源ではS波が発生した後にP波が発生するが，P波の方がS波より伝わる速さが速いため。

エ　震源ではP波もS波も同時に発生するが，P波の方がS波より伝わる速さが速いため。

(2) この地震が発生した時刻は15時何分何秒か。表から考えられる，その時刻を書け。

(15時　　分　　秒)

(3) 調べた地震のマグニチュードの値は7.6であった。マグニチュード7.6の地震のエネルギーは，マグニチュード5.6の地震のエネルギーの約何倍になるか。最も適切なものを，次のア～エから1つ選び，その記号を書け。(　　　)

ア　約2倍　　イ　約60倍　　ウ　約1000倍　　エ　約32000倍

(4) 図3は，2013年から2017年の間に，この地域で起きたマグニチュード5.0以上の規模の大きな地震について，震央の位置を○で示したものである。また，図4は，図3に表す地域の大陸プレートと海洋プレートを模式的に表したものである。図3で規模の大きな地震が太平洋側に集中しているのはなぜか。その理由を「沈みこむ」の言葉を用いて簡潔に書け。

(　　　　　　　　　　　　　　　　　　　　　　　　　　　　)

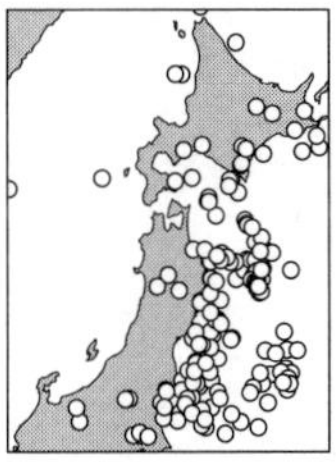
図3

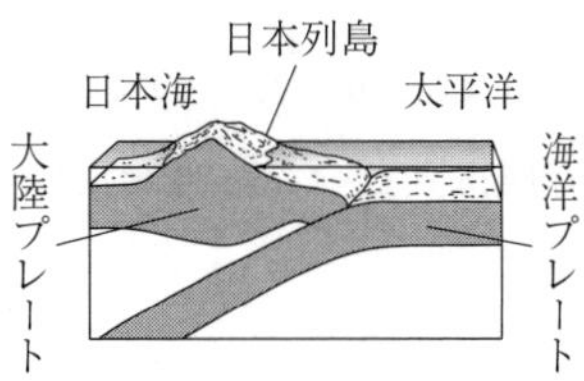

図4

(5) 地震によって起こる現象や災害対策について述べたものとして正しいものを，次のア～エから1つ選び，その記号を書け。(　　　)

ア　地震にともない海底が大きく変動することにより，津波が起こる。

イ　地震のゆれによって，地面がとけてマグマになる現象を液状化現象という。

ウ　科学技術の発展により災害への対策は進歩しているため，今日では地震が起こったときの行動を考える必要はない。

エ　地震が発生する前に震源を予測し，発表されるのが緊急地震速報である。

5　春香さんは12月に，学校の裏山の地面や土の中のようすを観察した。各問いに答えよ。

観察　地面をおおっている落ち葉や，落ちているまつかさのりん片を図1のようなルーペで観察した。図2は，観察したまつかさのりん片の写真である。まつかさのりん片は，5月に観察したマツの雌花のりん片とは形がずいぶん違っていた。

図1

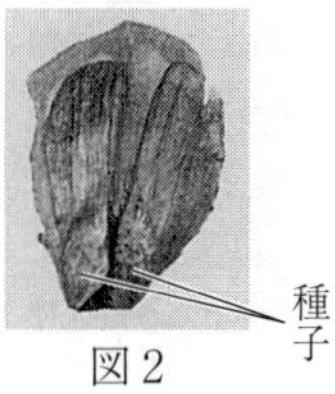

図2

落ち葉やその下の土を観察すると，落ち葉のようすは下にいくほど細かいものに変化しており，落ち葉の下にはダンゴムシやミミズが見られた。また，地面を10cmほど掘った土の中は全体が黒っぽくなっており，落ち葉の形はほとんどわからなかった。

(1)　落ち葉を見るときの，図1のルーペの使い方として最も適切なものを，次のア～エから1つ選び，その記号を書け。(　　　)

ア

ルーペを落ち葉に近づけ，ルーペだけを前後に動かす。

イ

ルーペを目に近づけ，落ち葉だけを前後に動かす。

ウ
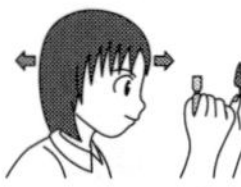
ルーペを落ち葉に近づけ，顔だけを前後に動かす。

エ
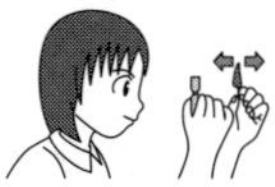
ルーペを落ち葉に近づけ，落ち葉だけを前後に動かす。

(2)　図3のXは，春香さんが5月に観察したマツの雌花である。解答欄にあるXのりん片の模式図に，胚珠の大まかな図をかき入れよ。

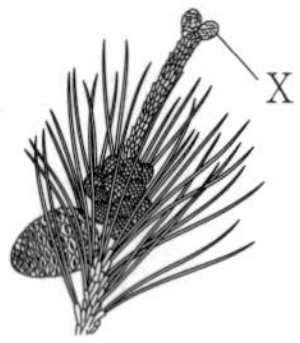

図3

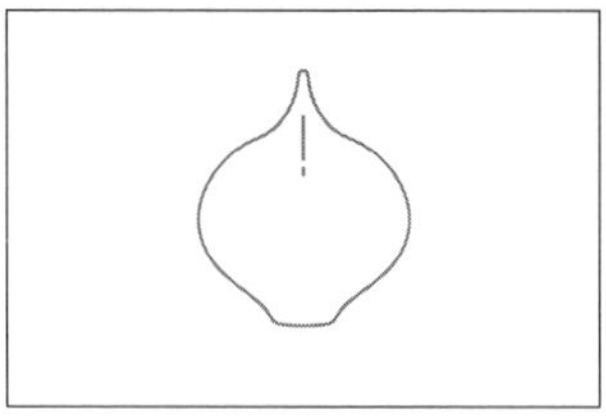

(3)　観察で，地面を10cmほど掘った土の中で，落ち葉の形がほとんどわからなかったのはなぜか。「菌類や細菌類」，「有機物」という言葉を用いて簡潔に書け。

(　　　　　　　　　　　　　　　　　　　　　　　　　　　　　　　　　　　　　　)

6　研一さんと花奈さんは，化学変化と物質の質量の関係について調べるために，次の実験1，2を行った。［　　］内は，それぞれの実験後の，2人の会話である。各問いに答えよ。

実験1　図1のように，うすい硫酸 20cm^3 を入れたビーカーAと，うすい水酸化バリウム水溶液 20cm^3 を入れたビーカーBの質量をまとめてはかったところ，165.9gであった。その後，ビーカーAにビーカーBの水溶液をすべて入れたところ白い沈殿が生じ，図2のように質量をはかると，165.9gであった。

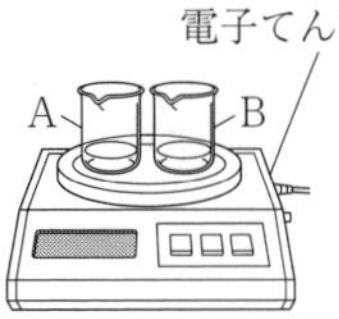

図1

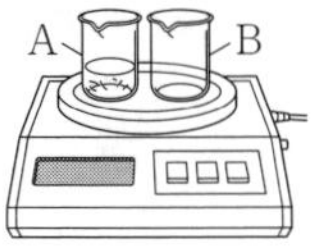

図2

研一：反応前の質量と反応後の質量が同じだね。
花奈：そうだね。これまでの学習では，①化学変化を原子や分子のモデルで表すことで，いろんな反応がわかりやすくなったね。だから，反応の前後の質量が同じになったことも，モデルで表すとわかりやすくなるのではないのかな。

実験2　図3のように，炭酸水素ナトリウム 1.0g を入れたビーカーCと，うすい塩酸 40cm^3 を入れたビーカーDの質量をまとめてはかり，反応前の全体の質量とした。その後，ビーカーCにビーカーDの水溶液をすべて加えたところ気体が発生し，反応が終わってから全体の質量をはかった。同様の操作を，炭酸水素ナトリウムのみ，2.0g，3.0g，4.0g，5.0g，6.0gと質量を変えて行った。表は，その結果をまとめたものである。

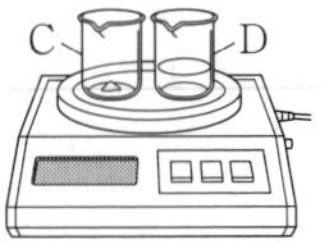

図3

炭酸水素ナトリウムの質量〔g〕		1.0	2.0	3.0	4.0	5.0	6.0
全体の質量〔g〕	反応前	171.0	172.0	173.0	174.0	175.0	176.0
	反応後	170.5	171.0	171.5	172.0	172.5	173.5

花奈：すべての結果で，反応前の全体の質量より反応後の全体の質量が小さくなっているね。
研一：実験1の結果から考えると，実験2においても，②反応前の全体の質量と反応後の全体の質量が同じになるはずだよね。どんな方法で実験を行えば，それが証明できるのかな。

(1)　実験1で生じた白い沈殿は，陽イオンと陰イオンが結びついてできた物質である。陽イオンと結びついてこの白い沈殿をつくった陰イオンを，イオン式で書け。(　　　)

(2)　下線部①について，化学変化を原子や分子のモデルで適切に表したものを，次のア～エから1つ選び，その記号を書け。なお，○は原子とし，○の中の記号は原子の種類を表している。

(　　　)

ア 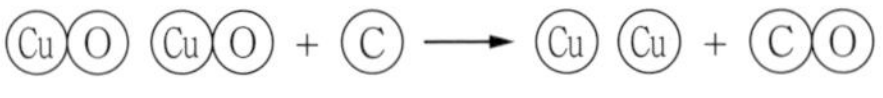

イ 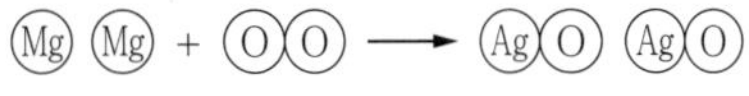

ウ 

エ 

(3)　実験2のすべての結果をもとに，炭酸水素ナトリウムの質量と，発生した気体の質量との関係をグラフに表せ。また，実験2の結果について考察した次のア～エから，内容が正しいものを1つ選び，その記号を書け。

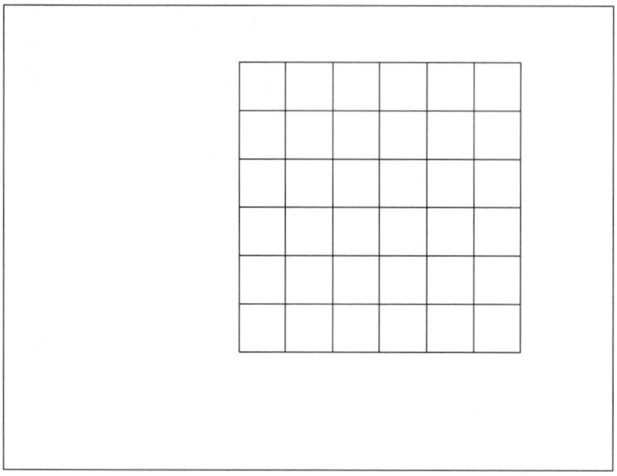

考察(　　　　)

ア　発生した気体は酸素である。

イ　炭酸水素ナトリウム6.0gをすべて反応させるには，同じ濃度のうすい塩酸が48cm^3必要である。

ウ　発生した気体の質量は，炭酸水素ナトリウムの質量に常に比例する。

エ　炭酸水素ナトリウム5.0gにうすい塩酸40cm^3を入れたビーカーには，反応していない炭酸水素ナトリウムが2.5g存在する。

(4)　花奈さんは，ベーキングパウダーに炭酸水素ナトリウムが含まれていることを知り，炭酸水素ナトリウムの代わりにベーキングパウダー2.0gを使って実験2の操作を行ったところ，気体が0.22g発生した。炭酸水素ナトリウムとうすい塩酸との反応でのみ気体が発生したものとすると，使用したベーキングパウダーに含まれる炭酸水素ナトリウムの質量の割合は何%であると考えられるか。その値を書け。(　　　　%)

(5)　実験2で，下線部②を証明するための適切な方法を，簡潔に書け。

(　　　　　　　　　　　　　　　　　　　　　　　　　　　　　　　)

150

100

5　陽一さんのクラスでは、総合的な学習の時間に「未来に伝えたい奈良の魅力」をテーマにした学習を行っている。陽一さんのグループでは、「木」を取り上げて、奈良の木について調べるためにインタビューをすることにした。次は、製材所を経営する山田さんへのインタビューの一部である。これを読み、各問いに答えよ。

陽一　お忙しい中、私たちのためにお時間をいただき、ありがとうございます。私たちは今、「未来に伝えたい奈良の魅力」をテーマにした学習の中で、「木」を取り上げて調べています。本日は、奈良の木について教えていただきたいと思います。どうぞよろしくお願いします。さて、山田さんの製材所では、奈良県産のスギやヒノキを製材し、住宅の柱や床、壁などの建材として販売されていますが、なぜ、奈良の木を使われるのですか。

山田　地元の木であることも理由ですが、建材にする木として適しているからです。

陽一　どのような点で適しているのですか。

山田　美しさと強さを兼ね備えている点です。さらに、製材したときに無駄になる部分が少ないというよさもあります。製材所を経営する者にとって、とてもありがたい木です。

春香　そうなのですね。奈良の木は、美しさ、強さだけでなく、無駄になる部分が少ないという点でも優れているのですね。では、奈良の木にそのような特徴があるのには、何か秘密があるのでしょうか。

山田　植え方と育て方にその秘密があります。奈良の木は、昔から、他の地域よりも密集して植えられています。そして、木を間引いたり、下枝を切ったりするタイミングを工夫しながら、長い時間をかけてゆっくり丁寧に育てています。そのような植え方や育て方によって、幹の上の部分と下の部分の太さがあまり変わらないまっすぐな木、しかも、年輪の幅が狭くて均一な木が育つのです。良質な木は、植え方や育て方を確立した先人の知恵と、それを受け継いできた人々の手間の結晶です。決して（　　）にできるものではありません。

(一)　——線部が「時間がかかる」という内容を表すとき、（　　）にどのような言葉が入るか。最も適切なものを、次のア～エから一つ選び、その記号を書け。（　　）

ア　一進一退　　イ　一長一短

ウ　一喜一憂　　エ　一朝一夕

(二)　春香さんは、どのような意図で質問をしたと考えられるか。最も適切なものを、次のア～エから一つ選び、その記号を書け。（　　）

ア　相手の発言内容を確かめ、その具体的な例を聞き出そうとした。

イ　相手の発言内容を整理し、その発言の意図を確かめようとした。

ウ　相手の発言内容を踏まえ、さらに詳しい情報を聞き出そうとした。

エ　相手の発言内容をまとめ、他の考えとの違いを確かめようとした。

(三)　あなたは、陽一さんたちのように、地域の方にインタビューをすることになった。あなたなら、どのようなことに気をつけてインタビューをするか。次の①、②の条件に従って、あなたの考えを書け。

条件①　二段落構成で書くこと。第一段落では、インタビューで気をつけたいことを具体的に書き、第二段落では、そのことに気をつける理由を書くこと。

条件②　原稿用紙の使い方に従って、百字以上百五十字以内で書くこと。ただし、題、自分の名前は書かないこと。

3　次は、陽一さんが書いた、クラスの目標の【下書き】と【清書】である。陽一さんは【清書】をしたときに、【下書き】をどのように書き直したか。改善点の説明として最も適切なものを、後のア〜エから一つ選び、その記号を書け。（　　）

【下書き】　思いやりの心を大切に

【清　書】　思いやりの心を大切に

ア　用紙の大きさに合わせて、文字がすべて同じ大きさになるように書き直した。

イ　書体を統一するように書き直すとともに、画数の少ない漢字はやや小さくなるように書き直した。

ウ　字間がそれぞれそろうように書き直すとともに、画数の少ない漢字はやや大きくなるように書き直した。

エ　行の中心に文字の中心をそろえ、平仮名は漢字よりやや小さくなるように書き直した。

4　次の文章を読み、各問いに答えよ。

「生まれてものおぼゆるころより、老い行くまで、①いささかもおこたらずする事あらば、かならずいかなるわざにも秀《ひい》でぬべし。」といへば、「ただに心もちゆるにあらざれば、いくたびなすとても得《う》べしとは思はず。このめしくひしるすふは、ものおぼえてより、日にみたびは②かくることなけれども、かくせんと思ふこころなければ、めしくふに上手もなく、かへりてくひこぼし、または『いをのほねたてしよ。』などいふもあるべし。されば、かくせんと思ふこころざしのひとつなり。」といひし。

（「花月草紙」より）

（注）ただに心もちゆる＝ひたすら心がける
得べし＝自分のものとすることができる
めしくひしるすふ＝食事をすること
いをのほねたてしよ＝魚の骨が刺さったよ

(一)　——線①の「いささかも」が直接かかる部分はどれか。次のア〜エから一つ選び、その記号を書け。（　　）

ア　おこたらず　　イ　する　　ウ　あらば　　エ　秀でぬべし

(二)　——線②の意味として最も適切なものを、次のア〜エから一つ選び、その記号を書け。（　　）

ア　駆ける　　イ　隠れる　　ウ　欠ける　　エ　掛ける

(三)　この文章で筆者は、食事の例を取り上げて、何かを身につけるためには何が大切であると述べているか。最も適切なものを、次のア〜エから一つ選び、その記号を書け。（　　）

ア　真面目に取り組むこと。　　イ　何度も繰り返すこと。

ウ　幼少期から始めること。　　エ　目的意識をもつこと。

（角野栄子「『作家』と『魔女』の集まっちゃった思い出」より）

（注）オノマトペ＝擬声語・擬態語
　　ノンフィクション＝作りごとを交えず、事実を伝えようとする作品

(一)　――線①とあるが、「伺う」の敬語の種類を、次のア～ウから一つ選び、その記号を書け。（　　）

ア　尊敬語　　イ　謙譲語　　ウ　丁寧語

(二)　――線②のような家のつくりの影響を受けて、人々は周囲の状況をどのようにして認識してきたか。そのことが述べられている部分を、文章中から抜き出し、その初めの五字を書け。

(三)　――線③の文と、その直前の文とを、文脈を変えないように一語の接続詞でつなぎたい。どのような接続詞でつなぐのがよいか。最も適切なものを、次のア～エから一つ選び、その記号を書け。（　　）

ア　しかし　　イ　あるいは　　ウ　つまり　　エ　ところで

(四)　文章中の【Ⅰ】の部分では、父が語った「オノマトペ」にまつわる話が述べられている。「書く人」としての筆者が、仕事がうまくいかず、父が語った「オノマトペ」を無意識に口にするとき、この言葉は、筆者にとってどのような言葉か。文章中の言葉を用いて、四十五字以内で書け。

(五)　――線④とあるが、少年の言葉を聞いて、筆者はどのように考えるようになったか。その説明として最も適切なものを、次のア～エから一つ選び、その記号を書け。（　　）

ア　言葉の意味ばかりにこだわっていたが、言葉というのはぴったりのリズムや響きがあれば伝わるものだと考えるようになった。

イ　弾むような言葉遣いは父にしかできないと考えていたが、ルイジンニョや自分自身にもできることなのだと考えるようになった。

ウ　言葉は心地よいリズムさえあれば相手に伝わるものだと考えていたが、まずは意味を捉えることが重要だと考えるようになった。

エ　言葉の意味を教わることが大切だと考えていたが、リズムに乗せて話すことができれば意味は必要ないと考えるようになった。

(六)　この文章の表現上の工夫とその効果について述べたものとして当てはまらないものを、次のア～エから一つ選び、その記号を書け。（　　）

ア　問いかけることによって、相手の関心を引きつけている。

イ　具体的な体験を交えながら、話の内容を印象づけている。

ウ　直喩を用いながら、場面をイメージしやすくしている。

エ　結論から話し始めることで、考えを明確に伝えている。

どが、常に人々の暮らしの中にあり、音を聞いて想像力を働かせ情報を得てきました。こういった中で、「オノマトペ」も自然にたくさん生まれてきました。「オノマトペ」には窮屈なルールはなく、感じたままの表現を許してくれます。③とっても自由なものです。ひとつの「オノマトペ」が、その語感、リズム、音の響きから、どれほど多くのことを伝えてくれることでしょうか。

【Ⅰ】

　子どものとき、父は「オノマトペ」や独自の表現を生み出して、子どもたちに語る物語をいっそう楽しいものにしてくれました。私は、それらの言葉に誘われて、物語に入り込み、元気な子どもになったり、主人公と一緒に問題を解決しようとしたり、さまざまな世界へと想像を巡らしました。私の物語との出会いは、ここから出発したのだと思います。

　仕事がうまくいかないで、書く手が止まってしまったとき、無意識に「どんぶらこっこーう　すっこっこーう」と口にしていることがあります。すると、幼いときのワクワクした気持ちがよみがえって、原稿を書き進めることができたことが何度もありました。これは私のおまじないの言葉なのです。こんなとき、父へ向けて、またこのような豊かな言葉を持っている日本語に、「ありがとう。」といいたくなります。

　こうして、父のおかげで、私は、物語が大好きな子ども、そして、本を読むのが大好きな子どもになりました。それ以来三十年以上、私はとても熱心な「読む人」でした。「書く人」になるなんて、考えたこともありませんでした。

　ところが、三十四歳のある日、大学時代の恩師から電話があり、「君はブラジルで二年暮らしてきたのだから、『ブラジルの子ども』について、ノンフィクションを書いてみないか。」といわれたのです。私は大変驚き、とても無理だと思いました。すぐさま「できません。」と答えました。でも先生は「書きなさい。」というのです。そのときふっと、ブラジルで仲良くなった少年、ルイジンニョのことなら書けるかな？と思ったのです。私は仕方なく書き始めました。本当に仕方なくです。恩師はいくつになっても、尊敬すべき存在ですから。

　ブラジルで暮らした二年の間、同じアパートに住む九歳の魅力的な男の子、ルイジンニョと仲良くなり、ポルトガル語を教えてもらいました。九歳の先生と二十四歳の生徒です。彼に言葉を教えてもらいながら、町を歩いた毎日は、発見の連続でした。ルイジンニョの母親はサンバの歌手で、彼は生まれたときから、サンバを聴いて育ったのです。私に教えるときも、歌うように、踊るように、言葉を教えてくれました。よくわからない言葉なのに、心地よいリズムに乗せて語られると、不思議なことに意味が伝わってくるのでした。彼はブラジルの少年らしく、踊るのもとても上手で、一緒に踊れと私を誘うのです。でも日本で育った私は、恥ずかしくて踊れません。すると、彼はこういったのです。

「エイコ、あんたにも心臓（コラソン）があるでしょ、とくとくとくとくと動いているでしょ。それを聞きながら踊れば、踊れる。だって、人間はそんなふうにできているのだから。」

　④九歳の少年のこの言葉に、私ははっとしました。そして、小さいとき、私の父がお話を語ってくれたときの、弾むような言葉遣いを思い出しました。父の物語を聞いていたとき、確かに私の胸は、とくとくとくと動いていました。言葉って、たとえ語彙は少なくても、ぴったりのリズムや響きがあれば、不思議なほど相手に伝わる、また忘れられないものになる。それまで言葉の意味ばかり追いかけていた私に、ルイジンニョは、言葉の持つ不思議と奥深さを気づかせてくれたのです。

㈦　次は、文章中の和歌について述べたものである。X、Yに当てはまる言葉は何か。Xには三字以内の言葉を書き、Yには文章中の言葉を抜き出して書け。X［　　　］　Y（　　　　）

この和歌を現代語訳すると、「吉野の青根が峰の苔の敷物は誰が織ったのであろうか。縦糸横糸の区別もないのに。」となる。ここで詠まれた「蘿蓆」とは、多様なコケが生えている様子を、「敷物」に（Ｘ）たものであろう。さまざまな緑が織りなす「蘿蓆」の美しさを詠んだ、『万葉集』のこの和歌からは、詠んだ人に「蘿蓆」を（Ｙ）が備わっていたことがわかる。

2　次の文章は、筆者が国際的な児童文学賞を受賞した際に、ギリシャのアテネで行ったスピーチの一部である。これを読み、各問いに答えよ。

さて、ここで私の思い出の「オノマトペ」をひとつ声に出していってみようと思います。

「どんぶらこっこーう　すっこっこーう
どんぶらこっこーう　すっこっこーう」

みなさん、どんな情景を思い浮かべましたか？

一人一人お答えを①お伺いしたいところですが、時間がかかりますので、私がお答えいたしましょう。これは日本の昔話の冒頭に出てくる言葉です。五歳で母をなくして泣き虫だった私を、父は膝の中に座らせて、体を揺らしながら、このようにお話を語り始めました。

「川上から大きな桃が、『どんぶらこっこーう　すっこっこーう』って流れてきました。この桃を、川で洗濯していたおばあさんがすくいあげ、家に持ち帰り、食べようとすると、中から男のあかちゃんが『オギャーオギャー』と泣きながら生まれてきたのです。」

この「桃太郎」という昔話は日本人であれば、だれでも知っているお話です。この桃が川を流れてくるときの「オノマトペ」は語る人によってさまざまです。私の父はいつも「どんぶらこっこーう　すっこっこーう」と歌うようにいいました。今でも、私のこの耳のあたりに聞こえています。とっても懐《なつ》かしい。

日本の家は、②玄関や窓などの開口部が大きくできています。引き戸になっていて、朝起きて全部開けると、家の中と外の世界は一体になります。家の中も、部屋を仕切る障子や襖《ふすま》（引き戸）を開ければ、他の部屋や廊下とつながるように作られています。現在は多少変わってしまいましたが。ですから私の国では、鳥の鳴き声、風や雨の音、生活の音な

【Ⅰ】

ては分布を決定するほどの要因にもなりうる。例えば、庭園の小さな築山《つきやま》は、コケにとっては大きな丘にみえるはずだ。丘の上では生えることはできても下では生育できないことや、その逆もあるだろう。庭園のデザインによってつくられた多様な環境が、コケの豊かさにつながっているのだ。

　さらに、庭園ではその景観を維持するため、草むしりや落ち葉かきなど、細やかな管理がなされている。こうした管理は雑草や落ち葉によってコケが覆い隠されてしまうことをC［フセぎ］、コケの維持にD［貢献］している。庭のコケの美しさの裏には、日々のたゆまぬ管理があるのだ。

　庭園デザインと日々の細やかな管理の恩恵をうけ、多様なコケが生える庭園。深い緑からくすんだ緑、黄緑、赤みがかった緑……。さまざまな緑が織りなすコケのじゅうたんは繊細で、美しい。なお、『万葉集』にあるコケの和歌十二首のうち、一首はコケのじゅうたんの美しさを詠《よ》んでいる。コケのじゅうたんをめでる感性は、きっと日本文化の美意識の根底に深く関わっているのだろう。

み吉野の青根が峰《たけ》の蘿蓆《こけむしろ》誰《たれ》か織りけむ経緯《たてぬき》なしに

（『万葉集』作者不明）

（大石善隆「コケはなぜに美しい」より）

（注）沙羅双樹（夏椿）＝夏に白い花を咲かせる木

㈠ ［　］A、Dの漢字の読みを平仮名で書き、［　］B、Cの片仮名を漢字で書け。

A（　　やかな）　B（　　じて）　C（　　ぎ）　D（　　）

㈡ ——線①の文脈上の意味として最も適切なものを、次のア～エから一つ選び、その記号を書け。（　）

ア 指示するもの　　イ 代わりとなるもの

ウ 代表するもの　　エ 同じたぐいのもの

㈢ ——線②を説明したものとして最も適切なものを、次のア～エから一つ選び、その記号を書け。（　）

ア 現代人にとって、日本庭園がコケを身近に感じることのできる唯一の空間になったこと。

イ 日本庭園においては、もともと使われていなかったコケが不可欠なものになったこと。

ウ 戦乱の後に寺が荒廃していき、日本庭園の多くが広くコケに覆われるようになったこと。

エ 豪勢な貴族の庭園より、実用的で質素な武家の庭園の方が好まれるようになったこと。

㈣ ——線③とあるが、そのように言えるコケの印象を表している言葉を、文章中から抜き出して書け。

（　　）

㈤ ——線④とあるが、コケの緑が季節の移ろいをひきたてるとは、具体的にどのようなことか。「コケの緑が、」に続け、これを含めて三十字以内で書け。

コケの緑が、

㈥ 文章中の【Ⅰ】の部分を読んで、春香さんはコケの生態に興味をもち、そのことを調べるために地域の図書館に行った。その図書館の本は「日本十進分類法」に従って分類されていた。春香さんは、まず、どの分類の本棚を探せばよいか。次のア～エから一つ選び、その記号を書け。（　）

ア 歴史　　イ 自然科学　　ウ 芸術　　エ 文学

国語

時間　五〇分
満点　五〇点

1　次の文章を読み、各問いに答えよ。

現代の人々にとって、もっともコケを身近に感じるのはいつだろうか。おそらく「日本庭園（＝コケ庭）」を訪れたときではないだろうか。

わび・さびの風情《ふぜい》を醸《かも》し出す日本庭園においては、コケが主役級の存在感をみせる。しかし今でこそ、庭園になくてはならないコケではあるが、日本庭園ではもともとコケは使われていなかったらしい。苔寺《こけでら》として世界的に有名な西芳寺《さいほうじ》（京都）でさえ、作庭当初は白砂の広がる庭だったようだ。しかし、室町時代の応仁《おうにん》の乱の後に寺が荒廃し、いつしか庭園が広くコケに覆われるようになったとされる。今では「苔寺」とよばれ、コケが西芳寺の①代名詞にもなっている。

②こうした趣向の変化には、日本文化の変遷が深く関わっている。何にでも流行《はや》りすたりがあるように、文化も時代ごとに大きく変化する。この流れを大まかにみると、平安時代のA華やかな貴族の文化から、鎌倉時代の素朴で力強い武家の文化。そして室町時代の禅の精神をとりいれた文化へと移り変わっていく。庭園もこうした文化の変化に呼応して豪勢な貴族の庭園から、実用的で質素な武家の庭園、禅のための庭へと流行が変化していった。そして風情を追求した庭園として登場したのが「コケ庭」だったのだ。

庭でコケが大切に扱われているのも、その美しさが和の文化の美意識、「わび・さび」を見事に体現しているためだ。③コケほどわび・さびの風情にぴったりの植物はほかにはない、といってもいい。ではなぜ、コケがわび・さびの風情を醸し出すのだろう？

「わび」「さび」は、本来は別の意味の二つの言葉である。わびは「侘《わび》しさ」からきており、Bテンじて「十分でないもの・不足しているもののなかに見出す美しさ」を表す。その一方、さびは「寂しさ」に由来し、「ひっそりと寂しいもののなかに見出す美しさ」につながっている。この二つが組み合わさった「わび・さび」は、静寂さや質素なもののなかに美しさを見出す美意識、とされる。静かで質素なものがもつ美しさ……これは小さくて花もないために目立たず、しかし透き通るような美しさをもつコケの印象そのものではないだろうか。

さらに、コケは庭園にわび・さびの風情を添えるだけではない。コケのしっとりとした色合いには、間接的に庭園の美しさをひきたてる効果もある。コケの上に、春には桜が、夏には白い沙羅双樹（夏椿《なつつばき》）が、秋には深紅の紅葉が舞い落ち、冬には真っ白な雪が覆う。④コケの緑が季節の移ろいを鮮やかにひきたて、庭園の四季をより美しくみせてくれる。

コケが景観をつくっている日本庭園。一見してコケが多そうだが、ではどのくらいの種が生えているのだろうか。庭園の規模などによって多少の差はあるが、大きな庭園では百種以上のコケがみられることも少なくない。一体なぜ、このように多くのコケが庭に生えているのだろうか。その秘密は庭のデザインと管理にある。

庭園では、大自然の風景をミニチュアで表現するデザイン技法、「縮景」が好んで用いられる。例えば、大きな石を置いて山を表したり、池をつくって海を表したりするなどして、庭をキャンバスにして大自然を表す。そのため小さな空間であっても、庭はさまざまに環境が変化する。

「　これらは人間にとっては些細《ささい》な変化であっても、小さなコケにとっ

2020年度／解答

数　学

1 【解き方】(1) ② 与式 $= -4 \times 9 = -36$　③ 与式 $= \dfrac{4a^3b}{2ab} + \dfrac{6ab^2}{2ab} = 2a^2 + 3b$　④ 与式 $= x^2 + 2xy + y^2 - 5xy = x^2 - 3xy + y^2$

(2) -3，-2，-1，0，1，2，3 の 7 個。

(3) 解の公式より，$x = \dfrac{-5 \pm \sqrt{5^2 - 4 \times 1 \times 2}}{2 \times 1} = \dfrac{-5 \pm \sqrt{17}}{2}$

(4) $y = \dfrac{a}{x}$ に $x = -1$，$y = -12$ を代入すると，$-12 = \dfrac{a}{-1}$ より，$a = 12$　よって，$y = \dfrac{12}{x}$ に $x = -2$ を代入して，$y = \dfrac{12}{-2} = -6$

(5) $\angle x = a°$ とすると，側面のおうぎ形の弧の長さについて，$2\pi \times 12 \times \dfrac{a}{360} = 2\pi \times 5$ が成り立つ。これを解くと，$a = 150$　よって，$\angle x = 150°$

(6) ア．32.0℃以上 34.0℃未満の階級の度数は 5 日だから，その相対度数は，$\dfrac{5}{31} = 0.161\cdots$ で，0.16 より大きい。イ．階級の幅は，$26.0 - 24.0 = 2.0$ (℃)　ウ．最高気温が 28.0℃以上の日は，$5 + 7 + 5 + 5 = 22$ (日)ある。エ．度数が最も多いのは 26.0℃以上 28.0℃未満の階級の 8 日だから，最頻値は，$\dfrac{26.0 + 28.0}{2} = 27.0$ (℃)　オ．30.0℃以上 32.0℃未満の階級の階級値は，$\dfrac{30.0 + 32.0}{2} = 31.0$ (℃)　よって，ア，エ。

(7) ① 次図Ⅰのように，2 個の玉の取り出し方は全部で 10 通り。このうち，奇数の数字と偶数の数字が書かれた玉を 1 個ずつ取り出すのは△印をつけた 6 通り。よって，求める確率 p は，$\dfrac{6}{10} = \dfrac{3}{5}$　② 【B】で，赤玉 3 個を●$_1$，●$_2$，●$_3$，白玉 2 個を○$_1$，○$_2$ とすると，次図Ⅱのように，2 個の玉の取り出し方は全部で 10 通り。このうち，異なる色の玉を取り出すのは△印をつけた 6 通りだから，求める確率 q は，$\dfrac{6}{10} = \dfrac{3}{5}$　よって，p の値と q の値は等しいので，正しいのはウ。【別解】【A】の奇数の数字が書かれた玉を赤玉，偶数の数字が書かれた玉を白玉と考えると，確率 p と q は等しいことがわかる。

図Ⅰ

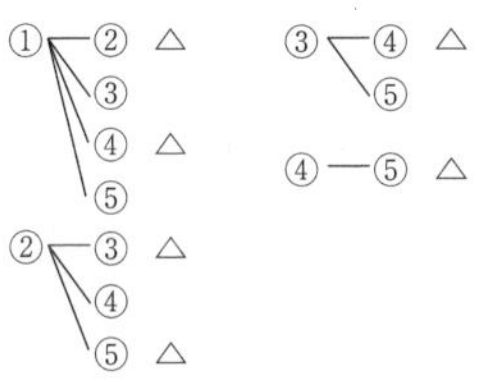

図Ⅱ

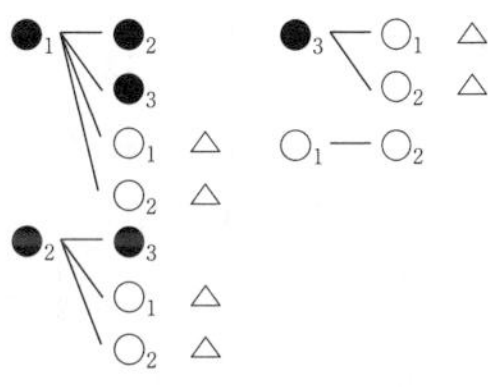

(8) ① 十の位が y，一の位が x となるから，$10y + x$ と表せる。② A の十の位と一の位の数の関係から，$x = 2y$……㋐　B と A の関係から，$10y + x = (10x + y) - 36$……㋑が成り立つ。㋑を整理して，$x - y = 4$……㋒　㋐を㋒に代入して，$2y - y = 4$ より，$y = 4$　これを㋐に代入して，$x = 2 \times 4 = 8$　よって，A = 84

【答】(1) ① -3　② -36　③ $2a^2 + 3b$　④ $x^2 - 3xy + y^2$　(2) 7 (個)　(3) $x = \dfrac{-5 \pm \sqrt{17}}{2}$　(4) -6

(5) 150 (度) (6) ア，エ (7) ① $\frac{3}{5}$ ② ウ (8) ① $10y + x$ ② 84

2 【解き方】(1) まず，点Bを通る直線ABの垂線を作図する。この垂線上に，線分ABの長さを利用して点Eにあたる点をとり，AE = BCであることを利用して点Cをとる。

(2) ① 図1で，A0判の長い方の辺は $\sqrt{2}a$ cm。A1判の短い方の辺はその半分だから，$\sqrt{2}a \times \frac{1}{2} = \frac{\sqrt{2}}{2}a$ (cm) ② 図2で，A2判の長い方の辺は $\frac{\sqrt{2}}{2}a$ cmで，A3判の短い方の辺はその半分だから，$\frac{\sqrt{2}}{2}a \times \frac{1}{2} = \frac{\sqrt{2}}{4}a$ (cm) A3判の長い方の辺はA0判の短い方の辺の半分だから，$\frac{a}{2}$ cm。よって，求める面積は，$\frac{a}{2} \times \frac{\sqrt{2}}{4}a = \frac{\sqrt{2}}{8}a^2$ (cm^2)

(3) ① A3判とB3判は次図Ⅱのようになる。A3判の短い方の辺を x cmとおくと，長い方の辺は $\sqrt{2}x$ cmだから，対角線の長さは三平方の定理より，$\sqrt{x^2 + (\sqrt{2}x)^2} = \sqrt{3x^2} = \sqrt{3}x$ (cm) つまり，B3判の長い方の辺は $\sqrt{3}x$ cmだから，短い方の辺は，$\frac{1}{\sqrt{2}} \times \sqrt{3}x = \frac{\sqrt{6}}{2}x$ (cm) よって，$\frac{\sqrt{6}}{2}x \div x = \frac{\sqrt{6}}{2}$ (倍) $\sqrt{6} = 2.449$ より，$2.449 \div 2 = 1.2245$ だから，約1.22倍。② 次図Ⅲより，B3判の長い方の辺が $\sqrt{3}x$ cmで，B5判の長い方の辺はその半分だから，$\frac{\sqrt{3}}{2}x$ cm。B6判の短い方の辺はさらにその半分だから，$\frac{\sqrt{3}}{4}x$ cm。A3判の短い方の辺は x cmだから，縮小するのは，$\frac{\sqrt{3}}{4}x \div x = \frac{\sqrt{3}}{4}$ (倍) $\sqrt{3} = 1.732$ より，$1.732 \div 4 \times 100 = 43.3$ だから，約43％。

図Ⅰ
(例)

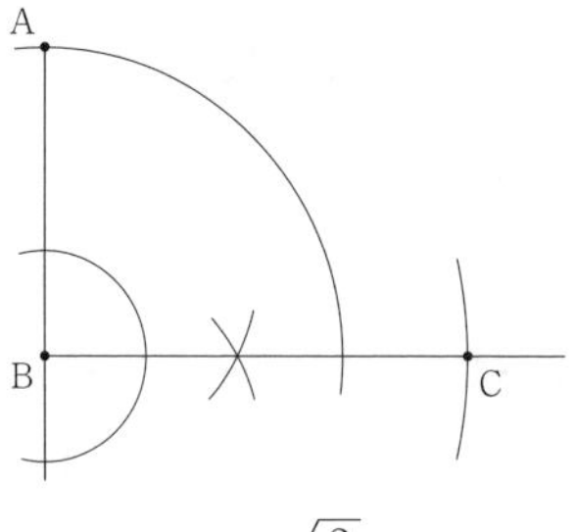

図Ⅱ

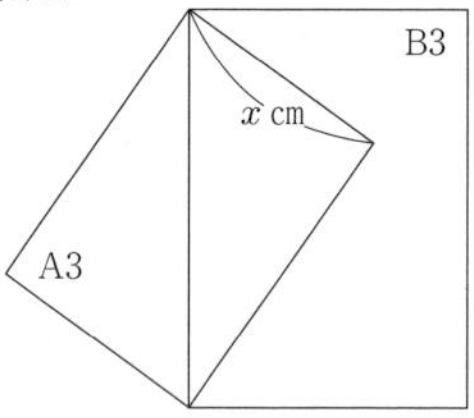

図Ⅲ

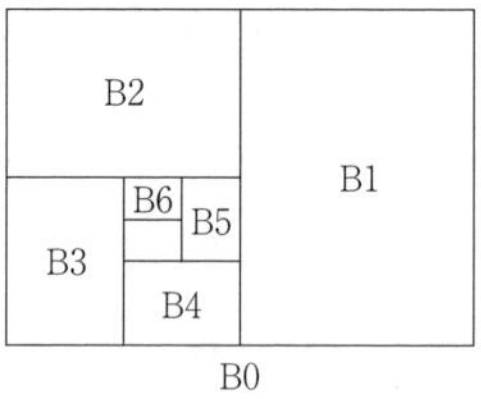

【答】(1) (前図Ⅰ) (2) ① $\frac{\sqrt{2}}{2}a$ (cm) ② $\frac{\sqrt{2}}{8}a^2$ (cm^2) (3) ① 1.22 ② 43 (％)

3 【解き方】(1) 直線ACは傾きが，$\frac{2-8}{1-(-2)} = -2$ だから，直線の式を $y = -2x + b$ とおき，点Aの座標を代入すると，$2 = -2 \times 1 + b$ より，$b = 4$ よって，$y = -2x + 4$

(2) イは y の増加量がマイナスの値をとるので，変化の割合もマイナスとなる。エは y の増加量が0なので，変化の割合は0となる。したがって，変化の割合が大きくなるのは，アかウである。実際に求めると，アは，$\frac{8-2}{2-1} = 6$，ウは，$\frac{8-0}{2-0} = 4$ よって，アが最も大きく，変化の割合は6である。

(3) 次図Ⅰのように，点Aから x 軸に垂線AHをひくと，△AHPは直角二等辺三角形となるから，HP = AH = 2 △OPAを1回転させてできる立体は，△OAH，△PAHをそれぞれ1回転させてできる円すいを合わせたものになる。よって，その体積は，$\frac{1}{3} \times \pi \times 2^2 \times 1 + \frac{1}{3} \times \pi \times 2^2 \times 2 = 4\pi$

(4) 次図Ⅱのようになる。四角形APQCは平行四辺形で，点Cは点Aから左へ，$1-(-2)=3$，上へ，$8-2=6$だけ移動した点だから，P$(p,\ 0)$とすると，Q$(p-3,\ 6)$となる。このとき，点P，Qのx座標は正の数だから，$p-3>0$より，$p>3$　$y=2x^2$に点Qの座標を代入すると，$6=2(p-3)^2$より，$(p-3)^2=3$　よって，$p-3=\pm\sqrt{3}$だから，$p=3\pm\sqrt{3}$　$p>3$より，$p=3+\sqrt{3}$

図Ⅰ

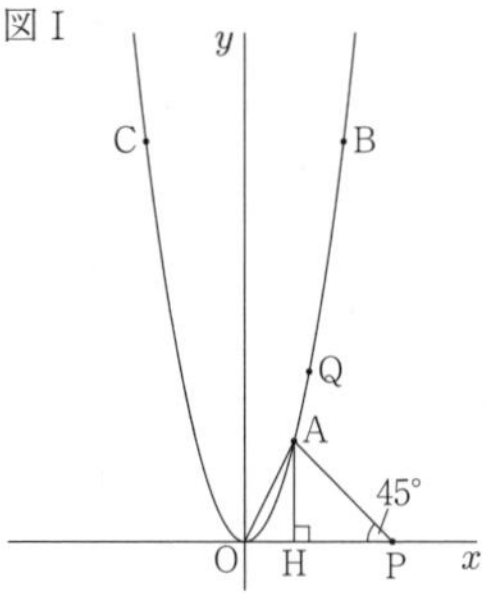

図Ⅱ

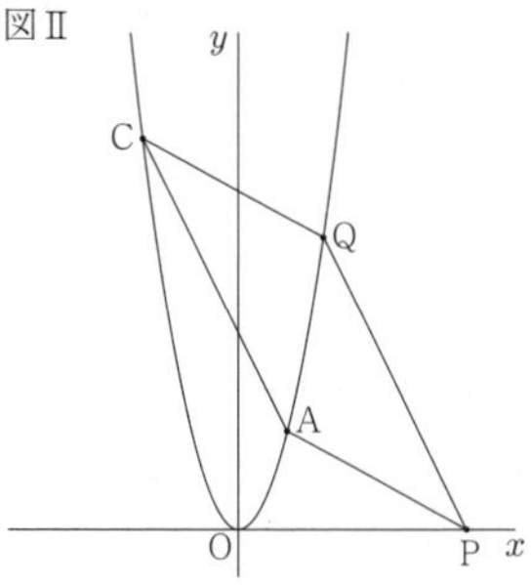

【答】 (1) $y=-2x+4$　(2)（記号）ア　（変化の割合）6　(3) 4π　(4) $3+\sqrt{3}$

4 **【解き方】** (2) △AFE∽△BCEより，∠BCE＝∠AFE＝$a°$　円周角と中心角の関係より，∠BOA＝2∠BCA＝$2a°$　△OABはOA＝OBの二等辺三角形だから，∠OAB＝$(180°-2a°)\div 2=90°-a°$

(3) ① △AFE∽△BCEより，∠EAF＝∠EBC……㋐　$\overset{\frown}{\mathrm{CG}}$に対する円周角だから，∠EAF＝∠GBD……㋑　㋐，㋑より，∠FBD＝∠GBD……㋒　㋒と，∠FDB＝∠GDB＝90°，BDは共通で，1組の辺とその両端の角がそれぞれ等しいので，△FBD≡△GBD　したがって，DG＝DF＝3cmだから，AG＝2＋3＋3＝8(cm)　② 右図のように，点Oから線分BC，AGにそれぞれ垂線OH，OIをひく。△OBCはOB＝OCの二等辺三角形だから，BH＝$\frac{1}{2}$BC＝5(cm)　△OAGもOA＝OGの二等辺三角形だから，IG＝$\frac{1}{2}$AG＝4(cm)　したがって，OH＝ID＝4−3＝1(cm)だから，△OBHで三平方の定理より，OB＝$\sqrt{5^2+1^2}=\sqrt{26}$(cm)　よって，円Oの面積は，$\pi\times(\sqrt{26})^2=26\pi$(cm^2)

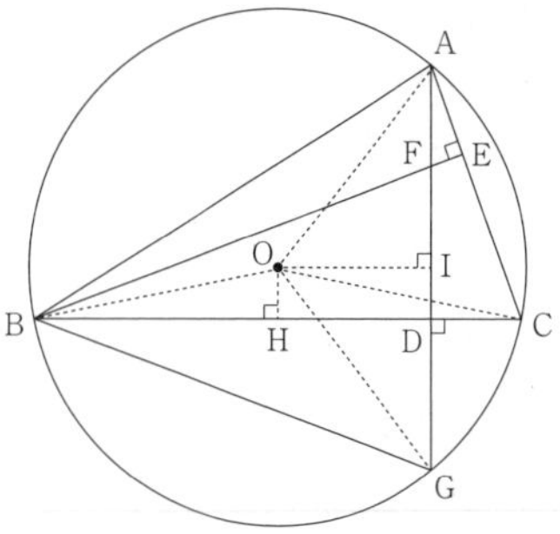

【答】 (1) △AFEと△BCEにおいて，仮定から，∠AEF＝∠BEC＝90°……①　△ACDにおいて，仮定から，∠CAD＝180°−90°−∠ACD……②　△BCEにおいて，仮定から，∠CBE＝180°−90°−∠BCE　よって，∠CBE＝180°−90°−∠ACD……③　②，③より，∠CAD＝∠CBE　よって，∠FAE＝∠CBE……④　①，④より，2組の角がそれぞれ等しいから，△AFE∽△BCE

(2) $90°-a°$　(3) ① 8(cm)　② 26π(cm^2)

英　語

1 【解き方】(1) ① be on the wall =「壁にかかっている」。② the most popular =「最も人気がある」。as ～ as …=「…と同じくらい～」。

(2) ① How long does it take ?=「どれくらい時間がかかりますか？」。② トムはジャックの家に電話したが，彼はいなかったので，彼の母親に（彼が帰ってきたら）自分に電話するよう伝えてほしいと頼んだ。Will you ～?=「～してくれますか？」。〈ask＋人＋to ～〉=「人に～するように頼む」。

(3) 男子が「明日の音楽の授業」と言っている。時間割表より，音楽の授業があるのは水曜日。よって，今日は火曜日。

(4) ア.「私の町では，先週雪が降った」と言っている。イ.「初めてクラスを訪れたとき，私はとても緊張していた」と言っているが，寒かったとは言っていない。ウ.「日本で初めて電車で通学した」と言っている。エ.「日本では生徒が学校を掃除するのでメアリーは驚いた」。メアリーが日本で驚いたことの2つ目に，生徒が学校を掃除することを挙げている。正しい。オ.「私は日本で学校を掃除するのを本当に楽しんだ」と言っている。カ.「カナダに戻ってからメアリーは自分の町で川を掃除した」。帰国後，自分の町で川を掃除するボランティア活動をしたと言っている。正しい。

【答】(1) ① ウ　② ア　(2) ① イ　② ウ　(3) イ　(4) エ・カ

◀全訳▶　(1)

① 時計が壁にかかっている。

② 僕たちのクラスでは，生徒たちの間でサッカーが最も人気がある。野球はテニスと同じくらい人気がある。

(2) ①

女性：すみませんが，まほろばスタジアムへの行き方を教えていただけますか？

男性：かしこまりました。やまと線に乗って，まほろば中央駅で降りてください。

女性：どれくらい時間がかかりますか？

ア．5キロメートルです。　イ．10分ほどです。　ウ．ここから3駅です。

エ．それは駅の前にあります。

②

ジャックの母親：もしもし。

トム　　　　　：もしもし。こちらはトムです。ジャックをお願いできますか？

ジャックの母親：こんにちは，トム。悪いけど，彼は今家にいないの。

トム　　　　　：数学の授業について彼に伝えたいことがあるのです。彼はいつ帰宅しますか？

ジャックの母親：彼はもうすぐ戻るわよ。

ア．彼はそこにいますか？　イ．数学の授業はどうですか？

ウ．僕に電話するよう，彼に頼んでもらえますか？　エ．伝言を伺いましょうか？

(3)

女子：今日の英語の授業はどうだった？

男子：僕はとても難しかったと思うよ。僕たちは明日英語の授業で何をするのかな？

女子：よくわからないけれど，ホワイト先生が私たちの授業に来られるわ。彼女は自分の国について話してくれるのよ。

男子：わくわくするね。明日の音楽の授業はどう？

女子：私たちは新しい歌を歌うのよ。

男子：わあ，それはいいね。僕は音楽の授業が好きなんだ。

質問：彼らはいつ話していますか？

(4)

親愛なるクラスメートのみなさん，

お元気ですか？　日本は寒いですか？　私の町では，先週雪が降りました。

私と一緒に過ごしてくれてどうもありがとう。最初にあなた方のクラスを訪れたとき，私はとても緊張していましたが，みなさんは私に話しかけてくれました。みなさんがとても親切だったので私はとてもうれしく，日本で楽しい時間を過ごすことができました。

日本での私の学校生活の間，私は時々驚きました。まず，日本ではスクールバスで学校に行かないと知って驚きました。日本では多くの生徒が自転車か電車で通学します。学校まで歩く生徒もいます。カナダでは，多くの生徒がスクールバスで学校に通います。電車で学校に通ったのは，私の人生で初めてでした。電車には毎日とてもたくさんの人が乗っていました。私は授業の前に疲れてしまいましたが，電車で友達と話すことは楽しかったです。

次に，日本では生徒が学校を掃除すると知って私は驚きました，だから教室はいつもきれいなのですね。あなた方と教室を掃除した後，私は気分がよかったです。私はカナダでは学校を掃除したことが一度もありませんが，日本では学校を掃除するのを本当に楽しみました。カナダに戻った後，私は自分の町で川を掃除するボランティア活動に参加しました。

私は日本であなた方と楽しい時間を過ごしました。私は日本での時間やみなさんのことを忘れないでしょう。日本かカナダですぐにあなた方に会えることを願っています。

あなたの友達，

メアリー

2 **【解き方】** (1)「公園で集められたごみ」= the garbage collected in the park。過去分詞以下が後ろから名詞を修飾する形にする。

(2) 直後でエマが「あなたの考えを教えて」と言っている。ケイコは「別の考えがある」と言った。

(3) (a)「エマは以前に奈良公園を訪れたことがあるか？」。エマの1つ目のせりふに「奈良公園を訪れるのはこれが初めてだ」とある。(b)「エマはシカせんべいについてどのようにして知ったのか？」。エマの2つ目のせりふに「彼女（オーストラリアの友達の1人）が私にそれ（シカせんべい）について話してくれた」とある。

(4) both A and B =「AとBの両方」。ケイコは「公園を訪れる人々」と「公園周辺の店」の両方がシカを救うために変わるべきだとまとめている。それぞれエマの6つ目のせりふとケイコの7つ目のせりふから抜き出す。

【答】 (1) collected　(2) イ　(3) (例) (a) No, she has not.　(b) One of her friends told her about it.

(4) あ. people who visit the park　い. shops around the park

◀全訳▶　ケイコとエマは高校生だ。エマは1か月前にオーストラリアから日本に来て，ケイコの学校に通っている。彼女らは奈良公園を訪れている。

エマ　：奈良公園を訪れるのはこれが初めてよ。とてもわくわくしているわ。見て！　シカたちがとてもかわいい！　私は彼らにシカせんべいをあげたいわ。

ケイコ：まあ，あなたはシカせんべいを知っているの？

エマ　：ええ。それはシカのためのお菓子よね？　私のオーストラリアの友達の1人が去年奈良を訪れて，彼女がそれについて私に話してくれたの。私たちの食べ物はシカの健康によくないわ。私たちは彼らにシカせんべいだけをえさとして与えるべきね。

ケイコ：その通りよ。あなたが彼らにえさとしてシカせんべいを与えるときは，あなたが持っているビニール袋に気をつけてね。

エマ　：このビニール袋のこと？　どういう意味？

ケイコ：ビニール袋はえさではないけれど，袋からえさのにおいがすると，彼らはビニール袋を食べてしまうのよ。だから，公園に昼食やお菓子を持ってくるとき，私たちは気をつける必要があるの。

エマ　：ビニール袋を食べることは，彼らにはとても危険にちがいないわ。

ケイコ：その通り。プラスチックはシカの胃の中にとどまるの。もし何回もプラスチックを食べてしまうと，彼らは死んでしまうわ。3.2キログラムほどのプラスチックが1匹の死んだシカの胃の中で見つけられたのよ。私はこれをニュースで見たわ。

エマ　：3.2キログラム！　おそろしいわ！

ケイコ：去年の7月にボランティアが奈良公園を掃除したとき，公園で集められたごみは53キログラムほどあって，その多くがプラスチックだったの。

エマ　：奈良公園のシカにとってそれは大きな問題だと私は思うわ。公園を訪れる人々の中には，公園でビニール袋を捨てる人もいる。公園を訪れる人はシカのことをもっと考える必要があるわね。彼らはシカを守るために行動するべきだわ。例えば，店からビニール袋を受け取らず，自分の買い物袋を持っていくべきよ。あなたはどう思う，ケイコ？

ケイコ：私には別の考えがあるわ。

エマ　：まあ，あなたの考えを教えて。

ケイコ：実は，奈良では訪問者の数が増えているのだけど，公園周辺の店もこの問題のために何かすることができると思うの。日本では，多くの店で簡単にビニール袋がもらえるのよ。世界の国の中には，ビニール袋を提供することが禁止されている国もあるわ。公園周辺の店はビニール袋を提供するのをやめるべきだと思うし，あるいは少なくとも，店が客に提供するビニール袋を減らすべきだと私は思うの。

エマ　：なるほど。公園を訪れる人々と公園周辺の店の両方が，公園のシカを助けるために変わらないといけないわね。

ケイコ：もちろん，奈良に住んでいる人もシカを守るために何かをすることができるわ。

エマ　：ボランティアとして奈良公園を掃除するのはどう？　私もあなたに加わりたいわ。

③ **【解き方】** スミス先生は，卒業文集の表紙のデザインとして，AとBのどちらのほうが好きかとたずねている。例1は「鳥が幸せそうに見えるので，私はBよりAのほうがいいと思います。それを見ると，私たちはいつもうれしく感じます」。例2は「『ワンチーム』は多くの生徒たちが知っている人気のある言葉なので，私はAよりBのほうが好きです。その言葉は私たちをわくわくさせます」。

【答】 (例1) I think A is better than B because the bird looks happy. When we see it, we always feel happy. (20語)

(例2) I like B better than A because “one team” is the popular word many students know. The word makes us excited. (21語)

④ **【解き方】** (1) ア．第4段落の1文目を見る。正しい。イ．第2段落の1文目を見る。正しい。ウ．第3段落の4文目に「彼はサッカーをするより魚釣りをするほうが好きだった」とある。エ．第4段落の最後の文を見る。500万人はWWFを支える人の数。

(2) ①「ピーターの父は最後の手紙で，ピーターの母親に何を頼みましたか？」。第2段落の後半に「父からのピーターと彼の母への最後の手紙で，父は母に，ピーターが自然に興味を持つようになってほしいと伝えた」とある。エの「ピーターに自然に興味を持たせること」が適切。make A B =「AをB (の状態)にする」。②「大学を終えた後の世界旅行の間に，ピーターは何に気がつきましたか？」。第3段落の最後の文に「これらの旅行の間，地球には絶滅しかけている野生動物が何種類かいることに気がついた」とある。アの「何種類かの野生動物の数がとても少ないということに彼は気がついた」が適切。

(3) 第5段落を見る。あ.「その山には果物や種のようなたくさんの『食べ物』があった」とする。い.「ネーネーは『ゆっくりと』動くので，彼らにとってネーネーを捕まえるのは簡単だった」とする。

(4) ア．第3段落の冒頭に「ピーターは中学生になった。彼は本を読んだり，作文を書いたりすることが好きではなかった」とある。イ．「ピーターは水の近くに生息している鳥に興味があり，それらの絵をたくさん描いた」。第3段落の5〜7文目を見る。正しい。ウ．ピーターの父親がハワイで初めてネーネーを見つけたという記述はない。エ．第1段落の3文目を見る。WWFが設立されたのは1961年である。オ．第5段落の最後の文を見る。「ネーネーの数は今日なお絶滅しかけているが，その活動により数はゆっくりと増え始めた」とある。カ．「野生動物が将来絶滅することなく世界で暮らしていけることをピーターは願った」。第4段落の2・3文目を見る。正しい。

(5) 自分の身近なことで周囲の人とできることを考えるとよい。解答例は「私は将来，友人たちとボランティアとしてスポーツのイベントを支えたい」。

【答】 (1) ア・イ (2) ① エ ② ア (3) あ．food い．slowly (4) イ・カ

(5)（例）I want to support sports events as a volunteer with my friends in the future.（15語）

◀全訳▶ あなたは今までにWWFについて聞いたことはあるだろうか？ WWF，世界自然保護基金は，世界中の自然環境と野生動物の保護のために活動する最も大きな団体だ。それは1961年に設立された。WWFのロゴはかわいい。それはピーター・スコットによって作られた。

ピーターは1909年にロンドンで生まれた。彼の父は世界中を旅し自然を愛した有名な冒険家だった。彼の母は芸術を愛する親切な女性だった。彼の父はピーターが2歳のときに亡くなった。彼は父親をよく知らずに育った。父からのピーターと彼の母への最後の手紙で，父は母に，ピーターに自然に興味を持ってほしいと伝えた。ピーターは成長し，自然を愛し，絵を上手に描くことができる少年になった。

ピーターは中学生になった。彼は本を読んだり作文を書いたりすることは好きではなかったが，自然にとても興味があった。その頃，魚釣りが彼の大好きな遊びの1つだった。彼はサッカーをするより魚釣りをするほうが好きだった。彼はまた，鳥，特に水の近くに生息している鳥を描くことにも興味があった。彼はしばしば川や湖に出かけた。彼は長い時間鳥を観察して，彼の周りの鳥の美しい絵を描いた。大学を卒業した後，彼は何回も世界中を旅行した。彼は旅行中，鳥を観察し描くことを楽しんだ。これらの旅行の間，地球には絶滅しかけている野生動物が何種類かいることに気がついた。

その後，ピーターは自然環境と野生動物の保護に興味がある多くの人と共にWWFを設立した。彼は地球上の自然環境の破壊を止め，また，人々と野生動物の両方にとってよりよい世界を作ることを願った。その世界では人々は快適に生活することができ，そして野生動物も絶滅することなくそこに生息することができる。彼は人々が野生動物を殺さずにそれらと共存するべきだと信じていた。現在，WWFは世界中の100を超える国々の500万人を超える人々によって支えられている。

ピーターによって救われた野生動物の1つにネーネーと呼ばれる鳥がいた。ネーネーはハワイ諸島に生息する鳥の一種である。山々にはたくさんの果物や種があり，ネーネーはそれらを食べた。多くの人がそこに住み始めたとき，彼らは食べ物を求めてネーネーを狩った。人々はそこにネコやイヌを連れてきた。ネーネーは速く動かなかったので，それらはネーネーを簡単に捕まえることができた。ネーネーの数は急速に減少し，ネーネーは1950年頃にほぼ絶滅した状態にあった。ピーターはこの状況について知ると，WWFのメンバーたちと共にネーネーを救おうとし始めた。彼は人工繁殖によってネーネーの数を増やそうとした。ネーネーの数は今日なお絶滅しかけているが，その活動の後，その数はゆっくりと増え始めた。

ピーターはWWFのメンバーたちと共にたくさんの種類の野生動物を救った。彼は人々と野生動物の両方にとってよりよい世界を作ってほしいと人々に望んでいた。私たちは彼の考えからたくさんのことを学ぶことができるし，世界中の自然環境と野生動物の保護を支えようと努めるべきである。

社　会

1 【解き方】(1) ① 資料Ⅰは十七条の憲法の一部。② a は 663 年，b は 694 年，c は 672 年の出来事。③ 資料Ⅲで，弁士（演説している人）の背後に警察官が描かれている理由を，資料Ⅱから推測するとよい。

(2)『枕草子』は清少納言の作品。「浮世絵」が描かれるようになったのは江戸時代に入ってから。

(3) ① 資料Ⅴ中の「科学者」に注目。ウは黄熱病の研究を行った細菌学者。② 平等院鳳凰堂は，藤原頼通によって平安時代（11 世紀）に建てられた。唐の滅亡は 10 世紀，モンゴルの統一は 13 世紀の出来事。③ 京都や大阪を中心とする上方で栄えた元禄文化の説明をする。

(4) ① 1914 年に始まった第一次世界大戦の間，日本は工業製品の輸出が大幅に増えた。② 領事裁判権の撤廃と関税自主権の回復が目指された。③ 1946 年の衆議院議員総選挙において，日本初の女性議員が誕生した。ただし，平塚らいてうは国会議員にはなっていない。

【答】(1) ① ウ　② イ　③ 言論による政府への批判を取りしまる。(同意可)　④ ウィルソン　(2) ア

(3) ① ウ　② イ　③ 上方を中心とする，経済力をもった町人が担い手となった文化。(同意可)

(4) ① エ　② 不平等条約の改正。(同意可)　③ 女性の選挙権が認められた（同意可）

2 【解き方】(1) ① 正距方位図法は，地図の中心からの距離と方位が正しく描かれている図法。② 一年中気温が高く，降水量も多いことから，熱帯の都市の雨温図であることがわかる。③ アの中国に次ぐ輸出額と「航空機類」に注目。イはインドネシア，エはエジプト。④ イスラム教の聖地であるサウジアラビアのメッカの方角を示している。

(2) イ．国際線の貨物量は，成田国際空港の方が多い。ウ．国内線よりも国際線が多い。

(3) ② 資料Ⅴと資料Ⅵから高知県産のなすの入荷量が多い月と価格の関係を確認し，資料Ⅶからわかる高知県の気候の特徴と合わせて考える。

【答】(1) ① a　② b　③ ウ　④ 礼拝を行う方角。(同意可)　(2) ア・エ

(3) ① 近郊農業　② 温暖な気候を生かして栽培し，単価の高い冬から春の時期に出荷している。(同意可)

3 【解き方】(1) エはプライバシーの権利のこと。アは社会権，イは自由権，ウは請求権に含まれる。

(2) ① 参議院議員選挙は，3 年ごとに定数の半分が改選される。② 小選挙区制は 1 つの選挙区から一人を選出する方法のため，集票力の高い大政党に有利となる。ウとエは比例代表制の特徴。

(3) 日本国憲法第 69 条の規定。日本は議院内閣制のもと，衆議院の内閣不信任案決議と，内閣の衆議院解散によって，国会と内閣が互いに抑制し，均衡をはかっている。

(4) ① PL 法ともいう。② 消費者が自分の意思と判断で選択し，トラブルにも対応できるようになることが求められている。

【答】(1) エ　(2) ① 2016　② イ　(3) 衆議院を解散する（同意可）

(4) ① 製造物責任法　② 自ら情報を集め，適切な判断ができる消費者。(同意可)

4 【解き方】(2) ① 実際の距離は，(地図上の長さ)×(縮尺の分母)で求められるので，2.6 × 25000 から 65000 (cm) = 650 (m)となる。② 縮尺が 2 万 5 千分の 1 の地形図の場合，主曲線は 10m，計曲線は 50m ごとに引かれている。

(3) 憲法や法律に基づき，地方議会が制定する。

(4) 4 府県の中では県内総生産が最も多い。アは香川県，イは京都府，ウは山口県。

(5) 藤原道長・藤原頼通の親子も同様の方法で政治の実権を握った。

【答】(1) 琵琶法師　(2) ① 650 (m)　② イ　(3) 地方公共団体が独自に定めるきまり。(同意可)　(4) エ

(5) 娘を天皇のきさきにし，生まれた子を次の天皇に立てたこと。(同意可)

理　科

1 **【解き方】**(1) 水素や酸素は原子2個が結合した分子で存在する。化学反応式では，矢印の左側と右側とで原子の種類と数を等しくする。

(2) ① 電気エネルギーの一部が送電中に熱エネルギーとなって空気中に逃げてしまう。② 1Wの電力を1秒間使用したときに消費される電力量が1Jなので，利用される電気エネルギーの量は，10分＝600秒より，40(W)×600(s)＝24000(J)　よって，$40 \times \dfrac{34200\,(\mathrm{J})}{24000\,(\mathrm{J})} = 57$

【答】(1) $2H_2 + O_2 \rightarrow 2H_2O$　(2) ① エ　② 57

2 **【解き方】**(1) 質量110gの物体は質量20gのおもりが何個分かを求めると，$\dfrac{110\,(\mathrm{g})}{20\,(\mathrm{g})} = 5.5$(個)　表1より，おもりの数とばねののびは比例しているので，$1.0\,(\mathrm{cm}) \times \dfrac{5.5\,(個)}{1\,(個)} = 5.5\,(\mathrm{cm})$

(2) (圧力) 質量40gの物体にはたらく重力の大きさは，$1\,(\mathrm{N}) \times \dfrac{40\,(\mathrm{g})}{100\,(\mathrm{g})} = 0.4\,(\mathrm{N})$　物体Aの底面積は，5.0(cm)×5.0(cm)＝25.0(cm^2)より，$0.0025\mathrm{m}^2$。圧力は，$\dfrac{0.4\,(\mathrm{N})}{0.0025\,(\mathrm{m}^2)} = 160\,(\mathrm{Pa})$　(関係) 物体Aを上向きに引くばねの力が小さくなると，ばねののびも小さくなり，電子てんびんの示す値が大きくなる。

(3) 糸1が結び目を引く力と糸2が結び目を引く力の矢印を2辺とする平行四辺形をかく。合力はこの平行四辺形の対角線で示される。

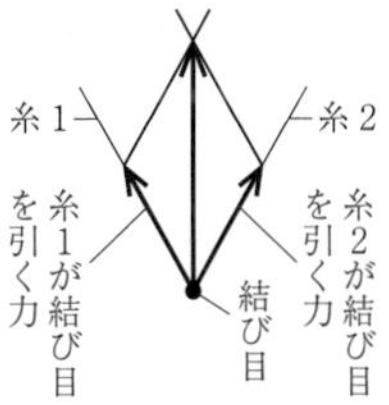

(4) 表2より，糸1，2の間の角度が大きくなるとばねののびも大きくなっているので，糸1，2が引く力も大きくなっていることがわかる。

【答】(1) 5.5(cm)　(2) (圧力) 160(Pa)　(関係) ア　(3) (右図)
(4) ケーブルa，bの間の角度が小さくなるため，引く力の大きさは小さくなる。(同意可)

3 **【解き方】**(2) AAとaaのかけ合わせにより，子の遺伝子の組み合わせはすべてAaになる。AaとAaのかけ合わせにより，孫の遺伝子の組み合わせはAA，Aa，Aa，aaになる。このうち，丸い種子は遺伝子Aをもつもの。

(3) 丸い種子としわのある種子の数が3：1になるのは，AaとAaのかけ合わせなので，苗①と③はAa。丸い種子としわのある種子の数が1：1になるのは，Aaとaaのかけ合わせなので，苗④はaa。Aaとかけ合わせてすべて丸い種子になるのは，AAとAaのかけ合わせなので，苗②はAA。

(4) DNAはデオキシリボ核酸の英語名の略称。

(5) 減数分裂は有性生殖で卵細胞や精細胞をつくるときに行われる。有性生殖では親とは異なる遺伝子の組み合わせをもつ子ができるので，子の形質は親とまったく同じにはならない。

【答】(1) 精細胞　(2) AA・Aa　(3) イ　(4) DNA　(5) ウ

4 **【解き方】**(2) 地点AとBの震源からの距離の差は，150(km)－90(km)＝60(km)　この距離をP波が伝わるのにかかった時間は，15時15分59秒－15時15分49秒＝10秒　したがって，P波の速さは，$\dfrac{60\,(\mathrm{km})}{10\,(\mathrm{s})} = 6\,(\mathrm{km/s})$　P波が震源から地点Bに伝わるのにかかった時間は，$\dfrac{90\,(\mathrm{km})}{6\,(\mathrm{km/s})} = 15\,(\mathrm{s})$　よって，地震発生時刻は，15時15分49秒－15秒＝15時15分34秒

(3) マグニチュードが1大きくなると，地震のエネルギーは約32倍になる。マグニチュードの差は，7.6－5.6＝2　よって，32(倍)×32(倍)≒1000(倍)

(4) 海洋プレートが大陸プレートの下に沈みこむとき，大陸プレートにひずみが生じ，このひずみにたえきれな

くなった大陸プレートが反発して地震が起こる。

(5) イ．液状化現象は，地震のゆれによって地面が液体状になること。エ．地震発生直後に，震源近くの地震計で得たデータから各地の震度などを推定し，緊急地震速報が発表される。

【答】 (1) (用語) 主要動　(理由) エ　(2) (15時) 15 (分) 34 (秒)　(3) ウ

(4) 海洋プレートが大陸プレートの下に沈みこむ境界があるから。(同意可)　(5) ア

5 **【解き方】** (2) X の雌花はりん片が集まったもの。雌花からとり出したりん片には 2 個の胚珠がむき出しのままついている。

(3) 菌類や細菌類は，呼吸によって有機物を二酸化炭素や水などの無機物に分解して，生活に必要なエネルギーを得ている。

(例)

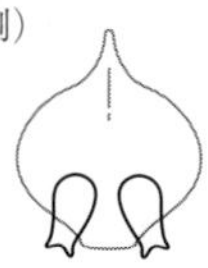

【答】 (1) イ　(2) (右図)　(3) 菌類や細菌類が葉の有機物を分解したから。(同意可)

6 **【解き方】** (1) 白い沈殿は硫酸バリウムで，陽イオン Ba^{2+} と陰イオン $SO_4{}^{2-}$ が結びついてできる。

(2) 化学変化の前後で，原子の種類と数が等しいものを選ぶ。

(3) 発生した気体は空気中に逃げたので，発生した気体の質量は，反応前の質量と反応後の質量の差で求められる。表より，発生した気体の質量は，炭酸水素ナトリウムの質量が 1.0g，2.0g，3.0g，4.0g，5.0g，6.0g のとき，171.0 (g) − 170.5 (g) = 0.5 (g)，172.0 (g) − 171.0 (g) = 1.0 (g)，173.0 (g) − 171.5 (g) = 1.5 (g)，174.0 (g) − 172.0 (g) = 2.0 (g)，175.0 (g) − 172.5 (g) = 2.5 (g)，176.0 (g) − 173.5 (g) = 2.5 (g)　よって，炭酸水素ナトリウムが 5.0g までは炭酸水素ナトリウムが増えるにしたがって発生する気体も増え，うすい塩酸 $40cm^3$ と炭酸水素ナトリウム 5.0g が過不足なく反応する。炭酸水素ナトリウムがこれ以上増えても気体は増えない。

(例)

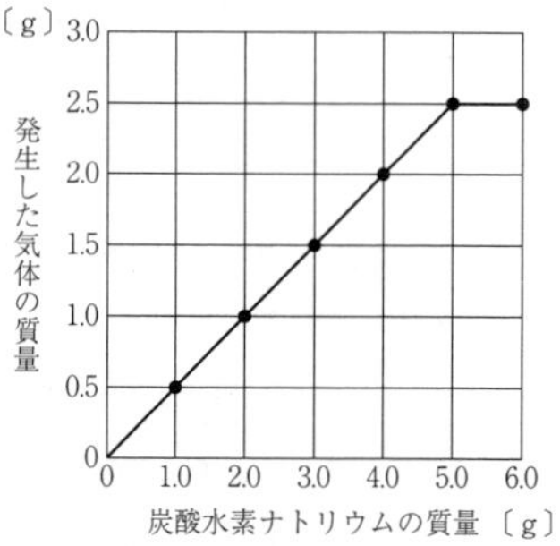

(考察) ア．発生した気体は二酸化炭素。イ．うすい塩酸 $40cm^3$ と炭酸水素ナトリウム 5.0g が過不足なく反応したので，$40\,(cm^3) \times \frac{6.0\,(g)}{5.0\,(g)} = 48\,(cm^3)$ の塩酸が炭酸水素ナトリウム 6.0g と過不足なく反応する。ウ．実験 2 では，炭酸水素ナトリウムが 5.0g までは比例する。エ．うすい塩酸 $40cm^3$ と炭酸水素ナトリウム 5.0g が過不足なく反応するので，炭酸水素ナトリウムは残らない。

(4) 炭酸水素ナトリウム 5.0g から気体が 2.5g 発生するので，気体 0.22g を発生するのに必要な炭酸水素ナトリウムの質量は，$5.0\,(g) \times \frac{0.22\,(g)}{2.5\,(g)} = 0.44\,(g)$　よって，$\frac{0.44\,(g)}{2.0\,(g)} \times 100 = 22\,(\%)$

【答】 (1) $SO_4{}^{2-}$　(2) ウ　(3) (前図)　(考察) イ　(4) 22 (%)

(5) 密閉された容器の中で物質を反応させる方法。(同意可)

国　語

1 **【解き方】** ㈢ 前の段落で「今でこそ…なくてはならないコケ」について，「日本庭園ではもともと…使われていなかったらしい」「世界的に有名な西芳寺（京都）でさえ…広くコケに覆われるようになったとされる」と変化を述べている。

㈣ 次の段落で「わび」「さび」の意味を説明したうえで，「静かで…コケの印象そのものではないだろうか」と述べている。

㈤ 直前で「コケの上に，春には桜が…冬には真っ白な雪が覆う」と，具体的に庭園の春夏秋冬の様子を説明していることに注目し，「緑が」という主語にふさわしい述語を考えてまとめる。

㈦ X. 「多様なコケが生えている様子」を，「敷物」のようだと物に置き換えて表現している。Y. 筆者は『万葉集』にあるコケの和歌の一首が「コケのじゅうたんの美しさを詠んでいる」と説明したうえで，「コケのじゅうたんを…美意識の根底に深く関わっているのだろう」と述べている。

【答】 ㈠ A. はな(やかな)　B. 転(じて)　C. 防(ぎ)　D. こうけん　㈡ ウ　㈢ イ

㈣ 静かで質素なものがもつ美しさ

㈤ (コケの緑が，)季節ごとの花や紅葉や雪の色をきわだたせること。(29 字)（同意可）　㈥ イ

㈦ X. たとえ　Y. めでる感性

2 **【解き方】** ㈠「聞く」の謙譲語である。

㈡ 日本の家が，「引き戸」を開ければ「家の中と外の世界は一体に」なることや，「障子や襖（引き戸）を開ければ，他の部屋や廊下とつながるように作られて」いることを説明したうえで，「私の国では…情報を得てきました」と述べている。

㈢「オノマトペ」が，「感じたままの表現を許してくれ」ることを，「とっても自由なものです」と言い換えている。

㈣「仕事がうまくいかないで，書く手が止まってしまったとき…言葉なのです」に着目してまとめる。

㈤ 少年の言葉から「父がお話を語ってくれたときの，弾むような言葉遣いを思い出し」た筆者は，「言葉って…不思議なほど相手に伝わる」と考え方が変化している。

㈥ 筆者は自分の思い出から話し始めており，初めに結論を述べていない。文章中では「みなさん，どんな情景を思い浮かべましたか？」のように聞き手に対する問いかけの言葉を使い，父との思い出話やブラジルで出会った少年の話などの筆者の体験が語られている。また，「歌うように，踊るように，言葉を教えてくれました」と直喩が用いられている。

【答】 ㈠ イ　㈡ 音を聞いて　㈢ ウ

㈣ 幼いときのワクワクした気持ちがよみがえって，原稿を書き進めることができるおまじないの言葉。(45 字)（同意可）

㈤ ア　㈥ エ

3 **【解き方】** 文字の大きさ，書体，漢字と平仮名の大きさのバランス，漢字どうしの大きさのバランス，用紙に対する文字の位置についての変化をとらえる。

【答】 エ

4 **【解き方】** ㈠「怠けない」という姿勢をくわしくしている。

㈡「日にみたび」食事をしていることから考える。

㈢ 最後の「かくせんと思ふこころざしのひとつなり」という一文に注目。

【答】 ㈠ ア　㈡ ウ　㈢ エ

◀口語訳▶ 「生まれて物心がつくころから，老いていくまで，少しも怠けずにする事があれば，必ずどのようなことにも秀でることができる」と言うと，「ひたすら心がけるのでなければ，何度繰り返しておこなったとして

も自分のものとすることができるとは思わない。この食事をすることは，物心ついてから，一日に三度は欠けることはないけれども，このようにしようという心がなければ，食べることも上手にならず，かえって食べこぼし，または『魚の骨が刺さったよ』などと言うこともあるものだ。だから，このようにしようと思う志が一番なのである」と言った。

5 **【解き方】** ㈠ 短い時間，という意味の言葉を選ぶ。アは，前に進んだり，後ろに退いたりすること。イは，物事にはいいところも悪いところもあることということ。ウは，状況が変化するたびに喜んだり不安を感じたりすること。

㈡ 春香さんが，前の山田さんの発言の内容を繰り返したうえで，「では…何か秘密があるのでしょうか」と新しい質問をしている点に着目する。

【答】 ㈠ エ　㈡ ウ　㈢ (例)

私は，「なぜ」や「どういうことですか」などの言葉を用いて，多くの情報を聞き出せるようにしたい。

なぜなら，「はい」や「いいえ」で答えられる質問だけでは，自分の知識の確認しかできず，相手の考えを詳しく聞くことが難しいからだ。インタビューでしか聞き出せない情報が得られるように質問を工夫したい。(148字)

2025年度 受験用
公立高校入試対策シリーズ（赤本）ラインナップ

入試データ	前年度の各高校の募集定員,倍率,志願者数等の入試データを詳しく掲載しています。
募集要項	公立高校の受験に役立つ募集要項のポイントを掲載してあります。ただし,2023年度受験生対象のものを参考として掲載している場合がありますので,2024年度募集要項は必ず確認してください。
傾向と対策	過去の出題内容を各教科ごとに分析して,来年度の受験について,その出題予想と受験対策を掲載してあります。予想を出題範囲として限定するのではなく,あくまで受験勉強に対する一つの指針として,そこから学習の範囲を広げて幅広い学力を身につけるように努力してください。
くわしい解き方	模範解答を載せるだけでなく,詳細な解き方・考え方を小問ごとに付けてあります。解き方・考え方をじっくり研究することで応用力が身に付くはずです。また,英語長文には全訳,古文には口語訳を付けてあります。
解答用紙と配点	解答用紙は巻末に別冊として付けてあります。 解答用紙の中に問題ごとの配点を掲載しています（配点非公表の場合を除く）。合格ラインの判断の資料にしてください。

府県一覧表

3021 岐阜県公立高
3022 静岡県公立高
3023 愛知県公立高
3024 三重県公立高【後期選抜】
3025 滋賀県公立高
3026-1 京都府公立高【中期選抜】
3026-2 京都府公立高【前期選抜 共通学力検査】
3027-1 大阪府公立高【一般選抜】
3027-2 大阪府公立高【特別選抜】
3028 兵庫県公立高
3029-1 奈良県公立高【一般選抜】
3029-2 奈良県公立高【特色選抜】
3030 和歌山県公立高
3033-1 岡山県公立高【一般選抜】
3033-2 岡山県公立高【特別選抜】
3034 広島県公立高
3035 山口県公立高
3036 徳島県公立高
3037 香川県公立高
3038 愛媛県公立高
3040 福岡県公立高
3042 長崎県公立高
3043 熊本県公立高
3044 大分県公立高
3046 鹿児島県公立高

滋賀県特色選抜・学校独自問題

2001 滋賀県立石山高
2002 滋賀県立八日市高
2003 滋賀県立草津東高
2004 滋賀県立膳所高
2005 滋賀県立東大津高
2006 滋賀県立彦根東高
2007 滋賀県立守山高
2008 滋賀県立虎姫高
2020 滋賀県立大津高

京都府前期選抜・学校独自問題

2009 京都市立堀川高・探究学科群
2010 京都市立西京高・エンタープライジング科
2011 京都府立嵯峨野高・京都こすもす科
2012 京都府立桃山高・自然科学科

2025年度
受験用

公立高校入試対策シリーズ 3029-1

奈良県公立高等学校
（一般選抜）

別冊

解答用紙

- この冊子は本体から取りはずして
ご使用いただけます。
- 解答用紙（本書掲載分）を
ダウンロードする場合はこちら↓
https://book.eisyun.jp/

※なお，予告なくダウンロードを
終了することがあります。

英俊社

●解答用紙の四隅にあるガイドに合わせて指定の倍率で拡大すると，実物とほぼ同じ大きさでご使用いただけます(一部例外がございます)。

受検番号

※	得点	※

令和６年度

奈良県公立高等学校入学者一般選抜学力検査

数　学　　解答用紙

問題番号		答　　え			採　点
1	(1)	①		②	
		③		④	
	(2)		(3)		
	(4)		(5)		
	(6)	cm^3			
	(7)	[作図] 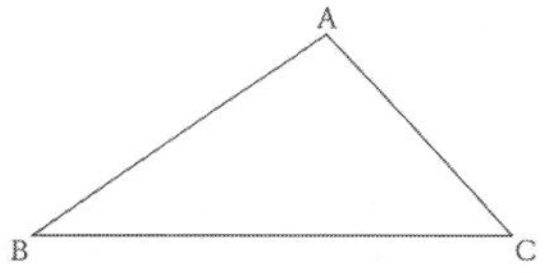			
	(8)	①			
		②			

問題番号		答　　え			採　点
2	(1)	①	㋐	㋑	
			㋒		
		②			
	(2)	偶数のとき　　個	奇数のとき　　（個）		
3	(1)		(2)	①　　②	
	(3)		(4)		
4	(1)	[証明]			
	(2)				
	(3)	①　　cm	②　　倍		

※実物の大きさ：195% 拡大（A3 用紙）

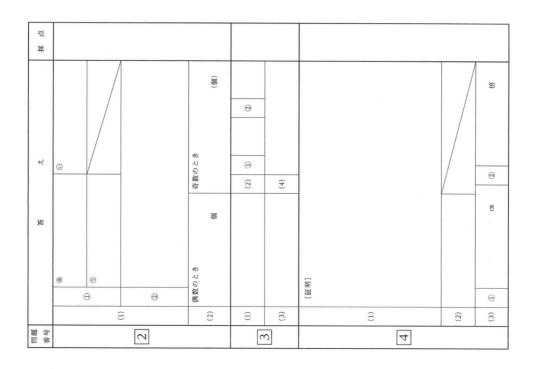

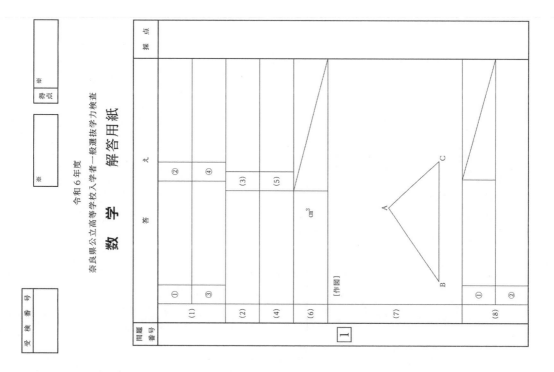

受検番号		※	得点	※

令和６年度

奈良県公立高等学校入学者一般選抜学力検査

英　語　　解答用紙

問題番号	答え					採点
1	(1)	①		②		
	(2)	①		②		
	(3)					
	(4)					
2	(1)	①				
		②				
	(2)	①		②		
	(3)					

問題番号	答え						採点
3	①		②		③		
4	(1)						
	(2)						
	(3)						
	(4)						
	(5)						

※実物の大きさ：195% 拡大（A3 用紙）

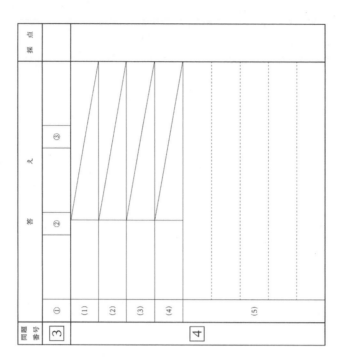

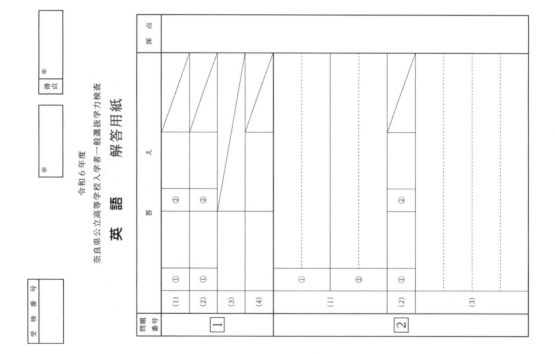

受検番号

※	得点	※

令和６年度

奈良県公立高等学校入学者一般選抜学力検査

社　会　　解答用紙

問題番号		答　　え			採　点
1	(1)				
	(2)				
	(3)				
	(4)		(5)		
2	(1)		(2)		
	(3)				
	(4)				
	(5)				
3	(1)				
	(2)	P		R	
	(3)	①		②	

問題番号		答　　え				採　点
3	(4)			(5)		
	(6)					
4	(1)	①				
		②				
	(2)					
	(3)					
	(4)	①		②		
		③				
5	(1)					
	(2)			(3)		
	(4)					

※実物の大きさ：195% 拡大（A3 用紙）

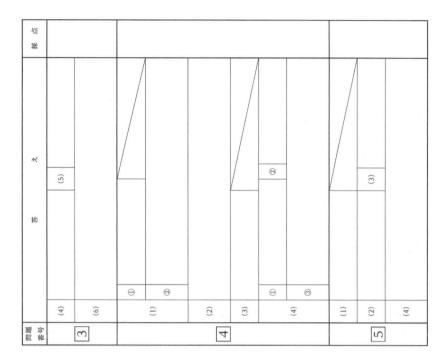

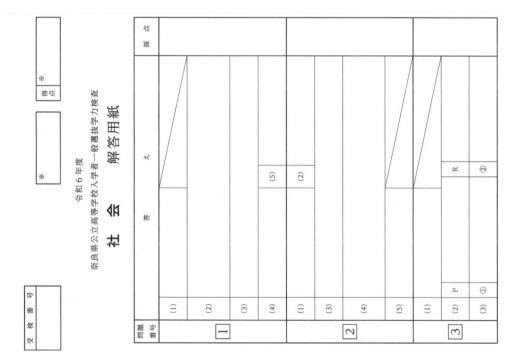

受検番号

※	得点	※

令和６年度

奈良県公立高等学校入学者一般選抜学力検査

理　科　解答用紙

問題番号		答え				採点
1	(1)					
	(2)					
	(3)					
2	(1)	%	(2) ①		②	
	(3)					
	(4) ①					
	(4) ②					
3	(1)					
	(2)	g				
	(3)	X	Y		Z	
	(4)	g				

問題番号		答え				採点
3	(5)					
	(6)					
4	(1)					
	(2)					
	(3)	①	②		(4)	倍
	(5)					
5	(1)	から				
	(2)	①		②		
6	(1)					
	(2)			(3)		
	(4)	Pa				
	(5)	①		②		

※実物の大きさ：195％拡大（A3用紙）

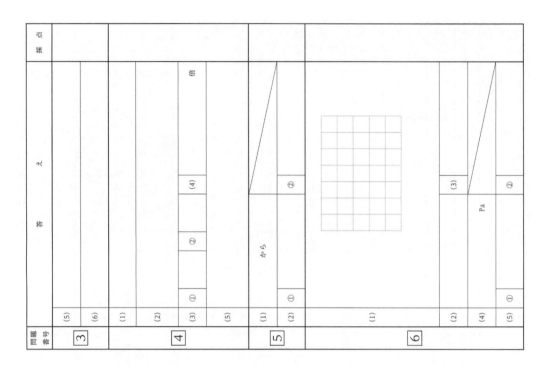

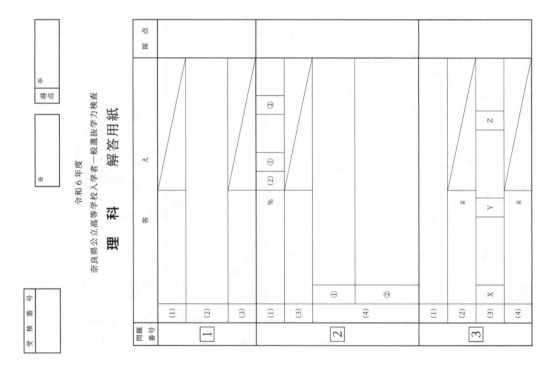

受検番号

得点　※

※

令和6年度　奈良県公立高等学校入学者一般選抜学力検査

国語解答用紙

問題番号	答え	採点
一	(一) A　に　B　な　C　な　D　い	
	(二)　(三)　(四)	
	(五)	
	(六)　(七)	
二	(一)　(二)	
	(三)　(四)	
	(五) 経済システム。	
	(六)　(七)	
三	(一)　(二)　(三)	
四		
五	(一)　(二)	
	(三) 100字　150字	

※実物の大きさ：195% 拡大（A3 用紙）

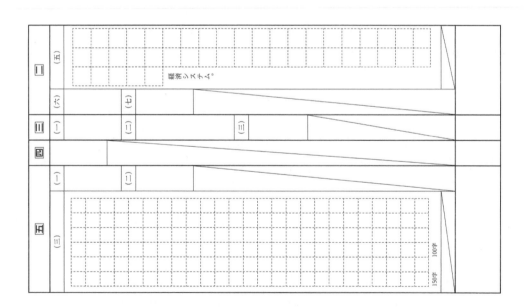

2024年度　奈良県公立高等学校（一般選抜）［配点］

【数　学】

1 (1)1点×4　(2)～(8)2点×8　　2 (1)①㋐2点　㋑1点　㋒1点　②2点　(2)2点×2

3 (1)2点　(2)1点×2　(3)3点　(4)3点　　4 (1)3点　(2)2点　(3)①2点　②3点

【英　語】

1 (1)1点×2　(2)～(4)2点×5　　2 (1)2点×2　(2)2点×2　(3)4点　　3 3点×3

4 (1)～(4)3点×4　(5)5点

【社　会】

1 (1)1点　(2)2点　(3)2点　(4)1点　(5)2点　　2 (1)～(4)2点×4　(5)1点

3 (1)2点　(2)1点×2　(3)～(6)2点×5　　4 (1)2点×2　(2)2点　(3)1点　(4)①2点　②1点　③2点

5 (1)2点　(2)1点　(3)2点　(4)2点

【理　科】

1 (1)1点　(2)2点　(3)2点　　2 (1)2点　(2)1点×2　(3)1点　(4)①1点　②2点

3 (1)～(3)1点×5　(4)～(6)2点×3　　4 (1)1点　(2)2点　(3)1点×2　(4)2点　(5)2点

5 (1)2点　(2)①1点　②2点　　6 (1)3点　(2)～(4)2点×3　(5)①2点　②1点

【国　語】

一㈠ 1点×4　㈡～㈣ 2点×3　㈤ 3点　㈥ 2点　㈦ 2点

二㈠～㈣ 2点×4　㈤ 3点　㈥ 2点　㈦ 2点　　三 2点×3　　四 2点

五㈠ 2点　㈡ 2点　㈢ 6点

受検番号	

※

得点	※

令和５年度

奈良県公立高等学校入学者一般選抜学力検査

数　学　　解答用紙

問題番号			答　　え			採　点
1	(1)	①		②		
		③		④		
	(2)			(3)		
	(4)			(5)	cm^3	
	(6)					
	(7)	[作図] C A B				
	(8)					

問題番号			答　　え			採　点
2	(1)	①	度			
		②				
		③	(cm)			
	(2)	①		②	(cm^2)	
3	(1)			(2)		
	(3)			(4)		
4	(1)	[証明]				
	(2)					
	(3)	①	cm^2	②	cm	

※実物の大きさ：195% 拡大（A3 用紙）

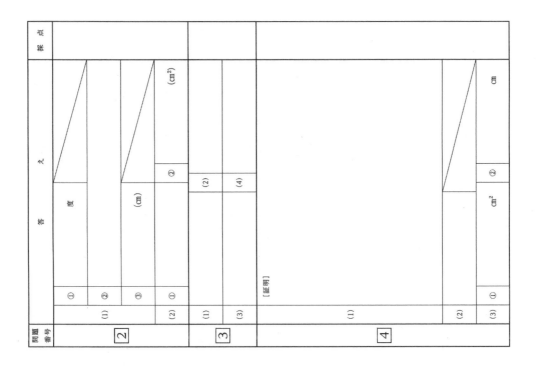

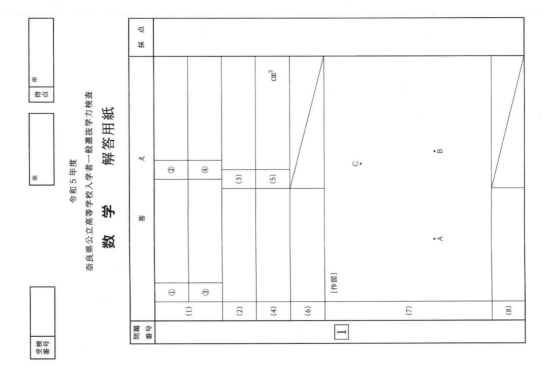

受検番号		※	得点	※

令和５年度

奈良県公立高等学校入学者一般選抜学力検査

英　語　　解答用紙

問題番号		答え				採点
1	(1)	①		②		
	(2)	①		②		
	(3)					
	(4)					
2	(1)					
	(2)					

問題番号		答え						採点
3	(1)							
	(2)							
	(3)							
4	(1)	A		B		C		
	(2)	①						
		②						
	(3)							

※実物の大きさ：195% 拡大（A3 用紙）

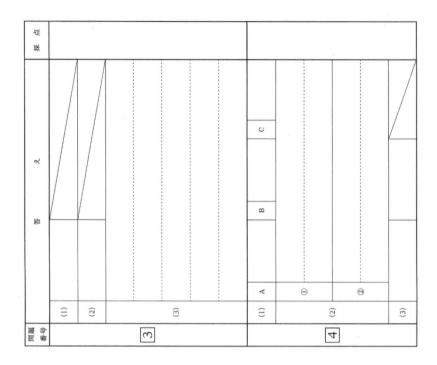

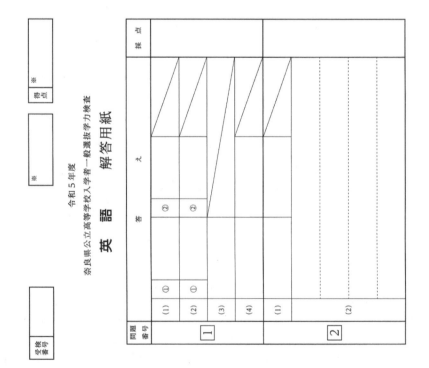

受検番号	

※	

得点	※

令和５年度

奈良県公立高等学校入学者一般選抜学力検査

社　会　　解答用紙

問題番号			答　え		採　点
1	(1)				
	(2)	①		②	
		③			
	(3)				
	(4)				
2	(1)				
	(2)				
	(3)			(4)	
	(5)				
3	(1)			(2)	
	(3)	記号			
		理由			

問題番号			答　え		採　点
3	(4)	①			
		②			
	(5)				
	(6)				
4	(1)	P		Q	
	(2)				
	(3)			(4)	
	(5)	W		Z	
	(6)				
5	(1)				
	(2)				
	(3)			(4)	
	(5)				

※実物の大きさ：195% 拡大（A3 用紙）

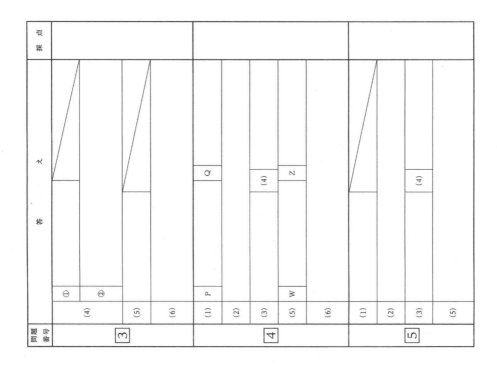

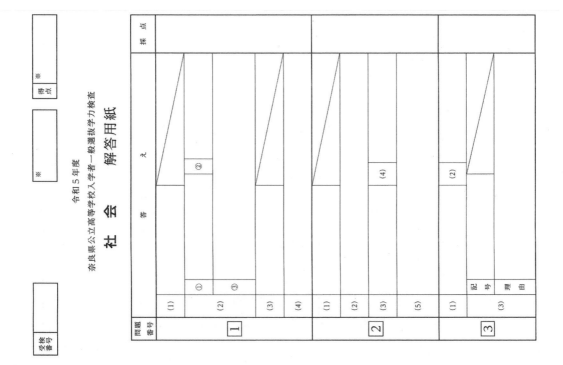

受検番号		※	得点	※

令和５年度
奈良県公立高等学校入学者一般選抜学力検査

理　科　　解答用紙

問題番号		答え	採点
1	(1)		
	(2)		
	(3)		
2	(1)	(2)	
	(3)		
	(4)		
	(5)	① g　② 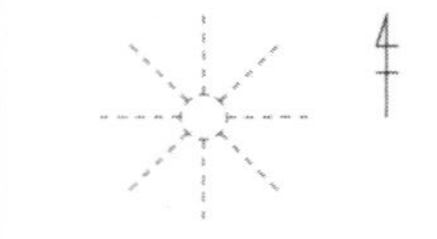	
		③ 記号	
		③ 理由	
3	(1)		

問題番号		答え	採点
3	(2)	番目　(3)	
	(4)	①　②	
4	(1)	J	
	(2)	①　②	
	(3)	cm　(4)	
	(5)	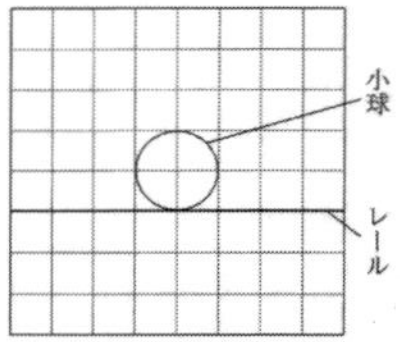　(6)	
5	(1)		
	(2)	%	
6	(1)	①　②	
	(2)		
	(3)	①	
		② g	
		③	

※実物の大きさ：195% 拡大（A3 用紙）

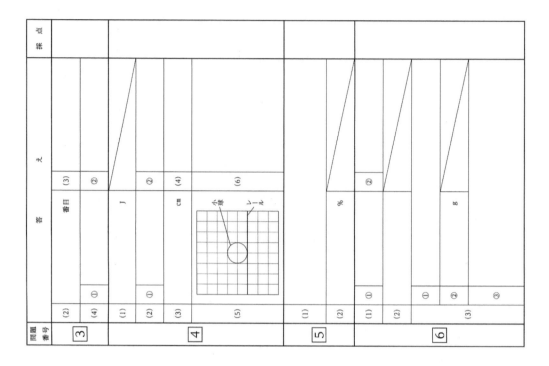

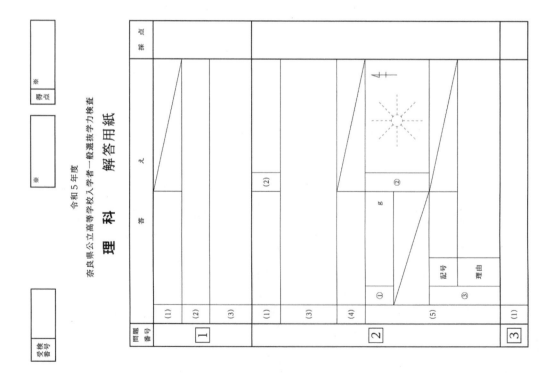

受検番号		※	得点 ※

令和5年度　奈良県公立高等学校入学者一般選抜学力検査

国語　解答用紙

問題番号		答え	採点
一	(一)	A 読み　　B 漢字　　に　　C 漢字　　D 読み　　け	
	(二)	(三)　　(四)	
	(五)	(六)	
	(七)		
二	(一)	(二)　　(三)　　(四)　　(五)	
	(六)	(1)	
	(六)	(2)	
三	(一)	(二)　　(三)	
四			
五	(一)	(二)	
	(三)	100字　150字	

※実物の大きさ：195% 拡大（A3用紙）

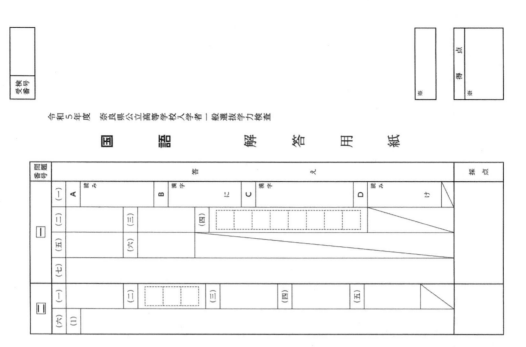

【数　　学】

1 (1) 1点×4　(2)〜(7) 2点×6　(8) 3点　　2 (1) ① 1点　② 2点　③ 2点　(2) ① 2点　② 3点
3 (1) 2点　(2) 2点　(3) 3点　(4) 3点　　4 (1) 3点　(2) 2点　(3) 3点×2

【英　　語】

1 2点×7　　2 (1) 2点×2　(2) 4点　　3 (1) 2点　(2) 3点　(3) 5点
4 (1) 2点×3　(2) 3点×2　(3) 3点×2

【社　　会】

1 (1) 1点　(2) ① 1点　② 2点　③ 2点　(3) 1点　(4) 2点
2 (1) 1点　(2) 2点　(3) 2点　(4) 1点　(5) 2点　　3 2点×7（(3)は完答）
4 (1) 1点×2　(2) 2点　(3)〜(5) 1点×4　(6) 2点　5 (1) 1点　(2)〜(5) 2点×4

【理　　科】

1 (1) 1点　(2) 2点　(3) 2点　　2 (1) 2点　(2) 1点　(3) 2点　(4) 1点　(5) 2点×3（③は完答）
3 (1) 1点　(2) 2点　(3) 2点　(4) 1点×2　　4 (1) 2点　(2) 1点×2　(3)〜(6) 2点×4
5 2点×2　　6 (1) 1点×2　(2) 2点　(3) 2点×3

【国　　語】

一 (一) 1点×4　(二)〜(六) 2点×5　(七) 3点　　二 (一)〜(五) 2点×5　(六) (1) 2点　(2) 3点
三 2点×3　　四 2点　　五 (一) 2点　(二) 2点　(三) 6点

受検番号	

※

得点	※

令和４年度

奈良県公立高等学校入学者一般選抜学力検査

数　学　　解答用紙

問題番号		答　え				採　点
1	(1)	①		②		
		③		④		
	(2)			(3)		
	(4)			(5)		
	(6)	倍		(7)		
	(8)	[作図] C A——B				

問題番号		答　え				採　点
2	(1)	①		②		
	(2)	①				
		②				
	(3)	分　秒後				
3	(1)			(2)		
	(3)			(4)		
4	(1)					
	(2)	[証明]				
	(3)	①	倍	②	cm	

※実物の大きさ：195% 拡大（A3 用紙）

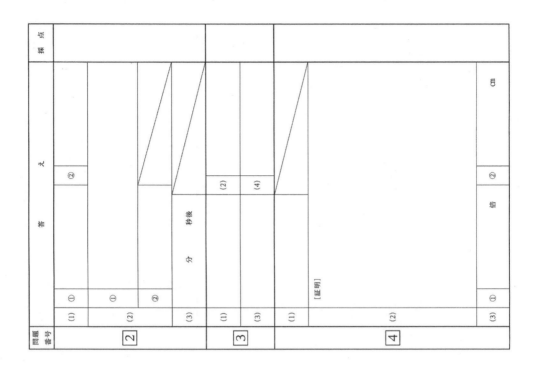

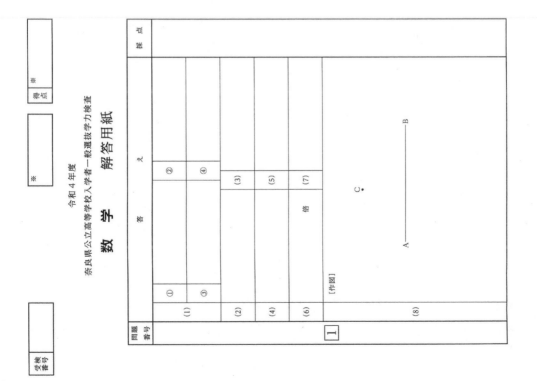

受検番号	

※

得点	※

令和４年度

奈良県公立高等学校入学者一般選抜学力検査

英　語　　解答用紙

問題番号		答　　　え				採　点
1	(1)	①		②		
	(2)	①		②		
	(3)	①		②		
	(4)					
2	(1)					
	(2)					
	(3)					

問題番号		答　　　え						採　点
3	(1)							
	(2)							
	(3)							
4	(1)	A		B		C		
	(2)	①						
		②						
	(3)							

※実物の大きさ：195% 拡大（A3 用紙）

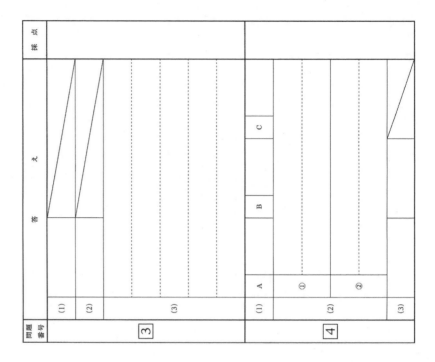

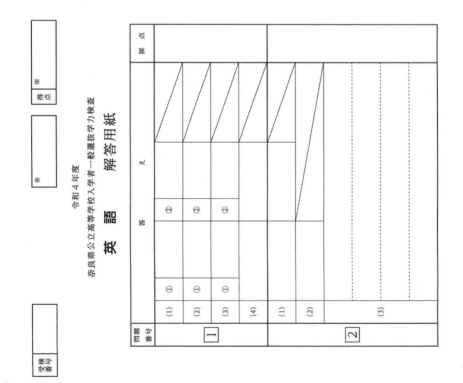

受検番号		※	得点	※

令和４年度

奈良県公立高等学校入学者一般選抜学力検査

社　会　　解答用紙

問題番号		答　　え				採　点
1	(1)			(2)		
	(3)	①		②		
	(4)					
	(5)					
2	(1)					
	(2)			(3)		
	(4)					
	(5)					
3	(1)					
	(2)	①				
		②				
	(3)					

問題番号		答　　え				採　点
3	(4)	①		②		
		③				
4	(1)	①				
		②				
	(2)	①		②		
	(3)	①		②		
	(4)					
5	(1)	①				
		②				
	(2)	①				
		②				
	(3)					

※実物の大きさ：195% 拡大（A3 用紙）

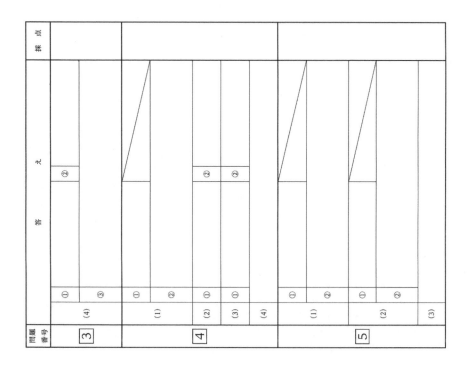

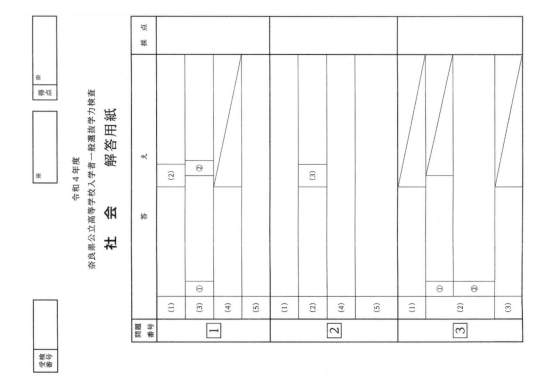

受検番号	

※

得点	※

令和４年度

奈良県公立高等学校入学者一般選抜学力検査

理　科　　解答用紙

問題番号	答　え					採　点
1	(1)		(2)			
	(3)					
2	(1)		(2)			
	(3)	①				
		②	位置		大きさ	
		③				
3	(1)		(2)			
	(3)					
	(4)					
	(5)	①				
		②	%			

問題番号	答　え					採　点
4	(1)	比べるもの	と	音の高さ		
	(2)	Hz	(3)			
5	(1)		(2)			
	(3)					
	(4)	①		②		
		③				
	(5)					
6	(1)		(2)	W		
	(3)					
	(4)					
	(5)					

※実物の大きさ：195% 拡大（A3 用紙）

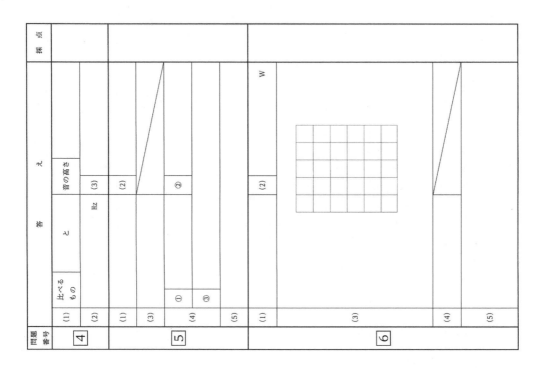

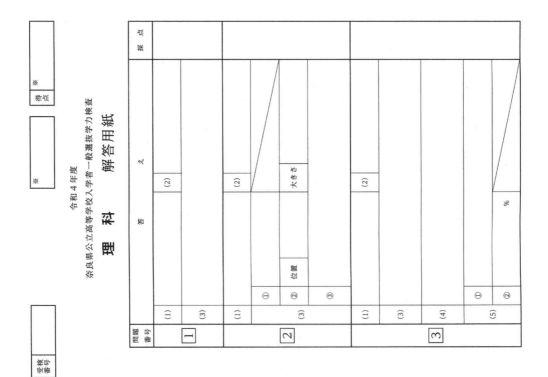

受検番号

得点 ※

※

令和４年度　奈良県公立高等学校入学者一般選抜学力検査

国語　解答用紙

問題番号	答え								採点
一	（一）	A 漢字		B 読み　　らか		C 漢字		D 読み　　える	
	（二）								
	（三）								
	（四）								
	（五）		（六）		（七）				
二	（一）		（二）						
	（三）		（四）		（五）		（六）		
	（七）								
三	（一）		（二）	吹イテ向カッテ玉階ニ飛バシメヨ	（三）		（四）		
四	（一）		（二）						
	（三）	100字　150字							

※実物の大きさ：195% 拡大（A3 用紙）

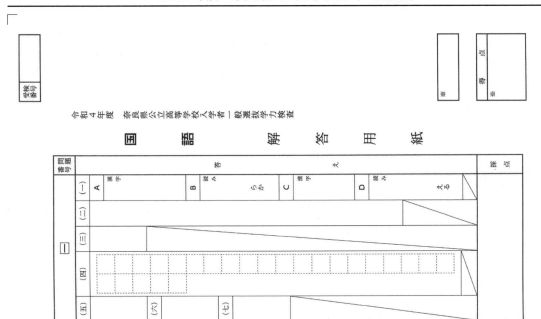

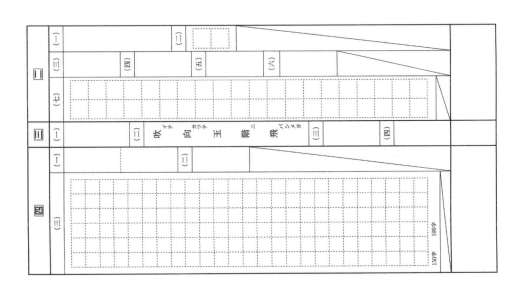

【数　　学】

[1] (1) 1 点×4　(2)〜(7) 2 点×6　(8) 3 点　　[2] (1) ① 2 点　② 1 点　(2) 2 点×2　(3) 3 点
[3] (1) 2 点　(2) 2 点　(3) 3 点　(4) 3 点　　[4] (1) 2 点　(2) 3 点　(3) 3 点×2

【英　　語】

[1] (1) 1 点×2　(2)〜(6) 2 点×6　　[2] (1) 2 点×2　(2) 2 点　(3) 4 点　　[3] (1) 2 点　(2) 2 点　(3) 4 点
[4] (1) 2 点×3　(2) 3 点×2　(3) 3 点×2

【社　　会】

[1] (1) 1 点　(2) 1 点　(3) ① 2 点　② 1 点　(4) 1 点　(5) 2 点　　[2] (1) 2 点　(2) 1 点　(3)〜(5) 2 点×3
[3] (1) 1 点　(2) ① 1 点　② 2 点　(3) 2 点　(4) 2 点×3
[4] (1) ① 1 点　② 2 点　(2) 2 点×2　(3) ① 2 点　② 1 点　(4) 2 点
[5] (1) ① 1 点　② 2 点　(2) 2 点×2　(3) 2 点

【理　　科】

[1] 2 点×3　　[2] (1) 1 点　(2) 2 点　(3) ① 2 点　② 位置：2 点　大きさ：1 点　③ 2 点　　[3] 2 点×6
[4] (1) 1 点×2　(2) 2 点　(3) 1 点　　[5] (1) 1 点　(2) 1 点　(3) 2 点　(4) 1 点×3　(5) 2 点
[6] (1) 1 点　(2) 1 点　(3) 3 点　(4) 1 点　(5) 2 点

【国　　語】

[一] ㈠ 1 点×4　㈡ 2 点　㈢ 2 点　㈣ 3 点　㈤〜㈦ 2 点×3　　[二] ㈠〜㈥ 2 点×6　㈦ 3 点
[三] 2 点×4　　[四] ㈠ 2 点　㈡ 2 点　㈢ 6 点

受検番号	

※

得点	※

令和３年度

奈良県公立高等学校入学者一般選抜学力検査

数　学　　解答用紙

問題番号		答　　え				採　点
1	(1)	①		②		
		③		④		
	(2)			(3)		
	(4)			(5)		
	(6)					
	(7)	[作図] C A　B				
	(8)	①		②		

問題番号			答　　え		採　点
2	(1)	①	㋐	㋑	
		②	（円）		
		③	㋒	記号	
	(2)				
3	(1)	①		②	
	(2)				
	(3)	①		②	
4	(1)	[証明]			
	(2)			(3)　倍	
	(4)		cm^2		

※実物の大きさ：195% 拡大（A3 用紙）

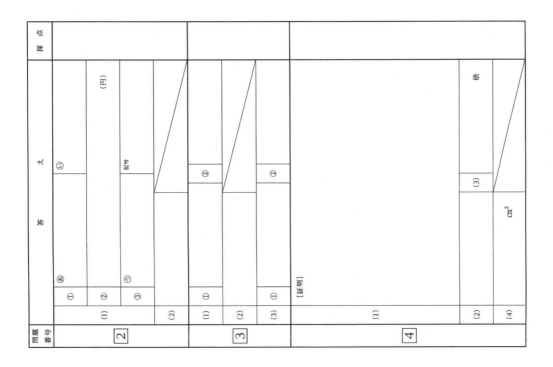

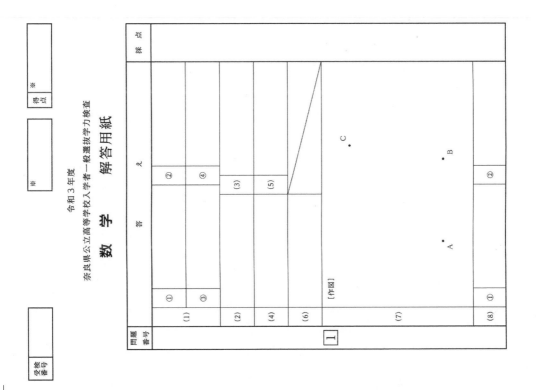

受検番号	

※

得点	※

令和３年度

奈良県公立高等学校入学者一般選抜学力検査

英　語　　解答用紙

問題番号		答　え				採点
1	(1)	①		②		
	(2)	①		②		
	(3)					
	(4)					
2	(1)					
	(2)					
	(3)					
3	(1)					
	(2)	①		②		

問題番号			答　え	採点
4	(1)		→　→　→　→	
	(2)	(a)		
		(b)		
	(3)			
	(4)			
	(5)			

※実物の大きさ：195% 拡大（A3 用紙）

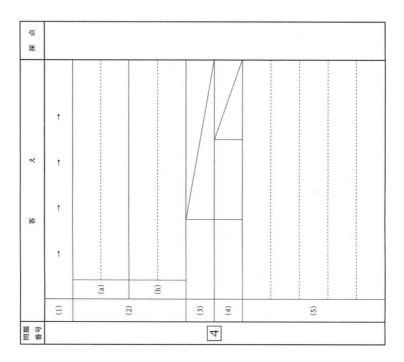

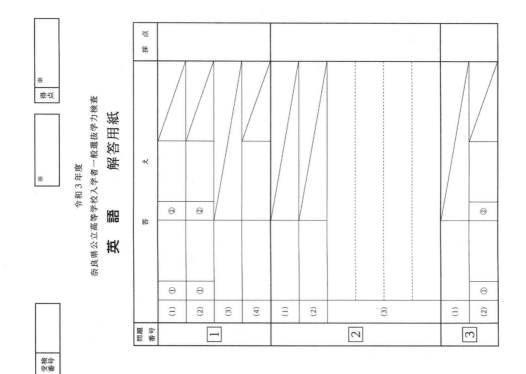

受検番号		※	得点	※

令和３年度

奈良県公立高等学校入学者一般選抜学力検査

社　会　　解答用紙

問題番号		答　　え				採　点
1	(1)					
	(2)	①				
		②		③		
	(3)	①		②		
		③				
		④				
	(4)	→	→			
	(5)					
2	(1)					
	(2)					
	(3)			(4)		

問題番号		答　　え				採　点
2	(5)					
	(6)	①		②		
		③				
3	(1)	①		②		
	(2)					
	(3)	①		②		
	(4)					
	(5)					
4	(1)					
	(2)	①		②		
		③				
	(3)					

※実物の大きさ：195% 拡大（A3 用紙）

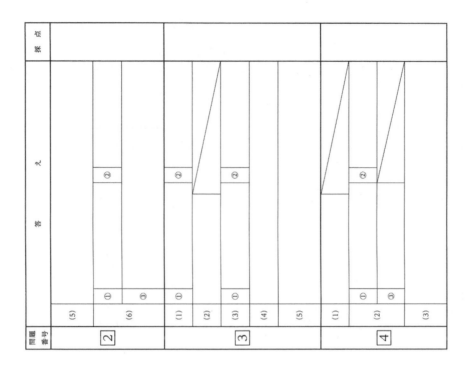

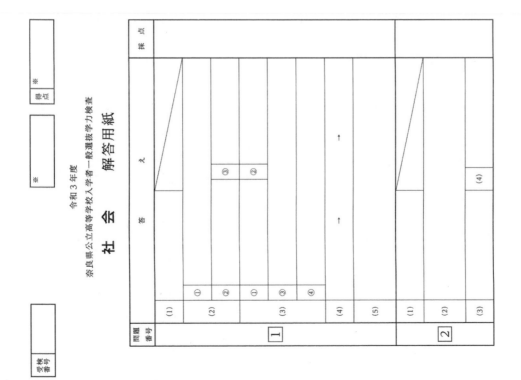

受検番号	

※

得点	※

令和３年度

奈良県公立高等学校入学者一般選抜学力検査

理　科　　解答用紙

問題番号			答　　え			採点
1	(1)					
	(2)	①		②		
2	(1)			(2)	秒	
	(3)	①		②		
	(4)	①				
		②	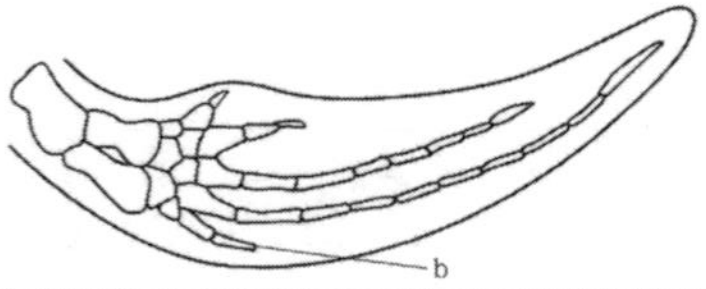			
		③				
3	(1)					
	(2)			(3)		
	(4)	用語				
		反応				

問題番号			答　　え			採点
4	(1)			(2)	%	
	(3)					
	(4)			(5)		
5	(1)		cm³			
	(2)	化学式		記号		
	(3)					
6	(1)	①		②		
	(2)					
	(3)	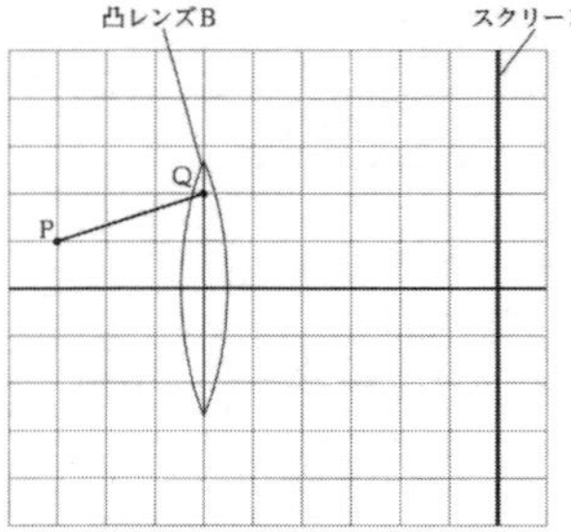				
	(4)					
	(5)					

※実物の大きさ：195% 拡大（A3 用紙）

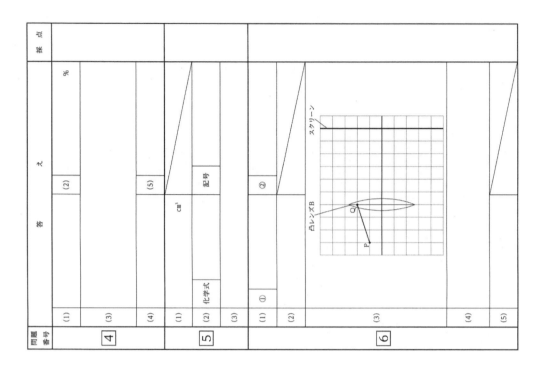

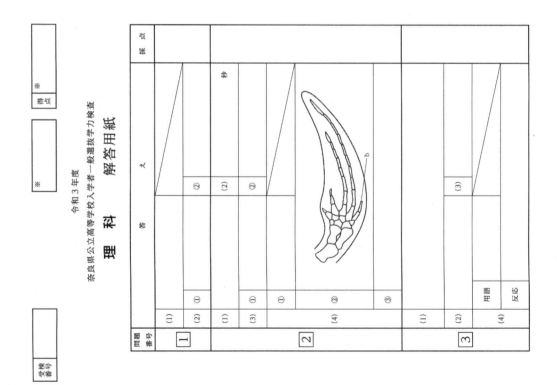

受検番号

※

得点 ※

令和3年度　奈良県公立高等学校入学者一般選抜学力検査

国語解答用紙

問題番号	答え	採点
一	(一) A 読み　り　B 漢字　らした　C 読み　D 漢字　した	
	(二)　(三)	
	(四)	
	(五)	
	(六)　(七)	
二	(一)　(二)	
	(三)　(四)	
	(五)	
	(六)	
三		
四	(一)　(二)　(三)	
五	(一)　(二)	
	(三)　100字　150字	

※実物の大きさ：195% 拡大（A3 用紙）

2021 年度　奈良県公立高等学校（一般選抜）[配点]

【数　　学】

1 (1) 1 点×4　(2)～(6) 2 点×5　(7) 3 点　(8) ① 1 点　② 2 点

2 (1) ① 1 点×2　② 2 点　③ 2 点×2　(2) 2 点　　3 (1) 1 点×2　(2) 2 点　(3) ① 2 点　② 3 点

4 (1) 3 点　(2) 2 点　(3) 3 点　(4) 3 点

【英　　語】

1 (1) 1 点×2　(2)～(4) 2 点×5　　2 (1) 2 点　(2) 3 点　(3) 4 点　　3 2 点×3　　4 (1)～(4) 3 点×6　(5) 5 点

【社　　会】

1 (1) 1 点　(2) ① 2 点　② 2 点　③ 1 点　(3) ① 1 点　②～④ 2 点×3　(4) 2 点　(5) 2 点

2 (1) 1 点　(2) 2 点　(3) 1 点　(4) 1 点　(5) 2 点　(6) 2 点×3

3 (1) 2 点×2　(2) 2 点　(3) 1 点×2　(4) 2 点　(5) 2 点　　4 (1) 2 点　(2) ① 1 点　② 1 点　③ 2 点　(3) 2 点

【理　　科】

1 (1) 2 点　(2) 1 点×2　　2 (1) 2 点　(2) 2 点　(3) 1 点×2　(4) 2 点×3

3 (1) 1 点　(2) 2 点　(3) 2 点　(4) 1 点×2　　4 (1) 2 点　(2) 2 点　(3) 3 点　(4) 2 点　(5) 2 点

5 (1) 1 点　(2) 化学式：1 点　記号：2 点　(3) 1 点　　6 (1) 1 点×2　(2) 2 点　(3) 3 点　(4) 2 点　(5) 2 点

【国　　語】

一 ㈠ 1 点×4　㈡ 2 点　㈢ 2 点　㈣ 3 点　㈤ 3 点　㈥ 2 点　㈦ 2 点

二 ㈠～㈢ 2 点×3　㈣ 3 点　㈤ 3 点　㈥ 2 点　　三 2 点　　四 2 点×3　　五 ㈠ 2 点　㈡ 2 点　㈢ 6 点

受検番号		※	得点	※

令和２年度

奈良県公立高等学校入学者一般選抜学力検査

数　学　　解答用紙

問題番号		答　え				採　点
1	(1)	①		②		
		③		④		
	(2)	個		(3)		
	(4)			(5)	度	
	(6)					
	(7)	①		②		
	(8)	①		②		
2	(1)	[作図]				

問題番号		答　え				採　点
2	(2)	①	cm	②	cm²	
	(3)	①		②	%	
3	(1)					
	(2)	記号		変化の割合		
	(3)			(4)		
4	(1)	[証明]				
	(2)					
	(3)	①	cm	②	cm²	

※実物の大きさ：195% 拡大（A3 用紙）

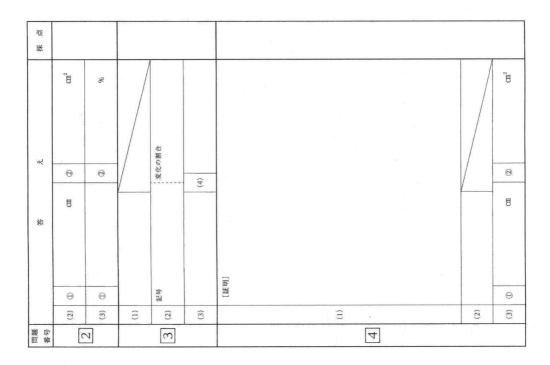

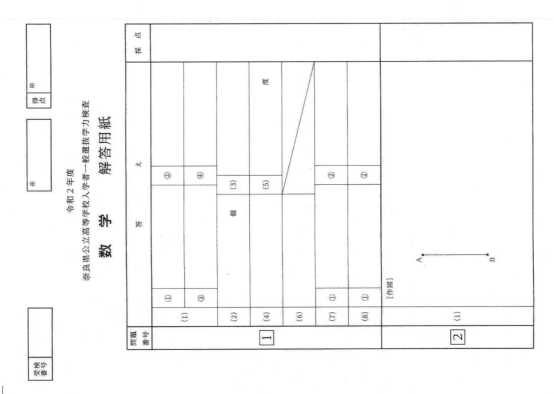

受検番号	

※

得点	※

令和２年度

奈良県公立高等学校入学者一般選抜学力検査

英　語　　解答用紙

問題番号	答　え					採　点
1	(1)	①		②		
	(2)	①		②		
	(3)					
	(4)					
2	(1)					
	(2)					
	(3)	(a)				
		(b)				
	(4)	あ				
		い				

問題番号	答　え					採　点
3						
4	(1)					
	(2)	①		②		
	(3)	あ		い		
	(4)					
	(5)					

※実物の大きさ：195% 拡大（A3 用紙）

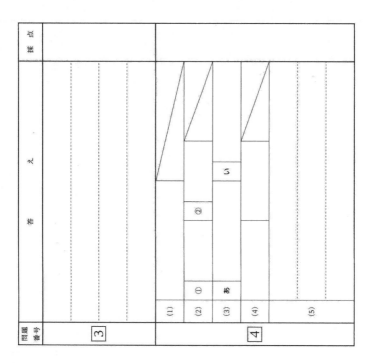

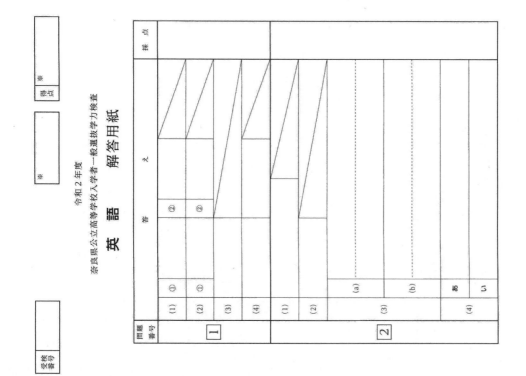

受検番号		※	得点	※

令和２年度

奈良県公立高等学校入学者一般選抜学力検査

社　会　　解答用紙

問題番号			答　え		採　点
1	(1)	①		②	
		③			
		④			
	(2)				
	(3)	①		②	
		③			
	(4)	①			
		②			
		③			
2	(1)	①		②	
		③			
		④			

問題番号			答　え		採　点
2	(2)				
	(3)	①			
		②			
3	(1)				
	(2)	①		②	
	(3)				
	(4)	①			
		②			
4	(1)				
	(2)	①	m	②	
	(3)				
	(4)				
	(5)				

※実物の大きさ：195% 拡大（A3 用紙）

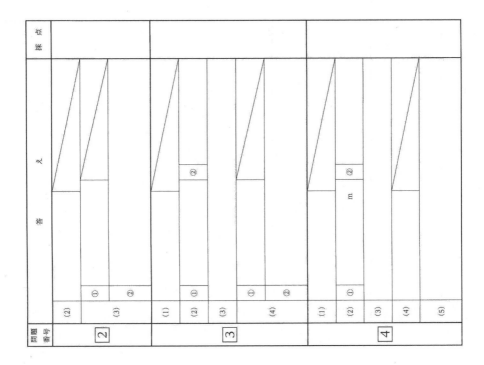

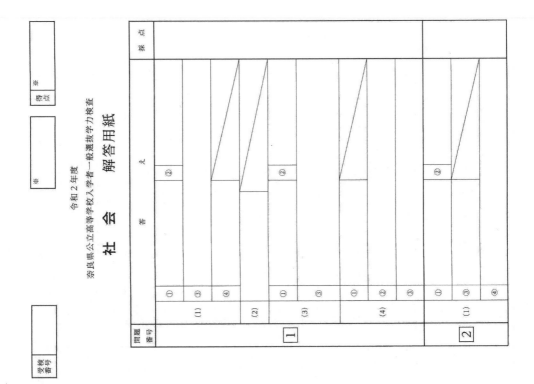

受検番号	

※

得点	※

令和２年度

奈良県公立高等学校入学者一般選抜学力検査

理　科　　解答用紙

問題番号		答　え				採点
1	(1)					
	(2)	①		②		
2	(1)	cm				
	(2)	圧力	Pa	関係		
	(3)	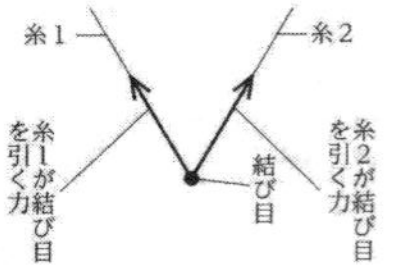		(4)		
3	(1)			(2)		
	(3)			(4)		
	(5)					
4	(1)	用語		理由		
	(2)	15時　分　秒		(3)		

問題番号		答　え				採点
4	(4)					
	(5)					
5	(1)					
	(2)			(3)		
6	(1)			(2)		
	(3)					
		考察		(4)	%	
	(5)					

※実物の大きさ：195% 拡大（A3 用紙）

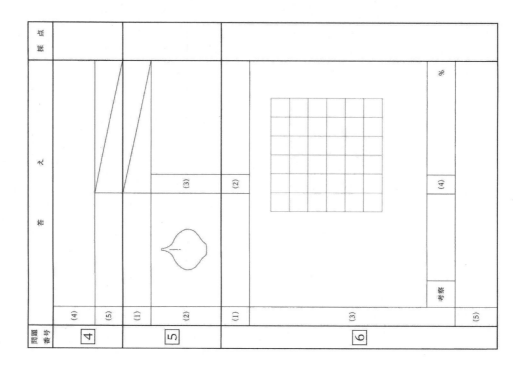

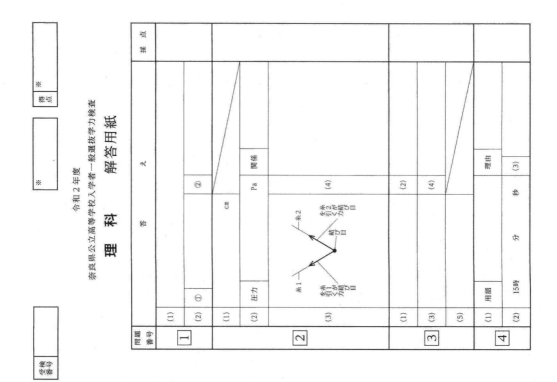

受検番号

※

得点　※

令和２年度　奈良県公立高等学校入学者一般選抜学力検査

国語　解答用紙

問題番号		答え	採点
一	(一)	A 読み　やかな　B 漢字　じて　C 漢字　ぎ　D 読み	
	(二)	(三)	
	(四)		
	(五)	コケの緑が、	
	(六)	(七) X　Y	
二	(一)	(二)　(三)	
	(四)		
	(五)	(六)	
三			
四	(一)	(二)　(三)	
五	(一)	(二)	
	(三)	100字　150字	

※実物の大きさ：195% 拡大（A3 用紙）

【数　　学】

[1] (1) 1点×4　(2)～(6) 2点×5　(7) 1点×2　(8) ① 1点　② 2点
[2] (1) 3点　(2) 1点×2　(3) ① 2点　② 3点　[3] (1) 2点　(2) 2点　(3) 3点　(4) 3点
[4] (1) 4点　(2) 2点　(3) ① 2点　② 3点

【英　　語】

[1] (1) 1点×2　(2)～(4) 2点×5　[2] 2点×6　[3] 4点
[4] (1) 2点　(2) 2点×2　(3) 3点×2　(4) 3点×2　(5) 4点

【社　　会】

[1] (1) ① 1点　② 1点　③ 2点　④ 2点　(2) 2点　(3) ① 1点　② 1点　③ 2点　(4) ① 1点　② 2点　③ 2点
[2] (1) ① 1点　② 1点　③ 2点　④ 2点　(2) 2点　(3) 2点×2　[3] 2点×6
[4] (1) 1点　(2) 1点×2　(3)～(5) 2点×3

【理　　科】

[1] (1) 2点　(2) ① 1点　② 2点　[2] (1) 2点　(2) 圧力：2点　関係：1点　(3) 2点　(4) 2点
[3] (1) 1点　(2) 2点　(3) 2点　(4) 1点　(5) 2点　[4] 2点×6　[5] (1) 1点　(2) 2点　(3) 2点
[6] (1) 1点　(2) 2点　(3) グラフ：3点　考察：1点　(4) 2点　(5) 2点

【国　　語】

[一] ㈠ 1点×4　㈡～㈣ 2点×3　㈤ 3点　㈥ 2点　㈦ 1点×2
[二] ㈠ 2点　㈡ 3点　㈢ 2点　㈣ 3点　㈤ 2点　㈥ 2点　[三] 2点　[四] ㈠ 2点　㈡ 2点　㈢ 3点
[五] ㈠ 2点　㈡ 2点　㈢ 6点

2025年度 受験用
高校別入試対策シリーズ(赤本) ラインナップ

学校案内 各高校の基本情報や過去の入試データ,募集要項,卒業生の進路など,受験に役立つ情報を掲載しています。

傾向と対策 過去の出題問題の内容·傾向などを各教科別に分析した,来年度の入試に対する受験対策を掲載してあります。

入試問題と模範解答 各高校の出題問題を収録。その模範解答と詳しくていねいな解き方·考え方,および英語長文の全訳,古文の口語訳を付けています。

学校一覧表(アイウエオ順)

▼近畿

285 アサンプション国際高
223 芦屋学園高
152 アナン学園高
189 あべの翔学高
271 綾羽高
121 育英高
244 育英西高
273 市川高
113 上宮高
270 上宮太子高
256 英真学園高
225 追手門学院高
231 近江高
261 近江兄弟社高
111 大阪高
160 大阪偕星学園高
229 大阪学院大高
124 大阪学芸高
148 大阪教育大附高池田校
134 大阪教育大附高平野校
166 大阪暁光高
138 大阪薫英女学院高
154 大阪国際高
112 大阪産業大附高
127 大阪商業大高
185 大阪商業大堺高
105 大阪女学院高
104 大阪信愛学院高
262 大阪成蹊女子高
123 大阪星光学院高
246 大阪青凌高
164 大阪体育大学浪商高
157 大阪電気通信大高
258 大阪桐蔭高
116 大阪夕陽丘学園高
211 大阪緑涼高
142 大谷高
268 開智高
183 開明高
186 香ヶ丘リベルテ高
226 橿原学院高
175 華頂女子高
103 関西大倉高
283 関西創価高
281 関西大学高
129 関西大学第一高
135 関西大学北陽高
191 関西福祉科学大学高
149 関西学院高
214 京都外大西高
174 京都先端科学大学附高
274 京都教育大附高
176 京都光華高
251 京都廣学館高
177 京都産業大附高
141 京都女子高
171 京都精華学園高
250 京都成章高
213 京都橘高
215 京都西山高
170 京都文教高
172 京都明徳高
265 京都両洋高
106 近畿大附高
264 近畿大泉州高
234 近畿大附和歌山高
150 金蘭会高
245 賢明学院高
109 興國高
190 甲子園学院高
263 光泉カトリック高
162 好文学園女子高
203 神戸学院大附高
128 神戸弘陵学園高
207 神戸国際大附高
202 神戸星城高
201 神戸第一高
222 神戸常盤女子高
205 神戸野田高
276 神戸山手グローバル高
206 神戸龍谷高
277 香里ヌヴェール学院高
235 金光大阪高
228 金光藤蔭高
254 金光八尾高
180 彩星工科高
232 三田学園高
208 三田松聖高
267 滋賀学園高
240 滋賀短期大学附高
125 四條畷学園高
114 四天王寺高
284 四天王寺東高
126 樟蔭高
210 常翔学園高
151 常翔啓光学園高
192 城南学園高
167 昇陽高
204 神港学園高
200 須磨学園高
260 精華高
163 清教学園高
161 星翔高
110 清風高
133 清風南海高
102 清明学院高
184 宣真高
187 相愛高
120 園田学園高
158 大商学園高
132 太成学院大高
119 滝川高
248 滝川第二高
227 智辯学園高
241 智辯学園和歌山高
199 帝塚山高
282 帝塚山学院泉ヶ丘高
197 天理高
236 東海大付大阪仰星高
193 同志社高
221 同志社国際高
179 東洋大附姫路高
155 灘高
131 浪速高
198 奈良育英高
243 奈良学園高
286 奈良県立大附高【新刊】
220 奈良女子高
217 奈良大附高
218 奈良文化高
238 仁川学院高
252 西大和学園高
278 ノートルダム女学院高
144 梅花高
249 白陵高
188 羽衣学園高
247 初芝富田林高
266 初芝橋本高
108 初芝立命館高
196 花園高
137 阪南大学高
219 比叡山高
159 東大阪大学柏原高
136 東大阪大学敬愛高
209 東大谷高
139 東山高
269 日ノ本学園高
239 雲雀丘学園高
233 姫路女学院高
169 兵庫大附須磨ノ浦高
117 プール学院高
195 平安女学院高
145 報徳学園高
255 箕面学園高
237 箕面自由学園高
122 武庫川女子大附高
101 明浄学院高
115 明星高
118 桃山学院高
173 洛南高
216 洛陽総合高
165 履正社高
143 立命館高
253 立命館宇治高
279 立命館守山高
140 龍谷大付平安高
242 和歌山信愛高
212 早稲田大阪高

▼福岡·鹿児島

427 九州国際大付高
421 九州産業大付九州高
401 久留米大附高
405 西南学院高
406 筑紫女学園高
408 筑陽学園高
409 東海大付福岡高
411 中村学園女子高
415 東福岡高
422 福岡工業大附城東高
416 福岡大附大濠高
423 福岡大附若葉高
402 ラ·サール高

学校一覧表(都府県順)

▼高専

5010 沼津工業高専
5011 豊田工業高専
5012 鈴鹿工業高専
5013 鳥羽商船高専
5014 岐阜工業高専
5015 舞鶴工業高専
5001 大阪公立大学工業高専
5002 神戸市立工業高専
5003 明石工業高専
5004 奈良工業高専
5016 和歌山工業高専
5017 津山工業高専
5018 呉工業高専
5019 広島商船高専
5020 宇部工業高専
5021 大島商船高専
5022 徳山工業高専
5023 阿南工業高専
5024 香川高専
5025 新居浜工業高専
5026 弓削商船高専
5005 北九州工業高専
5006 久留米工業高専
5027 有明工業高専
5028 大分工業高専
5029 佐世保工業高専
5030 熊本高専
5031 鹿児島工業高専